中央大学学術シンポジウム研究叢書　7

失われた10年
バブル崩壊からの脱却と発展

監修
石崎忠司
編著
建部正義
高橋由明
梅原秀継
田中廣滋

中央大学出版部

まえがき

　アメリカのサブプライムローンに端を発する世界同時不況は，世界の各国を震撼とさせた。わが国は，「失われた10年」と象徴的にいわれるように，バブル経済崩壊からの脱却に苦労した。ようやく立ち直りが本格化し始めたところに，世界同時不況といわれるサブプライムローンに起因する不況に直面し，中小企業の倒産，派遣の打ち切りによる失業者の増大など不安な世相を生み出している。これに対し政府は，「定額給付金」「エコ家電購入の補助金」など矢継ぎ早に内需拡大の対策を打ち出したものの輸出不振は打開できず，株価の低迷状態が続いている。

　わが国はこのような不況に過去何回も直面し，その都度，危機を克服してきた。高度成長を終焉させたオイルショック，過熱した株価や土地の高騰に冷水を浴びせたバブル経済の崩壊，そして今回のサブプライムローンに起因する不況は，戦後のわが国を変えた3大不況といってもいい。

　いかなる組織であっても存続・発展していくためには，恒常性と適応性が必要である。恒常性は環境変化に対して一定の状態を維持することであり，適応性は環境変化に対して自らも変化して存続することをいう。不況に対して一時的に反応し，また一定の状態に戻れる場合は，恒常性が維持される。しかし，不況の規模が大きくなると，恒常性の範囲を超え，自らを変革する適応性が重要になる。オイルショックによる高度成長の終焉，バブル経済の崩壊，サブプライムローンに起因する不況は，自らを変えなければ生き残れない環境変化である。

　本書は日本経済の適応性に焦点を当てている。「失われた10年」をテーマ

にした著書をいま刊行しても，日本経済はサブプライムローン不況の谷間にあり，時宜を得た著書として関心を引かないかもしれない。しかし，サブプライムローンの問題が発生した折，日本の失われた10年はサブプライムローンへの対処の仕方に示唆するものがあると，反面教師の意味においてではあっても海外でいわれたように，まだまだ考察してみる価値がある。何よりもまだバブル経済崩壊から脱却するための金融ビッグバン，会計ビッグバンなど一連の改革が終わったわけではない。

「失われた10年」とも，「失われた15年」ともいわれるのは，グローバル化の趨勢に対応した構造改革をできないままに時間を無駄にしたことを意味し，その構造改革は継続しているといえる。グローバル化に適応する各種の改革が行われ，新しいパラダイムが構築されてはじめて失われた時間を取り戻したといえるのではないか。たとえば，会計ビッグバンは，日本の会計基準が国際会計基準と事実上同じ内容になったとき完成したといえるが，まだ時間がかかるし，2008年4月から始まる決算期に必要になった内部統制の監査は初めての経験であり，まだ戸惑っているのが実情である。

本書は，第22回中央大学学術シンポジウムの研究成果である。第22回学術シンポジウムでは，バブル経済崩壊からの脱却過程とその後の発展方向を探ることが研究テーマとして設定された。テーマが大きく多方面に亘るため，企業研究所，経済研究所，日本比較法研究所の3年間の共同研究として研究チームを結成し，「経済・金融グループ」「経営グループ」「会計・会社法グループ」「地球環境グループ」に分けて，研究を進めた。3年間の集大成であるシンポジウムはテーマ別に6回に分けて開催し，その基礎となるグループ別の公開研究会は23回に及んでいる（付録1および2参照）。

シンポジウムおよび公開研究会では，現日本銀行総裁の白川方明氏など第一線の研究者に報告をいただき，学内外の多数の研究者による活発な討議が行われた。テーマに関連ある外部の研究者に呼びかけたこともあり，学術シ

ンポジウムの趣旨である開かれた研究会とすることができた。

　本学の研究員と外部の客員研究員からなる多数の研究員によって進めた研究ではあるが，問題が大きいだけに取り上げられなかった問題も多い。しかし，第Ⅰ部の経済・金融からみた「失われた10年」ではバブル崩壊の原因がどこにあるかを明らかにし，第Ⅱ部の経営から見た「失われた10年」ではコーポレート・ガバナンスの変化と日本的経営の方向性を示し，第Ⅲ部では喫緊の課題である会計基準の国際化にともなう諸問題を明らかにしている。第Ⅰ部から第Ⅲ部までが，主としてバブル経済崩壊やグローバル化の過程に焦点を当てているのに対して，第Ⅳ部は，地球環境に焦点を当て，「環境と市民の時代」といわれる21世紀に，日本が発展するこれからの方向に焦点を当てている。

　以上の4部門の公開研究会，シンポジウム，論文の取りまとめは，編集者として名を連ねた4人のグループ責任者の下で行われた。本書はグループ責任者の尽力がなければ世に出すことは出来なかったといえる。学術シンポジウムの趣旨は，中央大学の複数の研究所が共同で研究を推進することにあり，第22回学術シンポジウムの研究は，担当研究所である企業研究所長を初めとして経済研究所長，日本比較法研究所長の協力体制の下に研究を推進した。

　最後に，学術シンポジウムのメンバー，公開研究会およびシンポジウムに参加いただいた方々に記して感謝したい。また，本書を刊行するまでにお世話になった研究所合同事務室の新橋雅敏事務長，宮川美智子さんはじめ，関係各位に深く御礼申し上げる次第である。

　2010年2月

中央大学第22回学術シンポジウム主査　石　崎　忠　司
前中央大学企業研究所長　　　　　　　日　高　克　平
前中央大学経済研究所長　　　　　　　塩　見　英　治
前中央大学日本比較法研究所長　　　　丸　山　修　平

【第 22 回中央大学学術シンポジウム】

研 究 課 題　　検証：失われた 10 年からの脱却と発展
代 表 研 究 所　　企業研究所
研 究 代 表 者　　石　崎　忠　司
共同研究期間　　2006 年 4 月～2009 年 3 月
共 同 研 究 者　　前中央大学企業研究所所長　　日　高　克　平
　　　　　　　　前中央大学経済研究所所長　　塩　見　英　治
　　　　　　　　前中央大学日本比較法研究所所長　　丸　山　修　平
　　　　　　　各部門主査
　　　　　　　　　経済・金融　　　　　　　　建　部　正　義
　　　　　　　　　経営　　　　　　　　　　　高　橋　由　明
　　　　　　　　　会計　　　　　　　　　　　梅　原　秀　継
　　　　　　　　　環境　　　　　　　　　　　田　中　廣　滋

失われた10年

目　次

まえがき

序　章　「失われた10年」の先に求められる社会像
　　　　　　　　　　　　　　　　　　　　　　石崎忠司… 1
　　1. 社会，経済の発展に求められる価値観　1
　　2. 新しいパラダイム構築への道筋　9
　　3. 結びにかえて　16

第Ⅰ部　経済・金融からみた「失われた10年」

第1章　バブルの教訓とケインズ経済学の真髄
　　　　　　　　　　　　　　　　　　　　　　花輪俊哉… 21
　　1. はじめに　21
　　2. 価格メカニズムの経済学が示す資本主義観　25
　　3. welfare 経済学としてのケインズ経済学　28
　　4. 金融へまで拡張された企業家と investor（投資家）　34
　　5. 日本の将来を考える　39

第2章　産業内貿易と日本の対台湾直接投資
　　　　　　　　　　　　　　　　　　　　　　陳　志坪… 45
　　1. はじめに　45
　　2. 直接投資と産業内貿易の概観　47
　　3. 産業内貿易と日本からの直接投資の検証　53
　　4. 結　論　57

第3章　社会資本整備・運営の展開と課題
　　　　──空港社会資本と特別会計制度を
　　　　　　中心として──　　　　　　　　　塩見英治
　　　　　　　　　　　　　　　　　　　　　　小熊　仁 … 61
　　1. はじめに　61

2. わが国における社会資本整備の展開と特徴　64
　　　3. 空港整備事業における財源の調達と配分　75
　　　4. 空港整備事業からみたわが国の社会資本整備の
　　　　　問題点と課題　86
　　　5. ま と め　90

　第4章　金融システム不安の下での金融政策
　　　　　　　　　　　　　　　　………………………… 黒田　巖 … 101
　　　1. 金融システム不安とマクロ経済　101
　　　2. 金融危機時の金融政策　106
　　　3. 金融危機後の金融政策　111
　　　4. 金融調節とマネーサプライ　118

　第5章　FRBは日本銀行の経験から
　　　　　何を教訓として学ぶべきであったか？
　　　　　　　　　　　　　　　　……………………… 建部正義 … 123
　　　1. 問題の限定　123
　　　2. グリーンスパンの理論と行動　129
　　　3. バーナンキの理論と現実　142
　　　4. 結　語　153

第Ⅱ部　経営からみた「失われた10年」

　第6章　日本の失われた10年の教訓と
　　　　　世界金融危機
　　　　　　　　　　　　　　　　……………………… 下川浩一 … 161
　　　1. は じ め に　161
　　　2. 世界金融危機はなぜおこったか？　162
　　　3. 世界金融危機と日本の"失われた10年"の教訓　163
　　　4. 過去の成功体験しかもたない経営者の問題点と
　　　　　企業リストラの二つの側面　170

5. 日本経済の主要業種を国際競争力の有無で
   二分してしまったグローバル競争　173
6. リーマンショックからの脱却とアジア新時代へ
   挑戦する日本企業と"失われた10年"の教訓　176

第7章　株式会社の危機
………………………………奥村　宏…183

1. サブプライム危機が意味するもの　183
2. 第3期の株式会社　186
3. 巨大株式会社の矛盾　189
4. 「もはや株式会社ではない」　192
5. 矛盾の先進国＝日本　196

第8章　日本における失われた10年と外国企業
──その含意と結果
………………………………ハラルド・ドレス…201

1. 1980年代における日本市場の参入障壁　201
2. 現地適応とグローバル標準化の概念的枠組み　203
3. 方法論と分析サンプル　204
4. 1980年代における日本支社のマネジメント　206
5. 今日の日本における神話の崩壊と
   支社のマネジメント　210
6. 結　　論　220

第9章　株式会社の株主資本政策の容易化
──株式市場を重視した経営者
権限拡大の制度改正──
………………………………箕輪徳二…227

1. 資本金と授権資本制度
   ──資本確定の原則，資本充実・
   維持の原則の放棄──　229

2. 株式会社の準備金，剰余金の制度の柔軟化　237
　　3. 自己株式制度の資本政策
　　　　——平成不況下の自己株式取得制度の
　　　　緩和改正の変遷——　243

第10章　シンガポールの産業高度化から学ぶ
　　　　　　　　　　　　　　……………………………… 林　正樹 … 255
　　1. 分かれ道はどこに？　255
　　2. シンガポールの経済成長の特徴　256
　　3. シンガポールの産業高度化戦略の特徴　260
　　4. シンガポールの産業高度化戦略と日系企業の関係　263
　　5. シンガポールの課題，日本の課題　276

第11章　「失われた10年」と日本企業の人事・
　　　　人材開発管理の変化
　　　　　　　　　　　　　　……………………………… 高橋由明 … 281
　　1. はじめに　281
　　2. 財界の『新時代の「日本的経営」』と労務政策　282
　　3. 日本企業における人事政策の変化　285
　　4. 日本企業における教育・人材開発政策の変化　297
　　5. おわりに　308

第12章　経営管理の誤りを克服するコーポレート・
　　　　ガバナンス——ヨーロッパの視点
　　　　　　　　　　………………… ヴォルフガング・ドロウ … 311
　　1. コーポレート・ガバナンス
　　　　——定義——　311
　　2. コーポレート・ガバナンス
　　　　——体制構造——　314
　　3. コーポレート・ガバナンス綱領は経営管理の誤りを
　　　　回避できるか？　——　321

4. コーポレート・ガバナンス
　　——マネジメント誘因の問題—— 322
5. 結論的考察 324

第Ⅲ部　会計からみた「失われた10年」

第13章　会計・監査業務の変容の本質と課題
……………………………………………… 川北　博 … 329
1. はじめに 329
2. ビッグ・エイト（Big 8）等の内外の再編と課題 334
3. 公認会計士協会会員の直面する課題 348
4. 日本経済破綻の重なりと粉飾決算 353
5. わが国の会計・監査に残された他の課題 360
6. おわりに 373

第14章　不良債権処理の会計・監査と金融行政
……………………………………………… 児嶋　隆 … 379
1. はじめに 379
2. 不良債権償却証明制度
　　——1997年3月期まで—— 380
3. 自己査定制度の導入
　　——1998年3月期—— 385
4. 1999年3月期の状況 392
5. 「金融検査マニュアル」の時代
　　——2000年3月期から—— 395
6. 金融再生プログラムの時代
　　——2003年3月期から2005年3月期まで—— 399
7. 金融再生プログラムの影響 402
8. 貸倒引当金計上における「十分性」の強調 404
9. 結びに代えて 405

第15章　金融商品会計と公正価値概念
　　　　　　　　　　　　　　　　　　……………………………… 上野清貴 … 409
　1.　はじめに　409
　2.　各国の金融商品会計基準　410
　3.　公正価値概念　420
　4.　むすびに代えて　438

第16章　費用性資産の評価損をめぐる論点
　　　　　──日本基準の変遷を題材として──
　　　　　　　　　　　　　　　　　　……………………………… 梅原秀継 … 443
　1.　問題の所在　443
　2.　棚卸資産　443
　3.　固定資産　448
　4.　小　括　454

第17章　連結資本──少数株主持分をめぐる論点
　　　　　　　　　　　　　　　　　　……………………………… 川本　淳 … 459
　1.　はじめに　459
　2.　会計基準における少数株主持分の現状　460
　3.　少数株主持分の性質をめぐる議論へのアプローチ　462
　4.　比例連結の再検討　468
　5.　少数株主持分の測定　474
　6.　おわりに　477

第IV部　地球環境からみた「失われた10年」

第18章　環境政策における持続可能なマネジメントと
　　　　　ボランタリー・アプローチの役割
　　　　　　　　　　　　　　　　　　……………………………… 田中廣滋 … 483
　1.　はじめに　483
　2.　日本の環境マネジメント機能　484

3. 環境政策のインセンティブ分析　493
　4. 企業の環境指標とボランタリー・アプローチ　496
　5. 企業のリスクマネジメントの評価　500
　6. 政府と民間の役割分担　503
　7. おわりに　507

第19章　地域政策の展開と評価——環境配慮型の観光開発を中心に
　　　　　　　　　　　　　　　　　　　　　　　藪田雅弘…511

　1. はじめに　511
　2. 観光と観光政策の展開
　　　——観光開発と観光の基本法——　514
　3. 観光開発と自然環境の保全　516
　4. 観光開発と自然環境の保全
　　　——リゾート法の場合——　521
　5. ツーリズムの本旨とその課題
　　　——エコツーリズム推進法——　524
　6. 持続可能な観光開発に向けて　527

第20章　「失われた10年」と森林の環境評価
　　　　　　　　　　　　　　　　　　　　　　　田家邦明…537

　1. はじめに　537
　2. 「失われた10年」とわが国森林の与件の変化　539
　3. スギ価格の低下と森林管理への影響　543
　4. 森林政策の転換　552
　5. 森林管理を巡る国際的枠組みづくりの進展　556
　6. 森林政策の課題　559
　7. おわりに　564

第21章 「失われた10年」における日本企業の
　　　　強みの再構築
　　　　　　　　　　　　　　　　　　………………………………… 米田篤裕 … 569
　　1. はじめに　569
　　2. 「失われた10年」とグローバル化する
　　　　経済と社会　570
　　3. 企業の社会的責任（CSR）活動と
　　　　グローバル企業の要件　581
　　4. 社会的評価と内部評価の理論分析　595
　　5. ま と め　598

付録1　シンポジウム記録………………………………………… 605
付録2　研究活動記録……………………………………………… 609

失われた 10 年

序　章
「失われた10年」の先に求められる社会像

石　崎　忠　司

1. 社会，経済の発展に求められる価値観

　戦後の荒廃した日本を先進国にまで発展させたのは，豊かさを夢に働き続けた国民の努力によるものである。日本経済は，「神武景気」「オリンピック景気」を助走にして成長経済へ突き進み，「高度成長」，「バブル経済」に至っている。その過程において，経済的な豊かさを入手し先進国としての誇りをもてるまでに至った。

　経済の発展過程には必ず不況期があり，波はあるものの柔軟に乗り越えてきたところに，わが国の長期的な繁栄が続いたといえる。マクロレベルにおいてもミクロレベルにおいても体制，組織が存続・発展していくためには恒常性と適応性が必要である。小さな環境変化に対しては一時的な対応によって恒常性を維持できるが，大きな環境変化に対しては自らを変えることによって変化に適応しないと存続できない。「失われた10年」は，環境変化に適応できないまま経済の成長を停滞させた状況といえる。

　失われた10年から脱却し新たなパラダイムを築くためには，拠り所としなければならない価値観がある。それらの価値観は各種の分野から提起されている。1980年代から21世紀にかけて，情報化，グローバル化，地球環境の重要化，高齢化，高学歴化，成熟化といった変化が急激に進み，価値観が

多様化した。それらのなかで重要と考えられる以下にあげるような価値観から，これからの社会，経済が進むべき方向がみえてくる。

(1) 共生社会

わが国では戦後，自由，公平，安定という3つの社会目標が設定され，これが公共と公益に関する概念に裏打ちされてきたとする指摘があるように，公平と安定はわが国の国民に中流意識をもたせ，戦後の荒廃から物心両面において立ち直ることができた[1]。その方法は，日本型協調的労働組合を土台にした経済成長によるところが大きい。高度経済成長は，世界最高水準ともいわれる高賃金と長期雇用を実現し，国民に安定した生活をもたらした。しかし，企業内では長時間労働にみられる犠牲を従業員に強いるとともに，企業グループ間では「二重構造」といわれる歪みを内包していた。さらに，外部不経済を拡大し公害を発生させた。生き生きと働けなければ精神的な充足は得られず，社会資本が不足していれば真の豊かさは得られない。

わが国は，高度成長に随伴したに矛盾を解決する一方で新たな矛盾を生み出しながら，国民所得世界第2位の先進国にまで成長した。だが，「親方日の丸」といわれる企業社会に安住しているうちにグローバル化が進み，1990年代に入ると日本的経営といわれる企業システムは，次第にグローバル・スタンダードと齟齬を来すようになってきた。成長期に有効に機能した「日本株式会社」といわれる政官財の協調体制，「企業一家主義」といわれる集団主義，「護送船団方式」といわれる業界協調体制，株式持合いや下請け・関連企業とのもたれ合い経営といった日本的な特徴は，経営の効率化を妨げ国際競争力を低下させるようになった。そのためバブル経済崩壊をきっかけに，ビッグバンといわれる一連の構造改革を急いだものの，改革自体が長引くとともに，改革の負の側面が現出するようになった。たとえば，バブル経済崩壊後，政官財の既得権益を守ってきた規制が経済活動の保護・育成に逆作用するよ

うになり，その緩和が行われ始めた。その結果，年金，ワーキングプアー，非正規雇用，救急病院の不足などに示されるように，「私」によって支えられていた「公」の部分すなわち公共が担ってきた役割が崩壊し始めた[2]。

　グローバル化に適応していくためには，何よりも世界に通用する価値観としての共生社会が求められる。共生は，相反する立場のいずれかに偏重するのではなく，両立を考えようとする思想といえる。その象徴的な考え方が持続可能な発展であり，人間と地球環境あるいは自然環境との共生といってよい。企業が活動を続ける限り，環境破壊を伴う。共生は，人間が自然環境なくして生きていけないことを認識し，人間と自然環境との望ましい存続関係を志向する考え方である。

　共生の考え方は，人間と自然環境の共生に止まらない。利益分配における株主と従業員，生活条件における都市と地方，年金受給における高齢者と若年者，労働条件における正規従業員と非正規従業員というように，対立関係にあるステークホルダーの共生が求められる。社会の構成員間にはバブル経済崩壊後，規制緩和の結果として生じ，あるいは拡大した対立があることを看過してはならない。

　規制緩和論は，市場競争と富の配分を市場原理に委ねようとするものである。政府・行政が行ってきた規制は，競争条件の平等化によって，資源の有効利用，競争の公正化，所得の公平化を図ろうとするものである。しかし，規制が時代に合わなくなり，競争の公正性を阻害し資源の無駄を生じるようになった。この意味で規制緩和は必然的な処置といえる。規制緩和は，対外的にはグローバル化によって，体内的には企業競争力の低下によって促進された。その過程で生み出された「格差」は，「公」の無策と「私」の利益至上主義の結果ともいえる。

　規制緩和は，市場原理を優先することによって企業競争力の向上を図るものとはいえ，それ自体を一方的に批判することはできない。問題は，「公」に

よる社会的なセーフティネットが完備されないまま企業が担ってきたセーフティネットが壊れ始めたことである。セーフティネットを確立するためには，共生の発想法が必要である。

(2) サスティナビリティ社会

　サスティナビリティは，「持続可能性」を意味し，トリプルボトムラインといわれる環境，社会，経済のサスティナビリティがその内容とされる。サスティナビリティ社会は，環境，社会，経済の維持を理念にする社会である。環境維持，CSRがグローバルな趨勢になり，サスティナビリティ社会を前提にした経営が必須になっている。換言すれば，環境経営，CSR経営は，企業の持続的成長のための条件といえる。

　企業は，人間環境，社会環境，自然環境の複合的な環境の下に成り立っている。この3つの環境は，人間環境では生活条件の悪化，社会環境では社会秩序の変化，自然環境では地球環境の破壊によって，見方によっては危機に直面している。市場原理や企業の論理で社会経済システムを構築・維持するのではなく，企業が存在する人間，社会，自然環境からの要請に応え共生するシステムの構築・維持が必要になってきている。

　このような社会を形成するためには，企業経営の価値転換と意思決定の仕組みの変更が求められる。前者の価値転換についていえば単一の経済的価値観のみによる企業経営では生活者（市民），従業員の共感が得られず，社会や生活者（市民）の価値観，問題意識を取り入れた，複合した価値体系への変更が求められる[3]。

　しかし経営者は，株主・投資家から株主価値極大化を求められ，目先の利益に目を奪われがちである。「会社は法的には株主のもの」，「損失の最終責任をとるのは株主である」という視点から，ガバナンスは株主にあると主張されている。しかし，株主だけにガバナンスがあるとはいえない。株主が最終

的に責任をとるという場合も，株主の責任は所有株式数までであり，有限責任である。株主の責任が有限であることは，企業も有限責任であるということである。企業が責任をとる範囲は純資産までであり，純資産を超える賠償責任が生じたとしても，それ以上の責任を問われることはない。株主がとれる責任には限界があり，直接的に経営を行っているのは経営者であるため，株主が社会的に批判されることはない。オーナー経営者の持株を利用した反社会的な行動が批判されることは少なくないが，これも株主として批判されているのではなく，経営者として批判されているのである[4]。

経営者は，近年，株主以外のステークホルダーからも大きな圧力を受けるようになった。このため企業は，資本提供者以外のステークホルダーに配慮しなければ長期的な存続が望めなくなってきている。比喩的にステークホルダー資本主義といわれる理由がここにある[5]。換言すれば，企業は，多元的価値に配慮して，ステークホルダーの支持を得なければ持続的成長が期待できないということである[6]。ステークホルダーの企業に対する支持は，ステークホルダーと企業の信頼関係から生まれる。信頼は，企業がステークホルダーの期待を裏切らないこと，期待は一時的なものでないから信頼関係を持続するために，① 持続的に成長することが必要になるとともに，② ステークホルダー間の利害調整が求められ，共生関係を築くことが必要になる。

経営者の行動に影響を与える要因として，ステークホルダーに止まらず，意思決定の背後にある文化的価値の持続的供給を可能にする文化資本と社会関係資本も看過できない。文化資本や社会関係資本が企業活動における経済資本を制御することができれば，利益優先の行動を避けることができる。たとえば，企業は地域との関係で公共性が求められており，それを促進しているのが文化資本や社会関係資本である[7]。

(3) 情報共有社会

　限られた資源を有効に利用するためには，市場機構を通して資源配分を行うことが最適と考えられてきた。そのためのバロメーターが利益である。市場が効率的であれば，利益の大きい企業はそれだけ資源の有効利用を果たしたといえる。財務会計は株主・投資家に，管理会計は経営者・管理者に，利益獲得に関する情報を提供することによって，資源配分の有効性・効率性に役立ってきた。

　しかし，いかに利益獲得に資する会計情報を提供しても，利益の配分が適正に行われなければ，資源は有効利用されないし，ステークホルダー間の利害も調整されない。バブル経済期には獲得された利益の多くが，海外の不動産投資や企業買収などに使われ，国際的な批判を受けるとともに，結果的に企業の大きな損失要因になった。バブル経済期に企業が得た大きな利益は，成長のシーズにならなかったどころか，バブル経済崩壊後の配分の偏りにもつながっている。たとえばストックオプションは，経営者報酬の上昇の要因になり，一般従業員の賃金・給与の圧縮とともに，両者の所得格差の拡大をもたらした。

　株価の上昇期にはストックオプションを導入しても株主の反発を招かず，経営者に対して株主の立場に立った経営を促進する制度として好意的にみられた。しかし，ストックオプションは，コーポレート・ガバナンスの変化と相俟って短期的な株主価値至上主義，換言すれば株価至上主義に傾斜させやすく，将来の成長を見据えた投資への配分を軽視しがちである。また，株価至上主義の下で，利益確保のため安易に人件費削減が行われるようになった。季節労働者，派遣社員などの増加とこれらの従業員へのしわ寄せは，経済成長期には「一億総中流」といわれた国民意識を「格差・不平等社会」という国民意識に変えた。政府も人口の15％が低所得者層という事実を追認せざるをえなくなった。

市場原理だけでは，経済活動に伴う外部不経済の発生を回避できず市場の失敗（市場が社会的に最適な資源配分にできない事態）を招きかねない。このため，規制が必要とされる場合がある。公的な規制を目的からみると，次の3つに大別される[8]。

① 経済活動に伴う負の社会的副作用の最小化…健康，安全，環境保全，災害防止などのために各種の活動内容に一定の基準，制限を設けるような場合

② 財，サービスの価格および量の安定的供給…参入者の資格や数の規制，財・サービスの生産量や価格などを統制する場合

③ 特定の産業や企業の育成，維持…中小企業の保護，新産業の育成などのため分野の調整などを行う場合

上記の①は社会的価値の実現を目的にした社会的規制，②，③は経済的価値の実現を目的にした経済的規制にウエイトが置かれる。①の分野では，情報の非対象性が生じやすいことが規制の理由とされる。

情報の非対象性（取引主体間において一方が他方の有している情報をもっていない状態），情報の不完全性があると，資源配分の効率が歪められ，社会秩序の維持と安定性が損なわれる。情報の非対象性に対しては情報の開示の徹底が，情報の不完全性に対しては測定・評価方法の向上や規格・基準にもとづく情報の精緻化が必要である。資源利用の有効性，利益配分の公正性を確保するためには，前者には公共性の視点，後者には利害調整の視点が重視される。相対立するステークホルダー間の利害調整のためには，その前提に情報が共有されていることが必要である。情報の非対象性が存在するところには，最大公約数的な解決策は見出せない。

（4） 価値創造社会

バブル経済崩壊後，ようやく回復基調になってきた企業業績が，サブプラ

イムローンによる不況で再び低迷している。バブル経済崩壊後，コーポレートガバナンスの変化で株主価値としての発行済み株式の時価，EVA，あるいは株主資本の効率を示す ROE といった指標が重視されるようになったが，こうした指標の極大化は配分の偏りをもたらした。

　偏った配分の実体は，生産性の伸び悩みに伴う労働分配率の低下に如実に示されている[9]。日本企業の付加価値労働生産性（付加価値／従業員数）は，1980 年代を通じて向上してきたが 1990 年代に入ると横ばいになり，1990 年代後半から若干向上する時期はあっても横ばい状態にある。その影響を受けて，従業員一人当たり人件費は 1990 年代半ばまでは上昇していたが，その後横ばいから低下傾向にある。

　付加価値労働生産性は，資本集約度（総資本／従業員数），総資本回転率（売上高／総資本），付加価値率（付加価値／売上高）の相乗積である。わが国が，スクラップ＆ビルドによる設備投資によって，付加価値労働生産性を向上させたことはよく知られている。また，付加価値率も 90 年代後半までは，付加価値労働生産性の向上に寄与し，わが国企業の高付加価値経営が功を奏してきた。しかし，その後は低迷している。付加価値率の低下は，原油等の原材料費の高騰に起因するところが大きいが，高付加価値製品の生産が難しくなってきたことも影響している。

　ROE は，1980 年代から波はあるものの低下傾向にあり，ようやく 2002 年から上昇に転じ，バブル経済崩壊から脱却したといえる状況になった。ROE は，売上高当期純利益率（当期純利益／売上高），総資本回転率（売上高／総資本），財務リバレッジ（総資本／自己資本）の相乗積である。ROE の向上は，売上高当期純利益率が 2002 年から上昇に転じたことと，財務リバレッジの 1980 年代からの傾向的な上昇に起因している。財務リバレッジの上昇は，いうまでもなく間接金融から直接金融への転換が大きな理由である。

　生産性と ROE の趨勢から，付加価値率が低下傾向にあるにもかかわらず

売上高当期純利益率が向上しているのは，賃金・給与の引き下げによるものであることが推察できる。配当金確保のしわ寄せが人件費削減になっているといわざるをえない。配当金と賃金・給与を確保するためには生産性の向上が求められる。大幅な売上増を見込めない状況下では総資本回転率を向上させることは簡単ではなく，そのため設備投資によって資本集約度を高めても設備の稼働率は高まらない。残された道は付加価値率の向上である。

21世紀は「新たな価値創造経済の時代」と『通商白書2004年』が指摘するように，物の生産に比重を置く資本集約型産業（物的生産型経済）から無形価値の生産に比重を置く知識・情報集約型の産業（知識創造型経済）に移行している。したがって付加価値率の向上は，新しい価値をもった製品・サービスを市場へ早期に提供することによって実現できるといえる。無形資産をドライバーにして付加価値を創造する価値創造社会では，ブランド，レピュテーション，ナレッジ，ノウハウ，ソフトウエア，デザイン，情報などがキーワードとされる社会である。

価格が高くてもアメリカでトヨタのプリウスの販売が好調なのは，燃費がよく環境にすぐれているという付加価値を生み出しているのみならず，プリウスを保有することがプレステージになるというブランドをもっているためといえる。

2. 新しいパラダイム構築への道筋

(1) 急がれる構造改革

21世紀に求められる社会像を実現するためには，わが国の経済・社会構造の改革が求められる。その最大のものがバブル経済崩壊から脱却するための金融資本市場の改革である。1996年に当時の橋本総理は，日本の金融市場

の低落傾向に歯止めをかけるために，2001年までに国際金融市場への再生を目指して金融システム改革を指示した。いわゆる「金融ビッグバン」である。1996年前後には，株価の凋落，証券会社による大口投資家への損失補塡，三洋証券，山一證券，北海道拓殖銀行などの倒産，日本長期信用銀行，日本債券信用銀行などの破綻，海外ではタイ，インドネシア，韓国と金融危機が連鎖的に発生し，金融不安が生じた。銀行が破綻することはないと考えていた多くの国民にとって，ゼロ金利政策やペイオフは金融機関に対する不信感を増長した。

　日本版ビッグバンは，資金供給の円滑化を図るために，① フリー，② フェア，③ グローバルを原則とする金融市場の抜本的な改革と，金融システムの安定化を図るための金融機関の経営改革を柱としている。

　前者については，銀行，証券信託子会社の業務制限の撤廃，証券業・投資委託業の免許制から登録制への移行，異業種から銀行業への参入制限の撤廃，株式売買委託手数料の自由化などが行われ，2006年には金融商品取引法が成立している。後者については，早期是正措置の導入，公的資金増強制度の整備，金融再生プログラムの実施，不良債権比率の引き下げ，ペイオフの解禁などが行われ，投資信託や保険の銀行窓口販売，証券仲介業や銀行代理業の導入・開放，生保不払いや態勢不備に対する保険会社や銀行への行政処分などが行われた。

　日本版ビッグバンによって，以前と比較して市場原理が機能するグローバルな金融資本市場が確立できたかに見受けられる。しかし，競争激化による銀行や証券会社の合併や淘汰，外資系金融機関の参入，ライブドア，村上ファンドに加え外資系ファンドによるM&Aなどによって，ビックバンが目指した自由な市場，透明な市場，グローバルな市場によって生きる株価上昇の期待できる活力ある市場の確立は，遅延したのではないだろうか。

　日本版ビッグバンは，金融改革に止まらない。ビッグバンといわないだけ

で，経営においてもコーポレート・ガバナンスに大きな変革が生じている。比喩的に「人本主義」といわれた従業員志向の経営から「株主資本主義」といわれる株主志向の経営に大きく転換した。このような変化は，① 株主資本の充実とその反面における金融機関の監視機能の弱体化，② 株式持合いの解消の進行と相互不干渉主義の弱体化，③ バブル経済崩壊後の業績低迷による株主からの発言力の増大を背景にしたものである。

　株主価値増大志向の下で，ROE，フリーキャッシュフロー，EVA といった業績評価指標が重視されるようになり，資産の圧縮，自己株式の買い上げ，財務リバレッジの利用，固定費削減などによる効率経営が求められるようになった。しかし，効率経営は非正規従業員を大量に生み出し，雇用と所得の格差を拡大した。また行き過ぎた効率経営は，将来の成長の原資である資産まで削減しがちで，日本的経営の特徴であった長期的経営を短期的経営に変質させかねない。

　コーポレート・ガバナンスの変化の下で，取締役会の委員会制，社外取締役・社外監査役の設置，内部統制の監査など，経営者のモラルハザードや不祥事をチェックするシステムが整備された。財務報告における四半期報告書の導入も株主・投資家の経営者に対する評価を厳しくし，経営に緊張感をもたらしている。しかし，株主価値至上主義の下で四半期ごとの業績向上に走りすぎると，研究開発投資，人的投資が軽視されかねず，長期的成長が阻害されかねない。

　グローバル化の影響で，会計においても「会計ビッグバン」といわれる大きな変化が進行中である。そのなかでも公正価値会計は大きな影響を与えている。たとえば欧米に比して株式保有が大きいわが国の金融機関にとって，株式の時価会計は株価下落時に自己資本比率規制に抵触しやすく，2008 年10 月に全国銀行協会会長が時価会計の凍結を要望し，公認会計士協会との間で対立した。会計基準のみならず，CSR（企業の社会的責任）や BCM（事

業継続マネジメント）の国際基準化も進んでおり，グローバル化に対応しなければならないが，一方的に飲み込まれてもならない。

(2) バブル経済崩壊からの脱却の論点

バブル経済崩壊後のわが国経済は，長らく低迷し，ようやく不況から脱却したものの，サブプライムローンに起因する不況で，再び苦しんでいる。日本版ビッグバンを検証することによって，すなわちバブル経済崩壊から脱却し成長への道筋が開けたかどうかを明らかにすることは，21世紀にわが国が進むべき方向を示すものである。

「失われた10年」は「失われた15年」ともいわれ，改革が進まず経済の低迷に苦しんだ期間をいう。1つの改革を成功させるためには他の改革が必要であり，そうした改革は経済，金融，経営，会計，法律など多面に亘っている。さらに，地球環境の維持という環境問題に対する改革は，国際社会で日本の存在感を高めるための重要な課題であり，避けて通ることができない。

各領域の関心事のうちまず経済については，現代の資本主義の様相と長期不況を考察することによって「失われた10年」の原因の解明が求められる。地価と株価の実質的価値から乖離しての高騰とその崩壊を契機として発生した長期不況は，単に「バブル後遺症」という観点から把握されるためか，長期停滞論の視点から分析されることが比較的少ない。しかし，資本と労働の過剰傾向の全面的な現出として究明することもでき，この点から長期不況の原因を問うてみる必要がある。

第2に金融については，バブル経済崩壊に関してもっとも論じられることが多いが，金融ビッグバンに焦点を当てた次のような論点の究明が求められる。① 従来の規制・低金利政策が成長を支えてきたとする主張は正しかったか，成長の機会が豊富であったため金融面のマイナスを引きずる形で高度成長してきたのではないか。② あるべき金融システムへの変革が行われるのが

遅れたとの見方が多いが，仮にそれが実現していたとすれば，90年代の不況は回避できたのか，金融システムの問題が本当に経済を左右した原因であったのか。③ 金融改革は，「失われた10年」を克服する効果をもたらすのか，表向きには改革のようにみえても従来の体制の温存ないし強化にすぎないのではないか，などの検討が求められる。

　第3に経営については，バブル経済崩壊後の不況とグローバル化の流れの下で，① 日本の企業が変革を余儀なくされた点について，② とりわけ金融ビッグバンによって，株式持合いの解消が進められ，コーポレート・ガバナンスが大きく変化した点について，③ さらに株主価値重視への傾斜の下で，バブル経済崩壊後の日本的経営の特徴とされる意思決定システム，業績評価システム，人事考課システムなども大きく変わりつつある点について，どのように変革されたか，今後どのような方向に向かうのかの考察が求められる。

　第4に会計・会社法について，伝統的に取得原価主義を基盤としていた企業会計が，1990年代から開始された一連の会計ビッグバン（金融商品の時価評価，固定資産の減損処理，内部統制の監査などの新基準の導入）によって，① どのように変わったのか，② 会計基準のコンバージェンスの問題点は何か，③ 情報開示の改善という点で有効であったのかなど多面にわたる考察が求められる。

　改革の遅れは，日本経済のプレゼンスを低下させ，世界に対する発信力を弱めている。中国経済の躍進にともすれば霞みがちなところに，政治の空白も重なり改革が進まず，国際競争力の低下が著しい。閉塞感のなかに日本のリーダーシップを示したのが，鳩山総理による CO_2 の25％削減という国連演説である。高度成長時代の公害を経験したわが国は，地球環境に対してはEU諸国に遅れをとらない改革を進めてきている。環境の重視は，バブル経済崩壊から脱却した後のわが国の発展方向の1つを示している。地球環境の維持には多面にわたる問題点があり簡単には論じられない。しかし，総合的

な視点と戦略の樹立が急がれる。

(3) 本書の構成

本書は4部からなり，各部の論文は，内容的に総論的なものから各論的なものへという順に掲載されている。各部は，第Ⅰ部が経済・金融，第Ⅱ部が経営，第Ⅲ部が会計，第Ⅳ部が環境であり，それぞれ「失われた10年」の問題点を考察している。各分野とも論点が多岐にわたっているため，内容的には一面を論じているにすぎないかもしれない。しかし，それぞれが核心をついている。

第Ⅰ部の経済・金融からみた「失われた10年」では，バブル経済から何を学ぶべきかを解き明かすために，第1章から第3章までが経済に焦点を当てた，第4章および第5章が金融に焦点を当てた考察を行っている。第1章の「バブルの教訓とケインズ経済学の真髄」および第4章の「金融システム不安の下での金融政策」は，バブル経済とその崩壊を鳥瞰図的に解明している点で本書のスタートラインであり，また，第5章「FRBは日本銀行の経験から何を教訓として学ぶべきであったか」は，サブプライムローンへの示唆を与えている点で本書のゴールに相当する。また，第2章「産業内貿易と日本の台湾直接投資」と第3章の「社会資本整備・運用の展開と課題」は，バブル経済崩壊から脱却した後の発展方向を示唆するものである。

第Ⅱ部の経営からみた「失われた10年」は，第6章から第9章までがバブル経済崩壊に伴う株式会社の構造変化に焦点を当て，第10章から第12章までがバブル経済崩壊から脱却した後の発展方向や経営管理のあり方を論じている。まず，第6章「日本の失われた10年の教訓と世界金融恐慌」は，第Ⅱ部の総論に相当し，バブル経済財崩壊を踏まえて世界同時金融危機に言及している。第7章「株式会社の危機」は，バブル経済期から加速されたガバナンスの変化に伴う無責任体制化を鋭く分析している。第12章「経営管理

の誤りを克服するコーポレート・ガバナンス」は，ヴォルフガング・ドロウ教授の執筆によるものであり，日本企業のコーポレート・ガバナンスのあり方を教示しており，第7章と照らし合わせる形で読んで欲しい。第8章「日本における失われた10年と外国企業」は，ハラルド・ドレス教授による執筆であり，日本の失われた10年が海外からどのようにとらえられているかを示す点で興味を引くはずである。第9章「株式会社の株主資本政策の容易化」は，第Ⅲ部の会計分野に区分することもできるが，経営者権限の視点から明快に論じており，ガバナンスとの関係を考えるために第Ⅱ部に掲載している。第10章「シンガポールの産業高度化から学ぶ」は，シンガポールの産業発展を分析することによって日本企業の成長に求められる戦略視点を，第11章「『失われた10年』と日本企業の人事・人材管理の変化」は，日本企業の人事政策の変化を分析することによってこれからの人的資源戦略のあり方を示唆している。

　第Ⅲ部の会計からみた「失われた10年」は，財務会計および監査の領域における問題を論じている。会計のグローバル化に伴い会計ビッグバンという言葉が示すとおりの大きな変化が生じており，4編の論文ではその全体像を示すには少なすぎる。しかし，第13章「会計・監査業務の変容と課題」は，わが国の監査を中心に歴史的な流れをわかりやすくまとめており，問題の所在を知ることができる。第14章「不良債権処理の会計・監査と金融行政」は，不良債権処理の経過を詳細に分析しており，第Ⅰ部の経済・金融からみた「失われた10年」に掲載したほうが適切とも考えられる。したがって，第4章とセットで読んで欲しい。第15章「金融商品会計と公正価値会計」，第16章「費用性資産の評価損を巡る論点」および第17章「連結資本——少数株主持分をめぐる論点」は，いずれも会計基準をめぐる大きな論点を取り上げている。個別のテーマであるため相互の直接的な関係はないが，問題点の所在を的確に示しており，会計基準の研究に欠かせない論文である。

第IV部の地球環境からみた「失われた10年」は，持続可能な社会の構築をテーマとしている。環境維持に関しては，鳩山首相が2009年9月に国連総会での「2020年度までにCO_2の1990年比25％削減」発言や「鳩山イニシアチブ」といわれる発展途上国への開発支援の各国への呼びかけにみられるように，わが国の自信の表れであるとともに，これからの発展方向を示している。第18章「環境政策における持続可能なマネジメントとボランタリー・アプローチの役割」は，第IV部の基本的なスタンスを示している。第19章「地域政策の展開と評価——環境配慮型の観光開発を中心に」，第20章「『失われた10年』と森林の環境評価」，第20章「『失われた10年』における日本企業の強みの再構築」は，わが国の環境政策に関する各論になる。これらの論文を通して，わが国が失われた10年の間に環境維持にどのような努力してきたか，環境に関する強みをどのように活かすかの方向性を明らかにしている。バブル経済崩壊とそれに続くサブプライムローンに起因する不況で暗くなりがちな世相でのなかで，明るさを示しているのが環境であり，国民に勇気を与えてくれるのではないだろうか。

3. 結びにかえて

　「失われた10年」を回復するために求められる社会像は，21世紀にわが国が発展していく方向性を示すものである。換言すれば「失われた10年」の考察の切り口といってもよい。しかしながら，経済・金融，経営，会計，環境の各分野において論じられている内容は，求められる社会像としての共生社会，サスティナビリティ社会，情報共有社会，価値創造社会に結びつけて論じられているわけではない。
　学術シンポジウムの意図は，個別の研究に横串を入れることによって，内

容に学際的な広がりをもたせることである。横串に相当するのが「求められる社会像」と「失われた10年」である。方向性を示すという目的は，シンポジウムの場において議論されているが，本書のなかに体系的に結晶化してはいない。これからの発展方向としての求められる社会像と失われた10年との関連は監修者が纏めるべきかもしれない。残念ながら監修者にその余裕はなく，21世紀に期待される社会を実現するための材料を提供したにすぎない。

シンポジウムおよび本書のもう1つの横串である「失われた10年」については，本書のテーマであり，すべての執筆者がそれぞれの分野で造詣の深い研究者であることから，成功しているといえる。

1) 田中直毅「経済教室 新地平，企業が拓く」(『日本経済新聞』) 2005年5月10日。
2) 谷本寛治『企業社会のリコンストラクション』千倉書房，136–140頁。
3) 福原義春『多元的価値経営の時代』東洋経済新報社，1992年，28–30頁。
4) 本書の第7章に掲載されている奥村宏「株式会社の危機」，同著者『会社はだれのものか』ビジネス社，2005年。
5) 石崎忠司「企業価値の2面」(石崎忠司・中瀬忠和編著『コーポレート・ガバナンスと企業価値』中央大学出版部) 2007年。
6) 谷本寛治「社会から信頼される企業システムの構築に向けて」(小林俊治・百田義治編『社会から信頼される企業』中央経済社，2004年) 43頁。
7) 後藤和子「創造性と公共性を媒介する市民活動—『市民活動論』を執筆して」(『書斎の窓』NO. 548，2005年10月，有斐閣) 32–36頁。
8) 横倉尚「社会的規制の対象」(植草益編『社会的規制の経済学』NTT出版，2000年) 24–25頁。

参 考 文 献

家木成夫『環境と公共性』日本経済評論社，1995年。
池田和明『利益の源泉』ダイヤモンド社，2008年。
内橋克人『多元的経済社会のヴィジョン』岩波書店，2000年。
奥村宏『株式会社に社会的責任はあるか』岩波書店，2006年。
奥村信宏『公共の役割は何か』岩波書店，2006年。

粕谷信次『社会的企業が拓く市民的公共性の新次元』時潮社，2006年。
小阪直人『公益と公共性』日本経済評論社，2005年。
小松隆二『公益の時代』2002年。
小松隆二『公益とは何か』論創社，2004年。
谷本寛治『ソーシャル・エンタプライズ』2006年。
平子義雄『公共性のパラドックス』世界思想社，2008年。
間瀬啓充『公益学を学ぶために』世界思想社，2008年。
宮坂純一郎『ステークホルダー行動主義と企業社会』晃洋書房，2005年。
山脇直治『グローカル公共哲学』東京大学出版会，2008年。
中井誠「我が国金融資本市場改革の回顧と展望」（日本財務管理学会第29回秋季全国大会プログラム・報告要旨，2009年10月）。

第 I 部
経済・金融からみた「失われた10年」

第 1 章
バブルの教訓とケインズ経済学の真髄

花 輪 俊 哉

1. はじめに

　私は1931年（昭和6年）東京の生れである。この年は1929年末から始まった大不況の真っ只中であったが，幼児のために不況の状況は記憶にない。戦争，敗戦を経験し，大学受験の頃は，まだマルクス経済学も近代経済学の存在も知らなかった。一橋大学に入学して始めてケインズの名前を知ったわけである。商学部でなく，経済学部に入学したのは，当時は「商」という字にうっとうしさを感じていたためであろうが，その根底には，日本中世の倫理観である「士農工商」が，身体に染み付いていたためであろう。福沢諭吉はeconomicsを経世済民の学より経済学と訳したそうであるが，これを「士」に任せることにし，農業，工業，商業を含む全産業を管理させようとしたのである。農・工に比し商が一番下位にあるのは，農・工は付加価値を作るが，商は付加価値を作らず，ただ人の作ったものを移動させて利益を上げる存在と考えられたからである。ここに日本中世の倫理観が明確に示されている。商は交換を前提とし，交換は近代では当然市場を前提とするので，経済と無関係ではないのに，両者が切り離されたかたちで存在するのは奇妙である。特に日本で「商」が低く評価されてきたことは残念なことだが事実であるが，これは全く誤った考えから生まれたものと考えられる。その結果，しばしば

経済計画が市場経済と関係なく作成されたのであった。

　経済学部に入学したものの，経済理論に関心を持ったのは3年生になった時であり，1,2年生の時はむしろ歴史に関心を持っていた。2年生のサブゼミも増田四郎先生の下で，ヨーロッパ中世の都市の構造などに興味を持っていた。3年生の時中山伊知郎先生のゼミに入れていただき，経済の中でも理論そのものよりは歴史や制度に関係の深い貨幣・金融を研究の対象に選んだのである。しかし，貨幣・金融論は一橋大学では経済学部には無く，商学部に属していたのであるが，そのことの重大性については学生時代には意識されなかった。他学部の講義は自由に聴けたからである。その制度の重要性については大学院を受験する時に始めて気付いたのである。すなわち，大学院の試験官はそれぞれ各所属の研究科から出てくるのであり，講義を聴いていた商学部の先生ではなく，研究所の先生であったのである。始めてお目にかかる試験官の顔に驚いたことを覚えている。幸い合格できて，学部・研究科を通じてケインズ学説を勉強した。ケインズの代表作は『一般理論』[1]であり，大不況に対応して作られた学説である。それは有効需要不足を指摘すると同時に，流動性選好（貨幣愛）を重視するものであった。私がマルクスよりケインズを選んだのは，マルクス学説が金融論から遠いと考えたからである。ケインズ学説は「不況の理論」，また「雇用の理論」として知られているように，不況からの脱出について有効な手法を提供したのである。

　しかしケインズ革命隆盛の時代は終り，ケインズ理論を短期理論として，ハロッドやロビンソンのように長期理論の必要性の模索が始まると同時に，フリードマンのように反ケインズ学説への歩みが始まった。と同時に，ケインズが活躍し始めた経済状況，すなわち価格メカニズム万能主義が再び形成され始めた。私がケインズ時代の復活を感じたのは，日本のバブル崩壊の時である。価格メカニズムの復活は，特に労働市場に明白である。労働組合勢力の低下，非正規労働やパート等の出現によって，賃金という価格によって

労働需給が調整されるようになってきた。しかし実際には，価格のメカニズムによる完全雇用の達成はうまくいかず，突然の需要不足により，非自発的失業を大量にまた急激に発生させたのである。まさにケインズ時代の再来である。ちょうどその時金融学会会長としての講演をする機会があり「ケインズ時代の再来」[2]という題で話をした。当時，消費者物価は安定していたものの土地価格が上昇していたので，日銀では，貨幣価値の低下は見られず，インフレではないと考えたために超金融緩和が進行したのであった。問題は土地のような資産価格の上昇をどう考えるかということである。特に銀行は生産物価格のみならず，資産価格との関連を考察しなければならない。当時の欧米は，日本からの影響を受けずに経済成長を続けていた。その意味で日本の経済力はそれほど大きくはなかったと考えられる。

ただここでバブル崩壊時にわが国で行われた財政拡張政策について考えておきたい。それは「財政支出増加 → 実質金利上昇 → 円高傾向 → 輸出減少 → GDP 不変」という形で行われ，財政政策は無効である。そこで政府は金融政策に変えたのである。つまり「金融緩和 → 実質金利の低下 → 円安傾向 → 輸出増大 → GDP 増大」となるのである。実際に自動車を中心に輸出が増大し，わが国は不況から脱出できた。しかし今になって考えてみると，この自動車輸出もバブルだったのである。その証拠には，アメリカのサブプライム問題から始まった不況により，住宅のみならず自動車の販売も著しく低下したことからもわかる。

これに対し，今回のアメリカのサブプライム問題から始まる金融危機は急速に世界を不況に巻き込んでいる。これはアメリカだけではなしに，ヨーロッパやロシヤのみならず，中興新興国である中国やインドまで巻き込んで不況にさせている。日本も巻き込まれただけではなしに，バブルからようやく快復を示したところに再び不況が襲いかかってきた。それも他国よりも，円高による分一層激しいと考えられる。ここに始めて「ケインズ時代の再来」が

嘘ではなかったことが明確となってきた。すなわち，戦後長い間忘れていた貧困が再び問題となってきた。すなわち，失業者の増大によって，貧困が現実の問題となってきた。貧困といっても戦後のような絶対的貧困ではない。むしろケインズが問題としたような「豊富の中の貧困」(poverty in plenty)であり，規模の大きさはわからぬが，今後も繰り返し起こってくることが予想されるのである。

　ケインズは，非自発的失業を有効需要の増大で可能であるとしたが，その背後に当時の制度的要因があることを忘れてはならない。すなわち，社会保障対策としての失業保険の整備である。これにより失業しても1年間ぐらいは通常の6～8割ぐらいの所得が得られたのであり，その間に有効需要の回復により雇用機会が殖えれば再就職が可能となったのである。しかし今回の不況では様子がやや異なる。すなわち，労働者は規制緩和に伴い正規雇用と非正規雇用に分かれ，この非正規雇用は必ずしも十分な社会保障制度に守られては居らず，ただ価格メカニズムのままに任されていたように見えるからである。これではケインズ以前に戻ってしまって，労働者は貧困に苦しめられたのはいうまでもない。ケインズ時代まで時代を戻すためにも，少なくとも非正規雇用にも正規雇用と同じような社会保障制度の適用が必要になるのである。むしろその充実を図っていくべきだろう。

　第1節では，伝統的資本主義観であるアダム・スミスの価格メカニズムを重視した経済学を検討する。第2節では，ケインズ経済学を厚生を重視する経済学とした場合の理論的構造を考える。第3節では，投資家および企業家の利子率安定行動を考える。第4節では，日本の将来を考えるとして，日本の進む道を考察する。もの造りが得意だからと言って「もの造り国家」のままで進んでいけるであろうか。

2. 価格メカニズムの経済学が示す資本主義観

　福沢諭吉の『学問ノススメ』[3]の巻頭に，有名な「天は人の上に人を造らず，人の下に人を造らずと言えり。」があり，万人は皆同じ位で，平等なるものであるが，学問をするかしないかで賢人と愚人に別れてくるのであり，学問の大切さを説いている。ただ学問といっても，従来の学問である孔子・孟子の学問は，いわば「光を求める学問」[4]であり，これでは役に立たず，「果実を求める学問」である経済学のような学問をやる必要があることを説いている。もちろんこれは経済学だけではない。より古くからある法律学や，商学等のようないわば実学の必要性を考えていたのであろう。

　経済学は，アダム・スミスの『国富論』[5]（1776年，または『諸国民の富』）を嚆矢とし，自由主義による調和的秩序の実現を考えた。スミスは，そこで「国富」を増進させるためにはいかにすればよいかを考えた。スミスは，そのための2条件を明らかにしている。その1は，分業——生産上の分業のみならず，社会上の分業も含む——によって生産効率を高めることが出来れば，国富を増進することが出来ると考えた。ところで分業は，当然交換を必要としている。言い換えれば分業のない自給自足の経済の場合には，交換は本質的なものではない。分業が広範囲になればなるほど，交換もまた広範囲に行われねばならないのである。したがって，交換が広範囲に行われることが分業を発展させ，生産効率を高めることになるとスミスは考えた。そしてこの交換は価格機構を通じて行われ，需要と供給が均等になるように調整される。スミスは，交換のメカニズムが何者にも妨げられず，自由に行われることの必要を強調している。ここにスミスの自由主義思想が見られる。

　貨幣の基本的機能の一つは，この交換との関連より生じる。すなわち，交換には直接交換（物々交換）と間接交換があるが，直接交換は「欲求の二重の

一致」が必要であるところから，次第に間接交換に移行せざるをえなかった。そして間接交換ともなれば，交換の仲介物としての貨幣が必要になってくる。貨幣の交換手段としての機能がこれである。この交換手段の具体的形態として，牛や金属などのような商品貨幣と紙幣のような信用貨幣がある。歴史的には言うまでもなく，商品価値を持つ商品貨幣から始まったと考えられるが，信用の確立に伴って，次第に信用貨幣が支配的になってきたと言えよう。形態はどのように変化しようと，交換手段としての機能を持つ貨幣の価値の安定をはかることが価格機構を円滑に作用させ，生産資源の配分を適切に行うことを通じて生産効率を高め，国富を増進させることになると考えたのであろう。逆に貨幣価値の安定が損なわれれば，交換の範囲は縮小し，分業もまたその範囲を縮小せざるをえず，その分国富の増進は妨げられることになると考えられたのである。ここに貨幣制度の確立が重視され，歴史的には金本位制が実現されることになった。すなわち，貨幣は金の価値に結合されることによって貨幣の安定がはかられたのである。

　国富増進の第2の条件は，資本蓄積に関係している。第1の条件の分業─交換の拡大は，たしかに国富の増進を可能にさせるであろうが，その分業─交換の範囲を具体的に規定するのは，各国の資本蓄積の度合いであると主張される。ではその資本蓄積はいかにして行われるかという問いに答えて，スミスは，「勤勉ではなくして節倹が資本増加の直接の原因であるという。いうまでもなく，勤勉は節倹が蓄積すべき対象物を作りはするが，勤勉が如何程多くを獲得しようとも，節倹が節約し貯蓄することがなかったならば，資本が大きくなることは決してない」と主張し，節約の重要性を強調したのである。そして，価値保蔵手段としての機能を持つ貨幣は，この貯蓄の一手段として重視されたのである。ここにおいてもまた貨幣価値の安定は，貯蓄を増大させるための条件として意義があり，貨幣制度の健全な運営が期待されたのである。以上のように貨幣制度を重視したスミスは，金融についてはどの

ように考えていたのだろうか。資金需要を表す投資と資金供給を表す貯蓄は，利子率を通じて均等になると考えられた。すなわち，生産物市場における生産物価格，労働市場における賃金率と同じく，金融市場における利子率が自由に伸縮的であることが望ましいと考えたのであった。このように金融問題が価格機構の問題として解決されたので，究極的に貨幣制度の確立が重要な目標となったのである。

さてスミスは，その自由主義思想が示しているように，経済政策に対して批判的であったと言えよう。それは一つには，経済政策の介入はかえって自由な価格機構を乱し，国富の増進を損なうことになると考えたからである。また第2に政府の活動は，いわば消費的活動であり，その活動の拡大は直ちに貯蓄ならびに資本蓄積の縮小につながり，国富の増大を制約すると考えたからである。まず財政については，夜警国家観に見られるように，政府の役割を国防，司法および公共事業の施行など最低限にとどめ，出来るだけ民間の経済活動の拡大を期待したのである。また金融についても，金融政策によって自由な価格機構を歪めるよりは，むしろ厳格な貨幣制度を確立することによって，貨幣の価値を安定化させることが経済の安定と成長にとって基本的条件と考えたのであった。

このように貨幣制度と自由な価格メカニズムに対する確信が，スミスの調和的経済観の基礎にあったと思われる。そして貨幣制度の確立は，具体的には金本位制の成立となって現れた。それは金の価値を背景に貨幣の対内的・対外的価値を維持する制度と言えよう。金本位制度は，本来ならば貨幣管理を行う主体である貨幣当局は必要なく，貨幣委員会があればよいと考えられた。しかしながら，銀行預金の形態としての信用貨幣が発達してくると，一国の貨幣量を金の保有量に厳密に釘付けすることは困難になってくる。1825年来の一連の信用恐慌は，まさに貨幣制度の危機，ひいては国民経済の危機であり，それを脱するために信用貨幣量の管理が必要とされたのである。こ

うして金本位制度の下であっても，貨幣当局が発達してきたのである[6]。こうして主として価格メカニズム万能主義が調和的経済の実現となるためには，個々人の経験により正しいことは，必ずしも全体の経験にとっても正しいことにはならないという「合成の誤謬」を否定することになる。個人的に合理的に貯蓄したものは，必ず投資に向けられると考えていたからである。現実の社会では，「合成の誤謬」は，日常的であり，調和的社会の実現はなかなか難しいと言わねばならない。

　こうして金本位制と価格メカニズムへの信頼がスミスの信条の背後にあると考えられる。しかしスミスを自由放任主義者と考えることは，必ずしも妥当ではない。それはスミスのもう一つの著書『道徳情操論』[7]があるからである。しかし，ここではこの問題を研究する場でなく，単に価格メカニズムへの信頼を重視する経済学者の代表としてスミスをとらえることとして先へ進もう。

3. welfare経済学としてのケインズ経済学

　価格メカニズムの経済学が一般均衡論として成熟していく中で，現実の経済は必ずしも調和的な成長は無く，激しい景気循環に見舞われたのである。資本主義経済はむしろ不確実で，景気循環があることが普通であると考えたのがシュンペーター[8]であった。彼は資本主義の中核的な経済主体として企業者を考え，企業者は，資本主義のエンヂンを起動せしめ，新消費財，新生産方法乃至新輸送方法，新市場，新産業組織の革新をもたらすとされた[9]。ここに始めて資本主義に人間らしいものが現れたと考えられる。しかし，それはまだ十分に人間の行動を取り扱ったとは言えない。

　十分に人間を感じられるためには，ケインズ-ヒックスまで待たねばなら

なかったのである。通常，ケインズ経済学は経済政策の経済学と考えられているが，必ずしもそうではない。より広く観察する必要がある。前章での交換において，商品を供給する生産者と商品を需要する消費者はそれぞれ商品価格に応じて，商品の供給量と需要量を決めると考えられた。すなわち，生産者は価格の上昇に応じて供給を増加させるであろう。また消費者は価格の増加に応じて需要を減少させるであろう。この話の中での需給の一致はフローの需給の一致でしかない。しかし現実には，両者の間に商人(merchant)が存在し[10]，商人が需給の調整を行うと考えられる。商人は通常在庫を保有し，これを調整することにより，需給の調整を容易にすることができると考えられる。すなわち，需要が供給を上回っているような超過需要の状態では，商人は手持ちの在庫を放出することにより，需給の一致を導くであろう。また供給が需要を上回っている超過供給の状態では，商人は手持ちの在庫を増加させることによって，需給の一致を導くであろう。このようにして導かれる需給の一致においては，単にフローの需給の一致だけではなく，ストックも含めた需給の一致が実現しているのである。

　商人は当然投機を行う[11]。すなわち，価格が上昇すると考えれば，安いうちに買って高くなってから売れば利益になると考え，在庫の積み増しを考えるのが普通である。反対に，価格が低下すると考えれば，保有している在庫を早く売って利益を確保しようとするかもしれない。これが商人の不当な行動であるとして非難されてきた。例えば価格の上昇が予想されるのが穀物市場における凶作予想だとしよう。商人の在庫積み増しにより，穀物価格はそうでない時よりも上昇するだろう。ただこの価格上昇により，生産が刺激されると同時に消費が抑制されるならば凶作が実現した時，その穀物価格の上昇はそれほど大きくないかもしれない。こうして投機行動は，全体としてみれば，価格の平準化に役立っていると考えられる。またもし凶作の予想が外れ平年作になったとすれば，在庫の積み増しを行った商人は，損を出し市場

から退出を迫られることになろう。これは豊作の予想についても妥当する。まさにこの商人の行動は、先物市場の役割を果たしていると考えられる。もちろん投機はいつも成功するとは限らない。投機に失敗した者は当然淘汰されるのである。

重要なことは、市場経済における需給の調整に商人が参加することであり、これによりフローのみならず、ストックも需給に関係することになる。もし景気循環がフローだけに関係するものであれば、その解決は簡単である。しかし現実には、ストックが関連する。特に貨幣のストックが不況において深く関わってくると、経済は深刻な状態になってくる。貨幣がストックとして退蔵されてくると、その貨幣が支出に回らないことになり、その分有効需要が不足することになり、不況は深刻化する。

さてこうした商人は、現実の商人としても重要であったが、次第に商人機能として重要となってきた。すなわち、生産者と商人機能との合体である。これはまさにシュンペーターの企業者と価格論との結合を意味している。ケインズの企業家は、無意識のうちにこうした概念に移行したものと考えられる。それゆえシュンペーターの企業者と違い企業家と名付けた。これは元来ヒックスにより明確にされたものであるが、私はこれを知り、ケインズはまさにこうした概念を使用していたものと考えた。そしてこれは、現実の経済変化を反映したものであり、welfareの経済学に連なるものと考えられる。すなわち、企業家の価格安定の模索が行われたと考えられる。

ところで、こうした資本主義経済の変容は企業家が顧客の反応に応じようとした結果なのである。ケインズが批判した古典派経済学の時代は、まだ第1次産業が支配的であり、それも冷蔵設備が未整備の時代であり、商品は腐敗する可能性が高く、在庫保有は不可能と考えられていたので、市場経済の姿は、価格調整によるのが普通とされていたのである。すなわち、超過需要が生じれば、その商品価格はおのずから上昇し、その商品の供給は増加する

と共に，需要は減少するので，市場で需給は均衡すると考えられたのである。反対に，超過供給が生じると，その商品価格はおのずから下落し，その商品の供給は減少するし，その需要は増加するので，市場で需給は均衡すると考えられた。

しかし，第2次産業が支配的な時代になると，企業の保有在庫の調整で，市場の需給調整が可能となってきた。特に冷蔵設備の整備の中で，第1次産業の第2次産業化が進展する中で，市場の調整は価格調整から在庫・生産調整となってきたと考えられる。これはまた顧客の反応に対応したものと考えられる。すなわち，超過需要の時企業が価格を引上げて需給の調整を図ることは，価格調整経済の論理の中では当然のことと考えられていたのに，顧客の足元に付け込む所業として顧客の信頼を失う怖れがあると心配された。反対に，超過供給の時にも企業が価格を引下げて需給の調整を図ることは，価格調整経済の論理としては当然であるとしても，その商品の価格の引下げは，その商品の質に疑問を抱かせ，顧客の信頼を失う怖れがあると考えられた。したがって，企業としては，出来るだけ長期正常価格（長期正常コストに正常利潤を加えたもの）を維持し，短期的な需給のギャップには，在庫もしくは生産の調整で対応しようとしたのである。現実の社会の変化に対し企業の対応を変えるのは，まさに welfare を考慮した経済学と考えられる。

もちろん絶対に価格を変化させないわけではなく，顧客に合理的に説明できるような場合——例えば原油価格の高騰等に見られるような——には，その商品価格の引上げも顧客の不信を買うことは少なかったと思われる。反対に，超過供給の場合には，価格の引下げも考えられるが，むしろ顧客のニーズにあった低価格の新商品の開発で対応する方が一般的であったようである。これは自動車や電気製品等に見られた。しかし最近の電気自動車にみられるように自動車においても，中国やインドのような低賃金国が参入するに及んで，ここにも価格メカニズムが復活してきたようである。

資本主義経済の第3段階は，いわゆるサービス経済化である。サービスが対象となる経済は，在庫が困難な社会と考えられるので，在庫に代わる需給調整方法を考えなければならなくなる。それが生産能力調整としての設備調整と考えられないだろうか。例えば，運輸事業を考えてみよう。このサービスは，朝晩の時間帯がラッシュで電車等が特に混むようである。時間差のある出勤・出校等が対策として考えられ，混雑の緩和が行われているけれども，限界がある。そしてまたラッシュ時を除けば，電車等はかなり空いているのである。しかし，ラッシュ時のピークに対応できなければ，事業体としての存在意義はない。それ故，ラッシュ時に対応できる設備の充実が必要となる。そうした設備の拡充は，ラッシュ時以外では，逆に余剰設備となるであろうが，運輸事業としてはやむをえない無駄となるのである。この事態に価格だけで対応しようとするならば，ラッシュ時に乗る人の運賃は極めて高価なものとなってしまうであろうし，そんな高価な運賃では大衆は乗れないのである。価格メカニズムの限界があると言わねばならない。したがって，このような公共料金については，運輸事業全体を考え料金の設定が行われている。

　同様なことは他のサービス業にも当てはまる。例えば，電気事業を考えてみよう。電力の最大需要は，暖をとる昔は冬期だったそうであるが，現在は冷房需要の夏期だそうである。このように生活の仕方が変容すると，当然電力需要も変化してくると考えられる。電力事業としてみれば，こうした変化に応じて対応していかなければならないであろう。電力需要のピーク時に対応した設備は，ピーク時以外にはかなりな余剰設備と考えられるかもしれない。もし電力需給を価格だけで調整しようとすれば，ピーク時の電力需要に対しては禁止的な料金が設定されなければならないし，そうした料金が設定されるならば，電力以外の熱源を復活させるかもしれない。実際には，比較的に利用の少ない夜間の電力を利用させるような料金体系が行われているようである。また供給方法の工夫もなされている。例えば供給源としての水力

第1章　バブルの教訓とケインズ経済学の真髄　33

発電，風力発電，原子力発電，太陽熱利用等，いろいろ考えられてはいるが，まだこれという決定的なものはないようである。このように電力についても，価格メカニズムだけでの需給調整への対応は困難であり，電力事業全体として公共料金の設定が行われている。

　このように通常在庫が不可能なサービスにおいては，需給調整を価格メカニズムに求めることはなく，また製造業におけるように在庫の調整もならず，設備能力調整で長期的な需給の調整を行っていると考えられる。

　こうした資本主義経済の変容は，企業を支える経済主体が，単なる生産者から企業家へと変貌したことを意味する。企業は，需給の調整を市場価格のメカニズムに任せずに，少なくとも景気循環過程では価格を安定させることを意図して長期正常価格を設定するのであり，その結果としての在庫・生産調整，また設備能力調整は，企業家のイノベーションによる新組織の形成と考えられたのである。そこでは企業家は，生産者プラス商人機能を併合した経済主体として出現するのであり，景気循環を通した価格安定を考えているのであり，ここにwelfare重視の姿勢が見られる。

　もちろん商業機能は，生産者とのみ結合するのではなく，消費者と結合して生協のようなグループとなるかもしれない。これもまた価格メカニズムと言うよりは，景気循環を通じての安定を考えるwelfareの視点に立った経済学を形成することになる。「景気変動を通じての安定」という考えは，たしかに福祉の観点を考えていると言えよう。そしてここまでの話では，企業家という経済主体の出現が，価格の安定を可能としたのである。

　ここでの価格の安定化は，あくまでも企業家による景気変動を通じての意味での長期正常価格の予測に基づくものである。もし企業家が経済の構造改革の将来を考え，長期的価格の下降を予測するならば，商品の長期的価格は，価格破壊的様相を示すに違いない。そして企業家の予測が当たる限り，そうした傾向もやむをえないかもしれない。もちろん物価の安定は，中央銀行の

業務であるから，全体としての価格である一般物価は長期的に安定するはずである。

もちろん国全体としての完全雇用の達成は，当然福祉国家としての政府の責任として行われるわけであり，雇用について企業の責任が問われても，それには限界があるわけである。もし責任があるとすれば，非正規雇用者を雇用するとき，その雇用者が失業した時の補償，例えば失業保険などへの加入を十分チェックしなかったことであろう。非正規雇用の制度的充実をチェックすることを企業の責任とすれば，いまの問題の多くは解消すると考えられる。

このようにケインズ経済学は必ずしも経済政策論として示されるのではなく，商業機能を合わせ持った企業家として経済の安定化に貢献できる理論を提供したと考えられる。完全雇用の達成・維持のためには，失業保険制度のような制度的要因を重視しなければならないであろう。我が国ではことに非正規労働に対する制度が完備されれば，かなり状況は変化するであろう。雇用維持の責任は政府にある。雇用の制度的充実を前提に，景気変動過程のみならず構造的変動過程を含めて，日銀を含めた政策当局にある。さらに企業家の機能を金融面へまで発展させるのは次節での問題となる。

4. 金融へまで拡張された企業家と investor（投資家）

ケインズが批判した古典派経済学では，資金市場も価格メカニズムで資金の需給がうまく調整されると考えた。すなわち，実物的には，投資（利子率）＝貯蓄（利子率）が考えられるが，投資は企業の資金需要であり，貯蓄は企業に対する資金供給を表す。さらに金融面を考えると，債券の需要（利子率）＝債券の供給（利子率）となり，いずれも利子率という価格メカニズムで需給の

均衡がはかられると考えられた。しかし，ここでの均衡は，フローでの均衡でしかない。現実には，両者の中間にいわゆる商人がいて，商人は債券を手持ち保有し，それを売買することによってストックとフローの双方を含んだ均衡が考えられていたのである。現代社会では，商品市場において，生産者と商人が一体となって企業家を形成したように，資金市場においては，資金の借り手が商人機能と一体となって，企業家の資金調達に影響するのである。すなわち，そのように拡張された企業家は，拡張されなかった企業家と比べて，安定した利子率で資金を調達しようとするであろう。

いま資金調達に長・短期の資金調達を考えたとすると，長期の資金調達は設備投資に関するものと考えられ，短期の資金調達は在庫投資に関するものと考えられる。また長期の資金調達は，企業の場合，社債発行で賄うものとされた。これに対し，短期の資金調達は，銀行借入によって行うものとされた。通常は当然短期の利子率は，長期の利子率よりも低いと考えられる。ケインズの流動性選好説は，貨幣と長期債券との選択を考え，貨幣は利子が付かないが流動性という特色を持つと考え，それに対する長期債券保有には利子を与えると考えた。これは時の状況が，まさにそれに対応したものであったからであり，つまり短期債券の利子率がゼロに近い状況であったと考えられる。しかしこれはいつでもそうであるとは限らない[12]。もし短期利子率が長期利子率を上回っているとしたらどうなるであろうか。すなわち，現実の貨幣にはゼロ利子率の当座預金の他に，長期利子率を上回るような定期預金などもある場合がある。もしそうなれば，貨幣をして利子率ゼロで完全流動性のあるものと考えることは出来ない。定期預金もまた貨幣と考えられていたからである。

ところでケインズ経済学の中で，企業家と並んで，新しい経済主体と考えられたものに投資家 (investor) がある。投資家とは，資金の借り手が商人機能と一緒になった経済主体と考えられる。そして商人機能を代表するのは，

資金の貸し手と資金の借り手の中間にあって資金の仲介者となるのが銀行もしくは銀行機能と考えられる。資金の貸し手と銀行機能が結合したのが，ケインズにより新しく導入された経済主体である投資家である。すなわち資金の貸し手も資金の借り手も，価格メカニズムに応じて行動するのであり，利子率に敏感に反応して行動すると考えられる。これに対し金融商人である銀行は，手持ちの債券を保有して，買うだけでなく売ることも出来る存在として，資金需給の調整を行うのである。したがってそこでの需給調整は，フローだけの調整に留まらず，フロー・ストックを含む需給調整となるのである。

さてケインズによって導入された投資家は，ただ価格に対し反応するだけではなく，リスクも十分考慮して行動すると考えられている。ヒックスはケインズのこの点を高く評価している。すなわち，主として経済理論の非貨幣的分野で活躍していたヒックスは，貨幣理論の分野に来た時，選択理論が無視されている状態の理論状況を知り，驚きと当惑を乗り越えた時に明確な姿を得たのであるが，貨幣理論における限界革命もしくは選択理論の導入と考えられる[13]。ケインズの流動性選好説はまさに貨幣理論において，貨幣と債券の選択という貨幣理論における選択理論の嚆矢と考えられるものなのである。これはその後資産選択論として展開され金融論の中核的存在となっている。それは利回りとリスクという2パラメーターから資産選択を行うもの故「2パラメーター・アプローチ」と呼ばれてきた。また投資家は，一般に3つのタイプに分けて理解される。すなわち，危険回避者，危険中立者，危険愛好者であるが，中でももっとも一般的なのは危険回避者である[14]。金融商人としての銀行も通常，危険回避者として行動するものと考えられている。

あたかも生産者が商人機能を取り入れ企業家となったように，資金を借りる側の企業も，銀行の商人機能を取り入れ，こうして金融機能を加えた企業家は，資金調達においても，景気変動を通じての安定を考えて，安定的利子率での資金獲得を期待する。こうして安定的利子率での資金調達は，投資家

のみならず，金融機能を拡大した企業家も含めて求められるのであり，価格メカニズムを越えて，景気変動を越えた利子率の安定が求められたのである。これはまさに welfare を求めた行動の結果と考えられる。

　ケインズの流動性選好説による利子率決定の考えは，純粋に貨幣的現象であり，古典派のように実物的要因とは関係が無いと考えられたのである。こうした流動性選好説の核心は，公衆が貯蓄をする時，長期債で保有すれば利子が得られるのに，何故利子の付かない貨幣を保有しようとするかを明確にしたところにある。貨幣の持つ流動性が重視されるのは，金融市場で成立する利子率について不確実性が予想され，また人びとの予想は多様性があると考えられるからである。すなわち，好況期では，強気筋が強くなり，彼らは利子率が下降し，債券価格が上昇すると予想するので，貨幣を手放し債券を買って資本利得を得ようとするが，不況期では，弱気筋が強くなり，利子率が上昇し，債券価格が下降すると予想するので，資本損失を避けるために，債券を手放し貯蓄を貨幣（完全流動性）で保有しようとする。このように投機を目的に，利子の付かない貨幣を保有すると考えるのが，この資産貨幣の本質なのである。

　ところでケインズは利子率を中心に考えていたので，債券を代表させたのであろうが，資産選択の対象には債券の他に株式も含まれても良い。そしてその利子率も，設備投資に対応するものと考えられるので，長期利子率と考えられねばならない。したがって債券も当然短期債券ではなく，長期債券でなければならない。また，その利子率も，表面金利ではなく，利回りで考えられる。したがって，債券価格の上昇は利子率の下降を意味することになり，反対に，債券価格の下降は利子率の上昇を意味することに注意しなければならない。

　たしかに投資家には，固定的投資家と流動的投資家がある[15]。ケインズが考えていた投資家は，後者であり，「機会が提供されると再び売買しながら，

ポートフォリオを管理する投資家を考えていた。」[16]とヒックスは述べている。そして「流動的投資家が弱気の投資家として行動する場合があろう。もし彼が証券価格の低下（利子率の上昇）を期待するならば売り，そしてもし彼の期待が正しいならば，それより低い価格で買い戻すであろう。その期間において彼は投機的動機のために彼の資金を遊休のまま保有するであろう。たとえその期間中に遊休のまま保有される資金に対し利子が得られないとしても，取引期間全体にわたって利得を得る．．．（長期）債券の利子率が1年以内に4％から5％へと上昇の期待があると想定する。現在投資した100ポンドの金額が年当たり4ポンドの収益をあげる。もし後に投資されるならば，年当たり5ポンドの収益をあげるようにみえる。このように，投資を遅らせることによって，遅らせた期間で高々4ポンドの損失に対して永久に毎年1ポンドの利得がある。純粋に所得の点から考えると，これは非常に有利な投資である。正確に計算すると，利子を生まない貨幣は収益がないわけではない。したがって，貨幣が投資資産として保有されるかもしれないというこのような場合があることを認めねばならない。」[17]

そしてヒックスは，固定的投資家と流動的投資家を区別するものは，取引費用の存在であるとし，「固定的投資家は，投資する際に注意して投資を選択するかもしれないが，その際に彼が知っていることに基づいて，ただそうするだけである。彼は，その後に利用可能となる情報に基づいても，彼の意思決定を変化させる機会を断念する。流動的投資家はその機会を断念しない。」[18]またヒックスは，一般に固定的投資家は小口の投資家であり，流動的投資家は大口の投資家であるとしている[19]。

さて利子率が高い時には，貨幣需要は減少するから，資産貨幣は利子率の水準に依存して決まるが，利子率が低くなると，一般に利子率水準の上昇を予想するので，弱気筋が強まり貨幣需要は増大する。利子率がゼロに近くなるとすべての人は弱気となり貨幣需要は無限大となる。この状態は「流動性

の罠」と呼ばれる。流動性の罠に入ると，もはや金融緩和政策の効果はなく，有効なのは財政拡張政策だけとなる。

　さて貨幣として金属貨幣が利用されていた時には，金融市場は，短期市場も長期市場も共に価格メカニズムにしたがって調整が行われると考えられた。短期市場では短期の運転資金の調整が行われる一方で，長期市場では長期の設備資金の調整が行われると考えられた。しかし銀行が導入されて普及してくると，金融市場は長期設備資金としての証券市場のみとなり，短期運転資金市場は，銀行業務と関わる貨幣市場として理解されるようになってきた。この場合，証券市場が伸縮価格モデルとして理解されたのは言うまでもないが，銀行貨幣市場は固定価格モデルで理解されたものと考えられる。すなわち，銀行間レートであるコールレートを見ながら，銀行貨幣の供給を決定したのである。このように考えるならば，伸縮価格モデルと固定価格モデルとの混成物は，生産物市場や労働市場のみならず，金融市場においても行われていたと考えられる。

5. 日本の将来を考える

　最後に残った銀行はどうか。銀行は金融仲介的機能を持つことはすでに述べたところである。一橋の金融部門を担うようになった私は，授業科目としては，大学在職中，金融論，銀行論，景気論，外国為替論を担当した他，ゼミを受け持った。当時の一橋大学の慣例として，金融論は商学部でしか開講されていなかったし，商学部のゼミの中でもっとも経済学に近いと思われるの金融論のゼミであったから，経営学，会計学等の純粋に経営学に近い学問とは異なり，卒業後の志望として金融関係を志望するものが多いとは覚悟していたが，私自身としては，銀行志望が多いことに疑問を感じていた。私自

身の卒業においても，すでに金融関係へ進むものが多かったことを考えれば，すでにそうした傾向が定着していたのかもしれない。私自身も大学院の試験に落ちれば，すぐに当時の興業銀行を受けるつもりでいたのであるから，こうした傾向はごく当たり前のものであったろう。

　私はゼミ生によく銀行ばかりに行くなと言っていた。銀行は広い道となっていて，あまりにも多くの学生が銀行へ行ったからである。自分の能力や適正等を考えずに，自分にあった狭い道を選ばずに銀行がどんどん採用してくれるからといって銀行へ進んでも，人材の無駄となると考えたからである。もちろん私の発言は，それほど学生の前途を左右する力を持っていたわけではなく，多くの学生は銀行関係に進んでいった。当時の銀行は，産業の後ろ楯として大きな力を持っていたと思われた。

　当時のわが国の金融システムは，銀行中心型の金融システムとして知られていたように，国全体として資金不足状態にあったので，いくらでも企業の資金需要があったと考えられる。銀行としては，貸し倒れが起こらないように，慎重に貸出を選別することが仕事であったのであろう。また預金を集めることが唯一の仕事であり，それもなんら差別のない預金だけが頼りなのである。そこに創意工夫をする余地がなかったのである。その点で自動車生産の場合と大きく異なっていた。

　わが国は戦後自動車・飛行機に象徴されるアメリカの経済力に圧倒される中で，軍備に関係のない自動車に力を入れ始め，それに成功したのだった。エンジン，ボディ，燃費等の工学的工夫ばかりではなく，販売等の努力は並大抵ではなかったと聞いている。そして今では本家のアメリカを抜いていると言えよう。それは今までの自動車の概念を越えて，新しい時代の自動車である。すなわち，石油を持たない日本での燃費の良い自動車，地球温暖化の中での自動車等である。トヨタがアメリカのGMの販売台数を抜き，GMが破綻したのは，その象徴的事件である。しかしこれはあくまでも自動車生

産での成果であり，その背後の銀行の成果ではないのではないか。

　はじめのうちはたしかに自動車生産に銀行は貢献したかもしれない。しかし，自動車会社が成長し，資金調達を銀行に依存する必要が無くなるにつれ，日本でも直接金融での資金調達が行われるようになってきたのだが，その金融技術はまだ劣っていたようである。アメリカと比べ金融産業の技術は，まだまだである。そのことが今回のアメリカ発の金融危機において，わが国の傷を小さくしているのである。わが国でも証券化の必要は十分知られていたものの，その技術修練度はまだ低いし，わが国発のバブルの崩壊によりかなりの被害を受けていたので，アメリカ発の金融危機の被害をそれほど受けなくて済んだのである。アメリカでは，投資銀行中心型の金融モデルが破綻し，投資銀行は姿を変えた。このことから直ちにアメリカの金融モデルは駄目で，日本の金融モデルが良いということにはならない。日本の金融モデルもバブルを引き起こしたことでは同じであり，共に改善しなければならないところである。

　日本の金融モデルは，預金・貸出モデルといういわゆる商業銀行モデルであり，伝統的なものである。個別銀行としてみれば，預金を集め貸出に向けるというわけで，預金以上の貸出は出来ないという規制の下で安全性が求められたと考えられる。しかしこの場合にも，全体としての銀行を考えれば信用創造が可能なのである。つまりそれは次のようにして理解出来る。いま銀行の中にいろいろの状況にある銀行があるとしよう。まず活潑に融資を行い，自行の集める預金より以上に貸出を行うことによって，赤字銀行となっている銀行もあるし，非常に慎重に行動するために，自行が集める預金より以下に貸出を行うことによって，黒字銀行となっている銀行もある。またその中間に，赤字にも黒字にもならずに均衡を保っている均衡銀行もあると考えられる。均衡銀行はそのままでよいが，赤字銀行はコール市場から不足資金の取り手にならなければならず，黒字銀行はコール市場へ余裕資金の出し手と

ならなければならない。このように各銀行は自己の資金収支尻を確認することが必要であり，それだけをきちんとやっておけば，必要な取引貨幣の供給は十分なのである。赤字幅も黒字幅も各銀行それぞれであるので，コール市場での調整は大変であるが，基本的には，それで終りである。すなわち，コール市場を通じての価格メカニズムを通じて，資金の調整が円滑にまた滞りなく行われる。このように銀行全体を考える時，信用創造は可能なのである。それ故間接金融方式だからと言って，バブルを起こさないと考えることは出来ない。ただ銀行が金融的仲介商人であることは事実である。そうであれば，銀行が商人機能をはみ出すような働きをすることは，厳に慎まなければならないであろう。

　ところで伝統的な金融市場では，間接金融と直接金融の区別，すなわち銀行と証券の区別は明確であった。しかし，規制緩和や金融技術の発展により，資産証券化が進展し，市場型間接金融が生成されるようになっていった。それを背景に，アメリカで起こったサブプライムローン発の大不況は，今やアメリカの成長のシンボルであったGMを破綻させるに到ったのである。証券化市場の混乱により，さしもの投資銀行もすべて姿を変えたのである。投資銀行が，知らぬ間に金融的仲介的商人の枠をはみ出してしまったのであろう。

　サブプライムローンが暴露した金融問題は，信用リスクのオフバランス化，レバリッジ問題，格付機関の格付け問題，保証会社の保証問題，金融市場の混乱，過剰流動性等，証券分野のみならず銀行分野までも含めた大混乱である。銀行分野では伝統も長く，経験も積んでいるので，規制・管理が準備できていたが，証券分野では未だ経験も浅く，本来資本主義原理である価格メカニズムの作用でよいと考えていたからであろう。資本主義経済が，第2次産業から第3次産業へウエイトを移すのは必須のことである。またシュンペーターも言うように，資本主義には安定的成長は本来あり得ないものであることを考えれば，これからもいろいろな変動が起こってくるだろう。証券化を

非難しても問題は解決しないであろう。むしろ証券化は金融革新であったことを認め，それに対する新しい規制を開発することの方が生産的である。ところでいくら投資銀行が進化しても，それは元来金融仲介商人であり，その本質をはみ出すことは許されないであろう。

　バブル崩壊時わが国では，財政政策は効果が少なく，金融政策による輸出の増大が有効であったことが証明された。しかし同様なことはアメリカについても言えるかと言えば疑問である。アメリカは現在世界第1の経済大国である。アメリカが風邪を引くとすれば，世界が肺炎になるぐらいである。したがってアメリカ発で始まった不況は，アメリカが責任を持って解決しなければならない。なによりも有効需要の不足を無くさなければならない。そのためには金融政策と財政政策の協調が必要である。巨額な財政赤字と経常収支赤字がアメリカの基軸通貨であるドルを減価させるのではないかという不安がないではない。しかし世界的金融不安は，かえってドル価値を低下させずに，ユーロとポンドを減価させた。日本の円は，むしろ円高となっている。ドルが基軸通貨であるということが，国際通貨であるドル愛を増加させているのであろう。したがって，アメリカは怖れずに有効需要を増加させ，世界の需要不足を無くすべく努めなればならない。

1) J. M. Keynes, The General Theory of Employment, Interest and Money, chap. 1. Macmillan 1936.（塩野谷祐一訳『雇用・利子および貨幣の一般理論』第1章，ケインズ全集第7巻，東洋経済新報社，1983年）
2) 『ケインズ時代の再来』金融経済研究第7号（創立50周年記念論文）10–15頁，金融学会編。
3) 福沢諭吉著『学問ノススメ』1942年，岩波書店。
4) マーシャルは，「学問」ではなく，「科学」という言葉を使用したが，ここでは「学問ノススメ」にならって「学問」とした。A. Marshall, Principles of Economics: An Introductory Volume, London, 1st ed., 1890, 9th ed. 1961.（大塚金之助訳『経済学原理』改造社，昭1–2年．馬場啓之助訳　東洋経済新報

社,昭40-42年)

5) A. Smith, An Inquiry into the Nature and Causes of the Wealth of Nations, 1776, 5th ed., London, 1789.(大内兵衛・松川七郎訳『諸国民の富』第II巻3章, p. 320, 岩波書店, 1966年)
6) 拙著『貨幣と金融経済』第5章, 東洋経済新報社, 1980年。
7) A. Smith, The theory of moral sentiments., 1759.(『道徳情操論』または『道徳感情論』水田洋訳, 岩波文庫 上下, 2003年)
8) J. A. Schumpeter, Business Cycles, 2 vols., 1939.(吉田昇三監修, 金融経済研究所訳『景気循環論』全5冊, 有斐閣, 昭33-37年)
9) J. A. Schumpeter, Capitalism, Socialism and Democracy, 1942, 3rd ed., 1950, pp. 82-84.(中山伊知郎・東畑精一訳『資本主義・社会主義・民主主義』全3冊, 東洋経済新報社, 昭26-27年: 訳145-146頁)
10) J. Hicks, A Market Theory of Money. chap. 8. 1989.(花輪俊哉・小川英治訳『貨幣と市場経済』第8章, 1993年)
11) Ibid., chap. 2.(訳　第2章)
12) Ibid., chap. 7.(訳　第7章)
13) J. Hicks, Critical Essays in Monetary Theory. 1969 Oxford University Press. chap. 4.(江沢太一・鬼木甫訳『貨幣理論』昭44年, 第4章)
14) 拙著『貨幣と金融経済』第1章, 東洋経済新報社, 1980年。
15) J. Hicks, A Market Theory of Money. chap. 8. 1989.(花輪俊哉・小川英治訳『貨幣と市場経済』第8章, 1993年)
16) Ibid., chap. 8, p. 68.(訳　第8章　78頁)
17) Ibid., chap. 8, pp. 67-68.(訳　第8章　78-79頁)
18) Ibid., chap. 8, p. 68.(訳　第8章　79頁)
19) Ibid., chap. 8, p. 68.(訳　第8章　79頁)

第 2 章
産業内貿易と日本の対台湾直接投資

陳 志 坪

1. はじめに

　台湾経済の発展における初期段階では，他の開発途上国国家と同様に，国内生産の不足という現象と国民貯蓄の貧困という現象が存在した。経済が発展するには外国資本に依存せざるをえない状況であった。台湾政府は1954年に外国人投資奨励条例を実施し，60年代からもっと積極的に外国資本を導入するため，1966年に輸出専用の加工区を設置した。その後外国からの資本が急速に増えたのである。日本交流協会は「外国資本は当時の台湾経済にとって貿易誘発効果，雇用効果，技術・経営資源移転や外貨獲得効果など経済効果が存在していた」[1]と報告している。また，外国からの直接投資が台湾経済にもたらす効果については，台湾政府の経済部は2005年に対台湾の外国直接投資が創り上げた経済効果の調査を行った[2]。その調査によると，外国資本の事業は総生産の55.86％を輸出しており，その輸出商品は主にコンピューター，電子部品，光学製品，繊維製品，非金属製品，電力設備などで，輸出商品全体の50％以上を占めていたことがわかった。
　戦後（第2次世界大戦後）の台湾にとって先端的な商品の生産技術を入手する最も重要な経路は，先進国からの直接投資を受け入れることであった。1960年代から台湾に投資する国は主にアメリカと日本であった。60年代の

後半から日本から対台湾への直接投資が増加し始めた。60年代は日本経済の高度成長時期でもあった。両国間の貿易も日本の対台湾への直接投資の拡大に伴って増加した。特に，1985年のプラザ合意を契機に急速な円高が進むことによって，両国間の貿易額が拡大した。三木（2001）によると，円高は日本の電子・家電産業の国内製品の価格競争力を低下させ，海外生産へのシフトを促したからといえる。日本からのアジアとアセアンへの投資が急拡大している。日本の電子・家電産業が海外進出を展開したので，90年代以降，台湾と日本の貿易は電子部品関連の製品を中心として，規模が拡大している[3]。

香西泰は，「日本の海外投資は海外工場への部品や資本財の供給など日本からの輸出を増やす効果と日本の輸出を代替し，あるいは，日本への逆輸入を進める効果がある」[4]と述べている。日本対台湾の直接投資を統計上でみると，1984年に6500万ドルであった。プラザ合意以降は毎年拡大しており，1989年まで4億9400万ドルでピークに達した。1990年に少し下がっでも4億4600万ドルがあった。これにより，日本の対台湾への直接投資はプラザ合意以降一層拡大していると考える。したがって，本論では90年代以降，日本からの対台湾への直接投資の変化に伴い，台湾と日本における産業内貿易がどのように進展するかをみることとする。

論文の構成は次の通りである。まず，第2節では台湾における貿易と直接投資の状況を概観し，叙述的な分析を行う。第3節では，直接投資は産業内貿易に影響を与えることと産業内貿易を決定づける諸要因に関する計量分析を行う。最後に第4節では本論文の結論をまとめる。

2. 直接投資と産業内貿易の概観

(1) 直接投資

　日本の対台湾への直接投資は1989年から2004年まで合計6830億円であった。その中に対製造業への投資は全体の約67％を占めている。非製造業への投資は約33％を占めている。日本の対台湾への直接投資は製造業を中心としていることがわかる。図2–1は対台湾への直接投資の状況を示すものである。「1980年以降日本の直接投資は，2度の対アジア向け投資ブームを経験している。一つは1989年であり，もう一つは1994年以降である。2

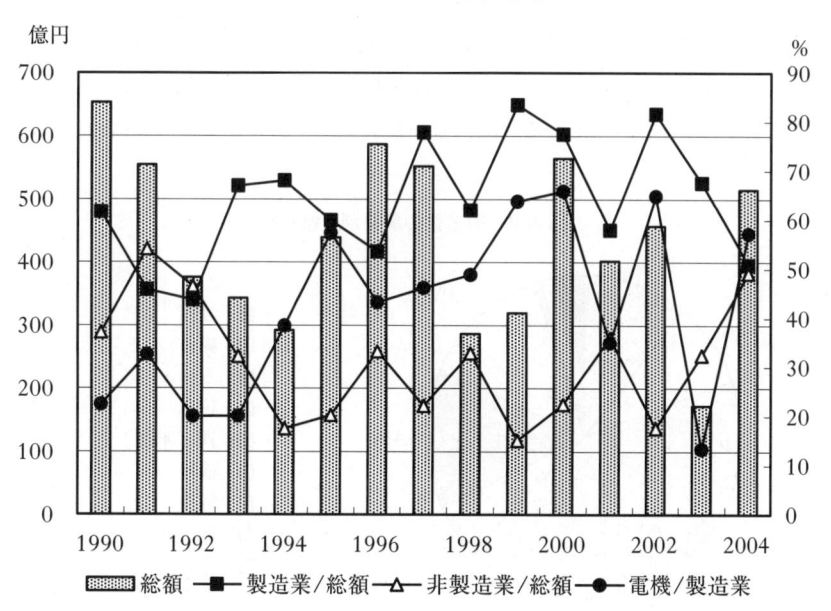

図2–1　対外直接投資の推移

出所：財務省対外及び対内直接投資統計より作成。

度のブームとも円高の時期であった」[5]。90年代に日本の対台湾への直接投資は1990年が一番高かった。その直後1991年から直接投資は減少し始めたが，1995年からまた増加して，1996年には587億円に戻ってきた。90年代に日本の対台湾直接投資は円高ブームに伴い，拡大傾向がみられる。

2004年まで直接投資の動向をみると，それは製造業を中心に展開していた。各年度における直接投資のうち製造業の占める割合は1991年と1992年を除くと，すべて50％以上となっており，1999年に一番高く，83％に達していた。製造業への直接投資には電機産業が主流を占めていた。その投資シェアは通常に2割以上，時には65％を占め，製造業投資を牽引している。

図2-2で製造業の業種別の動向をみると，電機産業の投資が42％を占めている。次に鉄・非鉄産業への投資が14％を占めている。製造業の投資は電機産業が中心になっている。このような投資の動向になったのは，電子部品関連産業・電機産業が台湾の比較優位産業なので，日本企業の投資を加速しているということができる。図2-3で非製造業の業種別をみると，商業への投資が61％を占めている。次にサービス業への投資が25％を占めている。

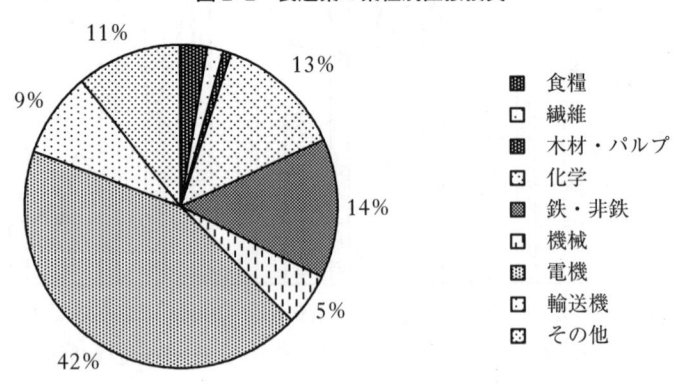

図2-2 製造業の業種別直接投資

凡例：食糧／繊維／木材・パルプ／化学／鉄・非鉄／機械／電機／輸送機／その他

構成比：13%，14%，5%，42%，9%，11%

出所：同図2-1。

第 2 章　産業内貿易と日本の対台湾直接投資　49

図 2-3　非製造業の業種別直接投資

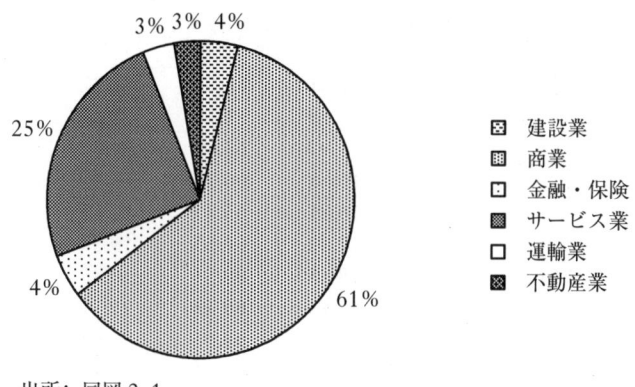

- 建設業
- 商業
- 金融・保険
- サービス業
- 運輸業
- 不動産業

（3%、3%、4%、25%、4%、61%）

出所：同図 2-1。

したがって，両業種への投資は合わせて 75% 以上のシェアを占め，非製造業投資を牽引していることがわかる。農林水産業種への投資は，この期間にはない。

(2) 産業内貿易

1985 年のプラザ合意以降円高により，日本企業は生産拠点を国内から海外に移している。日本企業は国内では，高付加価値商品を生産することを進めてきた。一方，日本企業は消費の多様化を考えて，海外からの輸入製品を増やしてきた。1990 年以降，日本と台湾の貿易は電子・電機・機械など関連製品の貿易規模が拡大している。これらの産業では，対日本への輸出は拡大すると同時に日本からの輸入も増加している傾向がある。いわゆる産業内貿易である。このような現象は 1990 年から両国間の各産業の貿易において顕著になっている。

産業内取引に関する過去の研究において，産業の産業内貿易指数は，通常グルーベル及びロイドの算定式によって測定される[6]。ここでは同じ方法に

表 2-1 台湾と日本の産業内貿易指数（製造業，1990-2008 年）

	たばこ・加工食料品・お酒	鉱物性燃料関連商品	化学製品	ゴム・プラスチック製品	毛皮製品	木材・木材製品
1990	17.89	72.57	21.61	72.96	7.27	19.73
1991	13.67	60.61	19.35	71.78	8.24	23.45
1992	15.96	21.60	17.47	63.86	14.40	19.31
1993	17.23	11.12	16.88	66.16	15.41	18.46
1994	24.28	8.40	16.81	65.87	12.53	18.76
1995	23.51	12.96	17.32	64.65	10.84	19.28
1996	22.31	30.23	18.55	69.51	10.85	13.82
1997	21.65	17.02	17.14	66.25	11.71	14.64
1998	17.10	19.04	17.74	63.06	23.14	23.22
1999	20.51	15.20	18.54	63.01	36.11	19.68
2000	19.59	44.61	19.33	59.35	42.05	17.61
2001	20.23	69.93	23.37	63.70	50.01	11.75
2002	23.24	74.25	19.92	57.89	40.34	11.87
2003	21.65	49.25	18.85	57.95	42.96	9.91
2004	15.60	57.39	16.61	51.91	40.61	11.65
2005	14.79	41.22	19.51	51.50	34.01	13.62
2006	14.60	71.64	21.94	45.87	34.59	12.39
2007	15.09	89.85	23.96	45.47	35.55	22.26
2008	14.80	92.94	28.45	55.39	26.40	26.45

したがって，産業の産業内貿易指数を定義すると，以下の式となる．

$$IIT_i = \frac{(X_i + M_i) - |X_i - M_i|}{(X_i + M_i)} * 100 \qquad (1)$$

まず，ここではそれぞれの産業の輸出を X_i，輸入を M_i と定義する．指数の値は 0 から 100 までである．そこで，0 の値は完全な産業間貿易を示し，100 の値は完全な産業内貿易を意味する．なお，産業または製品グループ全体で産業内貿易指数を計算するために，グルーベル及びロイドはさらに，以下の加重平均産業内指数を提案している[7]．ここでは j が同範疇産業と同範疇製品を意味する．i と n は産業の範囲内のカテゴリーのサブカテゴリーの

第 2 章　産業内貿易と日本の対台湾直接投資　51

表 2–2　台湾と日本の産業内貿易指数（製造業，1990–2008 年）

	繊維素材・パルプ	紡績用繊維及び製品	セメント・陶磁製品	非金属及び製品	機械類・電気機械	車両・輸送機器
1990	55.54	55.77	51.78	57.17	36.17	34.41
1991	42.67	54.88	50.62	52.69	34.99	28.25
1992	33.88	56.49	45.87	48.10	29.61	21.99
1993	20.54	56.85	37.03	52.10	29.99	25.30
1994	21.44	63.77	41.40	54.23	36.50	33.37
1995	28.99	67.07	44.23	50.59	46.31	35.65
1996	41.47	63.28	44.01	54.37	55.45	45.68
1997	37.56	72.67	43.65	56.90	51.85	39.54
1998	30.86	67.42	39.25	46.89	47.40	30.73
1999	30.76	69.04	39.84	48.68	56.18	41.06
2000	34.16	75.57	36.65	52.91	64.16	43.44
2001	46.15	67.91	45.44	50.67	72.48	52.87
2002	45.05	66.16	54.96	43.07	68.90	44.49
2003	41.82	67.29	52.09	41.27	60.57	38.26
2004	39.47	62.49	43.27	40.19	53.04	32.04
2005	40.20	58.58	31.54	43.22	56.50	25.65
2006	37.40	58.11	34.33	39.77	62.57	47.53
2007	30.10	52.10	32.29	37.06	63.86	47.92
2008	27.40	54.35	35.08	41.68	63.99	58.88

総数である。すると，次の式となる。

$$IIT_i = \frac{\sum_{j=1}^{n}(X_{ij} + M_{ij}) - \sum_{j=1}^{n}|X_{ij} - M_{ij}|}{\sum_{j=1}^{n}(X_{ij} + M_{ij})} * 100 \quad (2)$$

ここでは第 2 式を用いて，台湾と日本の産業内貿易指数を計算する。産業内貿易の算出にあたってはHSの基準で作成した『中華民国進出口貿易統計』に公表された貿易データを使う。本稿ではHSの4桁レベルで計算する。表 2–1，2–2 は 1990～2008 年，台湾と日本の主な産業の産業内貿易指数を示している。

加工品食料品とタバコの産業内貿易指数は 13%–24% の範囲で変動してい

る。この産業では産業内貿易指数が高い時期は，低い時期より両国の貿易規模が小さくなる傾向がある。輸出入の状況をみると，貿易規模が拡大している時期には日本からの輸入が拡大する傾向がある。

　鉱物性燃料関連産業の産業内貿易指数は 2000 年以降から高くなり，2008 年に 93% に達した。この産業には貿易規模が拡大すれば，指数が高くなる。貿易規模の拡大に伴い，台湾から日本への輸出が拡大する。

　化学製品産業の産業内貿易指数は 17%–28% の範囲で変動しており，2005 年以降上昇している。2008 年に最高の 28% に達した。この産業では台湾から日本への輸出が拡大すれば，指数が高くなる傾向がある。

　ゴム・プラスチック製品産業の産業内貿易指数は 1990 年の 72% から 2008 年の 55% に下がってきた。この期間に産業の貿易規模が拡大しているが，貿易規模の拡大に伴い日本からの輸入が増加する。これによって産業内貿易指数が下がった。

　毛皮製品産業の産業内貿易指数は 90 年代に比べると，2000 年に入ってから，指数が高くなっているが，貿易規模が 2000 年以降縮小している。これは 2000 年以降日本への輸出が減少しているからと考えられる。

　木材・木材製品産業の産業内貿易指数は 19%–23% の範囲で変動している。2000 年以降，貿易規模が縮小しているが，指数が若干高くなっている。

　繊維素材・パルプ産業の産業内貿易指数は 1990 年の 55% から 2008 年の 27% まで下がってきたが，貿易規模が拡大している。これは日本からの輸入が増加していることによって産業の貿易不均衡が生ずる現象を示していると考える。

　紡績用繊維及び製品の産業内貿易指数は 54%–72% の範囲で動いており，90 年前半と 2005 年以降，指数が 55% 上下で変動している。しかし，貿易規模は 1993 年以降縮小している。

　セメント・陶磁製品産業の貿易規模は 1990 年から増加しており，2008 年

には4.5倍に拡大した。しかし、産業内貿易指数は1990年の51.78%から2008年の35.08%に下がってきた。産業の不均衡が生じたのは日本からの輸入が拡大されたことにある。

　非金属及び製品の貿易規模は1990年に24億ドルで、その後拡大を続けていた。2008年には71億ドルになって、貿易規模は約3倍に増加している。一方、産業内貿易指数は1990年の57%から2008年の41%に下がってきた。この産業では、貿易規模の拡大に伴い日本からの輸入も拡大されているからといえる。貿易の不均衡が広がって、産業内貿易指数が下がったのである。

　機械類・電気機器産業の貿易規模は1990年に93億ドルで、2008年には282億ドルまで増加してきた。同時に産業内貿易指数も1990年の36%から2008年の63%まで上昇してきた。

　車両・輸送機器産業の貿易規模は1990年に18億ドルで、2008年に20億ドルになったが、産業内貿易指数は34%から58%まで上昇してきた。この産業には貿易の拡大に伴い両国の貿易不均衡が改善されていることを示している。

3. 産業内貿易と日本からの直接投資の検証

(1) モデル

　産業内貿易の数多くの先行研究の中では、グルーベル及びロイドの研究によると、産業内貿易が行われるケースは主に二つのケースがあるとされている[8]。まず、機能的に同質的製品の産業内貿易である。もう一つは差別化された製品と規模の経済性である。差別化については製品の外見による差別化と製品の質による差別化とがある。グルーベル及びロイド（Grubel and

Lloyd）は，差別化は規模の経済性，技術格差，プロダクトサイクルなどの現象によって生じたという。これらの要因では当該製品の国内と外国間の格差をもたらし，産業内貿易に影響を与えていると考えている[9]。

バラッサ及びバウエンズの研究では，両国の経済規模は，産業内貿易（IIT）を決定している重大な要因のうちの一つであると考えている[10]。需要構造は国の全域で異なり，そして，需要格差は通常，所得水準の変化に応じて増加する。類似した需要構造は，産業内取引で，商品の取引を引き起こす。これにより両国の経済規模の差異によって生じた需要を満足させるために，産業内貿易が行われる。また，その需要を満たすために製品の質で差別化された製品が取引される。このような要因は産業内貿易に影響すると考えて，モデルに要因として導入した。ツァング・ウイッテルロスツィジン・ツォウの研究では，両国間で需要構造における変化を判断する代理として，一人当たりGDPを使用している[11]。これにより，ここでもGDPを需要構造の代理変数としてモデルに導入することにした。

ユクィングの研究では，直接投資と一人当たりGDPと貿易収支と関税率などの複数要因を入れて日本と中国の産業内貿易が進展することを説明している[12]。トラン及び松本は，「地域統合により，関税の引き下げや撤廃が行われると，加盟国のうち非効率な財の生産を行っていた国はその財をとめ，より効率的に生産を行っている国から輸入するようになり，地域の貿易を拡大する」としている[13]。ここでは，関税の変動は産業内貿易に影響を与えると考慮して，モデルに関税の変数を導入した。

上記の先行研究の中には，直接投資の重要性について言及しているものもいくつある。ここでは，さらに直接投資は産業内貿易に影響を与えることと産業内貿易を決定づける諸要因に関する計量分析を行うことにした。モデルは3式のように考えている。

$$\log(IIT_{cjt}) = \beta_0 + \beta_1 YD_{cji} + \beta_2 \log(FDI)_{cj(t-1)} + \\ \beta_3 \log(TB)_{cjt} + \beta_4 \log(TR)_{ct} + u \tag{3}$$

　YDは一人当たりGDPを需要構造の代理変数として使用する。需要構造について，両国の需要構造は産業内貿易に影響するとみて，ここでは一人当たりGDPは加重平均の値を用いて，それを4式のように一人当たりGDPの係数として使用する。

$$YD_{cj} = 1 + \frac{[w\ln(w) + (1-w)\ln(1-w)]}{\ln 2} \tag{4}$$

ここで，wは5式のように示す。

$$w = \frac{YP_c}{YP_c + YP_j} \tag{5}$$

　産業内貿易の進展は商品の差別化による要因もあるとみて，モデルには直接投資を産業内貿易の差別化要因の代理変数として導入することにしている。

　産業内貿易指数は輸出と輸入の間のアンバランスによって影響される。通常は産業ごとにすべての輸出規模と輸入規模は匹敵することができないので，産業内貿易指数は100になることはありえない。つまり，このような貿易パターンが存在するのは非常に少ないと考える。したがって，両国間の貿易には同範疇商品の取引によって貿易不均衡の状態が存在しており，これによって産業内貿易指数が計算される。さらに，産業内貿易指数は通常は貿易不均衡の方へ偏る。貿易不均衡がより高いほど，産業内貿易指数はより低くなる。したがって，貿易不均衡は産業内貿易指数に影響を与えると考えられる。このような偏りを修正するために，モデルに貿易不均衡の代理変数TBを導入する。

　また，産業内貿易指数は先行研究により，両国間に関税率も産業内貿易に影響することが検証されている。ここでは関税率を説明要因としてモデルに

表 2-3 変数の定義

被説明変数	期待される符号	
IIT		産業内貿易指数
説明変数		
YD	−	一人当たり実質 GDP
FDI	＋	日本対台湾の直接投資
TB	−	輸出入の差の絶対値
TR	−	平均関税率

導入する。この方程式で使用されている各変数記号は表 2-3 で示す。

(2) 推定方法と推定結果

本節では，日本の対台湾への直接投資と産業内貿易について，回帰分析によって検証する。

1990–2004 年までの期間の製造業における産業内貿易を，とりあげることにする。産業内貿易状況を示す指数は HS の基準で作成した『中華民国進出口貿易統計』に公表された貿易データを使い，HS の 4 桁レベルで計算する。ここでは表 2-1，表 2-2 で算出されたデータを使用する[14]。日本からの直接投資のデータは日本財務省に公布された対外直接投資のデータを使用する。しかし，『中華民国進出口貿易統計』産業分類では機械産業は機械・電気・電機部門に所属されているので，ここで機械産業と電機産業の直接投資を合わせて，機械・電気・電機部門の直接投資として推定することにした。一人当たり実質 GDP については，台湾の場合は『国民所得統計年報』の各年版により計算する。日本の場合は『国民経済計算年報』の各年版により計算する。関税率は各年ともに部門別の平均税率を用いる。ここでは以上のデータで，3 式を用い，分散の不均一性の問題を考慮し，推定方法として通常の最小 2 乗法を使用することにした。

推定の結果は，YD 変数は両国の需要構造の代理変数として使われた。符

表 2-4 推定結果

被説明変数	説明変数				
IIT	定数項	YD	FID	TB	TR
	3.8576***	0.2016	0.5865***	−0.3930***	−0.2427
サンプル数		105			
F 統計量		0.0036			
修正済み決定係数		0.1087			

注：*** は 1% 水準で統計的に有意であることを示す。

号条件は期待された符号と異なった。統計量も有意な係数が得られなかった。FDI 変数は商品の差別化の要因として使用された。FDI の係数はプラスで統計的にも非常に有意に推定された。このことは，FDI が両国産業内貿易を拡大させることに貢献しているといえる。さらに，TB の推定結果は期待どおりのマイナスで有意な係数を得ることができた。両国の貿易は均衡する方向へ発展すると，産業内貿易の拡大に繋げる傾向となっている。最後に，関税 TR の係数はマイナスで予想どおりの結果となったが，有意な統計量は得られなかった。台湾は 2002 年に WTO に加入したので，関税率は平均的に下がってきている。これによって関税率が下がるにしたがって，産業内貿易は拡大していると考えられる。それで貿易同盟に加入することは両国間の産業内貿易を発達させるということができる。

4. 結　論

本論では 90 年代以降，日本の対台湾への直接投資の変化に伴い，台湾と日本における産業内貿易が進展することについて検証した。検証の結果は，日本からの直接投資は台湾と日本の両国間の産業内貿易を促すことを示している。実際に 90 年以後，日本からの直接投資の内容と産業内貿易の進展を

みると，直接投資は主に製造業に集中し，その中でも特に，機械・電気・電機部門の投資が最も多い。この部門に産業内貿易の規模は日本から直接投資を受け入れることによって，1990年の約39億ドルから2004年の130億ドルまで約3.3倍にも拡大してきた。香西・高橋の研究でも，海外投資が産業内貿易を拡大させて，産業内分業を促進することを示した[15]。また，その研究によると，産業内貿易における産業内分業の体制が存在する。その研究では産業内分業とみられるケースとして，金属，一般機械，電機機械などがあげられている。本論の観察によって，日本の対台湾への直接投資が産業内貿易を促進することが明らかになった。

また，石戸，伊藤，深尾，吉池 (2005) は日本の電機産業の産業内貿易における垂直的産業内貿易について検証している。その研究では，① 直接投資や一人当たりGDPの差，② 貿易相手国との地理的な距離，③ 電気機械産業の日本国内の産出高に対する各貿易相手国における日本企業の現地法人の売上高の比率，④ 日本とその貿易相手国との人的資本の差，⑤ 日本の貿易相手国の電気機械産業規模と日本の当該産業の規模との比率などの要因で垂直的産業内貿易を検証した。その検証の結果によると，日本と東アジア諸国との垂直的産業内貿易の増加は当該地域における日系多国籍企業の活動の拡大と強い相関があるのではないかと推測されている。現在日本の多国籍企業は対台湾の投資が主にIT関連産業に集中している傾向がある。一方，筆者自身は台湾のIT産業の分業は川上から川中，川下と形成されたと考えている[16]。これにより，台湾のIT産業はアメリカや日本からの生産委託を受けて，OEM生産とODM生産を導入した。この現象をみると，日本の多国籍企業の対台湾直接投資は，その産業の生産集積状況と技術能力によることがあると考えられる。

台湾は日本に距離的に近いし，戦後から頻繁に貿易を行っている。台湾の社会・企業も日本の社会・企業文化に馴染んでいる。今後，台湾では，その

他の主要産業もIT産業のように川上から川中，川下までの生産体制を整えると，もっと日本から直接投資が受け入れられて，産業内分業体制の下に両国間の産業内貿易はさらに拡大されるといえよう。この結論を踏まえて，これから，このような問題についてさらに研究を進めていきたいと考えている。

1) 日本交流協会『台湾における外人投資政策と現状分析』交流協会，1975年，22頁。
2) 経済部『2006年僑外投資事業営運状況調査及対我国経済発展貢献分析報告』経済部，2006年，25頁。
3) 陳志坪「台湾と日本の産業内貿易について」『経済学論纂』，2006年，第46巻第3・4合併号，中央大学，323-343頁。
4) 香西泰・高橋克秀「フィナンシャル・レビュー」大蔵省財政金融研究所，1989年，1-8頁。
5) 香西・高橋（1989年）。
6) Grubel, H. G., & Lloyd, P. J., *Intra-industry trade*, London Macmillan. Press, 1975.
7) Ibid.
8) Ibid.
9) Ibid.
10) Balassa, B., & Bauwens, L., *Changing trade patterns in manufactured goods:An econometric investigation*, Amsterdam, North Holland: Elsevier Science Publishers B. V., 1988.
11) Zhang, J., Witteloostuijn, A., & Zhou, C., "Chinese bilateral intra-industry trade: A panel data study for 50 countries in the 1992-2001", *Review of World Economics*, Vol. 141, 2005, pp. 511-540.
12) Yuqing, Xing., "Foreign direct investment and China's bilateral intra-industry trade with Japan and US", *BFIT Discussion Papers, 2007.*
13) トラン ヴァン トウ・松本邦愛「貿易と直接投資」，『経済共同体への展望』（東アジア共同体の構築第2巻）浦田秀次郎・深川由起子編，2007年，岩波書店，第1章。
14) ここでは日本から直接投資データの産業分類に合わせるため，タバコ・加工食料品・お酒部門と繊維製品部門と木材製品部門と輸送機器部門など算出された指数

を使用することにした。
15) 香西・高橋 (1989年)。
16) 陳志坪「IT産業のマクロ経済における役割」『中央大学経済研究所年報』, 2008年, 第39号, 11-21頁。

参 考 文 献

Brander, J. A., "Intra-Industry Trade in Identical Commodities", *Journal of International Economics*, Vol. 11, 1981, pp. 1-14.

Lancaster, K., "Intra-industry Trade under Perfect Mnopolistic Competition," *Jouranl of Internatinoal Econonmics*, Vol. 10, 1980, pp. 151-176.

P. K. M.・サラカン゠ヤコブ・コル編著『産業内貿易』小柴徹修・浜口登・利光強訳・佐々波陽子監訳, 文眞堂, 1993年。

余徳培, 洪国琮「台湾与其主要貿易対手国之電子・電機・及機械的産業内貿易之探討」『東呉経済商学商報』, 第18期, 民国85年, pp. 39-76。

余玉春「台湾対世界産業内貿易発展及水平・垂直分業産業内貿易―国家特性分析 (上)」黄埔学報, 36巻, 1999年, 135-153頁。

石戸光・伊藤恵子・深尾京司・吉池喜政, 「垂直的産業内貿易と直接投資―日本の電機産業を中心とした実証分析」, 『日本経済研究』, 2005年, 51巻, 1-32頁。

法専充男・伊藤順一・貝沼直之「日本の産業内貿易」『経済分析』第125号, 経済企画庁研究所, 1991年。

三木敏夫『アジア経済と直接投資促進論』ミネルヴァ書房, 2001年, 247-276頁。

元多光雄『産業内貿易の理論と実証』文眞堂, 1999年。

第 3 章
社会資本整備・運営の展開と課題
── 空港社会資本と特別会計制度を中心として──

塩 見 英 治
小 熊 仁

1. はじめに

　道路，港湾，空港をはじめとする社会資本は，市場の失敗（公共財，外部性，規模の経済などによる）に対処し，効率的な整備を行う，もしくは，ナショナルミニマムの達成を目標とし，公平な整備を行うとの考え方から，公的関与のもとでの整備が主張されてきた。社会資本の整備は，経済発展や国民生活の充実化を達成するにあたって重要な施策ととらえられてきたことから，政府は 5 年〜10 年の長期に及ぶ整備計画を策定し，整備を行ってきた。社会資本整備計画の内容は時代ごとの思想やパラダイムによって変化するが，その理念や基本的方向性については「スクラップ・アンド・ビルド（新旧交代）の意思表示」と「相対的な比重の設定」の 2 つに区分することができる[1]。前者は技術革新や生活スタイルの変化を考慮しつつ，社会資本を整備する一方で，整備が概成した社会資本については，整備から維持運営へ力点をシフトすることを指すものである。後者は各々の社会資本について，どの分野の整備が遅れているのかを相対的に判断し，重点を移行させることを示している。

社会資本整備の中核をなすのは公共投資である。公共投資に関しては，一般に，産業の基盤となる社会資本が整備されることによって，民間企業の誘致や投資拡大をもたらすことから，短期的には，マクロレベルの総需要を引き上げる効果が期待できる。長期的には，公共投資によって整備・蓄積された社会資本が「社会資本ストック」として生産活動に直接影響を与え，雇用の促進や所得の増大を引き起こすといった効果が期待されると考えられる[2]。

Hirschman[1958]によれば，大都市圏に対する民間企業の投資や労働の流入によって生ずるボトルネックを打開するために，公共投資の重点が大都市圏に集中している段階を「不足型発展(Shortage development)」と称し，地域間格差是正のために地方圏に投資の重点がおかれている状態を「超過能力型発展(Excessive capacity development)」と呼んでいる。戦後，わが国における公共投資は，大都市圏への投資に重点をおいた不足型発展の時期から始まり，次いで1960年代後半～1970年代前半には地域間格差や生活水準格差の解消を目標とした超過能力型発展の時期を経てきた。その後，1970年代後半以降は再び不足型発展へと移行する経過を辿っている。1980年代に入ると地域間格差や生活水準格差は是正され，大都市圏への人口流入については一段落することとなった。しかし，大都市圏への集積のメリットは予想以上に大きく，民間企業は依然として大都市圏を中心に集積し，1980年代後半からは再度，地方圏から大都市圏への人口移動が始まっている[3]。

政府は地方圏への投資の重点配分を継続し，大都市圏から地方圏への民間企業の誘致・進出をはかったものの，その成果はみられず，大都市圏では人口・民間企業の集中によって，道路，鉄道などの社会資本整備に遅れをきたしている問題が懸念されている。その一方で，地方圏では公共事業依存型の経済構造が作り上げられ，社会的にみて必要と判断しにくい社会資本に対する投資配分を既得権として温存させる結果をまねいた。とくに，1973年の第1次石油危機後においては，公共投資を景気低迷期のカンフル剤として用

いる対策がとられてきたことから，効率性や採算性を無視した投資決定が行われるようになった[4]。現在も，その基調は変わらないで持続している。

　1980年後半から1990年代初期にかけてのバブル経済が崩壊し，その後の一連の景気対策で公共投資には大きな期待が寄せられたものの，それは景気回復につながらず，債務残高も次第に上昇していった。この間のバブル崩壊後の社会資本の整備は，合理的地域配分に適うものとはいえず，既得権益による制度的配分や適正な規模を逸する不況対策に大きな影響を受けていたといえる。

　少子高齢化や政府の財政制約がいっそうすすむ中で，今後，社会資本を整備するにあたっては，経済環境の変化を見据えつつ，分野，主体，地域，資金源などを取捨選択しながら投資の意思決定を行うことが必要である。併せて，社会資本ストックについては，適正な予算管理のもとで，維持・更新をはかっていくことが重要である。こうした「社会資本マネジメント（Infrastructure Management）」は，すでに米国や欧州，オーストラリア，ニュージーランドなどの先進国において採用されているが，わが国でもその導入を検討し，社会資本の効果やそれによって得られる利用者の満足度を向上させる対策を講じることが重要であると考えられる。

　以上のような観点から，本論文は，わが国における社会資本整備の展開とその内容を検討し，主として，中央集権的な計画制度のもとで，地方圏を中心に資金の配分が実施されてきた空港整備事業をケーススタディとして取り上げ，整備における課題と社会資本マネジメントの必要性を検討することを目的としている。

2. わが国における社会資本整備の展開と特徴

(1) 社会資本の特徴と整備による効果

　社会資本整備の政策を評価するには，その意義と効果に照らして考察しなければならない。塩見［1999］は，社会資本について，財の直接の生産活動に不可欠な基礎サービスを提供し，経済生活の維持を目的に社会的共同消費手段を供給する資本と定義づけている。社会資本は，工作機械や組み立て機器など財，サービスを生み出す上で直接的な生産要素となる生産資本とは異なり，間接的に社会の生産力向上に寄与する資本であることから，しばしば「社会的間接資本」と呼ばれることもある。社会資本は「政府が自ら供給しなければならない」，あるいは，「政府が規制しなければならない」という意味において長らくは公的関与のもとで整備されてきた[5]。その理由としては，第1に，社会資本は消費の非競合性・非排除性といった公共財的性質を備えているために，フリーライダーの問題を回避できないというものである。第2に，社会資本は事業規模そのものが大きく，投資の懐妊期間も長いために，民間企業による整備ではリスク負担が大きいからである。第3に，社会資本の整備によって波及する外部効果の存在があげられる。例えば，上下水道の整備は河川の浄化や衛生状態の改善といった便益を地域住民にもたらすが，こうした外部効果は市場では適正に評価されにくい。料金として回収できる部分はその一部にすぎないために，民間企業では欠損が生じた場合のコストを追加的に回収することが困難である。そのような場合には，公的関与のもと，欠損分を税によって補填し，それを整備することが望まれる。

　第4に，社会資本によって生産される財，サービスについては，その生産プロセスにおいて規模の経済性が生じるために，競争が十分に機能せず，地域ごとの独占が発生すると予想される。独占の弊害を防ぐためには公的関与

のもとで特定の民間企業に財，サービスの供給権を与え，価格決定をコントロールすることが必要である[6]。第5に，社会資本には道路や上下水道，ならびに文教施設のように地域の生産活動や地域住民の生活に欠かせない分野も含まれる。民間企業に整備を任せ，料金を支払った者だけに利用できる仕組みを導入すれば，地域間，もしくは個人間で格差が出る恐れがある。これらの格差を解消するためには，公的関与のもと，全国一律的に公平な整備を展開することが求められる。

　このように社会資本の整備は公的関与の必要性によって特徴づけられるものであるが，それでは，社会資本を整備することによってどのような効果が期待されるのであろうか。奥野［1994］によれば，社会資本整備による効果は大きくは短期的効果と長期的効果に分けることができる。前者は，社会資本が整備されると，それが民間企業の誘致や投資を誘い，地域の雇用や様々な財，サービスに関する需要が増加して，その整備に要した公共投資額以上に所得が拡大することを指している。これは公共投資の乗数効果とも言い換えられ，公共投資の増加額に対する国民所得の増加額の比率を乗数とし，その大きさから公共投資の影響力を判断することができる。後者は，公共投資によって社会資本が整備されれば，流通コストや時間的コストが削減され，民間企業の生産活動を効率的にする。例えば，空港，港湾，道路の整備はモノの流れを迅速にし，1回の輸送で大量の製品を輸送することが可能である。民間企業の生産活動の効率化は，地域住民の生活に物質的な豊かさをもたらし，生活水準の向上に寄与する。これによって，地域内における所得が増加し，その一部が蓄積されれば，徐々に資本もストックされ，経済に成長を及ぼす。

　ところで，この2つの効果を誘発させるためには，社会資本と民間企業の生産活動との関係が補完的でなければならない[7]。なぜならば，社会資本と民間企業の生産活動が代替的な関係であれば，たとえ公共投資を増加させた

としても，民間企業でなされたはずの投資をクラウディングアウトしてしまう恐れがあるからである。後述するが，公共投資には主に産業基盤投資（道路（国道・県道）や空港，港湾など），生活基盤投資（上下水道，文教施設，環境衛生など），国土保全投資（治山・治水など），その他の投資（失業対策・災害復旧・鉄道・地下鉄・電気・ガスなど）の4つのカテゴリーが存在する。その中で社会資本と民間企業の生産活動に補完関係がみられる分野は主に産業基盤投資であると考察される。生活基盤投資や国土保全投資には，地域住民に生活環境の改善や居住空間の快適性を付与する可能性があるが，それは民間企業の生産活動よりもむしろ地域住民の効用の変化に影響を与えるため，両者間に補完関係があるか否かについては疑問の余地が残るところである[8]。

公共投資によって整備された社会資本と民間企業の生産活動との間に補完性があると仮定した場合，社会資本の増加が民間企業の生産活動に与える影響は具体的にいかに示されるのであろうか。いま，民間企業は生産要素価格，生産物価格，社会資本整備水準を所与とし，利潤最大化行動に基づいて生産活動を行うものととらえる。その際の民間企業の生産関数は，

$$Y = f(Kp(Kg, p, r, w), L(Kg, p, r, w), Kg)$$

と書かれる。Yは民間企業の財，サービスの生産量（付加価値ベース）で，Kp（民間資本），L（労働投入量），Kg（社会資本整備水準）を結合させて生み出される。なお，pは生産物価格，rは資本コスト，wは賃金をあらわす。併せて，民間企業は潜在的な生産能力を保持し，社会資本の整備によってのみその能力が発揮されると想定する。ここで，社会資本整備水準が1単位増加すると民間企業の生産量がどの程度変化するのかを検討するために，吉野・中野［1996］によって指摘された「直接効果」と「間接効果」を取り上げる。直接効果とは，他の生産要素の投入量を固定し，社会資本水準Kgを1単位増加させた場合に生ずる生産量の変化分である。間接効果とは，社会資本整

備水準が変わることにより，それをふまえ，利潤最大化行動をとっている民間企業が生産要素水準を変更したことを通じて実現する生産量の変化分を意味している。すなわち，社会資本整備水準の増加が民間企業の生産活動に与える効果は

$$\frac{\partial Y}{\partial Kg} = \frac{\partial f(Kp, L, Kg)}{\partial Kg} + \frac{\partial f(Kp, L, Kg)}{\partial Kp}\frac{\partial Kp}{\partial Kg} + \frac{\partial f(Kp, L, Kg)}{\partial L}\frac{\partial L}{\partial Kg}$$

と書きあらわされる。左辺は民間企業の生産量の変化分の合計に該当し，右辺第1項については直接効果，第2項は民間資本水準の変更によってもたらされる間接効果，第3項は労働投入量水準の変更によってもたらされる間接効果を表現している。図3–1はこれらの説明を図示したものである。図3–1上側の Q_1 は社会資本整備水準が Kg_1 のときに民間企業が利潤最大化行動のもとで民間資本を Kp_1 として最適な生産を実現している点である。Q_1 における生産量については Y_1 で表記される。ここで社会資本の水準が Kg_1 から Kg_2 にひき上げられたとする。なお，単純化のために，民間企業の生産活動によって発生した利益はすべて民間資本 Kp に反映されるとみなす。これは，上式の第3項の間接効果が0であることに相当する。

　社会資本が民間企業の生産活動にプラスの効果を与えているのであれば，民間企業の生産関数 $f(Kp, L, Kg_2)$ は $f(Kp, L, Kg_1)$ よりも上側に位置する。ここで，民間資本水準 Kp_1 が変わらないとすれば，民間企業の生産点は Q_1 から Q_2 に移り，生産量については，$Y_2 - Y_1$ の増加となる。直接効果はこの社会資本の水準が引き上げられた後の生産量と引き上げ前の生産量の差分 $Y_2 - Y_1$ にあたる。次に，民間資本の限界生産力に注目する。民間資本の限界生産力は，

$$\frac{\partial f(Kp, Kg_1)}{\partial Kp} \text{から} \frac{\partial f(Kp, Kg_2)}{\partial Kp}$$

図 3–1 社会資本の増加による民間企業の生産活動への効果

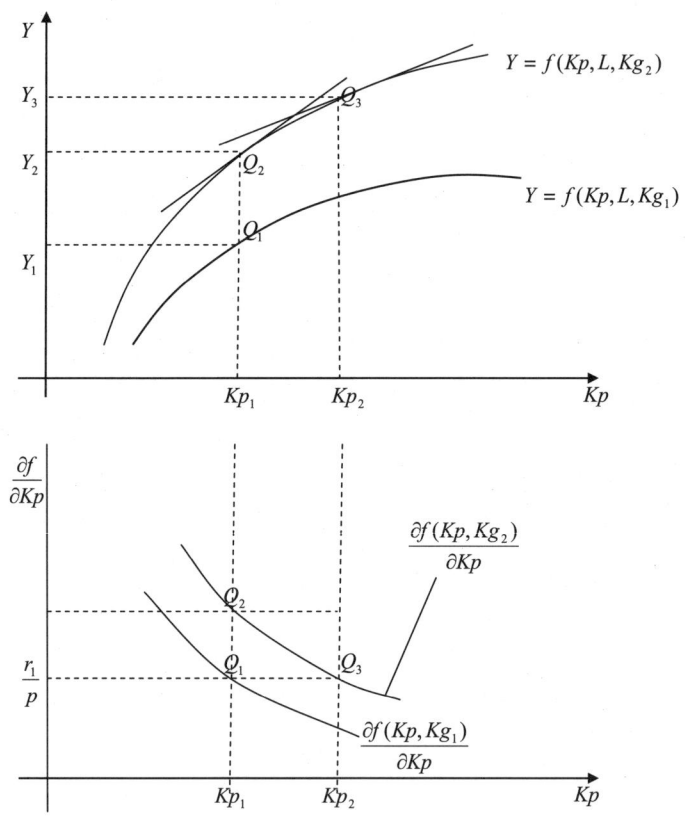

出所：Sato=Koizumi [1973] を参考に筆者作成。

に変化している。ここで，生産要素の価格比 r/p が固定されている点に注目すると，生産要素の限界生産力が生産要素の価格比よりも大きくなっていることが判明する。この場合，民間企業は民間資本の量を Kp_1 から Kp_2 まで増額することで利潤最大化を達成することができる。民間資本増加後の最適生産点 Q_3 は，Q_2 と比較して生産量 Y が $Y_3 - Y_2$ 増えており，この変化が

(民間資本による) 間接効果である。

　以上のように，理論モデルとしては，一定の条件を満たせば社会資本は民間企業の効率的な生産活動を促進すると同時に，それが整備された地域に対しては民間企業の集積による雇用創出や生活水準の向上といった効果を付与することができると考えられる。戦後，わが国では長期的な計画のもとで社会資本の整備が展開されてきた。それは経済環境の変化や発展の段階に応じて大きく変化し，どの分野，あるいは地域を重点的に整備するかはそれを背後で支える理念に左右されている。前述した大都市圏における民間企業の投資や労働の流入によって生ずるボトルネックを打開するために公共投資の重点が大都市圏に集中している段階を「不足型発展」とし，地域間格差是正のために地方圏に投資の重点がおかれている状態を「超過能力型発展」として位置づけた Hirschman の定義に従えば，戦後，わが国における公共投資は，不足型発展の時期から始まり，その後，1960年代後半〜1970年代前半には地域間格差や生活水準格差の解消を目標とした超過能力型発展の時期の経過を辿った。1970年代後半以降には，地域間格差や生活水準格差はほぼ是正され，再び不足型発展へと転換する過程を経ている。しかしながら，1973年の第1次石油ショック以降は，不況時の景気対策として公共投資が用いられている。その基調は後にまで引き継がれている。とくに，1990年代のバブル崩壊以降，景気浮上のためにこの面での機能が期待されたが，十分に効果が発揮されずに財政的負担増の結果を生じた。全国レベルでみると，社会資本による限界生産力は低く，それによる民間資本の誘発効果も大きくないことが，原因の1つであるように思われる。この経過にあって，社会資本の整備は，もとより，適正な合理的地域配分に適うものではなかった。

(2) 社会資本の地域間配分と特徴

　次に，社会資本にかかわる公共投資を分類し，それの地域間配分に関する

政策とその影響について検討してみよう。総務省『行政投資実績』によれば，公共投資は ① 道路（国道・県道）や空港，港湾など生活・産業の基盤となる産業基盤投資，② 上下水道，文教施設，環境衛生など国民生活に影響を及ぼす生活関連投資，③ 林道，造林，漁港など農林水産業の振興・発展に寄与す

表 3–1　公共投資の機能別・分野別分類

出　所	総務省	井田・吉田 [1999]			塩路 [1999]	吉野・中東 [1999]
分　類	5 分 類	6 分 類	3 分 類	2 分 類	2 分 類	5 分 類
道路（国道・県道），港湾，空港，工業用水の各投資	産業基盤投資	産業基盤型投資	産業基盤型投資	産業型投資	生産関連投資	産業基盤投資
道路（市町村道），街路，厚生福祉（病院，介護サービス，国民健康保険，老人保健医療，介護保険，国公立大学付属病院の各事業を含む）	生活関連投資	生活型投資	生活基盤型投資	非産業型投資	生活関連投資	生活関連投資
文教施設，都市計画		文教型投資				
住宅，環境衛生		環境型投資				
農林水産関連の投資	農林水産投資	農漁業型投資	国土整備型投資		対象としていない	農林水産投資
治山治水，海岸保全の投資	国土保全投資	国土保全型投資				国土保全投資
失業対策，災害復旧，官庁営繕，鉄道，地下鉄，電気，ガス等の上記以外の各事業の投資	その他の投資	対象としていない	対象としていない	対象としていない		その他の投資

出所：総務省『行政投資実績』を参考に筆者作成。

る農林水産投資，④ 治山・治水など国土保全を目的として整備される国土保全投資，⑤ その他の投資（失業対策・災害復旧・鉄道・地下鉄・電気・ガスなど）に分けられる（表3–1参照）[9]。公共投資の分類については，総務省の『行政投資実績』によって示された5つの分類のほかにも井田・吉田［1999］，塩路［1999］，吉野・中東［1999］において分類がなされている。こうした分類手法の妥当性については論者によって意見が分かれるところであるが，本論文では総務省『行政投資実績』によってあらわされた5つの分類をベースに検討をすすめていくことにする[10]。公共投資の内容や投資額は，空港，港湾，上下水道等それぞれの社会資本ごとの個別計画と，それらを総括した総合開発計画のもとで決定される。個別計画は1945年の「漁港整備計画」を発端に，道路，空港，港湾，住宅，下水道，都市公園，治山・治水等の社会資本について計画が策定されてきた。総合開発計画については，1962年の「第1次全国総合開発計画」以降，1969年の「新全国総合開発計画」，1977年の「第三次全国総合開発計画」，1986年の「第四次全国総合開発計画」とこれまで5度にわたる計画が作成されている。2005年からは総合開発計画のベースとなった国土総合開発法が国土形成計画法に改正され，総合開発計画に替わって新たに国土形成計画が整備されることになった。いずれの計画も5～10年の長期整備目標を定めて策定され，どの分野や地域に重点的に投資するかは計画を背後で支える理念に左右される。その具体的内容と変遷については，個別計画や総合開発計画からも読み取れるが，最も適した手法は経済計画を辿ってみることである[11]。

　戦後の本格的な経済計画は1960年に策定された「国民所得倍増計画」に始まる。国民所得倍増計画は，公共投資をその機能や分野に応じて ① 産業基盤（道路，港湾，農林水産），② 民生安定（住宅，環境衛生，厚生福祉），③ 国土保全（治山・治水，災害復旧），④ その他（文教施設等）に分類した上で，計画期間内（1961～1971年）の間に1人あたり国民所得を倍増させるこ

とを目標としている。具体的な計画の方針としては，計画の前半期の段階で大都市圏においてボトルネックとなっている産業基盤に対する投資を強化した後，後半期では，民生安定のための投資に傾注することが必要であるとされている。すなわち，京浜，中京，阪神，北九州の太平洋ベルト地帯に位置する千葉，東京，横浜，川崎，名古屋，大阪，福岡などの大都市圏に民間企業や労働力が流入したことによって不足が生じた産業基盤の社会資本を公共投資で補充する不足型発展の時期である[12]。国民所得倍増計画の機能別・分野別分類では産業基盤投資に農林水産業を含んでいる点が特徴としてあげられる。これは大都市圏における産業基盤投資を重視しつつも，地方圏とのバランスをある程度配慮し，地方圏の産業振興を推進することも目的であったと推測される[13]。

1960年代後半に入ると，国民所得倍増計画によって，大都市圏の産業基盤投資を推進し，国全体での高度経済成長を最優先するという考え方は見直しを迫られることとなった。公害による環境の悪化や地域間での所得格差の拡大など高度経済成長に伴って生じた"ひずみ"を解消することが求められたからである。これを受け，1965年開始の「中期経済計画（1964～1966年）」では住宅や生活環境施設の充実を最重点整備項目としてすすめるべき旨が提唱されている。1970年の「新社会発展計画」においては，社会資本の整備について ① ナショナルミニマムの拡充，② 産業基盤投資によるボトルネックの打開，③ 新たな社会建設のための戦略的投資の3つがテーマとして掲げられ，その中でもナショナルミニマムの拡充は最重要課題であるととらえられている。ナショナルミニマムとは国民が等しく享受すべき権利を持つ最低限の生活水準を指すが，この新社会発展計画には高度経済成長の間に広がった大都市圏と地方圏間の地域間格差や生活水準格差を公共投資によって改善しようとする意図が込められている。従って，これまで公共投資の重点項目であった大都市圏の産業基盤投資に関しては，既存施設の改良や拡張によっ

てボトルネックの打開をはかるべきとの方向が明記され，公共投資の重点を大都市圏の産業基盤投資から地方圏の生活基盤投資に移行する措置がとられることとなった[14]。このような展開は社会資本についての超過能力型発展と把握される。

　1976〜1980年の「昭和50年代前期経済計画」では，新社会発展計画において規定された考え方をさらに鮮明に打ち出した内容となっている。昭和50年代前期経済計画は，わが国の経済について量的拡大を志向した成長中心のものから，生活中心の質的なものに転換し，経済の安定的発展と充実した国民生活を達成する必要があるとしている。公共投資については住宅，文教施設，上下水道，都市計画，道路（市町村道）などの生活基盤投資のみならず，国民生活の質的充実をはかる分野全てが対象である。しかし，地方圏の生活基盤投資に重点をおき，ナショナルミニマムを拡充すべきとの論理はわが国の高度経済成長が終焉を迎え，国や地方自治体の財政が厳しくなるにつれて変更を余儀なくされた。1979〜1985年の「新経済社会7カ年計画」では，生活基盤投資によって国民の公共サービスに対するニーズは高まっていくものの，これを従来のやり方で整備すれば，公的部門の肥大化をまねき，経済社会に非効率をもたらす恐れがあると述べられ，1960年後半から次第に顕著になってきた公的関与の拡大傾向について反省を促している。公共投資の配分については，地方への重点的投資から，やや大都市圏重視の不足型発展へと傾き始めた。ナショナルミニマムの拡充は継承されることになったが，経済計画の範囲内ではもはや取り扱われず，分野ごとや個別計画の範疇で唱えられるようになった。

　1980年頃からは，国の財政再建が最も大きな課題となった。1973年の第1次石油危機後の実質経済成長率の低下や特例国債発行額の増加によって発生した財政赤字を立て直すために，国の歳出は抑制され，公共事業に対しては特例国債発行額の2兆円減税やゼロシーリング等の政策がとられた[15]。と

ところで，1970年の「新社会発展計画」後，ナショナルミニマムの拡充を背景として展開された公共投資配分は地方圏に公共事業依存型の経済構造を作り上げるという結果をまねいた。そのため，地方圏では公共投資なしには経済を維持できず，財政制約下においても景気対策として社会的にみて必要と判断しにくい社会資本に対して投資配分が行われるようになった。とくに，第1次石油危機後においては，効率性や採算性を無視した投資決定が相次ぎ，それは現在でも一貫してすすめられている。

1983年に出された「1980年代経済社会の展望と指針（1983〜1990年）」においては，国の財政力強化が最大のテーマとなった。その後，1985年のプラザ合意を契機に急速な円高が進行すると，国は緊縮財政から公共投資の拡大によって内需を刺激する政策へと方針を変化させた。その結果，翌年までには実質経済成長率が回復し，特例国債の発行額も削減へと向かっていった。1988年の「世界とともに生きる日本―経済運営5カ年計画―（1988〜1992年）」と1992年の「生活大国5カ年計画（1992〜1996年）」ではプラザ合意から続く円高に伴い，民間企業の海外進出が伸展したことや地方圏において産業の空洞化が進行したことによって，再び国土の均衡ある発展が計画目標として謳われている。ただし，奥野［1994］が指摘するように，1980年代までに大都市圏と地方圏の地域間格差や生活水準格差についてはほぼ解消したと想定すれば，これは不足型発展から超過能力型発展に再びシフトしたというよりも，むしろバブル崩壊後の不況を打開するためのカンフル剤として公共投資が利用されたものと考えられる。この流れは1990年代においても引き継がれ，国の財政再建は後回しにされた。その結果，国債残高は次第に上昇し，2009年9月の債務残高（国債・借入金・政府保証債合計）は約800兆円にまで到達している。この反省から，現行の「経済社会のあるべき姿と経済新生の政策方針（1999〜10年間程度）」では，今後，予想される少子高齢社会とそれに伴う税収減に対応するために，公共投資を抑制し，経済

の持続的発展を支えるような社会資本整備を行うべき点が強調されている。

3. 空港整備事業における財源の調達と配分

(1) 空港整備事業における受益者負担と財源調達

　以上の社会資本全体の展開の経過をふまえ，これと相互に関連を有し，一方で特別会計制度のもとで固有の領域をなす空港社会資本に焦点をあて，具体的な事業形態としての空港整備事業について検討してみよう。わが国の空港整備事業は，空港整備法と空港整備5カ年計画，及びこれらを資金面から裏付けた空港整備特別会計という3つのスキームによって実施されている。このスキームは，戦後，日本がおかれた歴史的な事情と経過のもとで構築されていったといえる。

　第2次世界大戦後，わが国は一切の航空機の所有，運航が禁止され，飛行場もそのほとんどがGHQの占領下におかれていた。1951年の日本航空によるノースウエスト航空への運航委託によって航空輸送が再開され，主権が回復した1952年には運賃，料金，参入の認可基準などの規制秩序を定めた航空法が制定された[16]。続く1953年には，日本航空株式会社法が成立し，日本航空の自主運航も始められた。併せて，新規航空会社も相次いで設立され，航空ネットワークの拡充がすすめられていった。空港については，1951年の羽田飛行場の一部返還後，翌年度には民間出資のもと日本空港ビルディング株式会社が創設され，本格的なターミナルビルを備えた東京国際空港（羽田空港）が誕生した。1955年までには，熊本飛行場（熊本空港），丘珠飛行場（札幌丘珠空港），松山飛行場（松山空港），大村飛行場（長崎空港），鹿児島飛行場（鹿児島空港），高松飛行場（高松空港），高知飛行場（高知空港），宮崎飛行場（宮崎空港），小倉飛行場（北九州空港），八尾飛行場（八尾空港），調

布飛行場（調布空港）の11飛行場が返還され，国の管理のもとで供用を開始することになった。1956年には，空港種別と空港整備にかかる国の投資割合を定めた空港整備法（現：空港法）が制定された[17]。1960年以降，高度経済成長を背景とした航空需要の高まりと，航空機材の大型化や高速化に対応するために，早期に空港を整備し，受益と負担を明確にして財源調達を促進する議論が高まった。そのため，中長期的な見通しに立った空港整備の必要性が強く認識され，空港整備に関する基本計画として1967年に「空港整備5カ年計画」が策定された。そして，空港整備財源については，空港整備5カ年計画に基づく総合的，計画的な空港整備を展開する上で，受益と負担の関係を明確にし，安定的な財源を確保するとの目的から1970年に空港整備特別会計が設立された。

特別会計制度は，財源調達と負担者の構造に固有の特徴が示される。それを示すにあたって，まず，社会資本一般の整備における財源と負担者について検討してみよう。表3-2は，社会資本整備における財源とその負担者を示したものである。民間企業が，社会資本を整備すると仮定した場合，事業展開によって得た収益の一部を整備費用としてあてるであろう。しかし，先に述べたように，社会資本は市場の失敗（公共財，外部効果，自然独占）をきたしやすく，投資の懐妊期間も長いために，民間企業の資金ではそうしたリスクを賄いきれない恐れがある。これらの特質は，社会資本の規模が大きくなるほどみられるために，空港，港湾，道路など大規模な投資を要する社会資本においては，民間企業による資金調達のみでは整備が困難である。そこで，いま1つの資金調達手段として国や地方自治体の財源から支出が行われるのである。国や地方自治体の財源は，性格上，一般会計，特別会計，財政投融資の3つに分けられる[18]。収入形態では，税収（国税・地方税），国債（地方債），目的税，受益者負担金に分類される。また，これらの財源は負担者別にも区分され，税収では国民（地方自治体の地域住民），国債（地方債）では将

第 3 章 社会資本整備・運営の展開と課題 77

表 3-2 社会資本整備における財源と負担者

分　類	細分類	収入形態	事　例	負担者
一般会計	国の一般会計	国税	所得税・法人税等	国民
		国債	特別国債・建設国債	将来の国民
	地方自治体の一般会計	地方税	住民税・固定資産税等	地域住民
		地方債	一般会計地方債	将来の地域住民
		地方交付税交付金		国民
特別会計	国の特別会計	目的税	揮発油税・空港使用料等	受益者
	地方自治体の特別会計	目的税	都市計画税・事業所税等	受益者
		地方譲与税剰余金	地方道路譲与税等	受益者
	公営企業		公営企業地方債	将来の受益者
	受益者負担金	負担金	下水道	受益者
		(物納)	土地区画整理事業等の減少等	受益者
財政投融資				将来の受益者

出所: 国土交通省資料をもとに作成。

来の国民 (将来の地域住民)，目的税，地方譲与税剰余金，受益者負担金では受益者，財政投融資においては将来の受益者がそれぞれ負担することになる[19]。

　山内 [2006a] は，社会資本整備の財源調達方法としては，① 受益者負担，② 間接的受益者負担，③ 公共負担の 3 つがあげられると指摘する。具体的には，受益者負担は，財の供給に対して利用者が支払った対価を整備財源に

充当するものである。間接的受益者負担は，社会資本の整備によって周辺地域にスピル・オーバーする地価上昇や商業立地の可能性などの「棚ぼたの利益（Windfall gain）」を整備資金に組み込もうとする考え方である[20]。高速道路，鉄道，港湾など産業基盤投資にかかる財源は，受益者負担に拠るところが大きいが，その整備費用は巨額であり，受益者負担のみでは十分ではない。実際に，阪急電鉄や東急電鉄をはじめとする大手民鉄では，新規路線を開拓する際に，駅周辺の土地を一括で買収し，鉄道開業後にその土地を住宅地として分譲している。分譲された住宅地は，鉄道が開通しない場合よりも高く売却できることから，事業者は住宅地の分譲によって得た利益の増分を整備資金の返済にあてることができる。間接的受益者負担には，こうした間接的な方法のほかに，アメリカのインパクトフィー（Impact Fee）やリンゲージ（Linkage）のように，開発を行う事業者に直接，負担金を課す手法もある[21]。インパクトフィーでは，宅地の開発行為が交通社会資本に対する需要を増加させるととらえ，その開発のための資金を事業者から徴収する。リンゲージは，大都市圏における大規模な事務所スペースの建設が住宅需要を増やすことから，事務所の規模に応じた戸数の住宅建設，または，建設費用の負担を関係者に義務づけるものである[22]。ただし，間接的受益者に負担を要請することは，社会資本の整備によって便益を得る地域の範囲がどこまでか，または，どの程度の利益が得られるのかの特定が困難であるために，コンセンサス形成の面で支障をきたすことが予測される。アメリカでは，地域の将来の便益を想定した資金調達手法は，土地利用と税法上からみれば，違法であるとして法廷に持ち込まれることも多い[23]。

ところで，社会資本の中でも一般道路のように自動車の利用者と歩行者が混在するケースでは，料金の徴収，間接的な便益の取り込みは困難であると考えられる[24]。また，大都市圏における国際空港の整備については，国家全体の経済に活性化をもたらし，国際交流の機会も拡大させることにつながる。

この場合，受益者の範囲は国家全体に拡大し，特定化は不可能である。社会資本の整備による便益が周辺地域のみならず，国家全体に波及する場合，あるいは，受益者の特定に支障をきたす場合，整備資金は一般会計からの支出（＝公共負担）に頼らざるを得ない。しかし，空港，港湾，道路のいずれにおいても，料金の徴収（＝利用者負担）は可能であることから，整備資金を調達するにあたっては，受益者負担，間接的受益者負担，公共負担を組み合わせたメニューを組み立てることが望ましい[25]。とくに，交通社会資本の整備主体が民間の場合，過度な公的負担は，むしろ効率性を損なうことになり得る。ここでは，建設費（固定費）のみを公的負担に依存し，それ以外の運営費，維持費等については受益者負担と間接的受益者負担によって調達することが必要である。

　空港整備については，1956年の空港整備法制定以後の10余年間は公共負担に依拠し，その収入規模も極めて小さいものであった。1970年の空港整備特別会計開始後は空港整備のかなりの部分を空港整備特別会計の財源（＝受益者負担）で負うようになっている。図3-2は空港整備特別会計の仕組みと歳入，歳出の流れを図示したものである。なお，2005年12月の閣議決定「行政改革の基本方針」の発表によって，空港整備特別会計は，道路整備・治水・港湾整備・都市開発資金融通特別会計と統合され，「社会資本整備特別会計」の中の空港整備勘定として取り扱われるようになった。ただし，その仕組みや歳入，歳出の流れに変化はみられない。空港整備特別会計の主な収入源は航空事業者等に対する空港使用料と航空機燃料税から構成されている。毎年度の航空機燃料税の税収から13分の11が空港整備勘定に繰り入れられ，残りの13分の2については地方自治体の空港対策費に組み込まれる。空港使用料は着陸料，航行施設援助料，停泊料などから得られる収益で，全収入の30〜40％を占める重要な収入源となっている（図3-3参照）。航空機燃料税や空港使用料に次いで高い割合を占有する財源は財政投融資である。財政

80　第Ⅰ部　経済・金融からみた「失われた10年」

図3-2　空港整備特別会計（空港整備勘定）の仕組みと歳入、歳出の流れ

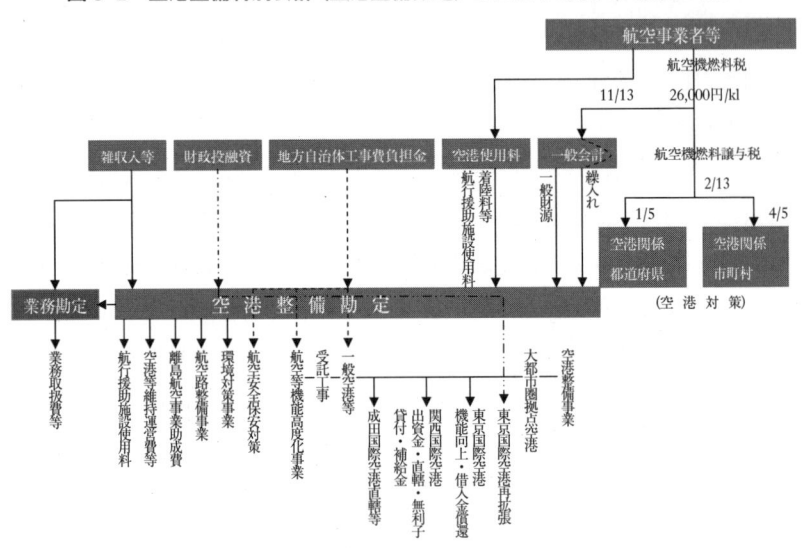

出所：国土交通省資料をもとに作成。

図3-3　空港整備特別会計（空港整備勘定）の収入の推移

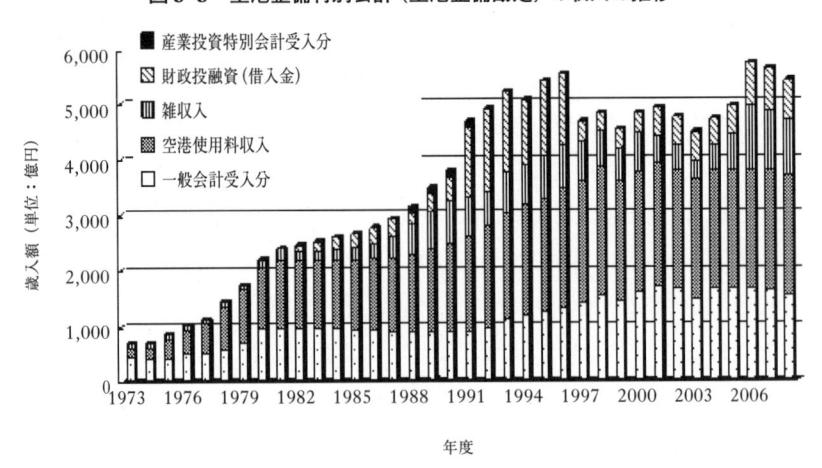

出所：航空振興財団『数字でみる航空（各年度版）』をもとに作成。

投融資は比較的収益性の高い東京国際空港の拡張事業に充当され，1991年から1,000億円を超える規模で資金が注入されている[26]。

(2) 空港整備における財源の配分

では，空港整備の歳出と財源の配分についてはどのようになっているのであろうか。まず，空港整備特別会計の歳出割合については，空港法に基づいて規定がなされている（表3-3参照）。国内線の基幹空港である東京国際空港は基本施設（滑走路，着陸帯，エプロン等），附帯施設（排水路，照明施設，駐車場など）ともに国が整備費用を100%負担することになっている。東京国際空港を除く国管理空港（大阪国際空港及び旧第2種A空港に相当する）19空港は，基本施設については総費用の3分の2（新千歳空港，稚内空港，

表3-3　空港整備特別会計（空港整備勘定）における国の整備費用負担割合

空港種別		設置・管理者	負担／補助	施設	新設または改良（単位：%）				
					一般	北海道	離島	奄美	沖縄
拠点空港	東京国際空港	国土交通大臣	負担	基本施設	100	—	—	—	—
			負担	附帯施設	100	—	—	—	—
	国管理空港（大阪国際空港及び旧第2種A空港）	国土交通大臣	負担	基本施設	2/3	85	80	—	100
			負担	附帯施設	100	100	100	—	100
	特定地方管理空港（旧第2種B空港）	国土交通大臣（設）地方自治体（管）	負担	基本施設	55	2/3	80	—	90
			補助		—	—	—	—	—
			補助	附帯施設	〜55	〜2/3	80	—	90
地方管理空港（旧第3種空港）		地方自治体	負担	基本施設	50	60	80	80	90
			補助		—	—	—	—	—
			補助	附帯施設	〜50	〜60	80	80	90
自衛隊・共用空港		防衛大臣	負担	基本施設	2/3	85	—	—	—
				附帯施設	100	100	—	—	—

出所：国土交通省資料より作成。

釧路空港，函館空港の4空港は85％，那覇空港に関しては95％），附帯施設では100％の負担となっている。旧第2種B空港にあたる特定地方管理空港（旭川空港，帯広空港，秋田空港，山形空港，山口宇部空港の5空港）では，基本施設は総費用の55％，附帯施設においては全体の55％以内の負担である（旭川空港，帯広空港は基本施設，附帯施設ともに3分の2）。旧第3種空港に該当する地方管理空港は基本施設には総費用の50％，附帯施設に関しては50％までの資金が投資される[27]。

続いて，空港整備特別会計の歳出項目や分野であるが，これは空港整備5カ年計画によって定められている。空港整備5カ年計画の推移については，時期こそは若干のズレがみられるものの，基本的には先述の社会資本整備の経過と同一の性格を帯びている（表3–4参照）。各次の空港整備5カ年計画をみると，第2次空港整備5カ年計画までは，大都市圏拠点空港（東京国際空港，大阪国際空港）と，地方空港の中でも幹線に位置する千歳（現：新千歳）空港，福岡空港，那覇空港の整備を重点整備事項としていた。第3次空港整備5カ年計画では，航空需要のさらなる拡大と地域間交流の活性化に伴い，投資の重点を地方空港のジェット化におく一方で，空港周辺地域における騒音問題をいかに解決するかがテーマとなった。とくに，大阪国際空港をめぐる民事訴訟においては最高裁判決までに15年以上の年月を要し，それに伴うコストも膨大なものであった。実際に，第3次空港整備5カ年計画・第4次空港整備5カ年計画期間内の1981〜1984年度では環境対策事業費が空港整備事業費を上回っている（図3–4参照）[28]。併せて，この頃は第1次石油危機による景気の低迷が長引いたことから，地方空港のジェット化は第3次空港整備5カ年計画から国内の空港ネットワークが完成されたと言われる第5次空港整備5カ年計画の間に積極的にすすめられ，空港整備特別会計の総投資額も1,018億円（1976年）から3,793億円（1990年）と約3.8倍にまで膨れ上がっている。その結果，ジェット機が就航可能な空港は，東京国際空港，

第3章 社会資本整備・運営の展開と課題 83

表3-4 空港整備5カ年計画の推移

空港整備計画	第1次空港整備5カ年計画	第2次空港整備5カ年計画	第3次空港整備5カ年計画	第4次空港整備5カ年計画	第5次空港整備5カ年計画	第6次空港整備5カ年計画	第7次空港整備5カ年計画	社会資本整備重点計画	社会資本整備重点計画
計画期間	1967～1970年度	1971～1975年度	1976～1980年度	1981～1985年度	1986～1990年度	1991～1995年度	1996～2002年度	2003～2007年度	2008～2012年度
投資額(実質投資額)	1,150億円(634億円)	5,600億円(4,312億円)	9,200億円(8,345億円)	17,100億円(10,666億円)	19,200億円(20,972億円)	31,900億円(33,194億円)	36,000億円(38,174億円)	―	―
重点整備事項	①東京国際空港・大阪国際空港の整備 ②地方空港の整備	①成田国際空港、関西国際空港の整備 ②東京幹線空港等、地方空港の整備 ③成田国際空港の整備、関西国際空港整備調査、及び推進 ④地方空港の整備	①空港周辺環境対策事業の推進 ②空港保安施設等の整備 ③成田国際空港の整備、関西国際空港備調査、計画決定、及び建設推進 ④地方空港の整備	①成田国際空港の整備、東京国際空港沖合展開の推進、関西国際空港整備調査、計画決定、及び建設推進 ②地方空港の整備 ③空港周辺環境対策事業の推進 ④空港保安施設等の整備	①成田国際空港の概成、東京国際空港沖合展開の一部供用開始、関西国際空港整備の促進 ②地方空港の整備 ③空港周辺環境対策事業の推進 ④空港保安施設等の整備	①成田国際空港の二期施設の完成、東京国際空港沖合展開の完成、関西国際空港二期事業、中部国際空港の開港 ②地方空港整備の推進のための調査検討等 ③空港周辺環境対策事業の推進 ④空港保安施設等の整備	①成田国際空港の平行滑走路の完成、東京国際空港の再拡張推進、関西国際空港二期事業、中部国際空港の完成 ②地方空港の質的向上、就航率改善 ③空港周辺環境対策事業の推進 ④空港保安施設等の整備	①東京国際空港の再拡張、成田国際空港北伸事業の推進 ②地方空港の質的向上、就航率改善 ③空港等保安施設等の整備 ④空港等機能の高度化推進 ⑤航空物流機能の強化 ⑥空港周辺環境対策事業の推進
ジェット化空港	東京国際、福岡、大阪国際、鹿児島、熊本、函館、仙台、那覇、小松、新潟、釧路、長崎	新千歳、県営名古屋、宮崎、福岡、大分、松山、高知、米子	山形、成田国際、広島、出雲、旭川、花巻、富山、女満別、鳥取、美保(米子)	宮古、山口宇部、秋田、対馬、石見、松本、関西国際、南紀白浜	稚内、青森、福島、北九州、庄内、福島、萩・石見、松本、関西国際、南紀白浜	岡山、高松、根室中標津、北九州、庄内、福島、萩・石見、関西国際、南紀白浜	久米島、奄美大島、大館能代、オホーツク紋別、能登	神戸、静岡、佐賀、那国、種子島	与論、奥尻、隠岐、能登

出所：国土交通資料をもとに作成。

84　第Ⅰ部　経済・金融からみた「失われた10年」

図3-4　空港整備事業における投資分野の割合と総投資額

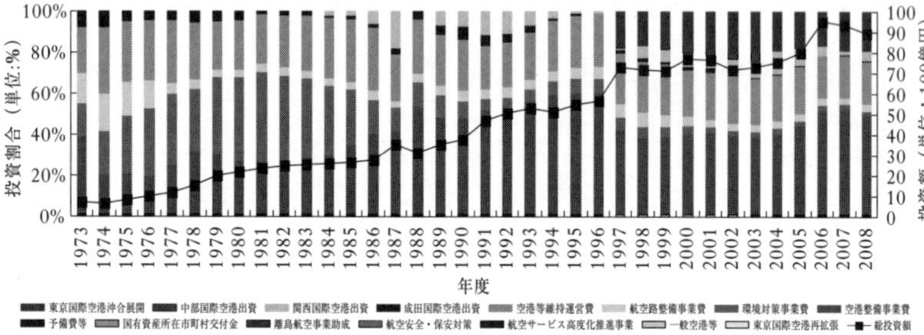

出所：航空振興財団『数字でみる航空（各年度版）』をもとに作成。

大阪国際空港の大都市圏拠点空港や新千歳空港，福岡空港，那覇空港など幹線として位置づけられる空港のみならず，一部離島を除く本州全土にまで広げられた[29]。

　地方空港の整備が一段落し，再び大都市圏に投資の重点がシフトしたのは第5次空港整備5カ年計画以後である。第5次空港整備5カ年計画では，成田国際空港の第二期施設・平行滑走路，東京国際空港の沖合展開，関西国際空港の開港，中部国際空港の調査・検討の三大プロジェクトのもと，大都市圏拠点空港の整備が本格的に促進され，それは第6次空港整備5カ年計画にも引き継がれた。しかし，第5次空港整備5カ年計画〜第6次空港整備5カ年計画の間は，バブル崩壊後の不況が続き，それを打開するためのカンフル剤として公共投資が利用された時期でもあった。空港整備についても例外はなく，景気対策と称して地方圏にも多くの資金が配分された。そのため，1県に2つの空港が建設された地域や長距離国際線の就航が見込めないにも関わらず3,000メートル級の滑走路に拡張する空港もあらわれるなど，資源配分の効率性にかかる問題がマスコミ等を通して問題視された。

　その後，2003年度に開始された社会資本整備重点計画では，航空輸送需要の増大に対応し，国際競争力をいっそう強化するとの見地から，①大都市

圏拠点空港の整備，② 空港保安施設の整備，③ 空港周辺環境対策が重点項目として盛り込まれている。これと同時に，地方空港については，新設を抑制し，従来の量的拡大から，ハード・ソフトの組み合わせや，既存空港の十分な活用を中心とする質的充実に焦点をシフトすると詳述されている。2008～2012年度を計画期間とした現行の社会資本整備重点計画は厳しい財政事情に鑑み，投資の選択と集中によって重点投資分野を絞るという目標からも明らかであるように，東京国際空港の再拡張事業や成田国際空港の北伸事業を主な柱とし，地方空港に関しては前回の計画に引き続き，新設の抑制と既存ストックの活用が提唱されている。

　以上のように，わが国の空港整備は，航空事業者に対して課される空港使用料と航空機燃料税を中心とした受益者負担によって構成され，全ての財源を一旦，空港整備特別会計にプールした後に，空港の種別や地域に応じて配分率を変化させている特徴が取り上げられる。さらに，空港整備の歳出項目や分野を取り決めた空港整備5カ年計画では，社会資本整備とほぼ同じ傾向を経ている点が考察される。すなわち，当初は大都市圏拠点空港（東京国際空港，大阪国際空港）と地方幹線に位置する空港を整備する不足型発展の時期から始まり，その後，航空需要の拡大と地域間交流の活性化に伴って投資の重点を地方空港のジェット化におく超過能力型発展の時期を経験した。次いで，地方空港の整備がおおよそ概成した後は成田国際空港の第二期施設・平行滑走路，東京国際空港の沖合展開，関西国際空港の開港，中部国際空港の調査・検討の三大プロジェクトや東京国際空港の再拡張事業，成田国際空港の北伸事業，中部国際空港の完成を目標とする新三大プロジェクトに重点化する不足型発展に移行している。

4. 空港整備事業からみたわが国の社会資本整備の問題点と課題

(1) わが国の空港整備事業の役割と問題点

わが国の空港整備では，整備の計画から予算の策定と配分に至るまで，国が主導的役割を果たすスキームが構築されている。現在，わが国には98の空港が整備されているが，それは空港整備5カ年計画と空港整備特別会計によるものであったと考えてよい[30]。空港整備特別会計の受益者負担とプール制は，発展途上の全国的ネットワークを形成する上では，必要不可欠なスキームであったとみうけられる。しかし，空港整備については，他の社会資本と同様に不況時の景気対策として用いられたこともあり，空港整備特別会計全体では収支均衡がとられているものの，個々の空港でみた場合，受益と負担の関係は乖離しており，従来の国主導の整備方式では今後，空港を維持する上で支障をきたすことが予想される。これについては，すでに社会資本整備重点計画の中で詳述されているが，今後はいっそう投資の選択と集中を推進させ，受益と負担の関係を一致させるような対策を講じることが重要である。Ohta [1999] は，わが国における空港整備には次のような問題点がみられると整理している。

第1に，空港整備特別会計は，航空事業者の空港使用料と航空機燃料税に依存しているために，歳入額は航空需要の動向に左右されることである。従って，安定的な資金確保が困難となることが予想される。すなわち，塩見 [1995] において詳述されているように，需要の大きな段階では，整備水準の向上に都合の良い機能となるが，自ずと需要追随型の整備となり，需要が伸びない経済状態下では規模が縮小する。第2に，空港整備特別会計の一般会計からの受け入れは，毎年1,000〜1,500億円の規模に到達しているとはいえ，航空機燃料税を除いた純粋な繰り入れ分はわずか300〜400億円にす

ぎない。社会資本整備全体でみた場合でも，総投資額に占める産業基盤投資の割合は総額の20%程度に止まっている（図3-5参照）。これは産業基盤投資の必要性が低下しているのではなく，産業基盤投資の財源調達においては，特別会計を用いた受益者負担によって整備資金を賄ってきたために，一般会計の支出分が小さいのである。

　第3に，空港ターミナルビルの収益が空港整備特別会計に反映されないことである。多くの空港ターミナルビルは，地方自治体出資の第三セクターとして運営されている[31]。空港ターミナルビルの整備にあたっては，空港種別に関わらず，空港整備特別会計から資金が支出されていない。空港ターミナルビルの収益は，出資者（地方自治体）に帰属することになる。第4に特定地方管理空港や地方管理空港の整備については，空港整備特別会計を財源としているが，収益は運営主体（＝地方自治体）に算入される。空港整備特別会計には繰り入れることができない。第5に，財政投融資から資金を借り受けていることである。現在世代と将来世代の不公平を是正する目的で政府資金が投入されているが，空港が収益を生まなかった場合，受益者であるか否かに関わらず国民の将来負担となる[32]。

図3-5　公共投資総額と機能別・分野別の投資割合

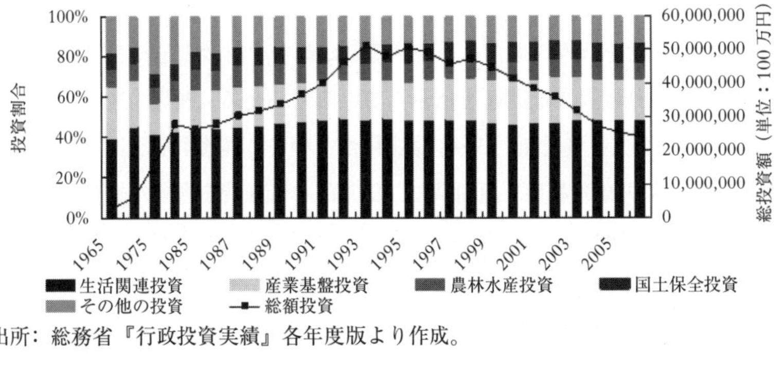

出所：総務省『行政投資実績』各年度版より作成。

以上のような，空港整備特別会計の不安定で，小規模な資金調達システムは，プールされた財源を全国に薄く広く分配する結果を生み出してきた。そのために，受益者負担額が最大の東京国際空港の収益が還元されず，その多くが地方空港整備にまわされてきた。このことは，東京国際空港を中心とする大都市圏拠点空港の整備に遅れをもたらし，空港需要の開拓，費用削減のインセンティブを削ぐことにつながったと考えられる[33]。今後，空港整備を行う上ではこれまでの「量の確保」から「質の確保」に目的をシフトすべきである。具体的には，受益者負担が高い空港に資金を配分し，市場を通じた利用者の選択が空港整備に活用されるような制度改革を行うことである。併せて，すでに整備の完了した地方空港では投資や予算，設計や建設，維持管理，評価などを調整しつつ，社会的な効果や利用者の効用を高める社会資本マネジメントの取り組みが求められる。

(2) 社会資本のアセットマネジメントと空港整備の課題

国土交通省によれば，これまで積み上げてきた公共投資によって，道路，港湾，空港，上下水道，都市計画，治山，治水等の同省所管の社会資本はかなりの程度の蓄積がもたらされたが，今後はこうした社会資本の維持管理・更新のための費用が増大するものと見込まれている。その際に，政府に課される役割とはこの維持管理，更新を行うために必要となる資金を調達し，適切な管理，運営を行うことであるが，それは昨今の財政逼迫や公共投資削減の趨勢からみれば大きな問題をはらんでいるといえる。神尾 [2003] の推計では，現在の公共投資総額 (25～30 兆円) がそのまま推移するとしても，2025 年度には全体の 25% 程度を更新費に，日常的な管理費を含めた維持・更新費には 60% を充当せざるを得ない結果が示されている。さらに，分野別にみると，まず，1970 年代に多く整備された生活関連の社会資本の更新費が向こう 20 年以内に顕在化する。次いで，20～30 年後には空港，港湾，道路と

いった産業基盤の社会資本の更新費が増加する。耐用年数が長い国土保全の社会資本については30〜40年以内に維持・更新費が拡大すると述べられている[34]。もっとも，神尾［2003］の分析は大胆な仮定のもとでの試算であり，実際には各支出項目の中で直ちに費用削減が可能な分野もあることをふまえれば，こうした更新費の計測額と現実に要する費用との間には少なからずもギャップがあり得るものと判断される。

　しかし，いずれにせよわが国の財政状況を考慮すれば，社会資本の維持管理・更新に十分な予算が確保される可能性は小さいことから，既存の試算をいかに効率的に管理し，最大限のサービスを引き出すかが問われることになる。このような課題に対応する上では，山内［2006b］が指摘する「社会資本のアセットマネジメント」の考え方を反映させた体制を整えることが重要である。社会資本のアセットマネジメントとは社会資本を適切に管理，運営して利潤（社会的利益を）最大にする活動を指す。具体的には，社会資本を効率的にマネイジし，受益者の満足度を最大化させることである。ここで，注意しなければならないのは，社会資本そのもののサービス水準を単に維持させるのではなく，それがどれだけ利用されるのか，どの程度の便益を生み出してくれるかという視点が求められることである。支出可能な予算が制約されている中で，社会資本のアセットマネジメントを推進していくためには便益の大きな社会資本を優先的な投資の対象としなければならない。逆に，このような効率性の観点を無視して潜在的に提供可能なサービス水準が全て維持されなければならないとすれば，その予算は肥大化することが考えられる。

　先に述べたように，わが国の社会資本整備は，不足型発展の時期から始まり，その後，超過能力型発展を経て再び不足型発展へとスイッチした。社会資本の整備は，深刻な不況を抜け出すための手段としても利用され，効率性を無視した公共投資が相次いで実施されてきた。空港整備においても例外はなく，空港整備特別会計の不安定な資金調達システムにおいて必要以上の地

方空港が整備されてきた。その結果，大都市圏拠点空港では整備に遅れをもたらし，空港需要の開拓や費用削減のインセンティブが削がれる一方で，地方空港についてはその維持，管理をどのように行うかが焦点となっている。少子高齢社会とそれに伴う税収減に対応する上では，社会資本のアセットマネジメントの論理のもと投資の選択と集中をすすめ，受益者の効用を最大化するような投資活動が必要であるといえよう。これは，空港整備事業のみならず全ての社会資本に共通した課題であると考察される。

5．ま と め

　本論文は，わが国における社会資本整備の展開とその内容を検討した後に，空港整備事業をケーススタディとして取り上げ，今後の社会資本整備における課題と社会資本マネジメントの必要性を検討した。社会資本は公共財的特質を備え，投資の懐妊期間も長いことから，長らくは公的関与のもとで整備されてきた。社会資本は民間企業の効率的な生産活動を促進すると同時に，それが整備された地域に対しては民間企業の集積による雇用創出や生活水準の向上といった効果を付与することができることから，政府は長期的な計画のもとで社会資本の整備にあたってきた。その内容は経済環境の変化や発展の段階に応じて大きく変化し，どの分野，あるいは地域を重点的に整備するかはそれを背後で支える理念に左右された。

　わが国の社会資本整備は，戦後，不足型発展の時期から始まり，その後，1960年代後半〜1970年代前半には地域間格差や生活水準格差の解消を目標とした超過能力型発展の時期を経ている。1970年代後半以降には，地域間格差や生活水準格差はほぼ是正され，再び不足型発展へと転換する傾向を辿っている。しかし，1973年の第1次石油ショック以降，景気後退の打開策と

して，社会資本の整備に取り組む傾向が高まった。この基調は後にまで引き継がれている。とくに，1990年代のバブル崩壊以降の社会資本の整備は，合理的地域配分に適うものとはいえず，既得権益による制度的配分や適正な規模を逸する不況対策に大きな影響を受けていたといえる。景気対策面での大きな効果が期待されたが，十分にその効果は発揮されなかった。その要因としては，全国レベルでみると，社会資本による限界生産力は低く，それによる民間資本の誘発効果もそれほど大きくないことが推測される。この間の社会資本の整備は，もとより，適正な合理的地域配分に適うものではなかった。

　本論文でケーススタディとして取り上げた空港整備事業は，空港整備法，空港整備5カ年計画，空港整備特別会計の3点セットのもとで整備の計画から予算の策定と配分に至るまで，国が主導的役割を果たしてきた。空港整備の流れは，時期こそは若干のズレがみられるものの社会資本整備とほぼ同じ傾向を辿っている特徴がみられる。すなわち，大都市圏拠点空港（東京国際空港，大阪国際空港）と地方幹線に位置する空港を整備する不足型発展の時期から始まり，その後，航空需要の拡大と地域間交流の活性化に伴って投資の重点を地方空港のジェット化におく超過能力型発展の時期を経験した。次いで，地方空港の整備がおおよそ概成した後は成田国際空港の第二期施設・平行滑走路，東京国際空港の沖合展開，関西国際空港の開港，中部国際空港の調査・検討の三大プロジェクトや東京国際空港の再拡張事業，成田国際空港の北伸事業，中部国際空港の完成を目標とする新三大プロジェクトに重点化する不足型発展に移行している。

　しかし，受益と負担の関係を乖離させた空港整備特別会計のシステムは，大都市圏では拠点空港の整備に遅れをもたらし，空港需要の開拓や費用削減のインセンティブを削ぐ結果を及ぼした。さらに，地方空港への重点配分はその他の社会資本と同様に深刻な不況を抜け出すための手段として継続され，大都市圏の拠点空港の整備が急がれているにも関わらず，効率性を無視した

投資が相次いで実施されてきた。そのために，地方圏には必要以上の空港が整備され，現在ではその維持，管理をどのように行うかが焦点となっている。今後，少子高齢社会とそれに伴う税収減がすすむ中で社会資本を維持，管理するためには，社会資本のアセットマネジメントの論理のもと投資の選択と集中をすすめ，受益者の効用を最大化するような投資活動が求められる。これは，空港整備事業のみならず全ての社会資本に共通した課題であると考察される。

1) 杉山 [1997]，11-12 頁参照。
2) ただし，公共投資については，都市公園の整備，宅地造成，病院，保健所のように地域住民の厚生に直接影響を与えるものから，道路や港湾など生産性の向上に寄与するものまで様々な項目がある。さらに，その配分については人口数や地域の産業構造をもとに決定されるために，各地域で重点分野が異なる。従って，全ての地域や社会資本においてこのような効果が表れるととらえるべきではない。
3) 総務省の統計によれば，1985〜2005 年までの大都市圏における人口増加は 601 万 6,000 人を示している。その一方で，地方圏については 70 万 3,000 人の人口増加に止まっている。とくに，大都市圏における人口の伸びは 1985〜1990 年の間に集中している (217 万 5,700 人増) 特徴が指摘される。なお，本論文で示す地方圏とは，三大都市圏 (① 首都圏：埼玉・東京・千葉・神奈川，② 中京圏：愛知・岐阜・三重，③ 関西圏：滋賀・京都・奈良・兵庫・大阪・和歌山) を除いた 34 県を指すものとする。
4) それは景気対策の意思決定プロセスにおいて「公共投資を維持・拡大することによって，総需要を喚起すべき」との論理が貫かれてきたことに他ならない。
5) 根本 [1999]，20 頁参照。しかし，これは全ての社会資本が公的関与のもとで整備されるべきであると主張しているのではない。公的関与のもとで整備される社会資本の範囲はその時代の流れや変化に応じて国民によって決定されるものであり，いかなる経済にも適用可能な普遍的基準は存在しないのである。
6) その典型例としては 1987 年の BAA 民営化後，ロンドン 3 空港 (ヒースロー，ガトウィック，スタンステッド) において適用されているプライスキャップ規制をあげることができる。BAA は英国民間航空庁 (Civil Aviation Authority) のコントロール下におかれているが，空港料金の値上げにあたっては，その決定水準として最大平均実質収入単価 (Maximum average revenue yield per passen-

第 3 章　社会資本整備・運営の展開と課題　93

　　ger) が用いられ，この上昇分が小売物価指数 (RPI) を一定水準下回るように料金が設定されている。なお，BAAの空港料金は 5 年周期で見直されることになっている。
 7) 公共投資の効果は具体的には，① 長期的な需要創出効果，② 民間需要誘発による需要創出効果，③ 総供給創出効果，④ 総供給誘発効果の 4 つに分類できる。直接的な需要創出効果は公共投資を実施することで，マクロレベルの総需要が拡大する効果を指す。民間需要誘発による需要創出効果とは，公共投資をもとに産業の基盤となる社会資本を整備することによって，民間企業の誘致や投資が増大する効果を示す。総供給創出効果は，公共投資によって社会資本そのものの生産性が高まる効果をあらわす。総供給誘発効果は，公共投資によって社会資本を整備すれば，それに誘発された民間企業が生産に直接結びつく資本ストックを形成し，財全体の供給量が増える効果を意味している。とくに，民間企業の生産活動を誘発する民間需要誘発による需要創出効果と総供給誘発効果については，社会資本と民間企業の生産活動間の補完性が求められる（吉野・中野 [1994]，176–177 頁参照）。
 8) 中里 [1999] は，社会資本の整備によって民間企業の生産性がいかに向上するかを Barro regression モデル（各地域（各国）の経済成長率を初期時点の所得水準とその他の社会経済変数（社会資本，教育水準，政治力，政府の政策介入の程度，金融深化の程度など）に回帰させることによって経済成長に影響を与える社会経済要因を検証するモデルを用いて実証分析を行っている。中里 [1999] の考察によれば，わが国の社会資本整備では，地域内における民間企業の生産性向上と産業基盤投資との関係については有意でプラスになっているものの，生活基盤投資との相関ではマイナスで有意ではないという結果が示されている。
 9) 総務省『行政投資実績』によって示された 5 つの分類については 1970 年の「新経済社会発展計画」以降，一貫して継続されてきた分類手法である。この分類では，道路を国道・県道，市町村道の 2 つに分け，前者を産業基盤投資，後者については生活基盤投資に分けていることが特徴としてあげられる。なお，市町村道の中には，地域によっては産業振興に寄与するケースもみうけられることから，生活基盤投資よりもむしろ産業基盤投資に位置づけるべきだとする見解がある。そもそも，公共投資の役割は時代の流れに応じて変遷しているために，長期にわたる分析を 1 つの分類によってすすめることは幾分無理があるように考えられる。しかしながら，ここでは公共投資の展開過程を特徴づける分析のみに止まるので，以上のような問題は考慮しなくても差し支えないように思われる。
10) なお，社会資本の整備が対象となる地域，都道府県の限界生産性の向上に与える

影響や部門別の効果を実証的に検討する場合は，公共投資をどのカテゴリーで区別するかが重要となる。本論文ではそうした実証分析は取り扱わないために，総務省によって示された5つの分類を用いることにし，その他の分類手法についてはあえて表記のみに止めている。

11) 奥野 [1988], 202 頁参照。

12) 国民所得倍増計画以前の経済計画（「経済自立5カ年計画（1956〜1960年）」，「新長期経済計画（1958〜1962年）」）では，社会資本整備の重点分野としてまず大都市圏の工業地帯において産業活動のボトルネックとなっている交通，運輸，通信などの社会資本整備の強化をすすめ，次いで，国土保全の開発や国民生活安定のための住宅建設を行うべき旨が提唱されている。こうした不足型発展の段階は国民所得倍増計画においても継承され，太平洋ベルト地帯に位置する大都市圏への傾斜的な産業基盤投資と国全体の経済成長を最大化するような投資配分が行われていったと考えられる。

13) ただし，① 1950年代後半から1960年代前半までの公共投資は主に地方圏よりも大都市圏に重きをおいた不足型発展の段階であったこと，② 産業基盤投資全体における農林水産業の比重は1950年代後半から下落していること，② 産業基盤投資の重点が道路，港湾整備を中心とした対策にシフトしていることなどを勘案すれば，国民所得倍増計画における産業基盤投資の強化は主に大都市圏における港湾，道路の整備を対象とした対策といえる。

14) なお，高度経済成長によって生じた地域間格差や生活水準格差を解消するために，地方圏の生活基盤投資に整備の重点をおき，ナショナルミニマムを拡充すべきとの考え方は，中期経済計画，新経済社会発展計画，昭和50年代前期経済計画のほかに，「経済社会発展計画─40年代への挑戦─（1967〜1971年）」，「経済社会基本計画─活力ある福祉社会のために─（1973〜1977年）」でも提唱されている。前者では"均衡がとれた充実した経済社会への発展"が計画目標とされ，公共投資では，住宅・生活環境施設の総合的整備を最重点投資分野としてあげている。後者は"国民福祉の充実と国際協調の推進の同時達成"を目的とし，住宅，生活環境設備の整備を通して，望ましい生活環境を構築すべき旨が提案されている。

15) 国は1975年の補正予算以降，特例国債を導入し始めたが，その発行額は1985年まで増加の一途を辿った。1980年の政府一般歳出予算に占める国債収入の割合は39.6%に達した。

16) GHQの占領下におかれた1945〜1952年の7年間の間には ① GHQ体制下でのアラスカ・アリューシャン経由東京便の開設（1947年），② 米ソ冷戦の激化，朝鮮戦争の勃発などを背景とする対日政策の転換に伴う航空活動禁止の解除

(1950 年)，③ 日本航空（旧社）の設立（1950 年）といった経過を辿っている。
17) 空港整備法は，利用者のニーズに対応した空港の整備と維持・更新を適切にはかるとの目的から 2008 年 6 月に「空港法」に改称された。空港法では，空港整備法において規定されていた第 1 種空港，第 2 種 A 空港，第 2 種 B 空港，第 3 種空港といった港格の見直しと名称の変更がなされている。実質的な変更点としては，① 大阪国際空港を空港整備法における旧第 1 種空港から旧第 2 種 A 空港相当に格下げし，整備費用の一部を地方自治体負担としたこと，② 旧空港整備法では第 2 種 A 空港に属していた八尾空港を「その他の空港」に引き下げたこと，③ 空港種別に防衛庁所管の自衛隊共用空港（札幌丘珠空港，小松空港，美保（米子）空港，徳島空港）と米軍共用の三沢空港を新たに「自衛隊・共用空港」として追加し，負担割合を明確に示したことがあげられる。
18) 国や地方自治体の会計において一般会計と特別会計を区別する旨は，前者では財政法 13 条，後者については地方自治法 209 条のもとで規定されている。基本的に，国や地方自治体の財政はなるべく一般会計に集中して，網羅的に通観できるようにするという「予算単一の原則」をベースとしている。しかし，国や地方自治体が ① 特定の事業を行う場合，② 特定の資金を保有してその運用を行う場合，③ その他特定の歳入を持って，それを特定の歳出にあて，一般の歳入・歳出を分けて経理する必要がある場合に限り特別会計が設置される。財政投融資は税収や国債とは別に国の信用で集められた郵便貯金，年金積立金資金等を財源とし，特定の政策目的実現のために投融資する活動を指しているが，2001 年の財政投融資改革以降，郵便貯金，年金積立金の資金運用部への全額委託義務が廃止され，金融市場での全額自主運用の仕組みに変えられた。
19) 受益者とは，その財，サービスから直接的な便益を受ける「直接的受益者」と，財，サービスが供給されることによって間接的に何らかの便益を得る「間接的受益者」に分けられる。同じ受益者でも直接的受益者と間接的受益者とでは便益を得る程度がそれぞれ異なるため，受益者を定義する際には，両者のいずれを指すのかに注目する必要がある（根本・味水 [2002]，9 頁参照）。ここでの受益者とは，社会資本の整備によって直接便益を受け取る直接的受益者を示すと考えられる。
20) 社会資本の整備によって，このような効果を得るためには，① 地域区外の住民の移住が自由であること，② 影響を受ける地域が他の地域と比較して小さいこと，③ 住民が同一の効用関数を持っていること，④ 事業者は完全競争の状態にあり，参入，退出が自由で，長期的には均衡状態にあること，⑤ 生産関数が一次同次（事業者の財の生産量が利用者の購入量に比例すること）であることが条

件としてあげられる（榊原［1999］，90 頁参照）。
21) なお，わが国でも，大阪市営地下鉄御堂筋線の建設において，駅から半径 700 メートル以内の住民，商店に負担金を課した事例がある（山内［2008］，10 頁参照）。
22) 榊原［1999］，94 頁参照。榊原［1999］によれば，間接的受益者負担の方法としては，① 事業者があらかじめ建設される交通社会資本の周辺地域における土地を購入し，一体活用を行う方法，② 利用者に負担させる方法，③ 開発者に負担金を課す方法，④ 周辺土地所有者や周辺に居住する住民に課税する方法があげられる。
23) 例えば，アメリカの空港整備における免税収入債（Revenue Bond）の発行については，① 負担を正当化しうるほどの整備計画が作成されていること，② 資金が特別会計によって管理されていること，③ 目的外に資金を利用しないこと，④ 利用されなかった土地，資金は返還すること，⑤ 便益と費用負担について経済分析がなされていることを条件として合法と認める判断が下されている。
24) 一般道路でも高速道路のように料金徴収所を設けて，対価を支払わない利用者をコントロールすることは技術的に可能である。ただし，その管理コストは莫大であるのみならず，それぞれの料金所で停止しなければならない自動車の利用者に対して生ずる時間的ロスが大きい。
25) 一般道路では，高速道路のように明確な形ではないが，利用者負担も組み込んだ上で整備が展開されている。道路整備特別会計は，主として揮発油税からの税収でその費用が賄われている。一般道路を自動車で走行するためには必ずガソリンを消費することから，それに対する課税は高速道路における料金徴収と同一の性格を帯びている。
26) 航空機燃料税，空港使用料，財政投融資以外の収入源としては，産業基盤投資について，NTT 株式の売却益を無利子で貸し付ける産業投資特別会計からの繰入金や地方自治体工事費負担金（地方空港の整備に際し，国が地方自治体負担分の事業を行った場合の一時立て替え金で地方自治体から国に支払われるもの）があるが，前者については 1993 年から収入計上がストップし，後者も全体の収入に占める割合はごくわずかとなっている。なお，空港整備特別会計に充当される税収には，通行税収入があったが，1990 年の消費税導入以降，従来の通行税の税収に相当する額として 300〜400 億円が一般財源から空港整備特別会計に分配されている。
27) なお，株式会社形態のもとで整備，運営される関西国際空港，中部国際空港，成田国際空港については，出資金として空港整備特別会計から支出がなされている

が，収益に関しては，空港整備特別会計には計上されない。
28) その結果，空港新設の立地は，山地や海上に求めざるを得なくなり，これによって，アクセスの点で利便性が低下し，建設コストが増加するようになった（菊地[1999]，43頁参照）。
29) 第6次空港整備5カ年計画以降は，三大プロジェクトが推進される一方で，福岡，新千歳の3,000m級滑走路新設，その他の空港に関しては，滑走路延長等を視野に入れた計画設定が行われるなど地方空港の中・長距離国際線の就航に対応する措置がとられている。
30) 加藤・榊原［2006］，25-26頁参照。空港整備特別会計によって空港整備が推進された背景には，① 毎年，安定的な財源が確保されることによって，施設設備が滞りなく行われること，② 需要が増加すれば税収が増え，それによって施設整備が促進されるという擬似市場的な機能を持っていること，③ 受益と負担の関係が比較的明確になるために，負担を課せられることに対する社会的合意が得やすかった利点があったためである（山内［2008］11-12頁参照）。
31) 空港ターミナルビルの整備に民間が関与する背景としては，東京国際空港の空港ターミナル整備の際に，資金不足をきたしたために，民間の資金調達のもと空港ターミナルビルを設立した経緯があげられる。以後，空港ターミナルビルの整備において民間関与のもと，運営，維持にあたる手法は標準的なものとなっている（引頭［2008］，43頁参照）。
32) 上村［2002］，46-47頁参照。さらに，東京国際空港を除く国管理空港，特定地方管理空港，地方管理空港の整備における地方自治体の費用負担は，地方債の起債，もしくは地方税で賄われ，国の直轄事業である空港整備にも建設国債対象事業が含まれている。
33) その結果，アジアのゲートウェイとしての東京国際空港の評価は下がっている。例えば，1978年の北米～東南アジア諸国路線では，その80％がストップオーバーしていた。だが，1980年代以降の技術革新，グローバルな規模での航空自由化の進展及び東南アジア諸国との二国間交渉の締結，東京国際空港の容量不足に伴い，航空事業者は東南アジア～北米直行の路線を開拓する傾向にある（Feldhoff［2003］，pp. 250-251参照）。
34) なお，国土交通省においても今後の社会資本の維持・更新にかかるコストの試算が行われている。国土交通省は，ケース1（公共投資総額の伸びが2005年度以降対前年比±0と想定した場合）と ② ケース2（公共投資総額の伸びを，国が管理主体の社会資本については2005年度以降-3％，地方自治体が管理主体の社会資本に関しては2005年度以降-7％）と仮定した場合について推計している。そ

れによると，2030年度におけるケース1に関しては，維持・更新費の合計額が公共投資総額に占める割合は現行の約33%から約70%にまで増大する一方で，公共投資総額における新規社会資本整備コストの比率については約66%から27%に減少すると指摘されている。ケース2では，更新費が公共投資総額を上回り，社会資本を更新できなくなっているほか，維持費の一部さえも拠出できなくなっている。

参考文献

Feldhoff, T. [2003], "Japan's capital Tokyo and its airports: problems and prospects from subnational and supranational perspectives", *Journal of Air Transport Management*, 9, pp. 241–254.

Hirschman, A. O. [1958], *The Strategy of Economic Development*, New Haven, Yale University Press.

Ohta, K. [1999], "International airports : financing methods in Japan", *Journal of Air Transport Management*, 5, pp. 223–234.

Sato=Koizumi [1973], "On the Elastic ties of Substitution and Complementarily", *Oxford Economic Papers,* Vol. 25, pp. 44–56.

井田知也・吉田あつし [1999]「社会資本の部門別生産力効果」『日本経済研究』，日本経済研究センター，第39号，1999年3月，107–129頁。

引頭雄一 [2008]「空港整備・運営の課題」『IATSS review』，国際交通安全学会，第33巻，第1号，2008年4月，42–49頁。

上村敏之 [2002]「空港整備事業の問題点と空港政策のあり方—空港整備特別会計の財務分析を中心に—」『経済論集』，東洋大学経済研究会，第27巻，第1・2合併号，2002年2月，41–63頁。

奥野信弘 [1988]『公共経済—社会資本の理論と政策—』，東洋経済新報社，1988年11月。

奥野信弘 [1994]「社会資本と国民経済」 奥野信弘・焼田党・八木匡編『社会資本と経済発展—開発のための最適戦略』，第1・2章，名古屋大学出版会，1994年9月，3–36頁。

神尾文彦 [2003]「新たな段階を迎える社会資本マネジメント」『知的財産創造』，NRI野村総合研究所，2003年12月号，26–42頁。

加藤一誠・榊原胖夫 [2006]「空港政策の透明性の向上と空港形態」『運輸と経済』財団法人運輸調査局，第66巻，第5号，2006年5月，25–32頁。

菊地徹 [1999]「空港整備計画と地方空港の発展」『運輸と経済』財団法人運輸調査局，第59巻，第7号，1999年7月，20–27頁。

榊原胖夫［1999］『航空輸送の経済』，晃洋書房，1999年3月．
杉山武彦［1997］「社会資本整備の展望―費用負担と財源の視点から―」『都市計画』，日本都市計画学会，通号210号，1997年12月，11-14頁．
塩路悦朗［2000］「日本の地域所得の収束と社会資本」大瀧雅之・吉川洋編『循環と成長のマクロ経済学』，東京大学出版会，2000年2月，第8章，191-210頁．
塩見英治［1995］「競争促進政策と空港システムの再検討」『交通学研究』日本交通学会，1995年研究年報，23-33頁．
塩見英治［1999］「空港社会資本の整備システムと資金調達」『港湾経済研究』日本港湾経済学会，第38巻，1999年3月，239-251頁．
中里透［1999］「社会資本整備と経済成長」『フィナンシャルレビュー』，大蔵省財政金融研究所，1999年12月，1-18頁．
根本敏則［1999］「地方分権時代の社会資本整備―道路整備制度の評価を通じて―」『計画行政』，日本計画行政学会，第22巻，第4号（通巻61号），1999年9月，20-26頁．
根本敏則・味水佑毅［2002］「社会資本整備における受益者負担原則」『公益事業研究』，公益事業学会，第54巻，第1号，2002年6月，7-15頁．
山内弘隆［2006a］「交通社会資本の特質と費用負担について」『運輸と経済』，財団法人運輸調査局，第66巻，第12号，2006年12月，18-26頁．
山内弘隆［2006b］「交通社会資本におけるアセットマネジメント」『高速道路と自動車』，高速道路調査会，第49巻，第1号，2006年1月，19-22頁．
山内弘隆［2008］「交通社会資本の課題と展望」『IATSS review』，国際交通安全学会，第33巻，第1号，2008年4月，6-14頁．
吉野直行・中野英夫［1994］「首都圏への公共投資配分」八田達夫編『東京一極集中の経済分析』，日本経済新聞出版社，第6章，1994年2月，161-190頁．
吉野直行・中野英夫［1996］「生産投資の地域配分と生産効果」『フィナンシャルレビュー』，大蔵省財政金融研究所，1996年12月，1-11頁．
吉野直行・中東雅樹［1999］「経済成長期から今日に至る社会資本の生産力効果に関する実証分析」日本経済研究センター社会資本整備研究会　実証調査委員会報告書『社会資本の効果を問う』，17-28頁．

第 4 章

金融システム不安の下での金融政策

黒 田 巖

　本稿では金融システム不安の下での金融政策について、主として近年の日本の経験を踏まえつつ、考察する[1]。

1. 金融システム不安とマクロ経済

(1) 銀行の不良資産による悪循環

　金融システム不安とマクロ経済との関係については、銀行の不良資産を介して両者が悪循環を起こしかねないことが、従来から様々な文脈で指摘されてきた。いま仮に、何らかの理由で銀行の不良資産が増えたとする。すると銀行は融資の採算が悪化しているとの認識を持つとともに、自己資本の不足を心配する結果、融資態度を慎重化させる。すると、これを受けた企業は自らの活動を慎重化する。しかし、それは景気全体を押し下げ、それが原因となって企業の業績が悪化する。すると、それを見た銀行は、ますます企業への融資を慎重化する。こうした悪循環の議論は以前から一部の経済学者によっても行われてきたが、近年では制度や規制に対する procyclicality の観点からの批判の中でも用いられている。たとえば、銀行監督の分野における BIS 自己資本比率規制は、自己資本が最低水準を割り込んだ銀行を国際的なビジ

ネスから追放しようとするものであるから，自己資本比率が低下した銀行は最低水準を割ることのないように，より厳しい融資態度をとることとなる。しかし，これが景気をさらに押し下げ，かえって銀行の不良資産を増加させ，さらに自己資本比率を低下させる。こうして BIS 規制は上記の悪循環の過程をさらに激化させる，と言うのである。企業会計の分野における時価会計原則についても，同様に悪循環の増幅が指摘されている。このように，不良資産を介したもともとの悪循環がこうした制度によって増幅されている，このような状況の下では，金融緩和政策の効果は，たとえあったとしても，そうした状況のない場合に比べて小さいと考えられる。もちろん，上記のメカニズムは，景気上昇過程においては，景気上昇を加速する方向に働くことになる。

(2) バブルの形成と崩壊

　以上は既に指摘されてきた悪循環の仕組みであるが，以下では従来明示的に指摘されてきていないが，現実には決定的な役割を果たしたと考えられるメカニズムについて，述べておきたい。

　そもそも，金融システム不安とマクロ経済との間の関係をより踏み込んで理解するためには，中でもバブルとその崩壊についての理解が重要であろう。金融システム不安については，多くの場合，その前にバブルの形成と崩壊があることが知られている。20年前からの日本の経験や最近のアメリカを中心とする経験は，その典型的な例であろう。資産価格，特に地価の異例に大幅な上昇と下落とがその中心的な内容であることが多い。バブルについては，一見極めて多くの議論がなされてきた。たとえば，最近では，バブルの予見可能性について，米国連銀と BIS との間で見解の相違がみられると言う。当然ながら，それ次第で金融政策面での対応の考え方も異なってくると言うことであろう。しかし，本稿においては，バブルについてこのような包括的な議論をするつもりはない。以下では，(1)に述べた仕組みに加え，筆者の印

象ではそれ以上に，地価に関するリスクについての単純な認識の欠如ないし誤りが，この過程において極めて重要かつ procyclical な役割を果たしてきたとみられることを指摘しておきたい。より具体的には，担保，特に不動産担保の機能に関する認識の欠如，誤りである。

日本では伝統的に，企業向け融資においても，住宅貸付においても，特に不動産を担保に取ることが盛んであった。日本では，担保不動産の時価に掛け目をかけた範囲内の貸し出しは安全と考えられている。しかし，担保というものは，貸金が返らなくなったときに，それを売却することによって貸金の回収を図ろうとするものである。したがって，問題は担保の価値が現在いくらかということではなく，貸し先が経営の行き詰まり等で返済できなくなったときに，担保がいくらで売れるかということである。

たとえば，森林を切り開いてゴルフ場を造る場合，その土地を担保に取って融資をすることに意味があるであろうか。ゴルフ場の経営がうまくゆくことが期待されている間は，一帯の不動産はそれなりの時価を持っているであろう。このような場合，日本の伝統的な考え方では，担保には大きな価値があり，それを担保に取ることには十分な意味がある。しかし，もしゴルフ場の経営がうまくゆかなくなった場合，一帯の不動産は元の森林時代の価値しか持たない恐れが強い。つまり，肝心の時，つまりゴルフ場が貸金の返済ができなくなるときには，担保の価値もほとんどなくなっている恐れが強い。したがって，正しくはこのような融資について不動産担保の価値はほとんどない。このようなケースについて，不動産の時価に掛け目をかけて，その範囲内の貸金は安全だと考えるのは，明らかに誤っている（形式的に表現すれば，担保の掛け目は通常の 50〜90% ではなく，ゼロ% に近いものにすべきだといってもよい）。

こうした誤った慣行の下で，1980 年代後半のバブル時代には，担保不動産が大幅に値上がりしたため，貸出先のビジネスが改善していなくても，担

保でカバーされない不良貸し出しが表面上減少し，日本の金融機関の資産内容は，軒並み優れているように見えた。格付け会社も表面上の資産内容にひきずられて，軒並み最高の格付け（AAA格等）を与えた。このことが，ひるがえって金融機関の貸出態度をいやがうえにも積極化させ，バブルを激化させた。

　逆に1990年代に入ると，担保不動産が値下がりしたため，貸出先のビジネスが悪化していない場合ですら，担保でカバーされない不良貸し出しが表面上増加し，日本の金融機関の資産内容は，急激に悪化しているように見えた。これを見てあわてた格付け会社は，自らの以前の誤りを指摘されることを回避するためにも，競って厳格な格付けに転じた。このことが，金融機関の貸出態度をさらに慎重化させ，いわば逆バブルの状況を作り出した。

　もちろん，銀行の貸し出しが常に上記のようなものであるとは限らない。たとえば，住宅街の一角に，ある家族が住んでいたとしよう。いまその家族が営んでいた商売がうまくゆかなくなって収益を得ることができず，住宅ローンが返せなくなったとする。その時その家・土地はいくらで売れるであろうか。売る時点での近辺の相場に近い値段であろう。相場は変動するが，それは家族が営んでいた商売とは通常直接相関関係が無い。したがって，担保の価値に関するリスクは，一帯の相場変動分だけである。この場合，担保の時価に掛目をかけた額までを安全な貸し出しと考えることには相当の合理性がある。

　しかし，住宅ローンであっても，そのように言えないこともある。たとえば返済原資に当該不動産の売却益が当て込まれるような場合である。現実に地価が上昇している間はこれでも問題は表面化しない。当該不動産を売却すれば借入金を返済できる。したがって，この場合担保は必要ないとも言える。ところが，地価が下落してしまうと，借り手は返せないし，貸し手も担保を売却しても貸金は帰ってこないことになる。この場合，返済原資の変動が担

保の売却代金の変動と同一であるため，担保を取ることには何の意味もない。つまり，このような場合には，貸金は実は無担保でなされていると同じリスクを抱えているのである。

　最近における世界的な金融システム不安はアメリカにおけるサブプライム・ローン問題に端を発しているが，この問題はまさに上記の点についての認識の欠如によって生じたものと言うことができる。アメリカにおいても伝統的に住宅ローンは借り手が働くこと等によって得た所得の中から返すのが原則であった。その場合，既に述べた理由により，担保をつけることには十分な合理性があった。実際，それによって貸し手はリスクを回避し，ビジネスを着実に伸ばしてきた。ところが，数年前に住宅地の地価の上昇期待が強まると，住宅ローンは異常な伸びを示した。そして地価が上昇している間は担保を売却すれば貸金は回収可能であったから，その仕組みの有効性は一見実証され続けた。ところが，ひとたび地価が下落に転ずると，上記のメカニズムが牙をむくことになり，担保付きの住宅ローンが極めて大量に返済不能となり，不良資産となった。

　アメリカでは伝統的に企業向けのコマーシャル・ローンには担保をつけないと言う。アメリカ人の知人に聞いたところ，コマーシャル・ローンに担保など取ってみても当てにはならないよ，との返事であった。確かに，広大な国土を持つアメリカの場合，コマーシャル・ローンの対象となる不動産は，先に述べた森の中のゴルフ場の場合に近いことが多いのかもしれない。そうであるとすれば，アメリカの人たちは経験から筆者が上に指摘したことを既に学んでいたと言うこともできる。しかし，そのアメリカにおいても，住宅ローンについては，担保の有効性についての基本認識が欠如していたと言わざるを得ない。

　今回の問題への一見前向きの対応としては，情報公開の促進とか監督の強化とかが言われているようであるが，こうした発言は何か問題が起きる度に

繰り返されてきたことである。当局は今回一体何を公開し，何を監督しようとしているのであろうか。上記のような問題の核心についての認識を関係者が共通認識とし，それを踏まえた制度的対応をしてゆくべきである。たとえば，貸金について，担保不動産の時価に掛け目をかけた額については一般に安全とみなすと言った慣行は，すぐにも抜本的に見直す必要があろう。金融政策においても，地価の上昇期待などによって上記のようなメカニズムが生じる恐れはないのか，現に生じつつあるのではないか，と言ったことを常にチェックし，これに伴うリスクを念頭に置いたうえで，運営されるべきであろう。

　ここで急いで確認しておきたいのは，筆者は地価の急上昇そのものを議論しているのではないと言うことである。ましてや最初に断ったように，バブルの予見可能性などについて論じているのでもない。それらはもちろん大きな問題であるかも知れないが，金融の基本的な道具や制度の機能について，最低限の認識を欠いたままでそのような議論を行っているだけでは，成果は期待薄であるだけでなく，危険ですらあろう。そして，そういうことであれば，金融システム不安も改善されない可能性が強く，金融政策は今後ともその全過程と深くかかわってゆかざるを得ないことになろう。

2. 金融危機時の金融政策

　これまで金融システムがマクロ経済の変動を激化させている仕組みについて述べてきた。次に，このようなメカニズムが作用している下での，金融政策の姿について述べたい。

　その場合，特に重要と思われるのは，金融危機時，つまり銀行をはじめとする金融機関の経営が危ぶまれ，市場の機能が失われているとされるような

状況における金融政策の姿についてである。いわば，バブルの行き着く先の状況についてである。このような時期の金融政策の実相は，他の時期とは大いに異なっているが，これについては，未だに意外なほど知られていないように思われる。この時期の金融政策のありようについて議論するときは無論，金融システム不安の可能性をはらんだ過程全般における金融政策について考えるうえでも，こうした時期の存在およびその実相を明示的に考慮にいれる必要があろう。しかし，従来の議論はそうなっていない。最近の世界的な金融危機は，このことをさらに強く論者に迫っていると言えよう。以下の記述は主として10年前の日本の経験に基づくが，最近のアメリカにおける状況も基本的に同じと思われる。

(1) 銀行の資金繰り

　この状況下での金融政策の実相を知るためには，まず10年前に銀行が置かれていた状況，なかんずく銀行の資金繰りの状況を知っておく必要がある。

　よく知られているように，当時日本の銀行は，1.に述べたような経緯から，多額の不良資産を抱え，信用が低下していた。その影響はまず国際業務に現れた。日本の銀行はそれ以前に高格付けであったことをも利用して，大量のドルを短期で借り入れ，これを運用していた。それが信用の低下で困難となり，日本の銀行は，円ドルスワップにより当面借りつなげなくなった外貨を補てんすることを迫られた。しかし，円を入手した相手は，信用度の低いスワップ相手への円預金をそのまま持つのではなく，リスクのより低い資産に運用替えをした。このことは多くの場合，当該預金の流出（他行等への振り替え）を意味し，したがって当該銀行の日銀預金の減少となった。つまり，外貨の資金繰りをつけるために，円の資金繰り悪化を受け入れざるを得ないこととなったのである。

　そのような状況下，国内では金融市場の変化が生じ，これが日本の銀行の

資金繰り悪化に拍車をかけることとなった。すなわち，1997年秋に証券会社が倒産した際，短期金融市場に不払いが生じた。それまでたとえばコール市場では，当局が守ってくれるということか，デフォールトは生じまいと考えられていたのが，現実に裏切られることとなった。つまり，リスク・フリーと思われていた市場が突然リスク市場であるということになった。これを契機にコール市場での貸し手は，借り手の信用状態を推し量り，貸し出す際の金利を上乗せしたり（リスク・プレミアム），与信限度を設ける（クレディット・シーリング）などするようになった。この変化の影響を最も強く受けたのが，日本の大手銀行であった。彼らはそれまで，市場がリスク・フリーと思われていたことを利用して，コール市場で極めて大量の日銀預金を借り入れていた（巨額のマネーポジション）が，その借りつなぎができなくなり，この面からも資金繰り難に追い込まれた。当時日本の大手銀行内では，円の資金繰り悪化対策を巡って，国内担当の責任者と海外担当の責任者との間で，毎日のように対立が生じている，といったうわさが飛び交っていた。

(2) 銀行の融資態度

このような資金繰り難の下では，銀行は融資面においても，収益などよりもまず資金繰りを悪化させない，できれば改善させることを考える。資金繰り破綻はすなわち当該銀行の即死をもたらしうるからである。銀行はまず貸出に伴い，振り込んだ預金が使われて他行に振り替えられる結果，日銀預金が流出して資金繰りが悪化することを防ごうとする。さらには，他行にある企業の預金を使って既存の自行貸し出しを返済させることにより，他行から日銀預金を自行に移転させ，資金繰りの改善を図ろうとする。当時「貸し渋り」，「貸しはがし」などと呼ばれた銀行の行動の裏には，こうした銀行の生き残るための必要があったのである。

こうした銀行の行動は銀行自身の資金繰りの都合によって行われるもので

あって，通常は重視される借り手企業の資金需要や業績には，お構いなく行われることが多い。それどころか，貸しはがしをするような場合には，他行に多くの預金を持っている，したがって概して資産内容や業績の良い企業を使ってやるのが，効果的である。しかし，こうした銀行の行動は当然企業の銀行に対する信頼を低下させ，以後銀行に対する依存度を下げようとする動機を借り手企業に与えることにもなる。

(3) 金融調節

このような状況の下では，経済全般の状況も悪化するから，中央銀行は金融緩和策を行うことになる。しかし，銀行の上記のような行動は，今日，明日の自行の生き死にに直結するものであるから，多少の金利の低下などによっては影響されない。実際，当時の日銀短観を見ると，金融緩和政策にもかかわらず，金融機関の融資態度が厳しくなったと答えた企業が多い。通常のコール・レートの上げ下げによる金融政策は機能しなくなっていた，と言うことができよう。

他方，資金繰りに困っている銀行にとって，中央銀行のオペ等は，いわば天の救いであった。こうした銀行の資金繰り担当者は，日銀が買いオペ実施を通告すると，他行に絶対に負けない，安値で応じていた。これを現場の人たちは「必殺レート」などと呼んでいた。日銀からオペの対価として日銀預金を首尾よく獲得すると，「やれやれ今日の資金繰りはついた」といって帰宅する。筆者が金融政策執行の責任者になったのは，1998年の春であり，前年末に北海道拓殖銀行や山一證券の破綻が起きてから間もない頃であったが，当時のオペは実感としてはむしろ"第二特融"のように感じられた。

もっとも，このような状況の下では，これに合わせた金融調節が行われる。10年前の金融危機の際に日本銀行が行い，いま米国連銀なども行っている工夫に，企業の負債を担保にした貸し出しや，企業の負債をオペで買い入れる

といったことがある。これには通常，企業の負債に関する市場がマヒ状態になっているのでこれをテコ入れするため，といった理由がつけられる。国債などの市場に比べ，CPや社債等の企業の負債の市場は，金融危機などで企業などの倒産を懸念する声が強まると，機能を低下させることが多いので，ここに中央銀行がたとえば買い手として登場すれば，機能の回復に役立つであろう，ということである。確かにそうした効果もあるであろう。しかし，筆者の経験では，こうした措置の最大の効果は，そのようなところにあるのではないと考える。既述の通り，資金繰りに困っている銀行は，企業に与信をしようとしないばかりか，既存の与信をも引き上げようとする。そうすることによって，当面の資金繰り難を緩和し，改善することができるからである。こうした状況の下で，中央銀行が企業の負債を買ってくれれば，銀行は企業への与信を回収しなくても，日銀預金を得ることができ，資金繰り難を回避することができる。また，日銀が買ってくれるということになれば，条件如何によっては，銀行は国債を買却するなどしてでも，企業の債務を買おうとするかも知れない。こうしたことから分かるように，企業の債務を用いた中央銀行の与信は，国債のオペのみの場合に比べて，資金繰り難の下での銀行の企業に対する異常な与信行動を，より直接的に抑制することができる。

　もちろん，民間の負債を購入すれば中央銀行が信用リスクを負うことになる。この点は十分に考慮されるべきであろう。ただし，歴史的には，中央銀行の与信は当初から，たとえば商業手形の再割引のように，民間債務を用いても行われていた。また，中央銀行は信用リスクを全く負わないようにせよとの議論は行われていない。

　ちなみに，当時日本では，上記の理由とは別に，「中央銀行が民間債務を買うのはそもそもおかしい」という議論があった。彼らの主張によると，中央銀行が民間債務を買うということは，特定の企業を優遇することになり，また中央銀行が信用仲介を行うことになるという。しかし，そうだとすれば，

中央銀行が国債を買うことは，国を民間に比べて特別に優遇することになり，また中央銀行が民間と国との間の信用仲介をしていることになる。中央銀行は銀行の与信と同じ形で中央銀行預金を供給しており，そのためには何らかの資産を買い入れたり，担保に取ったりすることが必要である。そして，その資産が何がしか有利になることは避けられない。そうした中で民間債務の買い入れについてのみ批判を行うということは，結果として大きな政府を推奨しているに過ぎない。私は，中央銀行の主たる任務は政府を大きくすることではなく，民間の活動を支えることにあると考えるので，彼らの主張には強く反対する。

3. 金融危機後の金融政策

　バブルの崩壊から金融危機までのプロセスの一端については，すでに1.において言及した。そのことだけを見ても，このプロセスにおいては，金融政策はそうした仕組みのない場合のような効果を上げることが困難であることが分かろう。金融危機下における銀行の資金繰り難が一段落した後の状況においても，金融政策が通常の効き目を直ちに取り戻すわけではない。これには貸し手・借り手双方の要因が作用していると考えられる。第一に，企業の側では，1.で述べたように，金融危機時の経験から，過度の銀行依存を避けようとする結果，銀行からの借り入れに慎重になる。新規借り入れを避けようとするだけでなく，借り入れの返済を進める場合もある。第二に，銀行の側でも，資金繰り難が一段落したと言っても，その原因となった不良資産を減少させるには時間がかかるから，それまでの間自己資本を棄損しかねない融資には，慎重にならざるを得ない。

　このような状況の下では，金融緩和政策の効果は，たとえあったとしても，

そうした状況のない場合に比べて小さい。それが10年前の金融危機の後の日本の状況であった。そして，通常では採られないような極端な政策が追求されることとなる。以下に述べるゼロ金利政策等は，そうした政策と言ってよいであろう。

(1) ゼロ金利政策および量的緩和政策

日本銀行は1999年2月には所謂「ゼロ金利政策」を導入した。これは，金融調節のターゲットとなる翌日物無担保コール・レートをゼロにまで低下させるとの政策である。当時金融危機がやや峠を越す一方，特に10年もの国債の金利が急上昇し，これが景気に悪影響を及ぼすのではないかとの議論の中で実施された。

この政策は明らかに異常な政策である。前例が無いというだけではない。金融政策は日銀当座預金の不足度合いを調節することによって行うのであるが，ゼロ金利政策は借り手がただでしか借りたくないほどに潤沢に，つまり資金の希少性がゼロになるまで，資金を供給しようとするものである。この結果，現実にコール市場における貸し借りの件数や残高が激減した。つまり，金融市場の機能が大きく損なわれたと言われた。価格が常にゼロである商品の売買が盛んであるはずはない。このように市場を壊してしまうという副作用はあっても，さらに金融緩和を強化すべきと考えられたために，採られた措置と言えよう。

その後採られた量的政策は，そもそもその緩和効果について当初から疑問が投げかけられてきた。しかし，それ以上に，量的緩和は関連する多くの新たな論点を提供している。

A. 金利はマイナスになり得ないのか

たとえば，世の中ではゼロ金利政策で金利政策は終わりであり，それ以上

第 4 章　金融システム不安の下での金融政策　113

進みようがないとの認識が一般的である。だから量的緩和政策に移行したのだとも言われる。しかし，それはオペ金利がマイナスになりえないとの思い込みに始まる。

　確かに，民間主体の場合，明らかに損をする取引はできないから，マイナス金利の取引は単体としてはできない。しかし，民間においても，マイナス金利の取引が他のところで利益を生むような場合には，マイナス金利の取引が現実に行われる。たとえば，古くは固定レート制の下で為替レートが切り上げられるとの予測が強まると，その通貨の預金にはマイナスの金利が付いたことがある。金利を払っても切り上げ率がそれ以上であれば預金者は利益を得られるからである。上述の金融不安時，日本の銀行はドルの資金繰り難から，相手方にとって極めて有利な条件の為替スワップでドルを調達することを迫られていた。この場合，相手方はマイナス金利でも良いからリスク・フリーの円資産を獲得することによって，元本リスクなしに利益を得ることができた。このため当時ごくわずかに存在した政府短期証券等にマイナス金利が付いたことがある。マイナス金利はその後も折々生じたようである。これらのことから分かるように，マイナス金利は技術的には可能だし，実際に生じることもある。ちなみに，割引債は額面を超えた価格で売買すれば，金利（最終利回り yield to maturity）はマイナスである。利付債の場合，クーポンから得られる収益が償還差損によって帳消しになる以上の高値で買えば，金利はマイナスである。

　ましてや，中央銀行の行うオペなどの取引は，もともと利益を目的としたものではない。政策目的に照らして合理的であれば，取引から損が発生しても良いとも考えられる。したがって，たとえ民間主体が取引当事者である金融市場の金利をマイナス金利とすることが難しくとも，日銀が買いオペにおいてマイナス金利を実現することは，短期債だけでなく，長期債についてすら，いつでも可能である。その意味では，ゼロ金利政策は金利政策の終わり

ではない。

　これに関連して，日銀は2001年3月に「量的緩和」政策を開始したが，その元では，短期債のオペでは札割れ，つまり売れ残りが出てしまうことがしばしばあるとしている。そして，このことが長期国債買い増しの理由とされているかのごとく，しばしば伝えられた。しかし，これは大変ミスリーディングな言い方である。短期債に売れ残りが出るのは，日銀がオーバーパー（額面超）で買う，つまり金利がマイナスになることを拒否しているからであって，そうした規制をかけなければ札割れはいつでも回避することができる筋合いにある。（長期債は利付債であるから，買入価格が多少額面を上回ってもマイナス金利にならない。）買い入れ予定額に足る額の入札があるところまで，買入価格を上げればよいことである。長期債を買い増すのであれば，その前に短期債のマイナス金利を認めるという選択肢が明示的に議論されて然るべき筋合いにあったと思われる。

B. 流動性から補助金へ

　もちろん，このことはマイナス金利のオペや量的緩和の是非とは別のことである。中でも，本質的な問題は，マイナス金利や量的緩和におけるオペはもはや流動性を対価に債券を買い入れる政策ではなく，民間の取引よりも有利な価格を提示することによって債券を買い入れるものだという点にある。流動性は民間ではもはやこれ以上入用ではなく，民間が流動性を受け取るのは，債券をそのまま保有していたり，これを市場で売却したりするよりも，多くの利益が得られる場合に限られる。そうしてみると，こうしたオペの性格は，流動性の調節というより一種の所得移転であり，財政の補助金に近いものだと言えよう。このようなことが中央銀行の役割か否かについては今後とも広く議論が必要であろう。

　ちなみに，この問題は，短期金利がゼロに達した後に長期債を買う場合に

も，等しく当てはまることに注意すべきであろう。違いは短期債を持っている人に補助金をあげるのか，長期債を持っている人にあげるのかという点のみである。ところが，日銀の損益のうえでは，両者は一見違った状況に見える。つまり，短期債を買った場合には，財務上，償還差損が直ちに明らかになるのに対し，長期債を買った場合には，利払いが伴うので少し分かりにくい。日銀が札割れを機に長期国債の買い増しに切り替えていったことは，表面的にはマイナス金利を回避し，上記の観点からの批判を回避する効果を持ったことは疑いない。

(2) 時間軸政策

A．時間軸政策の効果

ゼロ金利政策を強化する目的で追加されたのが，所謂「時間軸政策」である。デフレが止まるまで現行政策を続けることを中央銀行がコミットするものである。これによって当面短期金利が現行水準を持続するとの期待を人々が抱く結果，中長期金利をさらに引き下げることに成功した。これは一見効果を上げたように見え，世間の評判も概して良いようである。しかし，筆者は，振り返ってみると，従来の議論は，金融不安との関係を無視しており，その点を考慮すれば，むしろマイナスの効果を持った恐れが強いと判断している。

成果が上がったとの評価は，中長期金利が下がれば当然それだけ設備投資が増加したはずとの推測を根拠にしているのであろう。しかし，当時から「現状では投資の利子弾力性は小さい」との評価が一般的であった。また，そもそも金利が将来にわたって上昇しないとなれば，いま急いで投資をする必要はないとの判断から，むしろ投資を延期する企業も出てこよう。プラス，マイナスどちらが大きいか，調べて見なければ分からないはずである。

一方，この措置は金融機関の経営にマイナス効果を与えた。金融機関など

の資金調達は概して運用よりも期間が短い。したがって，短期金利と長期金利の差が小さくなると，調達金利と運用金利との差（利鞘）が縮小して，利益が縮小，ないし消滅してゆく傾向がある。時間軸政策はこれを人為的に鼓吹したのであるから，金融機関の収益を一層苦しいものにした。確かに，ビジネスの観点からは，資金運用者はどのような金利環境の下でも対応していけるだけの備えをすることが期待されているとも言えよう。しかし，金融システムの弱体化が経済全体の足を引っ張っているとされているときに，さらに弱体化を促すような政策が，政策として正しかったのか，疑問と言わざるを得ない。時間軸政策が金融機関を圧迫し，これがマクロ経済に与えたマイナス効果についても，実証分析が可能であれば，その結果を見て効果の大きさを判断すべきであろう。筆者の直感では，仮に企業の投資に対する直接的な金利効果が何がしかのプラス効果を持ったとしても，マイナス効果はそれをはるかにしのぐ大きさであったように感じている。

　また，これによって利益を得たのは，もちろん最大の長期の借り手である政府である。そして，それが財政規律の弱体化を何がしかもたらした可能性について考えてみるべきであろう。現に時間軸政策が採られた後，国債の発行額は急増した一方，公的部門の効率が大きく改善したようには見えない。このことを勘案すれば，時間軸政策のマイナス効果はさらに大きかった可能性があると言えよう。

B. コミットメント政策の裁量的使用

　以上述べたことは，時間軸政策の効果に関するものである。しかし，時間軸政策の投げかけている問題はこれだけではない。時間軸政策は将来にわたっての政策をコミットするものであるから，これを政策形成の観点からどう考えるかという問題がある。この問題は，かってマネタリストが主張したマネー・サプライ・ターゲットにも，最近一部で主張されている物価ターゲッ

トにも，共通する問題である。

　新日銀法においては日銀政策委員会のメンバーは，自らの見識に基づき，各々独立して決定権を行使するべきことが期待されている。しかし，時間軸政策の下で，たとえば，政策採用後に日銀政策委員会のメンバーに就任した委員は，自らの意見に従うか，以前に決められていた政策に従うかを選択せねばならない立場に立たされるはずである。特に，新委員が時間軸政策にそもそも反対であるとか，現行の政策内容に反対であるというような場合には，新委員はコミットメントに反対すれば素直であるが，この結果コミットメントが変更ないしは廃止されれば，コミットメントが意図した効果は失われるばかりか，コミットメントを信用してきた人々を裏切ることになり，むしろマイナスの効果が残る恐れもある。

　ちなみに，今回の金融危機の前までは，英国においてインフレ・ターゲットがうまくいっているとして，日本でもこれを取り入れればうまく行くと主張する人があったが，英国で一見うまくいっているように見えたのは，英国において同一政権が長く続き，上記のような問題が起こらなかったということが背景となっている。英国の場合，インフレ・ターゲットを政府が決めることになっているが，こうした仕組みの下で政権がしばしば変わる場合には，ターゲット政策はかえって世の中を混乱させる恐れが強い。何故なら，新政権は前の政権とは異なる政策を掲げようとするであろう。特に，制度的に決定権や発言権を持っている場合にはその傾向が強まるであろう。そうなれば，混乱はますます助長されることになる。その意味では，インフレ・ターゲットはまだまだ歴史的なテストを受けていないと言うべきである。時間軸政策にも，これと同じ問題が潜在している。

　そもそも，ターゲット政策の元祖とされる M. フリードマンは，ターゲットを憲法的な規定として導入することを主張したはずである。これは，政権が交代しても簡単に異なる政策を採れないようにすることによって，上記の

ような問題を回避しようとしたものと考えることができよう。この点に関する検討が十分でないまま，ターゲット政策の是非が論じられているのは，まことにおかしなことと言える。時間軸政策についても同様の議論が必要であろう。

4. 金融調節とマネーサプライ

本稿ではこれまで金融システム不安下における金融政策に関連する論点をいくつか取り上げてきたが，以下ではこの時期の金融政策の状況を理解するうえで重要と思われる点について述べることとする。金融調節とマネーサプライとの関係についてである。

日本では金融関係者の間では金融調節は日銀預金（正確には金融機関保有の日銀預金）を調節するものとの認識が一般的であるが，海外，特に米英では金融調節と民間銀行預金ないしはマネーサプライ[2]との関係がより直接的に扱われてきた。筆者はこれには金融調節の仕組みや統計の定義の違いが影響していると考える。そして，この違いは，金融危機以降の金融政策の過程を辿ったり，その評価を行う場合に，特に大切ではないかと思われる。

(1) 金融調節の仕組み―日米比較

日本においては，少なくとも金融関係者の間では，金融調節は専ら日銀預金の供給を調節するものと捉えられてきた。こうした認識は，日本における金融調節の枠組みの下では極めて妥当なものと考えられる。すなわち，日本では伝統的にオペの相手は基本的に銀行であった。そして，彼らは日銀に預金口座を持っている。したがって，たとえば国債の買いオペの代金は，当該口座に振り込まれる（残高を増加させる）。こうした状況でのオペは，下記の

ような日銀，民間銀行のバランス・シートの変化によって，その全貌を記述することができる。

この場合，民間銀行の預金，マネーサプライの変動は，専ら上記の条件変

日本銀行

| ＋国債 | 日銀預金＋ |

銀行

| －国債 | |
| ＋日銀預金 | |

化を受けて銀行がどのような与信行動をとるかに依存する。言い換えれば，ここでは預金，マネーサプライの変化は，オペの直接的効果ではなく，二次的効果としてのみ期待される。実際には，1990年代末からゼロ金利政策や量的緩和政策の下で，大量の日銀預金が供給されたにもかかわらず，預金はほとんど増えなかった。それはここで言う二次的効果が現れなかったからである。

もっとも，証券会社もオペの相手となる。たとえば，オペで自己保有の証券を売却した場合，証券会社も日本銀行に預金口座を持っているから，国債の代金はここに振り込むことができる。この場合にも，日銀のバランス・シートの変化は上記と同じである。ただ，証券会社は資金繰りを主として日銀預金ではなく，民間銀行預金で行っているから，代金を直ちにそちらの口座に振り替えることは考えられる。その場合には，結果として，日銀のバランス・シートの変化は上記と同じだが，民間銀行，証券会社のバランス・シートが下記のように変化する。

この場合も証券会社が口座を持っている銀行，つまり振込先銀行の日銀預金が増える。それだけでなく，銀行の預金もオペの直接的な結果として増加

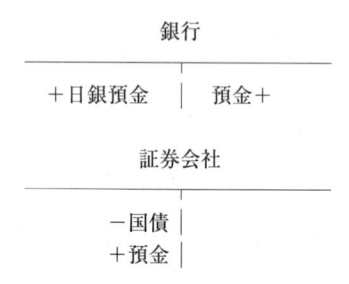

```
            銀行
    ─────────────────
    ＋日銀預金 │ 預金＋

           証券会社
    ─────────────────
          －国債│
          ＋預金│
```

する。しかし，日本におけるマネーサプライの定義では，金融機関の保有する預金は定義に含まれないため，マネーサプライはこの場合にもオペの直接的な結果としては増えない。

　日本におけるオペによって直接的にマネーサプライが増えるとみなしうるのは，例外的なケースであるが，金融機関以外の企業がオペの対象となる証券を保有しており，オペに応じてそれが金融機関に売却され，これが日銀に転売されるというケースであろう。この場合，上記の証券会社がオペの相手となり，自己保有の証券を売却したケースと同じく，代金は企業が民間銀行に保有する預金口座に振り込まれるから，預金が直ちに増える。結果として，上記の証券会社と同等の変化が，この場合は企業のバランス・シートに生じることとなる。ただし，これは企業の預金であるから，日本のマネーサプライの定義においても，マネーサプライに含まれる。つまり，オペの直接的な効果として，マネーサプライが増えたことになる。

　これに対し，米国におけるオペの枠組みはわが国とは大きく異なる。第一に，オペの相手は銀行ではなく，ディーラー（証券会社）である。第二に，彼らは中央銀行に預金口座を持っていない。したがって，オペの代金の支払いは，日本について述べた例外のケース，つまり民間銀行にある預金口座に振り込むケースしかありえない。そして，第三に，マネーサプライの定義が日本と異なり，彼らの銀行預金はマネーサプライの定義に含まれる。このこと

からわかるように，米国においては，日本とは逆に，オペの直接的効果としてマネーサプライが増加する。最近の日本で生じたような現象，すなわち日銀預金が増えているのにマネーサプライが増えないという現象が生じるためには，オペに対する二次的効果として，銀行が与信を同額減少させる必要がある。

(2) インプリケーション

日本では以前から，金融の現場に近い人達はマネーサプライのコントロールが難しいことを強調し，学者はコントロールが可能であることを強調する傾向があった。この違いは，現場の人達は日本の仕組みを前提しているのに対し，学者は米国で発展した理論や実証分析を念頭に置いて議論してきたことによるところが大きいように思われる。米国で発展した理論や実証は当然米国の仕組みを前提にしていることを考慮するならば，この違いは結局日米どちらの現実を踏まえて議論しているのかの違いによるところが大きいと言うことになる。

また，金融危機時以降の不況の過程では，特に米国人の間で日銀はもっとマネーサプライを増やすべしとか，増やせるはずとかいった意見が強かったように感じられた。この場合にも，彼らは米国の仕組みを念頭に置いているため，日本の現場の人が感じていたよりも簡単にマネーサプライを増やせるはずだと思っていたように思われる。

ちなみに，近年の不況の過程ではマネーサプライがほとんど増えなかったために，議論されることが少ないが，筆者は量的緩和政策以降の不況の過程で起こったことは，本質的にケインズの流動性のわなの状況であったと考える。もし日銀のオペが米国のような仕組みの下で行われていたならば，また米国のようなマネー・サプライの定義が採用されていたならば，オペの効果がマネー・サプライの増加となって現れ，言い換えれば流動性のわなが米英

流の形をとり,もっと人々の目に明らかになったであろうと思う。しかし,日本においてはオペの仕組みやマネーサプライの定義が違うため,流動性のわなは専ら日銀預金の異常な増加という形をとり,マネー・サプライの増加という形をとらなかったと言うことであろう。

1) 本稿の一部は2006年春の金融学会における筆者の報告に基づいている。
2) マネーサプライ統計は最近改訂のうえ,名称もマネーストック統計と変更された。

参 考 文 献

植田和男『ゼロ金利との戦い』日本経済新聞社,2005年。
小宮隆太郎,日本経済研究センター編『金融政策論議の争点』日本経済新聞社,2002年。
白川方明『現代の金融政策』日本経済新聞出版社,2008年。
田中隆之『「失われた十五年」と金融政策』日本経済新聞出版社,2008年。

第 5 章

FRBは日本銀行の経験から何を教訓として学ぶべきであったか？

建 部 正 義

1. 問題の限定

　白川方明日本銀行総裁は，2009年4月23日のジャパン・ソサエティNYにおける「経済・金融危機からの脱却：教訓と政策対応」と題する講演のなかで，日米の金融危機の類似点，日本の「失われた10年」からの教訓，危機の解決のために現時点で必要な政策対応に関して，以下のように論じる。
　まず，日米の金融危機の類似点に関して。
　1990年代から今世紀初頭の日本の危機と，過去数年間における米国の経験との間には，顕著な類似点があり，この類似点は5つに分類することができる。
　第1に，日米ともに，金融危機の発生以前に，高成長と低インフレの時期が長く続いたことが挙げられる。1980年代の日本の経済的興隆は，向かうところ敵なしというように見えたし，過去10年の米国経済の持続的な強さは，大いなる安定（Great Moderation）と言われた世界的な現象を象徴するものであった。
　第2に，日米ともに，バブルが崩壊した後も，その事実だけではなく，それが経済に広くもたらす厳しい影響が認識されるまでに，相当の時間を要し

た。日本の場合，株価のピークは1989年末，全国の地価のピークは1991年9月であり，日本銀行が最初に利下げを行ったのは1991年7月であった。米国の場合は，住宅投資がマイナスに転じたのは2006年第1四半期，住宅価格のピークは2006年5月であった。一方，FRBが利下げを開始したのは2007年9月であった。米国の政策当局者のなかには「バブルは破裂して初めて認識できる」という意見も多いが，正確には「バブルは破裂しても，容易にはそのことを認識できない」と言うべきだと思われる。

第3に，過去の金融危機は，いつも金融機関の流動性不安から顕在化した。日本の場合，中規模の証券会社(三洋証券)がインターバンク市場で債務不履行を起こしたことが，短期金融市場における急激な流動性収縮の引き金となり，その影響は直ちに日本の金融市場に広範囲に拡がった。今回の米国でも，2008年9月のリーマン・ブラザーズ社の破綻が契機となって，資金市場における流動性が涸渇した。そのことが，国際金融市場の信認の連鎖を断ち切ったほか，貸し手と借り手の間の与信の流れを詰まらせた。

第4に，日米ともに，金融システムの安定性が脅かされているにもかかわらず，公的資本注入等の本格的な対策は，金融市場の混乱が危機的な状況に達するまで採用されなかった。

第5に，金融政策についても類似性がみられる。当時，日本銀行は，流動性を潤沢に供給し，金利をゼロパーセントまで引き下げた。そうしたなか，長めの資金供給オペレーションの実施や，担保範囲やオペ先の拡大，企業金融支援のための臨時貸出制度創設等の施策を講じた。また，ABCPやABSなどの買入れも行った。現在の危機においても，米国の政策当局は，当時の日本銀行が工夫を凝らして行った手法に類似したさまざまな政策手法を採用している。

つぎに，日本の「失われた10年」からの教訓に関して。

「失われた10年」という言葉には，当局がより迅速で大胆な行動を採って

いれば，危機をもっと早く解決することができたはずである，という意味合いが込められているように思われる．しかし，こうした単純化は，日本が経験した問題や同様の経済危機を包括的にかつ仔細に捉えるうえで，妨げになるのではないかと危惧する．日本経済を持続的な成長経路に戻すのに10年かかった理由を理解するためには，日本の経験をより広い政策的視点から再検討する必要があり，特に，以下の3点を強調したいと思う．

第1に，大胆だと思って採った行動であっても，事後的にみれば必ずしも大胆ではなかったという場合がある．日本政府は1999年に大規模な資本注入を行ったが，これは，後からみると実体経済の悪化と金融危機の負の相乗作用を食い止めるためには十分でなかった．このように，負の相乗作用とは，その大きさを把握することがたいへん難しいものである．

第2に，金融システムの安定を確かなものにするための大胆で迅速な政策対応は，政治的に不人気になりがちである．そのため，政策当局者は，政府や中央銀行による危機管理対応が，経営に失敗した銀行を救済するためではなく，金融システム全体を救うために行われているということを，しっかりと説明し，国民の理解を得る必要がある．

第3に，マクロ経済対策は，経済の急激な減速に立ち向かううえで鍵となる役割を果たすが，万能薬ではない．バブル期に蓄積された過剰――日本の場合，債務・設備・雇用の3つの過剰がそれであった――の整理に目途がつかない限り，力強い経済成長を取り戻すには至らない．

最後に，危機の解決のために現時点で必要な政策対応に関して．

1990年代の日本経済と現在の米国経済の間にみられる著しい類似点についてはすでに説明したが，違いもあることを忘れてはならない．たとえば，銀行が金融仲介機能において主要な役割を果たしている日本と異なり，米国では資本市場がより重要な役割を果たしている．さらに，日本の場合，不良資産の中心は商業用不動産ローンであったが，米国の場合は，証券化商品市

場から問題が始まった。また，証券化商品が世界中の投資家に分散していることが，追加的な難しさを生んでいる。

　現在の危機が発生して以来，世界中の政策担当者は，金融機関にレバレッジの解消を促す一方で，経済活動の急激な落込みを回避するという2つの要請を念頭に置きながら，注意深く舵取りを行っている。レバレッジの解消と経済の落込みは負の相乗作用に陥るリスクがあるので，巧みにバランスをとらなければならない。そこで，こうした大きな危機に重要と考える政策を，4つの柱にもとづいて整理しておきたいと思う。

　第1に，中央銀行は，金融市場における流動性需要を円滑に満たすように努める必要がある。金融の安定を維持するためには，まずこのことが不可欠の前提条件となる。

　第2に，信用市場に厳しいストレスが加わっている場合，中央銀行は，ときにその市場機能を支援する方策を講じることが期待される。中央銀行による介入の方法は，個々の市場の状況によって異なる。たとえば，FRBは，著しく低下した金融市場の機能を回復させるために，CPやABCPのみならず，エージェンシー債やエージェンシーMBSなどを買い入れる信用緩和政策を行っている。日本では，銀行が金融の中心的な役割を果たしているが，同時に，グローバルな資本市場の混乱の影響も受けている。実際，CPや社債市場がここ数ヶ月，急激に引き締まったことによって，日本の企業の資金調達が逼迫した。これに対処するため，日本銀行は，個別企業の信用リスクを負担するCPや残存期間の短い社債の買入れを実施した。

　日本の銀行は，全体としては安定性を維持しており，システミックリスクを伴う問題はみられない。もっとも，日本の銀行は企業の株式をかなりの規模で保有しており，その含み益の一定割合がTier II 自己資本に算入されている。したがって，株価の下落は，金融機関の自己資本のバッファーを減らし，金融仲介機能を制約する。こうした問題を緩和するため，日本銀行は，

金融機関保有株式の買入れを再開した。同様に，国際統一基準行を対象に，Tier II 資本を増強する狙いで劣後ローンを供与する計画も発表した。これらの諸施策は，中央銀行としては極めて異例の措置であることを強調しておきたいと思う。

　第 3 に，景気後退と金融システムの不安定性の負の相乗作用が生じている際には，有効需要を増加させるマクロ経済政策の積極的な対応が重要になる。金融政策面では，金利の引下げは最も伝統的な対応であり，FRB も日本銀行も，すでに政策金利を実質的にゼロまで切り下げている。また，長期的にみて財政規律を損なわないよう配慮しつつ，財政政策による刺激も考えられるべきである。

　第 4 に，金融システムの安定回復のためには，全体観をもったうえで対応することが必要である。ここで「全体観」（holistic）という言葉を使っているのは，金融機関の自己資本の回復を図ったり，不良資産をバランスシートから切り離すといった，さまざまな手段の連携をとることが重要だからである。現在，グローバルな金融システムは，依然として信認の喪失とも言うべき状況に苦しんでいる。金融システムに拡がった懸念を緩和するために，世界中の当局は，金融機関に対する資本注入，債務保証，不良債権の切離しなどの数多くの対策を実施している。このうち，金融機関から不良債権を切り離したうえで，その自己資本を回復させることは，金融の健全性を回復するうえで，不可欠な，しかし，最も困難な課題である。

　以上であるが，ここで展開されている白川総裁の議論は，きわめてバランスのとれたものであり，その意味で，十分に説得的なものであると考えてなんらさしつかえはないであろう。とりわけ，このなかにみられる，「『失われた 10 年』という言葉には，当局がより迅速で大胆な行動をとっていれば，危機をもっと早く解決することができたはずである，という意味合いが込められているように思います」，「日米ともに，バブルが崩壊した後も，その事実

だけではなく，それが経済に広くもたらす厳しい影響が認識されるまでに，相当の時間を要しました」，「日米ともに，金融システムの安定性が脅かされているにもかかわらず，公的資本注入等の本格的な対策は，金融市場の混乱が危機的な状況に達するまで採用されませんでした」，という指摘には共感を覚えざるをえない。というのは，今回の金融危機において，アメリカが過去の金融危機から学ぶべき（学んだ）ことは，事実の早期認識とそれにもとづく不良資産の切離しや公的資本注入など，当局による，抜本的かつより迅速で大胆な行動の必要性である（あった）という見解が，十分な検証を経ることなく一般に流布しているからである。要するに，アメリカもまた日本と同様に，危機の認識とそれへの対応に遅れをとったことが銘記されなければならない。

　この点，および，新日銀法の施行（1998年4月）以降の日本銀行による経験に照らして，アメリカが日本から学ぶべき教訓として筆者が提起したいのは，むしろ，第1に，中央銀行は，金融政策の運営にあたり，物価の安定を目的とすることはもとより，資産価格の変動に対しても相応の留意をはらうべきである，第2に，日本銀行による量的緩和政策の実施に際して，肝心のポートフォリオ・リバランス効果が働かなかったばかりか，この政策をつうじて，金融政策がその効果波及上で依拠すべきコール市場を機能麻痺に陥らせたように，マネタリスト的な金融政策は，予想された効果を発揮しないばかりか，逆に，有害な役割を果たす場合がありうることを認識すべきである，という問題にほかならない。

　ちなみに，前者の問題は，同講演の他の箇所に見出される，白川総裁による，つぎのような言明に対応するものである。すなわち，「『バブルにどう対応すべきか』という問題は長い間にわたって論争されてきました。一つの立場は，中央銀行はバブルが破裂してから積極的な金融緩和で対応すべきと主張してきました。この主張は，バブルを生成時点で認識することは難しいので，中央銀行はバブル崩壊後にその経済に及ぼす悪影響を相殺するしかない

という考え方に基づくものです。しかし，私はこの考え方に対して異論を持っています。多くの場合，バブルは，破裂しつつある時でも認識が難しいものです。しかも，バブルの破裂後に，それまでに蓄積された過剰が解きほぐされていく過程では，現局面でまさにみられているように，中央銀行の金融緩和政策の効果はかなり減殺されます」，「まず，最も重要なことは，中央銀行は，バブルの生成を予防することと，バブルの崩壊の影響を緩和することの双方に注意を払うべきということです。私は，こうした対称的な (symmetrical) アプローチが正しいと考えています。中央銀行は，不均衡が経済に蓄積されていないかどうかを，常に警戒しておくことが必要です。経済の不均衡はみえにくいところで積み上がります。したがって，中央銀行が金融政策判断に当たって一般物価の安定だけに焦点をあてていると，経済活動の様々な側面で生じる危険な兆候を見落す可能性が高まります。マクロプルーデンスの観点が重要性を持つのは，まさにこのためです。金融の不均衡は，典型的には，金融機関の信用量の伸びやレバレッジの拡大，資産価格の急騰，あるいはそうしたものの組み合わせとして現われ易いものです。中央銀行は，こうした指標を注意深くみることが必要です」，と。

　要するに，本稿の課題は，アメリカの通貨当局は，日本の金融危機の経験から，何を教訓として学び，何を学ばなかったのか，また，何を学ぶべきであったのかという点を，アラン・グリーンスパンおよびベン・S・バーナンキという新旧2人のFRB議長の理論と行動という点から解き明かすという側面に求められるであろう。

2. グリーンスパンの理論と行動

　2000年代の初めに，FRBは，デフレ防止策について，1990年代の日本

の経験を徹底的に学び，そこから重要な教訓を導き出したといわれている。2002年7月の国際金融問題研究論文「デフレ防止策について——1990年代の日本の経験からの教訓——」がそれに相当する。

そこでは，まず，以下のような要約が与えられる。

「この研究論文は，物価上昇率がゼロに向かって低下していくときに生じるいくつかの問題を解明するために，1990年代の前半における日本の経験を細かく検討する。一国経済がいつ持続的なデフレに移行しつつあるかを認識することが可能なのか？　物価上昇率の可能な低下に対して，金融政策はどの程度機敏に反応すべきなのであろうか？　利子率がゼロに近づくときに，金融政策の波及メカニズムの機能を妨げる要素はあるのか？　デフレの症状がでたときに，この症状を抑えるのに，財政政策はどのような役割を果たすべきか？　日本のデフレを伴った不況を，政策当局者も経済専門家も揃ってほとんど予期しておらず〔これは日本の政策立案者だけではなく日本の民間エコノミストとFRB所属のエコノミストを含む外国のエコノミストにも言えることである——筆者〕，政策当局が，経済成長とプラスの物価成長率を維持していくことに失敗した基本的な1つの要因はそこにあるとわれわれはみている。物価上昇率がマイナスに転じ，短期金利がゼロに接近するという事態にいったん陥ってしまうと，金融政策で経済を再活性化することははるかに困難さを増す。デフレ経済の序盤の90年代前半に金融政策と財政政策の双方とも，経済を支えることに資するだけの能力が大きく低下したことを明確に示す証拠はほとんどない。こうした点をすべて考慮した上で，われわれは，物価上昇率と諸金利がゼロ近くにまで低下し，かつ，デフレに陥る危険が高い場合は，将来の物価上昇率と経済活動の標準的な予測では通念とされる水準を超えた景気刺激策が，金融，財政の両面で取られるべきだ

第5章　FRBは日本銀行の経験から何を教訓として……　131

という総合的な結論を引き出す」[1]。

　そのうえで，同論文は，当時の日本の金融政策・財政政策について，つぎのような判断をくだす。

　「日本の経験をこのように分析して言えることは，デフレの諸症状を事前に察知することは困難かもしれないが，量的に十分な緩和政策を取って景気刺激を素早く行えば，デフレが発症する可能性を最小限に抑えることは確実にできるということである。とくに，物価上昇率と金利がゼロ近くまで落ちて，デフレになるリスクが高い場合には，将来の物価上昇率と経済活動の標準的な予測によって従来の通念で求められる水準を上回る刺激策が取られるべきである。このようなデフレ状況の下では，リスクの性格が不釣り合いに大きくなるので，当然このような処方箋になる。刺激策が行き過ぎても，その後で引き締め政策を取ることによって，修正することができる。だが，不十分な刺激策しか取られずに，経済がデフレに移行すると，将来において不況から経済を立ち直らせる金融政策の力は大きく損なわれる可能性がある」[2]。

　「金融政策の場合も大いにそうだったように，90年代の前半には，在来の基準に照らすと量的に相当多額の，財政による景気刺激策が取られたことは数字が示している。しかし，民間投資に強烈な下降圧力がかかったために，持続的に財政赤字を維持しても，経済を押し上げることはうまくいかなかった。さらに言えることは，財政による総合経済対策が，やや違った形で設計されていたら〔公共事業への高い依存と一時的な所得税減税へのある程度の依存に代わる，社会安全ネットへの支出と消費税の一時的減税への依存〕，需要を支えるのにもっと効果を上げていただろうということだ。90年代に蔓延したリスクを考慮すると，より大がか

りで，より的確に狙いを定めた財政刺激策が望ましかったということである」[3]。

　要するに，この論文が主張しようとするところは，1990年代の日本の経験に鑑みるならば，「物価上昇率と諸金利がゼロ近くにまで低下し，かつ，デフレに陥る危険が高い場合には，将来の物価上昇率と経済活動の標準的な予測では通念とされる水準を超えた景気刺激策が，金融，財政の両面で取られるべきだ」，という教訓が導き出されるという一点に帰着する。しかし，われわれは，往時の日本経済の実状に照らして，FRBによるこのような結論には大きな違和感を抱かざるをえない。その理由は，つぎの諸点に求められる。第1に，一般に，不況とデフレの悪循環は，デフレ・スパイラルと呼ばれるが，白川『現代の金融政策——理論と実際——』が，「日本でデフレ・スパイラルが議論され始めた時期を特定することは難しいが，『デフレ・スパイラル』という言葉で新聞記事を検索すると，1990年代半ばから登場し始め〔しかし，その頻度はきわめて低い〕，98年に急増している。その後いったん減少した後，2001年から02年にかけて急増し，その後はまた減少している。こうした新聞記事の件数が示すように，日本で最もデフレ・スパイラルの危険が意識されたのは2001年前後であった」[4]，と述べるように，1990年代の前半に，わが国において，デフレないしデフレ・スパイラルが経済政策上または金融政策上の喫緊の課題として意識された形跡は存在しない。金融政策上でデフレ・スパイラルが課題として意識されるようになったのは，ようやく，日本銀行がゼロ金利政策（1999年2月〜2000年8月）および量的緩和政策（2001年3月〜2006年3月）を採用する時点にいたってからである。じっさい，政府が，日本経済の現状を「緩やかなデフレにある」と認定したのは，2001年3月の時点であった。第2に，FRB論文が「金融政策において決定的に大切な時期だった」[5]とする1993〜1994年においても，わが国の

第5章　FRBは日本銀行の経験から何を教訓として……　133

消費者物価（全国，除く生鮮食品）の動向は，対前年度比で，1993年度プラス1.1％，1994年度プラス0.6％であったように，マイナスに突入していたわけではない（1995年度は0.0％，1996年度はプラス0.3％）。「物価の安定」をインフレでもデフレでもない状態（速水優総裁当時の日本銀行の見解）と理解するならば，この時期の物価水準はむしろ「理想的」ですらあったと強弁することも可能である。第3に，景気循環日付が示すように，1993年10月に景気の谷をつけた後，1997年5月の景気の山に向けて，わが国の実質GDPの動向は，対前年比で，1994年プラス1.1％，1995年プラス1.9％，1996年プラス3.4％というように，順調な経路を歩んでいた（ちなみに，1990年代の実質GDP成長率は年平均1.2％）。それが，1998年になって一挙に1.1％のマイナスに陥ったのは，当時の橋本龍太郎内閣によって導入された，消費税の引上げ・特別減税の廃止・医療費の見直しにもとづく年間9兆円にも達する国民負担の増加によるものであった。

　これらのことはともかくとして，1990年代前半のわが国の不況（あるいはデフレの可能性）を俎上にのせるのであれば，1980年代以降のバブルの発生と1990年以降のその崩壊を抜きにして語ることはできないはずである。ところが，上記のFRB論文は，この問題にいっさい触れることはない。なんとも不可解である。

　おそらく，それを解く鍵は，資産価格の上昇に際しての金融政策の対応のあり方をめぐる，いわゆるFRBビューなる考え方——FRB関係者およびアメリカの主流派経済学者の多くが支持する考え方——のなかに見出すことができるであろう。ここで，FRBビューとは，以下のような内容を指している[6]。① 金融政策の目標は，物価の安定であり，資産価格の安定ではない。② 資産価格の上昇がバブルであるかどうかは事後的にしかわからない。資産価格は市場参加者の無数の知恵を反映して形成されており，中央銀行が市場参加者よりも優れた判断能力を有しているとは考えられない。仮にそうした

判断能力を有していたとしても,バブルを潰すためには極めて大幅な短期金利の引上げが必要となるが,必要とされる金利引上げ幅がいくらであるかは事前にはわからない。したがって,資産価格の上昇に対して短期金利の引上げで対応することは不適当である。③バブルの発生の危険に対して公的当局が対応するとすれば,その手段は,金融政策ではなく,銀行監督などのプルーデンス政策である。④「金融政策は資産価格には割り当てるべきではなく,バブルが崩壊した後に積極的（aggressive）な金融緩和によって対応すべきである」。この考え方は,まさに,FRB論文の内容と基本的に軌を一にするものといわなければならない。

じっさい,当時のFRB議長であったグリーンスパンもまた,その自伝『波乱の時代——わが半生とFRB——』のなかで,1990年代後半のアメリカにおける株式バブルに関連して,上述のFRBビューと内容的にぴったりと重なる,つぎのような証言を残している。

「株式市場でたしかにバブルになっていると判断し,空気を抜きたいとFRBが望んだとして,果たしてそれが可能なのだろうか」[7]。

「大幅な利上げなら,まったく話が違ってくる。たとえば,政策金利を突然10パーセント引き上げれば,どのようなバブルでも1日で破裂するだろう。だがそうなるのは,経済に大打撃を与えて,FRBが守ろうとしている経済成長を吹き飛ばしてしまうからだ。病気を直して患者を死なせるようなものだ。当時,段階的な利上げによって膨らんでいたバブルの空気を抜いていくようにすべきだと主張する人が多かったが,この方法では逆効果になるとわたしはかなりの程度まで確信していた。自分の経験からいえることだが,金融引き締めによって好景気と企業利益の伸びを完全に終わらせないかぎり,段階的な利上げでは景気の力は強いとの見方が強まるだけになる。穏やかな利上げでは株価は下がらず,

逆に上がる可能性が高い。

　こうした点を考え抜いた結果，FRBにとっての最善の方法は，財とサービスの物価を安定させるという中心的な目標に徹することだと考えた。この任務をうまく果たしていれば，株価が暴落した際に経済に与える打撃を最小限に止めるために必要な力と柔軟性を確保できるだろう。これがFOMC内で一致した見方になった。株式市場が大幅に下落した場合には，FOMCはもっと積極的な姿勢をとって政策金利を引き下げ，市中に流動性を一気に供給して，経済への悪影響を和らげる。しかし，株式市場のブームに直接に対応して，暴落を事前に防ぐのは，FRBの力が及ばないことだと考えたのである。

　1999年にわたしが議会で，基本に帰るとするこの考え方を示したとき，驚いた人が少なくなかった。FRBは，株価が上昇しすぎているのではないかと懸念していることに変わりはないが，『十分な情報をもった数十万の投資家』より優れた判断ができるとは考えない。そして，暴落が起こった場合に経済を守る任務に専念する。『バブルの破裂が穏やかなものになることはめったにないが，経済全体に壊滅的な打撃を与えるとはかぎらない』と話した。

　この証言について，ニューヨーク・タイムズ紙は論説でこう論じた。『30ヵ月前に投資家に「根拠なき熱狂」を警告したときのグリーンスパンとは，大きく違うように感じる』。論説は不賛成の意思を示す咳払いが聞こえてきそうな調子だが，こう感じたのは正しい。事後にならなければ，根拠なき熱狂を確実に把握することもできないし，まして対応することはできないと，わたしは認識するようになっていたのだ」[8]。

　ちなみに，グリーンスパンによるこうした「確信」，「認識」が，1996年には，株式バブルに対して，「根拠なき熱狂」という正当な警告を発しなが

ら，30ヵ月後，事実上，この警告を取り消すにいたったこと，また，2005年には，住宅ブームに対して，「バブルではなく小さなフロス（あぶく）にすぎない」という誤った断定をくだすにいたったこと，これらの点と表層ないし深部で密接なつながりを有していることは，おそらく，疑いを容れないところであろう。

　ところで，このグリーンスパンの証言のなかには，看過することができない重要な論点が含まれている。それは，FRBは，株価の上昇がバブルであるか否かに関して，「『十分な情報をもった数十万の投資家』より優れた判断ができるとは考えない」という視角のことである。じつは，筆者は，この箇所を読んだ際，驚きの念を禁じえなかった。すなわち，こうした態度は中央銀行の責任を放棄するものではないのか，そもそも中央銀行は何のために存在するのか，この立場はまさに金融政策の市場原理主義への追随ではないのか（金融政策の市場原理主義化），なるほど市場原理主義はここまで深く浸透しているのか，と。

　それだけに，グリーンスパンの自伝につづいて，アラン・S・ブラインダー——ブラインダーは，グリーンスパン議長のもとでFRBの副議長を務めた経歴を有する——の『中央銀行の「静かな革命」』のなかに見出される，以下の論定に直面した時には，中央銀行家のあるべき姿を再認識させられる思いがして，救われた気分になったほどである。

　　「私が指摘したい点は，以前に比べて大勢の中央銀行家が，注意を払うべき対象の1つとして市場をとらえるのではなく，市場には偉大な力と知恵が存在すると考え，あたかも意見を拝聴すべき賢人であるかのように今や市場をとらえているということである」[9]。

　　「最後に，…極端に現代的な中央銀行が，金融市場から情報を入手するだけでなく，ときには助言を受けるようになりつつある点に注意を喚

起した。私の考えでは，市場から情報を取ることには全く問題はない。市場が席巻する世界において中央銀行を適切に運営していくためには，まさに必要不可欠である。しかし，鋭敏な中央銀行家であれば，市場から助言を受けることに伴う危険について常に用心しなければならない。1人の中央銀行総裁が決定を下すのに比べ，〔複数のメンバーからなる〕金融政策委員会は良い成績を収めると期待されるが，他方『群衆』が金融政策委員会よりも優れていると判断する根拠は全く存在しない。…中央銀行が現代にふさわしく変貌するに際して，金融市場をリードする役割を放棄する必要はないし放棄すべきでもない。金融政策の決定は，とどのつまり公共政策の決定であり，したがって民間に任せるべきではないのである」[10]。

まことに，「金融政策の決定」は，「公共政策の決定」であり，そうである以上，ブラインダーによれば，中央銀行は，政治から独立しているばかりではなく，市場（金融市場）からも独立していなければならないというわけである[11]。まさに，金言であるといえよう。これまで，中央銀行の独立性が問題とされる場合，政府からの独立は説かれても，市場からの独立は説かれることは一度としてなかった。

それでは，この間，世界の金融当局のあいだで，中央銀行は金融政策をつうじてバブルの生成の予防に注意を払うべきであるという警告を発する動きがまったくなかったのかといえば，かならずしも，そういうわけではない。

たとえば，1997年の新日本銀行法の制定にあたって，金融制度調査会は「日本銀行法の改正に関する答申」を大蔵大臣（当時）に提出したが，同調査会は，「答申理由書」において，「日本銀行の金融政策（通貨および金融の調節）の最も重要な目的は『物価の安定』にある」としながらも，つぎのような提言を発している。「一般物価水準が安定している中でも，地価・株価等の

資産価格の高騰・急落が生じ，国民経済に深刻な影響を与える可能性があることは，過去の経験が示すところであり，日本銀行は，資産価格の変動にも留意していく必要がある」。この提言は，1980年代後半以降のわが国のバブルの経験に徴したものであるが，上記のFRB論文は，バブルの原因と帰結についても，金融制度調査会によるこの提言についても，なんら言及するにいたらない。

さらに，すでに紹介したFRBなる考え方の対極にたつともいえるBISビューなる考え方——BIS関係者およびヨーロッパの中央銀行関係者の多くが支持する考え方——も存在する。ここで，BISビューとは，以下のような内容を指している[12]。① 資産価格の上昇が経済活動や物価に与える影響を注意深く観察すると同時に，それを含むさまざまな「金融的不均衡」の蓄積と巻戻しにも十分な注意を払う必要がある。「金融的不均衡」とは，長期的には持続可能とは考えにくい金融現象が同時に起こることをいう。資産価格の上昇，信用の膨張，レバレッジの拡大，投資比率の上昇などが典型的な例として挙げられる。② バブルが発生しているかどうかの認識が難しいことは事実であるが，中央銀行にとって必要なことは，観察される資産価格の上昇がバブルであるかどうかの判断というより，現在の経済状態が持続可能かどうかの判断である。そうした持続性の判断を可能にする単一の客観的指標はないが，上述した持続可能性を疑わせるいくつかの動きが併存しているかどうかは判断にあたっての重要な基準である。この点で資産価格の上昇と並んで特に重要なのは，信用の膨張ないしレバレッジの拡大である。③ 金融的不均衡の発生を防ぐためには，金融政策とプルーデンス政策の両方が必要である。この意味で中央銀行と銀行監督当局は従来以上に密接に協力する必要がある。④「バブル崩壊後に発生する経済へのマイナスの影響の大きさを考えると，金融政策はバブルの発生を回避することに努めるべきである」。

いま，問題を以上のように整理するならば，筆者には，2000年代初期に，

FRB が本当に学ぶべきであったのは，1990 年代初期の日本のデフレの経験ではなく，ここにみた金融制度調査会による提言や BIS ビューであったように考えられてならない。このようにいえば，市場は中央銀行が発するシグナルに早期かつ必要な程度に反応する保証はあるのかという疑問がただちに提起されるであろう。しかし，そこにこそ，中央銀行による「市場との対話」の余地があるのではなかろうか。筆者は，ここでも，ブラインダーによる，つぎのような論述に注目したい。すなわち，「中央銀行の態度は今や大きく変わった。現代の中央銀行家は，ブルームバーグの画面に刻々点滅する先物価格にしばしば表現される市場の見方を理解することに追われている。市場が期待している中央銀行の行動から乖離することは避けたいと，中央銀行は通常考えている。もちろん，こうした志向は，両方向について該当する。今日の市場関係者は，かつてソ連共産党指導者の動きを追ったのと同じくらいの熱心さで中央銀行の動きを詳しく分析しているし，ウォール街では昔から『連邦準備制度理事会の動きに逆らう投資判断は身を誤らせる』と語り継がれてきている」[13]，と。

さて，金融制度調査会の提言や BIS ビューからではなく，日本のデフレの経験から学んだ FRB およびグリーンスパンは，周知のような，以下の行動を採用するにいたる。

まず，グリーンスパンは，「根拠なき熱狂」という警告をひとたびは発しながら，その後，事実上，この警告を撤回することによって，1990 年代後半の IT バブルの進展を放置するにいたる。ところが，2000 年末にこの IT バブルが崩壊すると，FRB は，今度は，一転して積極的な金融緩和政策を実施することによって，それに対応することになる。グリーンスパンの自伝は，この間の事情について，つぎのように回想する。

「2001 年前半にはすでに，インターネット・バブルの破裂と株式市場

全体の下落の影響を和らげるために，7回にわたって利下げを実施していた。そして9・11の同時多発テロの後には，フェデラル・ファンド金利誘導目標をさらに4回引き下げ，2002年の企業不正スキャンダルの最中にもう一度利下げを実施した。2002年10月にはフェデラル・ファンド金利誘導目標は1.25パーセントであり，10年前であれば，FOMC委員の大半が理解しがたいと感じたはずの低水準になっている」[14]。

しかしながら，問題はこれにとどまらなかった。2003年になると，景気の悪化とは別に，デフレに対する懸念が新たに台頭しはじめたからである。いまこそ，日本のデフレの経験からの教訓を生かすべき絶好のチャンスであるとみなすべきである。グリーンスパンの自伝は，以下のようにつづける。

「しかし2003年になると，景気の落ち込みとディスインフレが長期にわたって続いてきたため，FRBは〔景気の悪化という問題とは別の〕さらに変わった危険を考慮せざるをえなくなった。物価が下落する現象，デフレーションである。つまり，13年にわたって日本経済の沈滞をもたらしていたのと同様の悪循環に，アメリカ経済が陥る可能性だ。これはきわめて心配な問題だった。現代の経済ではインフレが慢性的な頭痛のタネになっており，デフレはめったにみられない病だ。アメリカはもはや金本位制を採用していない。不換紙幣のもとでのデフレは，考えられないことだった。デフレに陥りそうな状況になったとしても，印刷機をまわしてデフレの悪循環を防ぐのに必要なだけの紙幣を供給すれば問題は解決する。そうわたしは考えてきた。だが，この確信は揺らいでいた。この時期，日本はいってみれば，通貨供給の蛇口を全開にしている。短期金利をゼロまでに引き下げている。財政政策を思い切り緩和し，巨額の財政赤字をだしている。それでも物価は下がりつづけていた。日本は

第5章　FRBは日本銀行の経験から何を教訓として……　141

デフレの軛から抜け出せないようであり，1930年代以降にはなかったデフレの悪循環に陥っているのではないかと恐れているはずだと思えた」[15]。

「2003年6月後半のFOMC会合では，政策金利を1パーセント〔これは，当時の2パーセント台のアメリカの消費者物価の水準を考慮すると，マイナスの実質金利に相当する〕にしたが，このときの議論の中心になったのはデフレだ」[16]。

　いまや，その後の経過については，詳論する必要はないであろう。この時点での利下げが，今日の金融危機につながる，住宅バブルおよび信用バブルの発生のひとつの原因として作用したことは，もはや，否定しがたい事実である。この点については，白川日本銀行総裁も，本稿の第1節においてとりあげた講演のなかで，「今世紀初頭にいわゆるITバブルが破裂し，デフレーション懸念が高まったことを背景に，金融政策は，世界的な規模でしかも長期にわたって緩和されました。不幸なことに，このことが，グローバルな信用バブルを発生させ，その結果グローバルな金融システムを混乱させた要因の一つとなっています」，と論じているとおりである。

　この事態は，いわば，新たなバブル（住宅バブル）の創出による古いバブル（ITバブル）の克服を意味すると考えてよいであろう。あるいは，バブル（住宅バブル）によるデフレ（ITバブルの破裂にともなうデフレ懸念）の克服を意味するとも言い換えることができるであろう。

　FRB議長に在職中は，「マエストロ」とさえ称賛されたグリーンスパンの評価が，その退任後，住宅バブルの崩壊とともに，地に落ちつつあるとしても，それはけっして理由のないことではない。

　以上が，グリーンスパンの理論と行動にほかならない。

3. バーナンキの理論と現実

ここでは,まず,バーナンキの理論的立場を整理することからはじめることにしよう。

バーナンキは,隠れもなきマネタリストである。たとえば,2002年11月の「ミルトン・フリードマンの90歳の誕生日を祝して」と題する講演において,バーナンキは,フリードマンとアンナ・シュワルツの共著である『アメリカの金融史,1867〜1960年』(1963年) が有する業績を評しつつ,以下のような最大限の賛辞を捧げる。

> 「フリードマンとシュワルツは『金融史』の中で1929〜33年の経済破綻の原因が国家の金融メカニズムの機能不全にあると立証しました。1930年代にあった諸々の事象の中でマネーは受身の役割を果たしたにすぎない,という一般に受け入れられていた見解とは逆に,フリードマンとシュワルツは,『まさに収縮こそが,貨幣的要因が重要であることの悲劇的な証明にほかならない』と主張しました」[17]。

> 「『金融史』の真髄は,現在では『自然実験』とも呼べそうなものを著者たちが利用したことにあります——ここでの意味は,経済の現状とおそらくは無関係な理由でマネーが動く〔マネーの変化が『外生的』である〕というエピソードのことを指しています。このようなエピソードから,次いで経済に発生する事象を観察することにより,フリードマンとシュワルツは,(ほとんどの場合) マネーから生産と物価へと因果関係があるケースを入念に積み重ね,大恐慌は貨幣的要因によって引き起こされたと論証しました」[18]。

> 「実務家としてのセントラル・バンカー——私自身もその中に入ります

第5章　FRBは日本銀行の経験から何を教訓として……　143

〔バーナンキはこの時点でFRBの理事であった〕が——にとってフリードマンとシュワルツの分析は数多くの教えに満ちています。彼らの研究から得たものは，貨幣的要因というものは，システムの不安定化の方向に解き放たれた場合には特に，極めて強力で不安定化を増大させうるというアイディアです。セントラル・バンカーが世界に貢献できる最大のことは，ミルトン・フリードマンの言葉を借りれば『安定的な金融的背景』——たとえば低率かつ安定的なインフレ下で反映されるような——を経済に適用することによって，そのような危機を回避することです。
　講演を終えるにあたり，FRBの公式代表という私の立場を少しばかり濫用したいと存じます。ミルトンとアンナに申し上げます。大恐慌についてです。あなた方は正しい。われわれ〔FRB〕がこれを引き起こしたのであり，大変残念に思っております。しかしお二人のおかげでわれわれは二度と同じあやまちは繰り返しません」[19)]。

　この最後のパラグラフは，FRBは金融政策をつうじてもはや大恐慌を回避することができるようになったということにたいする，バーナンキなりの信念の表明であると受け止めてなんらさしつかえはないであろう。
　このような大恐慌観，ならびに，マネタリスト的インフレーション観——インフレーションは，貨幣量が産出量よりもいっそう急速に増加することによってのみそれが生ずるという意味において，つねにかつどこにおいても貨幣的現象である——にたつならば，2004年2月の「大いなる安定 (the Great Moderation)」という講演において，バーナンキが，つぎのように，1980年代央以降の金融政策の勝利を高らかに謳い上げたとしても，それは，当然といえば当然のことであったといえよう。「大いなる安定，すなわち，過去20年間にわたるマクロ経済における変動率の顕著な低下は，驚くべき経済的進化を示している。大いなる安定の支配的な原因が，構造的変化によるのか，

金融政策の向上によるのか，あるいは，たんなる幸運によるのかという点は，なお含意がえられていない重要な問題である。私は，本日，金融政策の向上が，インフレーションの変動率の低下をもたらした（この点については，それほど大きな意見の差はない）ばかりでなく，産出量の変動幅の低下にも同様に寄与した可能性が高いと論じた。‥‥私のこの結論は，将来に関して私を楽観的にさせるものである。というのは，私は，金融政策当局者は，1970年代〔最善とはいえない金融政策の結果として，インフレーションと産出量の変動率が高かった〕を忘れないであろうと確信するからである」[20]。

ところで，「大いなる安定」観が想定するように，不況やデフレを治療するよりも，それらを予防することのほうが望ましいとしても，もし，不幸にして，不況やデフレに陥ってしまった場合に，それらにたいする治療策を見出すことができるのであろうか。もちろん，この側面についても，バーナンキは肯定的な回答を用意する。2002年2月の「デフレ——アメリカで『これ』が起きないようにするために——」と題する講演において，デフレを例にとりながら，バーナンキは，以下のような論理を展開する。

「不換紙幣システムのもとではデフレは常に反転させることができる，という結論は基本的な経済学の原理から導かれます。ここではちょっとしたたとえ話が役に立つでしょう。今日では金1オンスは300ドル前後で売買されます。そこで仮想の話として，現代の錬金術師が探求していた最古の問題をついに解決し，実質的にゼロコストで無制限の量の新しい金を製造する方法を発見したとしましょう。彼の発明が世間に広く知れ渡り，その製造法も科学的に正しいことが証明され，彼は数日中に金の大量生産を開始する意向を表明します。金の価格に何が起こるでしょうか？ おそらく，安価な金を無制限に供給するので，金の市場価格は暴落するでしょう。事実，金市場がある程度効率的であるならば，発明の

第 5 章　FRB は日本銀行の経験から何を教訓として……　145

公表直後，錬金術師が黄色い金属をわずか 1 オンス製造・販売するよりも前に，金価格は崩壊するでしょう。

　この話が金融政策といったいどういう関係があるのでしょうか？　金と同じように米ドルもその供給量が厳重に制限されている限りにおいてのみ価値を持っているのです。しかしアメリカ政府は印刷機（あるいは現在ではその電子的な相当物）を持っており，ほとんどコストなしで米ドルを好きなだけ製造することができます。米ドルの流通量を増加させることで，あるいはそうするぞと確かな筋から脅しをかけるだけで，アメリカ政府は財とサービスで表現したドルの価値を減少させること，つまりこれらの財とサービスのドル価格を引き上げることもできるのです。結論をいいますと，紙幣制度のもとでは，政府は意を決しさえすれば常により大きな支出を創出することができ，それゆえインフレを起こすことができるのです。

　もちろん，アメリカ政府は行き当たりばったりに紙幣を印刷してこれを流通させたりしようとはしません‥‥。通貨はふつう FRB が資産を購入することにより経済に投入されます。短期金利がゼロに達したときには，総支出を刺激するため，FRB は資産の購入規模を拡大するか，もしくは，可能であれば，資産の購入範囲を拡大しなくてはなりません。‥‥現実にデフレに陥ってしまった場合には，印刷機の例で示した論理が心の支えになりますし，十分な通貨投入が最後にはデフレを反転させるでしょう」[21]。

　はたして，この論理は，基本的に，フリードマンのいわゆるヘリコプター・マネー論と，いったい，どこに相違を求めることができるといえるのであろうか。まさに，マネタリストとしてのバーナンキの面目躍如といったところである。

じつは，このヘリコプター・マネー論とうりふたつの考え方は，すでに，グリーンスパンの自伝のなかにも登場していた。「現代の経済ではインフレが慢性的な頭痛のタネになっており，デフレはめったにみられない病だ。アメリカはもはや金本位制を採用していない。不換紙幣のもとでのデフレは，考えられないことだった。デフレに陥りそうな状況になったとしても，印刷機をまわしてデフレの悪循環を防ぐのに必要なだけの紙幣を供給すれば問題は解決する。そうわたしは考えてきた」，という箇所がそれに該当する。つまり，バーナンキが理論家（バーナンキは，FRB入りする前は，プリンストン大学教授であった）として隠れもなきマネタリストであるとするならば，グリーンスパンはさしずめ実務家として隠れたマネタリストであったというわけである。マネタリストの見解にしたがうならば，インフレーションもデフレーションも等しく貨幣的現象である，したがって，両者ともに金融政策によって解消が可能でなければならない，ということになる。インフレやデフレの阻止に向けて，マネタリストがインフレーション・ターゲティング政策を提唱しがちである――グリーンスパンはともかく，バーナンキは筋金入りのインフレーション・ターゲティング論者である――理由も，ここから容易に理解することができるであろう。もっとも，たとえ，FRBがインフレーション・ターゲティング政策を採用していたとしても，既述の脈絡のなかでは，住宅バブルを阻止できなかったことはあきらかである。

　ちなみに，FRBが，「資産の購入規模」を拡大するか，「資産の購入範囲」を拡大しなければならないという場合，どのような資産が念頭におかれていたのであろうか。バーナンキは，その具体例として，中長期国債，政府機関債（たとえば，ジミーメイが発行した住宅抵当証券）をあげると同時に，これらの買入れだけでは景気回復に不十分である際に備えて，さらに，「FRBが，担保適格性があるとみなされた多様な資産（とりわけ，社債，コマーシャル・ペーパー，銀行貸出，および住宅抵当証書など）を見返りに，銀行に対して

低金利あるいはゼロ金利で期限付きローンを行うこと」[22]さえ，提案するにいたる。じっさい，ここに掲げられた資産はすべて，今回の金融危機にあたって，FRBの金融政策上の適格担保ないし買取りファシリティの対象にくわえられたものであった。

　否，問題は，これにとどまらない。2004年4月のヴィンセント・R・ラインハートとの協同執筆にかかる，「超低金利下における金融政策の遂行」という論文のなかでは，バーナンキは，超低金利下においてFRBがとりうる政策手段として，① 短期金利は将来的に低下するというメッセージの市場への提供，② 中央銀行のバランスシート構成の短期証券から長期証券への変更と長期証券利回りの低位への釘付け，とならんで，③ 量的緩和政策 (quantitative easing) を示している。すなわち，「中央銀行がその焦点を準備の価格〔利子率のこと〕から準備の量ないし成長率に変更することを妨げるものは何もない」，「量的緩和政策は，いくつかの可能な経路をつうじて経済に作用するであろう。ひとつの可能性は，マネーは他の金融資産に対する不完全な代替物であるという前提にたっている‥‥。もし，この前提が妥当するならば，マネーの増大は，投資家のポートフォリオ・リバランス行動を導き，代替物，いいかえれば，非貨幣的資産の価格を上昇させ，その利回りを低下させるであろう。長期資産の利回りの低下〔長期金利の低下〕は，つぎに，経済活動を刺激するにいたるであろう」[23]，と。ここでは，量的緩和政策およびそれが有するポートフォリオ・リバランス効果——これらは，ヘリコプター・マネー論の一バラエティーにすぎない——に言及されていることが注目に値する。もっとも，だからといって，FRBが，現在，日本銀行がかつて採用したような，操作目標を無担保コールレート（オーバーナイト物）から金融機関保有当座預金残高に変更するという意味での，量的緩和政策を採用しているわけではない。FRBが目下のところ採用しているのは，操作目標としてフェデラル・ファンド・レートをあいかわらず活用しながら，しかも，必要準備を

超える超過準備を供給するという意味での,「信用緩和 (credit easing)」政策にすぎない。

以上が, バーナンキの理論的立脚点の概略である。

ただ, 注意すべきは, バーナンキの場合, 金融緩和にともなう量的効果とならんで (あるいは, それと結びついたかたちで), 金融緩和にともなう金利効果——といっても, フェデラル・ファンド・レートの引下げという正統的な経路をつうじたものではなく, 非正統的な経路をつうじたものであるが——にかんしても, 同様に重要視されていることである。たとえば,「デフレ——アメリカで『これ』が起きないようにするためには——」という講演のなかに認められる, つぎのような発言がそれに相当する。

　「さて, それでは目標利子率, すなわちオーバーナイト・フェデラル・ファンド・レートがゼロに落ちた場合, FRBには何ができるのでしょうか？　現在の手法を比較的単純に拡張した1つの方法は, 財務省証券の期間構造の中で長期金利——すなわち, より長い満期の政府証券の金利——を引き下げて支出の刺激を試みるということでしょう。長期金利の引き下げには少なくとも2つの方法がありますが, それらは補完的な関係にあり, 単独もしくは組み合わせて利用することができるでしょう。1つの方法は, この2年間に日本銀行がとった行動と同様のものですが, ある特定の期間, オーバーナイト・レートをゼロに維持することをFRBがコミットするというものです。長期金利は, 現在の短期金利と期待される将来の短期金利の平均に期間プレミアムを加えたものですから, 短期金利をある期間ゼロに保つというコミットメントは——そのコミットメントに信憑性があるとしてですが——長期金利の低下を誘導します。私が個人的に好むもう1つのもっと直接的な方法は, もっと長い満期の財務省証券 (たとえば, 2年以内に満期が到来する証券) について, FRB

が明確な利回りの上限を公表し始めることです。FRBは,満期2年以内の証券を目標利回りと一致した価格で無制限に購入することをコミットすることによって,これらの利子率の上限を守らせることができます。もしこのプログラムが成功すれば,中期財務省証券の利回りが低下するだけでなく,(将来の利子率に対する予想を通じて働くリンクがあるため)より長期の公的および民間債務(たとえばモーゲージ証券)の利回りもまた下がるでしょう。

公的および民間証券の期間構造全体にわたる金利低下は,通常の方法で総需要を強化しデフレの終息に貢献するはずです」[24]。

しかしながら,オーソドックスなマネタリズムの教義にたつならば,中央銀行は,ベースマネー(流通現金プラス商業銀行の中央銀行当座預金)のコントロールをつうじてマネーサプライ(流通現金プラス企業・家計の商業銀行預金)のコントロールに徹すべきであり,金利(操作目標とされてきたFF金利を含めて)の決定は,完全に市場に委ねられるべきであるというものであったはずである。

それはともかくとして,皮肉にも,バーナンキのいう「大いなる安定」の期間中に,アメリカでは,「金融的不均衡」が累積し,ITバブルおよび住宅バブルという2つのバブルを発生させるにいたったことは,いまや,否定しがたい事実であるとみなされなければならない。

それでは,バーナンキは,バブルに対する金融政策のかかわり方をどのように位置づけるのであろうか。答えは,期待されたとおりのものである。またしても,FRBビューがそっくりそのまま再現されることになる。たとえば,2002年10月の「資産価格『バブル』と金融政策」という講演において,バーナンキは,つぎのように論定する。① FRBは,資産価格の安定を目標とするのではなく,物価の安定と持続可能な最大限の雇用の確保を目標とし

て，金融政策を運営すべきである。②バブルが現存すると宣言するためには，FRBは，株価の基礎にある観察不可能なファンダメンタルズを正確に評価できなければならないし，また，かれらの集団的情報が資産市場価格に反映されている金融のプロたちよりもうまくことを処理できるという確信をもたなければならない。これは，現実には期待されそうもない。利子率の引上げだけによって，バブルが抑止されるとは思われない。想定された投機的バブルを抑止しようとする，中央銀行の文字どおりの強力な試みは，正当な好況を絞め殺すか，それどころか，全経済を不況に投げ込むという危険を犯してのみ，成功をおさめうるにすぎないであろう。③もし，資産価格に突然の修正が生じたとするならば，FRBの第1の責任は，金融インフラ，とりわけ，資金決済システム，証券決済システムおよび他の金融機関を維持するために，自己の役割を果たすことである。必要があれば，FRBは，当面の危機が過ぎ去るまで，十分な流動性を供給しなければならない[25]。

くわえて，すでに触れたグリーンスパンの考え方とバーナンキの考え方とのあいだにも，完全な一致が見出される。強いて違いをあげるとするならば，グリーンスパンの場合には，FRB議長の職にあった1990年代の実務的な経験に照らして自身の見地に到達したのに対して，バーナンキの場合には，大恐慌の理論的な研究に照らして自身の見地に到達するにいたったということぐらいであろうか。すなわち，「1920年代の正しい解釈は，株式市場が過大評価され，崩壊し，そして，大不況を引き起こしたという，よく知られたそれとは異なる。真実は，金融政策が株式価格の上昇を抑止するために熱心になりすぎたことである。しかし，金融引締政策の主たる効果は，ベンジャミン・ストロング〔当時のニューヨーク連銀総裁〕が予想したように，経済──対内的にも，金本位制度の作用をつうじて対外的にも──を減速させることであった。経済の減速は，利子率の上昇とともに，今度は，株式市場の崩壊を促進する主要な要因となった」[26]，と。

第5章　FRBは日本銀行の経験から何を教訓として……　151

　ここまでくれば，本稿において，筆者が何を主張しようとしているのかを，十分に理解していただけることであろう。筆者が主張しようとする内容は，2点に要約される。

　第1に，2000年代初期に，グリーンスパンおよびFRBが学ぶべきであったのは，1990年代初期の日本のデフレの経験ではなく，金融制度調査会の提言やBISビューにしたがって，中央銀行は，金融政策の運営にあたり，物価の安定を目的とすることはもとより，資産価格の変動にも相応の留意をはらうべきであるということである。バブルへの対応は，金融政策の責任だけに帰することはできず，銀行監督などのプルーデンス政策との密接な協力が不可欠であるという問題をたとえ考慮に入れたとしても，この結論は修正を要しない。つまり，白川日本銀行総裁が，「最も重要なことは，中央銀行は，バブルの生成を予防することと，バブルの崩壊の影響を緩和することの双方に注意を払うべきであるということです。私は，こうした対称的な（symmetrical）なアプローチが正しいと考えています」，と指摘するように，バブルへの対応にあたっては，「対称的なアプローチ」が正しいということである。

　第2に，バーナンキおよびFRBが2000年代の日本の金融政策の経験から学ぶべきであったのは，量的緩和政策の有効性という側面ではなく，その逆に，それが期待したポートフォリオ・リバランス効果を発揮しなかったという側面にほかならないということである。

　この後者の側面について，福井俊彦前日本銀行総裁は，2003年6月1日の日本金融学会春期大会における講演（日本金融学会創立60周年記念講演）「金融政策運営の課題」のなかで，以下のような断定している。

　「同時に，量的緩和政策採用以降，当座預金残高の増加がこれほど巨額になった〔4兆円程度の必要準備額に対して，15〜20兆円程度への増加〕

にもかかわらず、それ自体では経済活動や物価を積極的に押し上げる力はさほど強くなかったことも事実として受け止める必要があるように思われます。量的緩和が経済活動や物価を押し上げる効果を示さなかったのは何故でしょうか。

経済全体の調整圧力がなお強いからだといえばそれまでですが、量的緩和に期待された効果の一つはいわゆるポートフォリオ・リバランス効果であったと思います。これは、流動性サービスの限界的価値がゼロになっても〔当座預金残高には利子が付されないし、すべての銀行が超過準備をかかえる状況のもとでは市中銀行はコール市場に資金を放出して金利を稼ぐこともできないということ〕、中央銀行が流動性の供給をさらに増やし続ければ、人々〔金融機関〕が、それを実物資産であれ、〔貸出しを含む〕金融資産であれ、限界的価値のより高い資産に振り替える。そしていずれは資産価格の上昇などを通じて経済活動に前向きのモメントを与えるだろうという筋書きですが、これまでのところ、その効果は必ずしも十分には検証されていません」。

じつは、バーナンキは、福井前総裁のこの講演内容を知る機会がなかったというわけではない。というのは、バーナンキ自身が、前日の5月31日に、同じ日本金融学会春期大会において、FRB 理事（バーナンキは 2002 年に FRB 理事に就任している）の資格で、「日本の金融政策に関するいくつかの論考」と題する講演を行っているからである。

つまり、こういうことになる。バーナンキやFRBにとっては、たとえバブルが破裂したとしても、量的緩和政策または信用緩和政策が有するポートフォリオ・リバランス効果をつうじて、デフレないし不況に十分に対処できるという確信・信念が背後にあったがゆえに、あえて、バブルを安んじて放任することにつながったのではなかろうか。筆者が、「マネタリスト的な金融

政策は，予想された効果を発揮しないばかりか，逆に，有害な役割を果たす場合がありうることを認識すべきである」，と論じるゆえんである。

4. 結　語

　グリーンスパンとバーナンキという新旧2人のFRB議長にたいする一般の評価は，現在，両極端に分かれているように思われる。一方のグリーンスパンは，古いバブルすなわちITバブルを新たなバブルすなわち住宅バブルの創出によって克服しただけにすぎない，くわえて，新たなバブルをたんなるフロスと誤認し，適切な手段を講じなかったということで，今日の金融危機の責任を厳しく問われている。他方のバーナンキは，2006年にFRB議長に就任することにより，グリーンスパン前議長の責任に係る住宅バブルという負の遺産を継承しつつ，その崩壊にあたって，考えられる政策手段を総動員しながら，今回の金融危機をみごとに乗り切ったということで大きな賞賛を浴びている。

　グリーンスパンにたいする評価はともかくとして，バーナンキにたいするこうした評価には，筆者は，残念ながら，賛成するわけにはいかない。その理由は，以下の諸点に求められる。

　第1に，金融危機は，つねにどこでも金融機関の流動性不安から発生するということは，歴史の観察からえられる否定することのできない事実である。したがって，金融危機の発生に際し，金融機関にたいして豊富な流動性を供給するように努めることは，FRBにかぎられたことではなく，また，マネタリスト的な見地にたつか否かにかかわらず，世界の中央銀行が直面する共通の課題であるといえる。しかも，金融市場が厳しいストレスにさらされている場合には，中央銀行は，さらに進んで，市場機能を支援するための追加

的な方策を講じることも要請されるにいたるであろう。じっさい，今次の金融危機にあたっては，金融機関の流動性逼迫を緩和するために，FRBも日本銀行も，利下げ，長めの資金供給オペの実施，担保範囲，オペ先の拡大などの政策手段を活用しながら，流動性の供給を大幅に拡大したし，また，いちじるしく低下した金融市場の機能を回復させるために，FRBが，CPやABCPのみならずエージェンシー債やエージェンシーMBSなどを買い入れる措置を実施したとするならば，日本銀行も，CPや社債を買い入れる措置を実行に移した[27]。要するに，ECBやBOEを含めて，各中央銀行の政策内容および政策手段は共通していたのであり，FRBだけが特別な政策を採用していたわけではない。しかも，そのなかで，マネタリズムの教義が想定するような独自のメカニズム——ヘリコプター・マネー効果ないしレポートフォリオ・リバランス効果——が観察されたわけではない。つまり，果断な流動性供給や市場回復策をつうじて，今次の金融危機がその峠を超えたとしても，その手柄をバーナンキだけに帰するわけにはいかないということである。

　第2に，「100年に一度」といわれる今回の金融危機が，それにもかかわらず，1930年代の危機よりもいくぶん軽微な段階にとどまったとするならば，その理由は，大恐慌を契機とする金本位制度から管理通貨制度への移行，それを背景とする中央銀行の最後の貸し手機能，預金保険制度ならびに政府による公的資金注入体制などの，公的セーフティネットの整備に依存するところが大きいといわなければならない。他面では，これらの公的セーフティネットの整備が，事前にはバブルの発生を抑止することにつながらず，皮肉にも，むしろ，金融機関のモラルハザードを高めた可能性さえも疑われる点に留意が必要である。

　第3に，バーナンキは，グリーンスパンと同様にバブルを放置した。また，危機の発生後に「信用緩和（credit easing）」政策を採用したが，肝心のポー

トフォリオ・リバランス効果はその機能を発揮しなかった。要するに，バーナンキは，なんらなすすべなく，実体経済を 1930 年型の恐慌にまで陥れたというわけである。目下，実体経済に底入れのきざしがうかがわれるとしても，その理由は，どちらかといえば，ケインズ主義的な財政政策の役割に属するところが大きい。まことに，金融政策は，財政政策と異なり，利子率政策——だから，ゼロ金利という限界を有する——をつうじて間接的にはともかく，直接的には有効需要を創出する能力はもちあわせていないのである。

　第 4 に，バーナンキに対する最終的な評価は，むしろ，今後の金融政策のあり方にかかっているといえるかもしれない。というのは，日本銀行『金融市場レポート』（2009 年 7 月）は，控え目な表現ながら，今次の政策措置が次回のバブルにつながる可能性について，つぎのような警報を発しているからである。すなわち，「一方，より長い視点に立って考えた場合，過去において，金融経済の危機に対応し，安定性を回復するための徹底した政策措置が，所期の目的を達成しつつも，次の不均衡の芽を生み出していた事例が存在することを想起する必要がある。市場参加者は，流動性リスクや価格変動リスクが小さい，安定した投資環境が続くと，より高いリターンを求めて，徐々にリスクテイクを積極化させていく。そうした行動がマクロ経済全体に拡がっていくと，『金融の不均衡』の拡大となって，反動のエネルギーを蓄積していく。このようにリスクに対する意識が希薄になるほどの市場の安定が実現してしまうと，必然的に次の金融不均衡が発生するリスクは高まっていく」，と。はたして，2 度あることは，3 度目も繰り返されることになるのであろうか。

1) 連邦準備制度理事会「日銀は 90 年代の長期不況をまったく予期していなかった」(神尾幸夫訳)『エコノミスト』2002 年 8 月 20 日号，83 頁。
2) ——，85-86 頁。
3) ——，93 頁。
4) 白川方明『現代の金融政策—理論と実際—』日本経済新聞出版社，2008 年，374

頁。
5) 連邦準備制度理事会前掲論文，87頁。
6) 白川前掲書，400-401頁，参照。ただし，内容はいくぶんアレンジしてある。
7) アラン・グリーンスパン『波乱の時代―わが半生とFRB―』（山岡洋一・高遠裕子訳）日本経済新聞出版社，2007年，上巻，292頁。
8) ――，293-294頁。
9) アラン・ブラインダー『中央銀行の「静かな革命」』（鈴木英明訳）日本経済新聞出版社，2008年，128頁。もっとも，原書は，グリーンスパン『波乱の人生』（2007年）よりも早く，2004年に出版されている。
10) ――，176頁。
11) ――，126-127頁，参照。
12) 白川前掲書，402頁，参照。ただし，内容はいくぶんアレンジしてある。
13) ブラインダー前掲書，127-128頁。
14) グリーンスパン前掲書，331頁。
15) ――，332-333頁。
16) ――，333頁。
17) ベン・S・バーナンキ「ミルトン・フリードマンの90歳の誕生日を祝して」，『リフレと金融政策』（高橋洋一訳）日本経済出版社，2004年，所収，92-93頁。
18) ――，93-94頁。
19) ――，114頁。
20) Ben S. Bernanke, The Great Moderation, Remarks at the Meetings of the Eastern Economic Association, Washington, DC February 20, 2004.
21) バーナンキ「デフレ――アメリカで『これ』が起きないようにするためには」，前掲邦訳，所収，17-19頁。
22) ――，22頁。
23) Bernanke and Vincent R. Reinhert, Conducting Monetary Policy at Very Low Short-Term Interest Rates, Paper Presented at the International Center for Monetary and Banking Studies Lecture, Geneva, Switzerland, January 14, 2004.
24) バーナンキ「デフレ」，前掲邦訳書，19-20頁。
25) 26) Bernanke, Asset-Price "Bubbles" and Monetary Policy, Remarks Before the New York Chapter of the National Association for Business Economics, New York, New York, October 15, 2002.
27) 日本銀行が採用した，いちじるしく低下した金融市場の機能を回復させるための

政策のなかには，CP，社債の買入れ措置ばかりではなく，金融機関保有株式の買入れ措置の再開，金融機関向け劣後特約付貸付の供与措置の導入も含まれる。この両者は，資本性資金の供与につながるものである。しかし，資本性資金の供与ということになれば，流動性の供給という中央銀行の本来の使命を超えることにならざるをえない。資本性資金（銀行経営の健全性の指標となる自己資本）の供与の責任は，財政政策の担当者である政府に帰属すると考えるべきであろう。拙稿「日銀の金融政策はどうだったか―新日銀法10年―」『経済』2008年7月号，同「金融危機下の日銀の金融政策―『異例の措置』の発動―」『経済』2009年9月号，を参照のこと。

第 Ⅱ 部
経営からみた「失われた10年」

第 6 章

日本の失われた10年の教訓と世界金融危機

下 川 浩 一

1. はじめに

　今世界は100年に1度とも称される世界金融危機にもとづく世界同時不況のまっただなかにある。それはしばしば1929年におこった世界恐慌になぞらえられ，あわせて日本の1993年から2003年までの「失われた10年」の経験が参考になると称されることも多い。しかし29年恐慌は今のようにIMF-WTO体制のような国際協調の仕組みもなく，グローバルな人，物流，資金の移動にまだまだ多くの制約があり，主要先進国は貿易戦争がらみの自国通貨の切り下げ競争と関税障壁を誘発したブロック経済化への傾斜をつよめ，唯一株式市場だけが国際化しているという条件下でおこった株式恐慌にすぎないとみれば，あまり参考になるとは考えられない。
　これに対して日本の失われた10年の経験は，80年代あれだけその成功が世界の驚きと賞賛の的となった日本の経済システムと日本的経営が，90年代に入り経済のグローバル化に対する適応能力を失い機能不全に落ちいったという意味においてその教訓は特殊日本的な部分もあるが，現在の先進諸国が直面している金融危機や経済危機に対する有効な方策とその方向性を考える上で参考になる部分も多いと思われる。ただ問題は日本においてもまだ失われた10年の教訓はまだ十分に総括され生かされてはいないという点とそれ

が可能となったばあいに，それが現在の世界的危機の克服にどう生かさるべきか少なくともその方向性だけは明確にすることが必要だということであろう。

2. 世界金融危機はなぜおこったか？

　2007年秋にフランスの有力銀行バリバ銀行が破綻の危機に直面した時，当時すでに世界的危機が取り沙汰されたが，それは例のサブプライムローン問題が馬脚をあらわしそれが如何に根が深いかを一部の人が認識し始めたからである。しかし大多数の人々と政策当局は，まだ危機の本質を理解せず，金融業界だけの問題と考えられていた。

　ところが2008年9月のアメリカの有力投資銀行の一角リーマンブラザーズの経営破綻は，アメリカのバブル経済を演出してきた主役投資銀行の巨額の赤字と不良資産処理——たとえばシティコープの800億ドル，バンカメの1180億ドルの不良資産——により投資銀行の銀行業への衣替えや，FRBによるM&Aの禁止や，金融コングロマリット路線からの撤退が相次いだ。そして投資銀行だけでなく大手保険会社AIGが3,1兆円（344億ドル）もの赤字をだし，成立したばかりの金融安定化法によって，4兆円（444億ドル）もの資本注入がおこなわれた。

　しばしば今度の金融危機は，一般市民をも巻き込んだ住宅サブプライムローンが引き金を引いたといわれるが，それはあくまで氷山の一角にすぎず，さまざまなファンド，住宅ローン会社，そしてクレジット会社，販売金融会社まで信用経済全体が収縮するという異常事態におちいってしまった。

　今まではなまじグローバル金融の国境をこえた迅速な移動がみられ，世界中の資金が情報化や金融工学の影響もあって，自由かつ敏速に移動できるから，それだけに低金利の国から高金利の国へ簡単に金が回り，米国の財政赤

字を支える米国国債の外貨準備の多い中国，日本などの大量購入がある。こうした背景をふまえた金融工学が一人歩きを始め，先物取引や債権管理上のリスクヘッジとして次々とリスクの付回しをおこない，これでもかこれでもかと金融商品を連発することで，金余りを演出した。

こうした仕組みは29年恐慌の頃には考えられもしなかった。今般進行した世界的グローバルバブルは，要するに，株価が乱高下はあっても基本的には右肩上がりで上昇し，グローバルな信用経済の拡大や，これらの要因が複合化して，住宅などの担保資産の名目的上昇が限りなく続くという，危険きわまる前提によって演出されたものであった。こうしてみると，今回の危機は，人類が経験したことのない，かつて類の無い性格のものであり，29年恐慌の再来などという比喩は当たらないといってよい。

以上の結果弥縫策では対応できないグローバル金融システムの破綻が現実のものとなった。今になって考えれば，金融のグローバル化は，市場原理主義，いわゆる新市場主義のままに放置するとどれほど恐ろしいことがおこるのか，まざまざと見せ付けられたといってよい。

冷戦終結以来20年にわたり世界を動かしたかにみえたグローバリズムと新市場主義であったが，今回の世界金融危機は寺島実郎氏の表現を借りれば，新市場主義の敗北宣言に等しいといってよい。これまで賞賛の的だったグローバル金融システムは実は極めていびつな構造をもっており，米国一局集中の歪んだドル本位制のもとでの，アメリカの過剰消費とこれを支えた世界の金融の米国一局集中が其の中身であったといえよう。

3. 世界金融危機と日本の"失われた10年"の教訓

今回の世界金融危機に日本の"失われた10年"の経験が参考になるという

説は，現象的にはあたっているといえなくも無い。確かに不良債権がバブル崩壊で膨れ上がり，公的資金投入で何とか切り抜けたという点であるとか，政策当局が危機の実体をいち早く認識せずその対策をとるのが遅れた結果危機が増幅されたという点では類似点はいろいろある。

　失われた10年は，1993年に始まるが当時はバブル崩壊の反動で一時的な不況と考えられており，はじめてのデフレ構造不況であったのに，その認識が弱かったのはまぎれもない事実であった。特に景気の循環性を其れまでの日本経済の延長でとらえ，財政出動に望みをかけすぎた政府と金融当局の判断は，今から考えるとグローバル経済化時代の世界経済の構造変化を見損なったといえなくも無い。特に日本の金融システムと其れを可能にした諸条件を過信し，当時世界的な潮流となっていた金融ビッグバンについて，これを極めて安易に乗りきれると判断したこと，其の判断の根拠が，当時世界有数の預金量と世界一の貯蓄率だけを過信したことなどがあげられよう。

　いずれにせよ1993年に日本のバブル経済は崩壊し，戦後はじめてのデフレ構造不況を日本経済は経験するわけであるが，ここで考えるべきことは，バブル崩壊だけが平成構造不況の原因であるかどうかという問題である。もちろん1985年のG-5以降の円高不況に対抗するために演出された金余りとバブル好況は，不必要なまでに不動産投機や株式投機をあおり，その後の日本経済の運営に大きな悪影響を与えたことは間違いないが，このような不自然な好況はいずれ崩壊するものであり，それまでの日本経済が経験したニクソンショック，1965年証券不況，1973年のオイルショックなどのように何とか乗りきった経験をもってすれば乗り越えられるはずのものであった。

　しかし現実はそうはいかず10年にわたる平成構造不況がおこったのはバブル崩壊だけでなく，ベルリンの壁崩壊以後の経済のグローバル化の急進展とIT革命にすぐに対応できなかった日本経済と日本企業の行動様式にあったということができよう。そこで考えるべきことは，日本経済をナンバーワ

ンと言わしめるまでに押し上げた70年代，80年代の成功体験が通用しなくなったのは何故かということであり，もう一つは成功体験の通用しなくなった部分とそうでない部分をどう見分けるかということである。

　成功体験のいちばん通用しなくなった部分の最たるものは日本の金融システムであり，メインバンクシステムであることはいうまでもない。前者は完全にいきづまり，其の中核をなしたメインバンクシステムは崩壊した。平成構造不況はまさにこの金融システムのゆきづまりとメインバンクシステムの崩壊によって10年という長い期間を空費することになったといえよう。それは担保価値だけが頼りの間接金融方式のゆきづまり，系列融資に頼ったメインバンクシステムが機能しなくなったことと関連している。このようなシステムのゆきづまりや崩壊を助長したものこそ，バブル金余りのつくりだされたブームに踊った銀行の過剰融資とそれで銀行経営にまわってきた大きなツケであることはいうまでもない。

　その結果バブル経済の崩壊にともない不良債権の雪だるま的拡大がおこり，本来早く金融当局と日銀が連携のもとで手を打つべきであったのに事態を放置しかつ小手先の対応で切り抜けようとした政策判断の誤りが事態をいっそう深刻なものとした。そこには金融ビッグバンをきちんとしたソフトランディングで進める戦略もなく受け入れ，金融規制緩和は時代の流れということで事態を放置したことと関連がある。

　日本経済が70年代，80年代の右肩上がり成長で成功体験を謳歌した時代には，日本の金融システムは間接金融方式によるいわゆる金融護送船団方式がいろいろ問題はあってもそれなりに有効に機能したかに見えた。これは，昭和恐慌の苦い経験にもとづき，銀行は一行もつぶさないという大方針のもとで大蔵省，日銀が金利や出店などあらゆる営業活動を規制し官が民を守るという前提のもとで官民癒着構造を温存するやり方である。しかし世界の主要国が金融ビッグバンを受け入れ金融システムの自由化を進めつつある中で，

いつまでもこれに反する日本独自の方式を固持するわけにもいかず金利の自由化などは行われたが、今にして思えば規制緩和の名のもとに日本の銀行の体質や力量の判断を誤り、ソフトランディングの国家戦略を欠いたまま国内志向の銀行をいきなりグローバル競争にさらすことになった。

その結果巨額の不良債権の拡大はとめどなく続き、やがて小泉－竹中改革の一環としての40兆円という巨額の公的資金注入となった。その後日本の銀行は日銀の超低金利政策と公的資金の注入の恩恵を受け最近になって公的資金の返済にめどをつけてはいるが、依然として銀行経営者はその若返りと再生への模索を続けており、その将来について明確な戦略と自信をもつにいたっていない。

それにくらべバブル経済の時期においても過剰融資をやらなかった静岡銀行や城南信用金庫など地域経済の活性化を支援し、不動産担保融資よりもその独自技術や事業内容と知的資産の審査能力による融資に重点をおいている金融機関の存在は今後の地域金融を考える上で重要であることに留意する必要がある。すなわち日本の銀行と一口にいっても、いわゆるメガバンクと地域金融ではその資金調達先と融資先そしてビジネスモデルは明らかに二分されており、その前提で金融システムのあり方を考える必要があるからである。

日本のメガバンクは不良債権問題だけでなく、グローバル時代の金融システムの流れにたちおくれ、マネー敗戦とか金融敗戦とかいわれた。だが今にして思えばなまじグローバル金融の流れに乗ることができず、そのためにかえって今回のグローバル金融危機のお先棒をかつぐ危険を冒さず、その被害を相対的に回避できたのは僥倖であったといえるかもしれない。しかしだからといって今さら昔の護送船団方式に戻ることもできない。日本のメガバンクは、大赤字の後始末で資産や株式の売り出しを始めた米国の旧投資銀行への出資やM&Aを始めているが、いろいろな混乱を抱えている先進国の金融システムにきちんとした戦略も無いまま深入りするのがいいかどうか、むし

ろ成長がのぞめる中国，インドなど新興国に戦略の重点をおくべきときであるかもしれない。

　ところで護送船団方式やメインバンクシステムに後戻りできないとなると，どのような内部的改革が必要か，と問われればそこに浮かびあがってくるのは，間接金融方式からの脱却と直接金融方式への移行の問題であり，そのことと関連してコーポレートガバナンスの確立とコンプライアンス経営の問題である。これらのことは"失われた10年"の間に日本の経営が学んだ教訓として特筆されねばならぬ。

　これまでの日本株式会社と称された仕組みを支えたものはメインバンクシステムであり，そこでは株式持合いと間接金融方式の果たした役割が大きかった。株式持合いはグループ企業の相互の持ち株を固定するから株式の流動性を妨げある意味では株式による自己資本調達を阻害するが，その資金調達を補完するものとして間接金融方式が有効であったのがこれまでの金融システムの特徴であった。

　"失われた10年"の間にみられた顕著な傾向は，間接金融の後退であり一般企業の累積債務からの決別である。これはメインバンクシステムの崩壊がこれを決定的としたといってよい。其の結果株式持合いは以前にくらべその比重は低下した。ただし最近の外資やヘッジファンドなどによるＭ＆Ａに対抗するための新しい株式持合いをのぞいてのはなしであるが。間接金融依存が減った分，直接金融がこれにとって代わるのが望ましい形であるが，まだ今までのところ直接金融システムがうまく機能しているとは言い難いのが現状である。これは一つには企業の株式市場での資金調達の比重が上がらず，企業はキャッシュフロー重視の経営に転じたために内部留保を重視し，外部調達といっても社債市場依存の傾向が強いためである。日本経済の真の意味での活性化には，直接金融体制への移行が不可欠なのであるが，日本の株式市場に対する信頼度が低いのと，一般投資家が安心して投資できる環境が国

内，海外ともに整っていないからである。多くの日本の一般投資家は1400兆円もの個人金融資産をもちながら今まで安全を求めて郵便貯金や国債に投資するか，外貨預金や外国投信に投資しても国内株式市場には今日に至るも投資しない傾向が続いている。今回の世界金融危機で多くの投資家が損失をこうむったにもかかわらず，この傾向は変わらない。やはり一般投資家に安心感を与えるリスクヘッジとセーフティネットの形成や，年金基金の再建と合まって機関投資家の役割の再構築が必要である。

　"失われた10年"の中で非常に明らかとなったのは，其れまでの日本企業で普遍的傾向だったサラリーマン経営者による企業統治の問題点である。本来ならサラリーマン経営者といえどもその企業統治のあり方についてチェックを受けるのは当然の話である。にもかかわらず一般株主によるチェック機能は何故働かなかったのか。それは過去においては配当よりも株価成長重視の経営が重視され，それが一般株主，法人株主，経営者の利害に一致していたので，あまりその必要が認められなかったからである。そこへもってきて安定株主の名のもとに進められた法人株主による株式持合いの中での法人株主と経営者のもたれあいが当然のこととなり，特に含み経営（株式時価や担保資産のような含み資産をふやす経営）を演出した株式持合いによるもたれあい経営が一般化していた。ただし高度成長のある時期までは，日本の経営者には高い志と使命感を持った人が多く，その資質によってかろうじて保たれていたのが日本の企業統治であった。

　このもたれあい経営は，企業監査法人や会計事務所でも支配的であり，また一時は社会問題となった総会屋と称する特殊株主との間にも企業によってはもたれあいが存在した。ただし商法改正とこれによる取締りの効果で後者はかなり影を潜め，前者についても厳格な相互チェックの体制が整いつつある。

　いずれにせよ，含み経営の崩壊と間接金融依存度の低下がおこったことに

より，もたれあい経営は維持できず，企業統治の見直しは避けられなくなったのである。それに加えて日本企業の国際化と外人投資家の増大に触発された国際会計基準の導入や格付け会社による財務格付けなどもコーポレートガバナンスのあり方を自ら問われる契機となった。

　その場合考えるべきは，国際会計基準の見直しや特に時価主義会計のあり方，そして格付けのあり方について今回の金融危機との関連でいろいろな反省が生まれていることであり，真にこれから国際的に通用するコーポレートガバナンスとは何か，株主利益極大だけがその唯一の基準であるかどうかということを明らかにすることである。今回の世界金融危機で露呈した問題は，これまでグローバルスタンダードとして通用するとされてきたアングロサクソン型のコーポレートガバナンスとコンプライアンスに多くの疑問が呈されたことである。特に短期利益志向の株主にのみ顔を向けたコーポレートガバナンスのあり方であるとか，リスク管理の側面だけを強調したコンプライアンスのあり方については多くの疑問が呈されている。長期的観点で投資する一般株主や年金基金の信頼に応えかつ株主満足だけでなく，従業員満足と消費者満足をバランスよく追求する日本型コーポレートガバナンスを確立せねばならない。コンプライアンスについても，これをリスク管理という機能論でとらえ法令順守だけやればよいという時限でとらえるのでなく，モラルハザードをおこさない高い志と社会的責任を追及するCSRと一体化したものが求められる。こうして国際的にも通用しかつ日本の土壌にあったコーポレートガバナンスとコンプライアンスを確立してこそ，一般投資家や機関投資家が安心して投資できる直接金融への道をひらくのである。"失われた10年"の間に日本の経営者特に銀行経営者はコーポレートガバナンスのあり方について，あまりにもアングロサクソンモデルを鵜呑みし，座標軸の定まらない経営にのめりこみすぎたのである。その点では今回の世界金融危機はまたとない教訓を与えてくれたといえよう。

4. 過去の成功体験しかもたない経営者の問題点と 企業リストラの二つの側面

　"失われた10年"の間において目立ったのは，日本企業の経営環境の激変特にグローバル競争に直接さらされることによって日本の経営者が其れまでの過去の成功体験が役に立たなくなったということである。特にいわゆる"おみこし経営"といわれた中間管理層とのコンセンサスを重視する組織運営と意思決定のあり方は，スピーディな意思決定を鈍らせてしまう。ところが現実には経営環境はグローバル化とIT革命により劇的変化がおこり，スピーディな意思決定と其れを可能とする戦略構築能力が必要となり，グローバルな国際競争の土俵とゲームのルールが大きく変化したことにより，過去の成功体験だけを引きづっているだけでは役に立たないという事態となったのである。ところがこの新しい事態に対して日本の経営者の中には事態の本質を見極めきちんとした洞察力で対応できた人々とそうではなかった人々に別れたのである。

　おそらく前者は日本の上場企業のうち2割ないし4分の1くらいで残りの4分の3は後者であると思われる（最近の日経や経済紙などの調査による）。そこで浮かびあがってくるのは，安易なリストラとこれまた安易な海外生産による空洞化に走る志とビジョンなき経営者の問題性である。これからの経営者にとって必要不可欠なのは洞察力ある戦略構築能力と相次ぐ企業不祥事とモラルハザードを事前に察知し，これに対する自浄能力とコンプライアンスを確立することである。

　"失われた10年"の中で目立った傾向は，企業リストラの横行である。その中でリストラクチャリングの本当の意味は何かということがともすれば忘れられてしまって，安易な人減らしだけに走る傾向が生まれた。リストラク

チャリングの真の意味は，何かというと産業構造やビジネスモデルの絶えざる進化とダイナミックな変化に対応して企業が変身変化していくことである。その意味では高度成長と右肩上がり経済の中でもリストラクチュアリングによる産業構造の転換は存在した。たとえば繊維紡績企業が天然繊維から合成繊維に転換し最近では炭素繊維に転換したり，石炭会社が閉山にともなってセメントに進出したり，造船会社が造船不況と韓国の追い上げで，日本が得意とするLNG船や陸機部門を強化したりしたケースなど枚挙にいとまがない。市場環境や技術環境の変化とグローバル競争の中では，事業構造の再構築とその中での選択と集中は必要であり，その意味でのリストラクチュアは前向きのものであり，きちんとした戦略構築の中で進められれば，企業の飛躍的發展に不可欠といえる。たとえばアメリカ大企業の中にも，IBMのように大型コンピューター中心のハードウェア重点路線からソフトウェアとソリューション重点路線に変身したケース，GEのように総合電気メーカーから素材メーカーと金融サービスに重点をおく企業に変身したケースもある。そのGEも最近では，リーマンショックを境に金融サービスの比重を減らし環境ビジネスに力を入れると宣言したといわれている。

　ただアメリカ企業のリストラクチャリングはしばしば競争力の落ちた事業を切り離し，今後競争力が増大できる見込みのある事業に力を入れるので，M＆Aと結びつくことが多い。

　これに対して前向きでない安易なリストラとは，目先の損益にだけ目を向けて，戦略なきリストラを意味することに注意する必要がある。つまり短期利益と配当ばかりに目を向けて目先の利益だけに走って人材の有効活用を怠るリストラ企業が"失われた10年"の間に増えたのである。その安易なリストラがもたらした雇用構造と雇用慣行の変化は，終身雇用ないし長期安定雇用の労働力流動化の名のもとに進められた機械的否定と能力主義の安易な導入である。そこで考えるべきことは，終身雇用は能力評価と相容れないもの

かということである。日本の終身雇用はその内実において人事評価という形で激しい内部昇進の競争があり，これが人材育成に貢献していることは，つとに小池和男氏も指摘しているところである。安易な米国型能力主義による点数主義は，日本企業の企業文化と相容れず，富士通のようにいったん導入した能力主義をもとに戻したケースもある。

　ところで産業構造が変化する中で労働市場の構造変化をどう見るかという問題がある。確かに労働市場の流動化は進みソフトエンジニア，設計エンジニア，デザイナー，委託可能な事務業務などが増大していることは事実であり，従来型のホワイトカラー社員の過剰感があることは事実である。しかし規制緩和の名のもとに人材派遣法で派遣労働を野放しにしたことで派遣社員，パートタイマー，フリーターが増加したことがはたして労働市場が活性化したといえるかどうかが問題である。それは若年失業の増加や雇用の不安定なフリーターの増加をもたらしている。そのことをもっとも顕著にあらわしたのが，リーマンショック後におこった派遣切りで，本来正社員でやる業務まで派遣社員にやらせていたことが明らかになった。人材派遣法で製造業の派遣は原則禁止になるであろうが，パートや派遣労働を完全に閉め出すのでなく雇用の安定を保証するセーフティーネットは必要であり，これからの若年人口少子化でおこる今後の構造的若年労働力不足と労働人口の高齢化にどう対処するかという問題もある。これらの問題は一企業レベルで解決はできず，官民が協力して対処する制度設計を進める中でその解決を図るしかないが，一つだけ強調しておきたいのは，安易なリストラで人減らしをやってもそれは一時的な損益分岐点を引き下げるだけで長い目で見て人材戦略から見て失うものも大きいということである。特に日本の製造業を支えてきたものづくりの原点を継承する基幹工や多能工的熟練の人材まで失うことを考えると，人件費を単純に固定費としか考えない経営者は将来の人材戦略特にグローバル時代にふさわしい人材の育成や人づくりを語る資格はないのである。

5. 日本経済の主要業種を国際競争力の有無で二分してしまったグローバル競争

"失われた10年" は今にして思えば1980年代までの右肩上がりの成長の時代が終わり，日本の一次，二次，三次を包括する全産業がグローバル競争にもろにさらされた10年であった。そのために右肩上がり成長の時代には表面化しなかった業種間の競争力格差がもろに表面化した。これまで日本経済を支えたのはGDPの2割しか占めない輸出産業，特に自動車，家電電子，鉄鋼，化学などの産業であり，これらの輸出産業を支えた素材産業と部品産業であった。これに対して日本には成熟衰退産業が沢山ありながら，なぜこんなに長く存続できたのかそれが問題である。この成熟衰退産業の典型は農業や金融，建設ゼネコン，そして流通であるが，これらの産業は政府の補助金や公共投資，そして政府の規制に守られ開放経済と言いながらその内実において外資との競争を避けることによってその存続を保証されてきた。日米構造協議や金融ビッグバンによって政府の過剰規制は表面上はなくなったとは言いながら，外資が参入しにくい環境は依然続いたのである。たとえば農業では長きにわたった食管法と減反補助金など一貫性のない農業政策による自給率の低下と後継者の減少があり，若者のユメ離れもあった。金融については護送船団方式があり，巨額の公共投資に支えられた建設業界は談合体質が今も残っている。流通業界は国内での業態革新は盛んだったが，あれほど反対していた大店法（大規模小売店舗調整法）のお蔭で外資との直接競争は回避できた。

　ところがグローバル競争の本格化は，国際競争力のない業種と企業を誰の目にも明らかにしたのである。そして競争力のある業種でも業績のめまぐるしい変化と同一業種の中でも企業によって優劣——いわゆる勝ち組と負け組

み——がはっきり分かれたのである。つまり右肩上がり成長の時代によく見られた横並び競争がなくなり，負け組みの中にも敗者復活が可能というダイナミックな競争の時代がやってきたのである。

　ここで筆者は，自動車，家電電子，流通の三つの業種をあげ，グローバル競争に直面してこれらの産業がどのような戦略で対応し，その中の各企業がそれぞれとった個別の戦略行動を比較してみた。その詳しい内容については小著"失われた10年は乗り越えられたか"に譲るが，そこで強調したかったのは次の点であった。

　これら三つの業種をくらべてみても，グローバル競争の試練をはやく予見しその中からグローバル再編を乗り切ったといえる自動車産業と，量産半導体でいったん世界をリードしながら横並び競争と戦略的判断の誤りのために半導体不況を自ら招いた家電電子産業のコントラストが見られるし，業態開発競争を繰り広げながら大手スーパーチェーンの中でも新陳代謝をくりかえし，外資との直接競争にさらされずそのためにグローバル化にたちおくれた流通産業もこれからの国内市場の停滞と成熟を考えるといつまでも国内産業の枠内で戦略を構築するだけでは立ち行かない。自動車産業については，その1980年代を風靡したリーン生産方式を機軸にした国際競争力と1990年代の厳しい円高とバブル崩壊後の厳しいリストラ合理化を乗り切り，さらにグローバル再編でいったんは外資系と民族系と業界が二分されたようにみえてごく一部の例（日産ールノー，マツダーフォード）をのぞき外資系はなくなったといってもよい状況となっている。これからは，リーマンショックによる厳しい合理化を達成すれば，新興国市場と環境戦略と環境技術で世界をリードする時代がやって来るであろう。そのためにも海外現地工場のこれまでの輸出補完から完全な自立化をともなった真のグローバル化を推進せねばならないことは，いうまでもない。特に新興地域の市場に適した小型車で超廉価で環境負荷の少ない現地適合車の現地開発の推進はさし迫った課題であ

る。

　これにたいして半導体不況を自ら招いた家電電子産業については，横並び競争と量産半導体に特化し規模の経済にめがくらんだ安易な投資競争に走り，スピードの速い半導体の集積度上昇といわゆるシリコンサイクルの陥穽にはまってしまった戦略的誤りの後遺症に悩まされた状況からまだ脱しきっていない。東芝のフラッシュメモリーであるとか，シャープの液晶などが，各社特色のある技術分野への集中は見られるが，NECやソニー，富士通のように戦略的投資の方向性とものづくりの原点を忘れた企業はその後遺症に悩まされているように見える。これら企業の多くがDRAMからの撤退ないし統合に動いているが，今後の戦略について確固たる展望を見出しているようには見えない。1980年代後半の量産半導体への投資競争に走り過剰投資と安売り競争で息切れしてしまった日本の半導体企業と，インテルのような，システムオンチップの時代にはMPUが半導体システムの頭脳として決定的役割を果たすことを予見し，量産半導体からの撤退とMPUに特化する戦略で見事に成功したケースを比較すれば，このころの戦略的過ちとその後遺症がいかに大きいかが想像に余りあることに気づくであろう。その前兆は省エネ技術や要素技術を生かした環境技術に少しずつあらわれつつある。

　日本のサービス産業の代表格である流通産業についていえば，今まさに大きな転換期にあるといえる。この業界はこれまで国内志向の業種の典型であり外資との直接競争から守られた業種でもあった。ただこの業界は，百貨店―スーパーチェーン―コンビニエンスストアといったもろもろの業態が新規の業態開発と日本独特の品揃えやPOSのような情報による在庫管理などで競争を繰り広げてきて，それがこの産業のダイナミックな発展の原動力となっていた。しかし最近の不況リストラと失業率の上昇による内需の不振と地域経済の不振の中で，安売り競争に走って，軒並み収益力が低下している。百貨店の顧客の高齢化と安売り競争，スーパーチェーンの業界における拡大路

線の限界と収益率の低下，コンビニ業界のオーバーストア傾向の蔓延と新規出店の減少など一時は規制緩和で出店規制がなくなりわが世の春を謳歌するかに見えた大型流通業も，このままでは衰退産業となりかねない。最近では大型ショッピングモールの地方進出がみられるが，地域経済の振興には役立たず地域商店街の衰退と限られた地域需要を奪いあっているに過ぎない。流通産業にとって今後の活路は，出遅れたグローバルビジネス特にアジアの新興地域に新しい境地を見出し，地域経済の振興に貢献する新しいビジネスモデルを構築することであろう。

6. リーマンショックからの脱却とアジア新時代へ挑戦する日本企業と"失われた10年"の教訓

　今日本の企業は，リーマンショックと世界同時不況からの脱却とそれと関連してアジア新興国向けのビジネスチャンスの拡大へ向けた挑戦に全力をあげつつある。その中にあって大切なことは，"失われた10年"の教訓をこの際徹底的に掘り下げそれを学ぶことである。
　まず第一に強調するべきことは，リーマンショックとこれによる世界同時不況によってこれまで進められてきたグローバル化の中身とパラダイムが大きく変わったということである。これまでのグローバル化はあくまで先進国主体のものであり，金融資本主義主導のそれであった。極端な言い方をすればアメリカ一極集中の金融システムとそれによる過剰消費が世界のグローバル経済を牽引する時代であった。もちろん欧州のように東西欧州の統合と通貨統合による成果でグローバル経済に大きな貢献を果たしたケースも忘れられられてはならないが，あくまで先進国主導のグローバル化であった。
　今後を展望するときこれからのグローバル化は先進国主導のものではなく

なり新興国，途上国のプレゼンスが今まで以上に大きくなり，それでいて先進国と新興国，途上国のリンケージはグローバルの金融，通貨，貿易の面でますます強まるであろう。その中で日本の企業は，これまでのような先進国中心のあやまてるグローバリズムを排しつつ，"失われた10年"の教訓をグローバル新時代に活かし，その中から真の戦略構築を試みる必要がある。あやまてるグローバリズムとは，拝金主義と弱肉強食が支配し，資源の過剰浪費を自己目的に進めた社会システムであり，金融の面では規制緩和に名をかりてリスクのヘッジと称してつけをまわしてそれで浮利を自己目的に追う仕組みのことをさす。これに対してこれからのグローバリズムは，先進国も途上国もともに栄える共生のグローバリズムであり，富の平準化と極貧層のかさ上げによって栄えるグローバリズムとなる。

　たとえばバングラデシュのグラミン銀行は極貧民層に経済的自立のための小口金融で返済率98％という好業績をあげノーベル平和賞を授与されたが，これからは先進国の遊休資金を活用していくという。すでにみたようにＰ＆Ｇはインドの極貧層向けの洗剤を開発しテストしている。これらのことは，富と生活様式の平準化に目を向ければ，成熟化した先進国だけに目を向けるだけでなく，新しいビジネスモデルやビジネスチャンスはいろいろあるのである。

　その場合これまでのような資源とエネルギーの争奪戦や過剰消費だけに目を奪われることなく，地球環境を守りそのための環境戦略は環境技術の可能性が高まった今日，これこそ先進国主導で進めらるべきであり，長い目でみればビジネスチャンスは沢山あるというべきであろう。要するにこれからは資源エネルギーの争奪よりも，知識と情報の有効利用こそがこれからのグローバル競争の中心課題となろう。

　ここで目を国内に転ずれば"失われた10年"の残した爪あとは大きかった。特に地域経済に与えた影響は単なる大都市と地域との格差だけでなく，地域

経済そのものと地域中小企業の活性化の基盤を弱体化したことは否めない。その意味では，小泉，竹中改革は金融の緊急建て直しには一定の成果はあげたが，その基本的な認識が悪しきグローバリズムをスタンダードとしたから，いわゆる勝ち組を強くすれば，負け組みも底上げできるとの基本認識で地域経済と地域金融には十分な配慮が欠けていたことは否めない。特に悪しきグローバル競争の論理を機械的に地域経済と地域金融そして地域中小企業に当てはめようとしたために，地域経済の中央依存の体質を脱却するための活性化を支援する努力が欠けていたことは否定できない。

とはいえ"失われた10年"の長期不況とデフレスパイラルの継続にもかかわらず，日本経済のよきにつけあしきにつけグローバル経済へのリンケージは強まった。その後の事態は，一時的なITバブルと今も続いている中国ブームで長期不況と経済停滞からの脱却はできたかのように見えたが，それは一時的であり，世界同時不況のショックが襲ったのである。まだまだ日本経済には綱渡りに近いマクロ経済の運営とびほう策を続けた後始末があり，不良債権を国民負担で始末したとはいえ，今後の金融システムの行方には不透明感があるのは事実である。にもかかわらずこれからは，中国，インドをはじめとする新興国により重点をおいた戦略と新しいグローバリズムがうまく連動すれば日本企業の再復活ののろしにはなりえよう。

今にして思えば"失われた10年"はよきにつけ悪しきにつけグローバル経済化の進展によって生じた経済，政治，社会全体にわたる構造改革の必要性についていけなかったマクロ経済政策の誤りとシステムの不適応そしてそれに影響され振り回された企業行動によってもたらされた。とはいえマクロ経済政策の失敗だけに帰せられない日本企業サイドの問題点も存在する。それはまず戦後50年にわたる日本的経営の成功に対する自己満足であり，右肩上がり経済への過信とグローバルな競争環境の激変に対する戦略構築能力の不足であった。さらに70年代80年代における日本企業の国際競争力を支え

た生産技術（品質，コスト，納期）の優位だけを過信しすぎたことも見逃せない。それから輸出産業の好調の恩恵もあって80年代まで表面化しなかった内需志向型産業の競争力の停滞が急に表面化したこともある。

そして"失われた10年"に突入するや日本的経営の機械的否定と安易な戦略なきリストラがおこり，これが日本企業の活力をかえって阻害することはなかっただろうか。分社化，アウトソーシング，いわゆる能力主義は長い目で見た企業効率とダイナミックな競争力に貢献できたといえるだろうか。

いわゆる株主重視の経営は長期的安定投資と株価成長による安全安心の投資を望む一般投資家の意に反し，短期的利益志向を追求する外人投資家などに目線を合わせすぎにならなかったか，またストックオプションの導入は経営者の能力を高めたといえるだろうか。それにもましていえることは，安易なリストラによる人材のポテンシャル喪失はこれからの新日本的経営への再挑戦の障害にならねばよいがということであり，それが杞憂に終わることを望みたい。

これから必要なことは日本的経営の新しいグローバル時代にふさわしい再構築であり，これに付随した日本的コーポレートガバナンスの確立であろう。わけても重要なのは，経営者の洞察力に裏づけられた戦略構築能力向上と迅速な決定能力とトップリーダーシップの発揮であり，ボトムアップとトップリーダーシップのベストミックスであろう。また人材の経営資源としてのプライオリティを高め，かつその中での実力主義と能力評価による前向きの競争意識発揚も重要である。

注意すべきはアングロアメリカン型のコーポレートガバナンスは今一つの反省期に入っており，唯一のグローバルスタンダードではなくなりつつあることである。大切なのは短期的な株主価値をすべての上に置くのではなく，顧客価値＝ブランド価値と企業アイデンティティーの高揚とその中での従業員価値を高める中でより長期的株主価値との調和をはかり，株価成長とそれ

に沿った戦略を明確にすることである。

　今や世界同時不況からの脱却をめざす中でアジア新時代へ向けての挑戦は，"失われた10年"の教訓を活かす最大のチャンスである。アジアが新グローバル競争の主戦場になることにより，新しいタイプのグローバルな新日本的経営の確立が可能になる。グローバルな人材と，部品，部材の調達，資金調達がアジアを舞台に展開するであろう。まさにこれからは，アジアのグローバル分業とグローバル技術開発を日本企業がリードするチャンスであり，特に高度な複合技術を必要とする環境技術の分野ではビジネスチャンスは大きい。

　このような中で活かされる日本的なものづくりや生産システムとサプライチェーンや情報技術の高度な統合は新グローバル時代の挑戦の試金石となろう。このような中で地域経済の活性化や地域中小企業のビジネスチャンスも生まれるしある種の好循環も生まれよう。

　"失われた10年"を負の遺産としてしてしまうか，アジア新時代へ向けてのスプリングボードにするか，今はまさに岐路に日本企業はたたされている。そして今こそ日本企業のアジア新グローバル戦略をバックアップする一貫性のある国家戦略が必要なときであろう。

参 考 文 献

壹岐晃才『証言 戦後日本の経営革新』日本経済新聞社，1981年。
今井賢一『創造的破壊とは何か日本産業の再挑戦』東洋経済新報社，2008年。
岩井克人『会社は誰のものか』新潮新書，2005年。
岩田規久男・宮川努編『失われた十年の真因は何か』東洋経済新報社，2003年。
尾高邦雄『日本的経営』中公新書，1984年。
小池和男『日本企業の人材形成』中公新書，1997年。
ジェームス・C・アベグレン『新日本の経営』日本経済新聞社，2005年。
下川浩一『日本の企業発展史』講談社現代新書，1998年。
―――『グローバル自動車産業経営史』有斐閣，2004年。
―――『失われた十年は乗り越えられたか』中公新書，2006年。

田村達也『コーポレート・ガバナンス』中公新書，2002年．
ジョン・C・ボーグル『米国はどこで道を誤ったか』東洋経済新報社，2008年．
ビル・エモット原著，鈴木主税訳『日はまた沈む』草思社，1990年．
ビル・エモット『日はまた昇る―日本のこれからの15年』草思社，2006年．
藤本隆宏『能力構築競争』中公新書，2003年．
正村公宏『図説 戦後史』筑摩書房，1988年．

第 7 章
株式会社の危機

奥 村　宏

1. サブプライム危機が意味するもの

　2007年から起こったアメリカのサブプライム・ローン（低所得者層向け住宅金融）の危機は2008年9月，大手投資銀行（日本の証券会社に当たる）リーマン・ブラザーズの倒産によって金融恐慌へと発展し，さらにヨーロッパ，アジアにも波及して世界的な金融恐慌になった。
　この間，世界中の株価が暴落するとともに地価，さらに一般の物価も下落し，国民生活に大きな打撃を与えるようになった。これについてグリーンスパン前FRB（連邦準備制度理事会）議長は「これは100年に一度の大変な事態だ」と言い，そして多くのエコノミストや経済学者は「1929年世界大恐慌の再来だ」と言った。
　アメリカではリーマン・ブラザーズの倒産のあと，さらに大手保険会社のAIG（アメリカン・インターナショナル・グループ）が経営破綻し，アメリカ連邦政府から巨額の公的資金を投入されて，事実上，国有化されたほか，大手商業銀行であるシティー・グループやバンク・オブ・アメリカなども巨額の公的資金の投入によって一時，部分的に国有化された。またイギリスではノーザンロックやロイヤルバンク・オブ・スコットランドなども国有化された。
　この世界的な金融恐慌はさらに発展して，2009年になるとアメリカの自

動車メーカーとしてビック・スリーの一角を占めていたクライスラーが連邦破産法11条の適用を受けて倒産し、さらに最大手のGMも6月1日同様の措置を受けて倒産した。

そして日本でも2008年以来、株価が暴落し、銀行、証券会社、保険会社などの経営が軒並みに悪化して、その救済のために政府は公的資金を投入するとともに、景気支援策として巨額の財政資金を投入している。

このような動きをどのようにとらえるか、経済学者はその解答をせまられているが、多くのエコノミストや経済学者は「事態は深刻で、景気はますます悪くなる」と悲観論を唱えるだけで、問題の本質がどこにあるか、ということを理論的に解明していない[1]。

例えば岩井克人東京大学教授は次のように言う。

> 「かくも大きな金融恐慌が自分の生きている間に起きたことには驚いた。だが、起こること自体には驚いていない。私は資本主義というものが本質的にこういう不安定さを持っていると常に考えてきたので、理論的には予測されたことだったからだ」。(朝日新聞20008年10月17日)

例えば入院中の近親者が亡くなった時、担当の医師に対して「何故死んだのですか」と聞いたのに対し「それは人間だからです。人間は必ず死ぬものです」と答えるのとこれは同じではないか。

資本主義だから恐慌は避けられない、というのであれば経済学者の仕事はなくなる。せいぜいのところ「『資本論』を読め。答はそこに書いてある」と言うのと同じではないか。

このような抽象論に対して、もっと具体的に、新自由主義政策によって金融市場に対する規制を緩和したことが投機化をもたらし、これがサブプライム危機として発現したのだ、という説明が多くのエコノミストによって指摘

されている。さらにこれに関連して金融工学の罪を指摘する者もいる。

例えば2008年10月25日付の朝日新聞は「規制緩和と金融工学が元凶」という見出しで，世界的に有名な経済学者であるポール・サミュエルソンの次のような談話を掲載している。

「今回の危機は1929年から39年まで続いた大恐慌以来，最悪の危機であることは間違いない」
「規制緩和をやりすぎた資本主義は，壊れやすい花のようなもので，自らを滅ぼすような事態に陥ってしまう。
メルトダウン（融解）的な危機を招いた理由のひとつは，バブルが発生して，それが崩壊したためだ。資本主義の歴史を振り返ると，住宅バブルは古くからあるが，今回はバブルの坂を上っていくときに『悪魔的でフランケンシュタイン的怪物のような金融工学』が危機を深刻化させた。表現が長すぎるというのならば『金融工学のモンスター』と縮めてもいい。」

金融工学が金融の投機化，バブルをもたらしたということはサミュエルソン以外にも指摘する人は多いが，それにはさらに金融工学がなぜそのような猛威を振るうようになったのか，ということを説明する必要がある。

そのためには1970年代ごろからのアメリカ経済の金融化（フィナンシャリゼーション）に注目する必要があるが，これについてはポール・スウィージーやハリー・マグドフなどが早くから指摘していた。彼らが"Monthly Review"に1980年代から書いた論文が"Stagnation and the Financial Explosion"として1987年に出版されているが，そこでアメリカ経済の金融化について何回も指摘している[2]。

ではなぜ1970年代になってアメリカ経済の金融化が進んだのか。スウィージーは，これはアメリカ資本主義が長期停滞（スタグネーション）に陥り，資

本の投資先がなくなったために金融部門に投資が集中するようになったからだと説明しているが，それは巨大株式会社（Giant Corporation）の危機がもたらしたものではないか，というのが筆者の考え方である。

2. 第3期の株式会社

　株式会社に似たようなものは中世のイタリアやドイツなどにもみられたし，さらに17世紀になるとオランダ東インド会社やイギリス東インド会社のような巨大な規模の株式会社が登場した。しかし，中世末期の株式会社では株主有限責任の原則が確立しておらず，さらに17世紀のオランダ東インド会社やイギリス東インド会社はいずれも議会や国王の特許状によって設立されたもので，それは国家の機関であった。

　株主有限責任，株主主権，株式の売買自由，そして法律に基づいて誰でも株式会社を設立することができるという近代株式会社の原理が確立するのは19世紀後半になってからである。

　これによって株式会社が普及するようになり，さまざまな業種に株式会社が設立された。それまでイギリスでは鉄道や運河，銀行などの分野に前期的な株式会社が設立されていたが，これらが近代的な株式会社になるとともに，その他の業種で新たに株式会社を設立する動きも起こった。そしてフランスやドイツ，アメリカ，さらに日本などにも，同様な動きが起こった。

　株式会社を設立するという場合，既存の合名会社（パートナーシップ）などを株式会社に改組するものと，株主を募って新しく株式会社を設立するものとがあるが，いずれの場合も株主になったのは個人資本家であった。それまで会社のオーナーであった資本家が大株主になって会社を支配したのである。そして地主や貴族なども株主となっていったし，さらに投機的な株主も生ま

れてきたが，いずれにせよ個人が株主であったことに変わりはない。

　株式会社が普及するとともに，会社を合併したり，買収するという動きが生じる。それまでアメリカでは会社が会社の株式を取得することは禁止されていたが，1889年，ニュージャージー州が州法を改正してそれを可能にし，他の州もそれにならうようになったが，これによって持株会社の設立が可能になった。

　アメリカではそれまでトラストという形態で企業結合が行われていたが，1890年の反トラスト法によってそれが禁止された。そこでこれに代わって持株会社による会社合併が盛んになった。

　こうして19世紀末なると巨大株式会社が次つぎと生まれたが，株式会社の規模が大きくなると，当然のことながら株主の数が増え，株式が分散していく。

　こうして近代株式会社制度は第2期に移行し，巨大株式会社 (Giant Corporation) の時代に入る。そこでは株主の数が増えるとともに，それまでの資本家株主に対して零細な個人投資家や投機家の所有する株式が増えていった。

　A. バーリとG.C. ミーンズが1929年にアメリカの最大200社の株式会社について調査したところ，(1) 個人または少人数の集団が株式の100〜81%を所有している会社は200社のうち6%を占めるだけで，(2) 持株会社や無議決権株の利用，議決権信託などの法律的手段によって会社を支配するものが21%，(3) 個人または少人数の集団が50〜20%の株式を所有して会社を支配しているものが23%であったのに対して (4) 個人または少人数の集団の持株比率が20%未満の会社が88社，全体の44%であることがわかった。そこでバーリ，ミーンズはこの(4)を経営者支配と規定したが，このように株式会社の規模が巨大化するとともに，株式分散が進み，個人資本家が大株主として会社を支配するという段階から株式分散による経営者支配の第2期

に移行した。

　バーリ, ミーンズの経営者支配論に対してはアメリカはもちろん, ヨーロッパや日本などでもさまざまな批判がなされたが, 株式所有の分散という事実は否定しようがない。この株式分散は程度の違いこそあれヨーロッパや日本でも進行した。

　ところが1970年代ごろから状況は変わり, 株式会社は第3期に移行した。アメリカでは年金基金や投資信託, 生命保険会社などの機関投資家が大株主になり, 株式分散から株式集中へと変化していったのである。投資信託や生命保険会社が株式を所有するということはそれ以前からあったが, その持株数はそれほど大きくはないし, そしてこれらの所有株式も基本的には個人の所有だと考えられてきた。

　ところが1970年代ごろからこれらの持株数が増え, さらに年金基金がその資産を株式で運用するようになった段階から, これら機関投資家に株式所有が集中するようになった。それはもはや個人株主の延長上に考えられる株主としてではなく, 機関投資家として個人株主とは別個のものとしてとらえられるようになった。

　投資信託や生命保険, そして年金基金の資産を運用しているのはファンド・マネジャーであるが, 彼らは自分自身では株式を所有していないにもかかわらず, 大株主として会社に対して「配当を増やせ」とか, 「株価が上がるような経営をせよ」と要求する。これは「他人のカネによる会社支配」である。

　このファンド・マネジャーの収入は資産の運用成績によって決まるのが普通だから, ファンド・マネジャーは短期的に資産を運用して, 成績を上げようとする。とりわけヘッジ・ファンドやプライベート・エクイティ・ファンド (PEF) などの場合がそうだが, このことが株式市場を投機化させる。2008年からの金融危機もこのような投機化の産物だったといえる。

　一方, 日本では財閥解体のあと, 同一企業集団内での株式相互持合い, そ

して企業系列による一方的株式所有が行われ，これが株式所有の法人化をもたらしたが，1960年代以後資本自由化対策としてこれがいっそう進んだ。

会社が相互に株式を所有するということは資本の空洞化であり，株式会社の原理に反することであるが，日本ではこれが大規模に行われ，これによって企業間結合が進み，巨大株式会社の寡占体制が強化されていった。

そこでは大株主として相手の会社を支配するのは株式を所有していない経営者であり，「他人のカネによる会社支配」という点では機関投資家の場合と同じである。

あとでみるように，この株式所有の法人化がやがて株式市場の投機化＝バブルをもたらし，それが破裂した段階でその矛盾をさらすことになった。

3. 巨大株式会社の矛盾

19世紀後半から20世紀初めにかけて合併，買収などによって巨大株式会社が生まれ，資本主義は自由競争段階から寡占体制に移行したといわれたが，これを産業構造からみると鉄鋼や，電機，自動車などの機械産業，さらに化学産業などのいわゆる重化学工業化が進んだ段階といえる。これら重化学工業においては規模を拡大することによってコストが大幅に低下するという「規模の経済」の原理が働く。そこでこれらの産業分野の企業はいずれも規模の拡大に力を入れるが，企業の規模を拡大するには他の企業を買収したり，合併することが早道で，それには株式会社が最も適合的である。というのは他の会社の株式を取得することによって合併，買収することができるからで，有限会社や合資会社，あるいは合名会社などでは合併，買収は困難である。

こうして19世紀後半から20世紀にかけてアメリカを始めとする先進資本主義国ではいずれも産業構造の重化学工業化によって，企業は「規模の経済」

を追求し，合併，買収を重ねることによって巨大株式会社が次つぎと生まれた。

そして20世紀後半になると，巨大株式会社はさらに他の産業分野に進出して，企業の範囲を拡大していった。これは企業が携わる事業の範囲を拡大することによって，さらに企業規模を拡大しようとするもので，このために持株会社を利用するとともに，いわゆるコングロマリット合併を行った。

これによって巨大株式会社の支配力はさらに拡大し，資本主義は黄金時代を謳歌したが，しかし企業の規模は無限に拡大するものではない。ある限度を超えて規模を拡大すれば，やがて「規模の不経済」に陥る。これは自動車産業などで証明されていることだが，最適規模を越えると企業は管理不能状態に陥る。このことは「範囲の経済」においてよりいっそう明らかであるが，アメリカでは1960年代にいわゆる"コングマリット合併"が進んだあと，これらコングロマリット企業が不能率になり，経営破綻するものが続出した。そこで"脱コングロマリット化"が行われ，合併した分野を切り離す動きが起こった。

そしてさらに産業構造の"脱工業化"が進行し，情報化，サービス化が進むとともに巨大株式会社は大きな壁に突き当たった。

その結果，巨大株式会社による寡占体制は崩れ，それまでの安定した地位を維持することが困難になった。経済全体としてはなお寡占体制であるが，そのなかでの個々の巨大株式会社の力は相対的に弱まり，同一産業分野内での巨大株式会社の地位が交替するという変動がみられるようになった。

こうして巨大株式会社の体制が変質して第3期を迎えたのだが，そこでは産業構造の変化はさらに経済全体の金融化（フイナンシャリゼーション）をもたらし，銀行と証券会社(投資銀行)，保険会社，さらにヘッジ・ファンドなどの金融部門のウェイトが高まった。これが経済全体を投機化させ，バブルを発生させる。

一方，巨大株式会社は規模の壁を突破するためにグローバル化を進め，国

境を越えて進出したり，合併，買収を行ったが，ここでも限界がある。
　また巨大株式会社は政治力を働かせることによってその矛盾を突破しようとし，企業献金やロビー活動によって政治家に圧力を加えてきたが，これに対しては国民の反対が強い，さらに広告，宣伝などによってマスコミに対する支配力を強化してきたが，これまた限界がある。
　こうして1970年代以後，株式会社の第3期でその矛盾が明らかになり，20世紀末から21世紀になるとその矛盾が至る所で爆発するようになった。それが1990年代になってからの日本におけるバブル崩壊，それに続く「失われた10年」であり，さらに2007年からのアメリカにおけるサブプライム危機，そしてそれに続く世界的な金融恐慌であった。
　そこで改めて問われているのは，そもそも株式会社とは何か，ということである。
　K.マルクスは株式会社について『資本論』第Ⅲ巻で次のように言う。

　　「株式会社の形成。これによって──
　　1　生産規模の非常な拡張が行われ，そして個人資本には不可能だった企業が現われた。同時に，従来は政府企業だったこのような企業が会社企業になる。
　　2　それ自体として社会的生産様式の上に立っていて生産手段や労働力の社会的集積を前提している資本が，ここでは直接に，個人資本に対立する社会資本(直接に結合した諸個人の資本)の形態をとっており，このような資本の企業は個人企業に対立する社会企業として現われる。それは，資本主義的生産様式そのものの限界のなかでの，私的所有としての資本の廃止である」。
　　「株式制度──それは資本主義体制そのものの基礎の上での資本主義的な私的産業の廃止であって，それが拡大されて新たな生産部門をとらえ

て行くのにつれて私的産業をなくして行くのであるが…」[3]。

　果たしてマルクスの言うように，株式会社は「資本主義的生産様式そのものの限界のなかでの，私的所有としての資本の廃止」であったのか。
　マルクスがロンドンで『資本論』を書いていた段階で，イギリスで初めて近代株式制度が確立したのであるが，それから150年後の株式会社の姿を彼がとらえていたとは到底考えられない。株式会社は「資本主義的な私的産業の廃止」どころか，その後の資本主義の最大の担い手になった。
　マルクスは『資本論』で商品から出発して貨幣，そして資本へと分析を進めることで資本主義を解剖しようとしたのだが，その資本は個人資本家によって担われていた段階から株式会社がそれを担うようになった。そして近代株式会社は先に見たように19世紀後半に成立したあと三つの段階を経て現在に至っている。そしてその第3段階において株式会社は矛盾を露呈し，それは株主主権，有限責任，株式の売買自由という近代株式会社の原理を逸脱したものに転化している。
　そこでわれわれは今，株式会社とは何か，という根本に立ち返り，そして近代株式会社制度が確立してから現在に至る歴史を踏まえてそれをとらえて行くことが必要なのである。株式会社を単に企業形態論としてとらえるのではなく，また株式会社をあたかも永遠の存在であるかのようにとらえるのではなく，歴史的にそれをとらえることが必要である。問題は株式会社という企業形態ではなく，巨大株式会社の存在そのものである。

4．「もはや株式会社ではない」

　株式会社の基本は全株主が有限責任であるということにある。大塚久雄氏

の『株式会社発生史論』ではこの全株主有限責任の原理が確立したのは1602年のオランダ東インド会社であるとされているが，19世紀後半に確立した近代株式会社制度のもとでこの原理は法律によって保証された。

　19世紀なかばイギリスの議会で株式会社制度が問題になった段階では，株主有限責任に対して反対論が強かった。もともと個人は無限責任を負っており，他人に与えた損害はすべて返済しなければならない。そして合名会社（パートナーシップ）のような会社でも出資者は無限責任を負っている。にもかかわらず，株式会社にだけなぜ有限責任が許されるのか，という反対論が強かった。例えばJ.R.マカロックは次のように主張した。

　　「責任が任意に制限され，結果に対して何らの不安も抱くことなく投機や賭博が行われるのであれば，当事者が一層不注意になるのは明白である。かかる状態の下では，あらゆる種類の狂乱した投機が異常に拡大するであろうことは，なん人も疑い得ない」[4]。

　そして綿業資本家や一部の銀行家が株主有限責任に対して強く反対したのだが，これに対してJ.S.ミルは次のような前提を付けて有限責任の株式会社を認めるべきであると主張した。

　　「法律は，有限責任の株式会社のすべてから，ひとりそれらの会社がそれをもって営業を行うと称する資本額が，実際に払い込まれるか，あるいはそれに対する保証が与えられることを（もしも営業状態の完全な公開の下で，このような要求が必要となったならば）要求しうることとなっているばかりでなく，また会社の業務のその時その時の状態をいつでも確かめることができ，またその人たちが取り結ぶ約束にとっての唯一の保証である資本が今もなお減少させられることなしに維持されているか

どうかを知ることができるようにするために，種々の勘定が記帳され，かつ個々の個人もそれを調べうるようにしておき，必要があれば世間へ公表するようにすること，そしてそれらの勘定の真実性を適当な罰則によってまもることができるのである。法律は，個々の個人が会社と取引するに当たって慎重な考慮を加えるべきもろもろの事情を知るための実行可能な一切の手段をこのようにしてそれらの個人に提供したときには，この種の取引における個々人の判断に対して，個人の私事のこれ以外の部分よりもより以上の干渉を試みる必要はないように思われる」[5]。

これは会社の資本金が実際に払い込まれていること，そしてそれが誰に対しても分かるようにしておくことを条件にして株式会社に有限責任を認めてもよいという主張である。前者が「資本充実の原則」であり，後者が「財務内容の公開（ディスクロージャー）」であることは言うまでもない。

ところが1990年代になって日本ではバブル経済が崩壊するとともに多くの銀行，証券会社，保険会社などが巨額の赤字を出して倒産し，そして政府から公的資金を投入されて，全面的あるいは部分的に国有化された。そして2008年からアメリカでも銀行や保険会社が経営破綻して，巨額の公的資金を投入されて，国有化された。

これらはいずれも資本金が欠損しており，ミルの言う株式会社を認める前提が成り立っていなかったということを意味している。これまでも日本やアメリカで公的資金の投入で株式会社を救済するということは例外的に起こっていたが，20世紀末から21世紀にかけて，これが大規模に行われている。

ということは株主有限責任という株式会社を認める前提が崩れてしまっているということである。株主有限責任の付けを国民が税金で負担しているということであり，そのような会社の存在は社会的に認められないということである。

次に近代株式会社の原理は株主主権ということにある。株式会社の最高決議機関は株主総会であり、そこでは株主が株主平等の原則によって取締役を選任し、会社の重要事項を決議するということになっている。

ところが1970年代ごろから年金基金や投資信託、生命保険などの機関投資家が大株主となり、さらにヘッジ・ファンドのような投資会社も大株主になっていった。これらの機関投資家が所有している株式の議決権を行使するのはファンド・マネジャーであり、それが株式の売買についての決定をする。

これらのファンド・マネジャーは自分自身では株式を所有していないにもかかわらず、会社に対して大株主として圧力を加える。これは「他人のカネ」による会社支配である。

近代株式会社制度では株主主権の原則が確立していたが、ここでは株主ではないファンド・マネジャーが主権者になっている。これは株式会社の否定以外の何ものでもない。ファンド・マネジャーは株主の代理人ではなく、自分で売買の決定をし、議決権も行使しているのである。そしてこのファンド・マネジャーは成績報酬であるために、短期的に株式を運用して成績を上げようとするところから投機的になる。2008年からのサブプライム危機はその産物であったと言っても言いすぎではない。

一方、日本ではそれ以前から株式所有の法人化が進み、銀行や非金融会社が大株主になっていたが、この株主権を行使するのはその会社の経営者である。彼らもまた自分自身の所有ではなく他者、すなわち会社の所有に基づいて株主権を行使しているのであり、この点では機関投資家のファンド・マネジャーと同じである。

こうして株式所有の法人化、機関化によって株主主権の原則は崩れ、株主ではない者が会社を支配するようになっており、近代株式会社の原理がこの面でも崩壊している。

さらに日本では法人である株式会社が相互に株式を持ち合っていたが、こ

れは株式会社が相互に資本金を食い合っているということであり、資本充実の原則に反しており、これまた近代株式会社の原理に反するものである。1990年代になってバブル崩壊のあと、この株式相互持合いは崩れていったが、にもかかわらず根幹部分ではなお根強く残っているばかりか、2000年代になると、あらたに株式相互持合いをする会社も出てきている。

　以上のように20世紀末から21世紀にかけて近代株式会社制度は崩れており、もはや株式会社とはいえないような存在になっている。そしてこれが会社を投機化させ、バブルを発生させるとともに、バブル崩壊によってその矛盾が誰の目にもはっきりとしてきた。

　そういうなかで株式会社に社会的責任があるという議論が盛んになっている。これは株式会社の矛盾を解決するための方策として主張されているのだが、法人である株式会社に社会的責任があるという主張はそもそも近代株式会社の原理に反するものである。株式会社の主権者は株主であり、したがって責任の主体は株主であるというのが近代株式会社の原理である。法人である株式会社は公害などで人を殺しても刑事罰は科せられないし、刑務所に入れられることもない。その法人である株式会社になぜ社会的責任があるのか、このような株式会社の原理に反することがCSRとして大々的に宣伝されていること自体が株式会社の否定そのものであると言ってよい。

5. 矛盾の先進国＝日本

　「日本は法人資本主義の国である」——これは1975年に『法人資本主義の構造』（日本評論社）を出して以来の一貫した筆者の主張である。法人資本主義は英訳すれば、Corporate Capitalismで、筆者の『法人資本主義』（朝日文庫）の英訳は "Corporate Capitalism in Japan" というタイトルでMacmillan から出版されている。

　この法人資本主義の原理は「会社本位主義」であるということを筆者は『会社本位主義は崩れるか』（岩波新書）で明らかにしている。

　株式会社は人間が働く場であり，それによって生活の資を得るのであるが，その株式会社のために人間が働く。これが会社本位主義であり法人資本主義の原理である。これは本末転倒であり，株式会社を物神化するものである。

　ところが，このような会社本位主義，そして Corporate Capitalism は日本で最も徹底しているが，アメリカ，ヨーロッパ，その他の国でもみられるようになった。個人主義の確立しているアメリカやヨーロッパでは日本ほど会社本位主義は徹底していないが，20世紀後半から徐々にその傾向がみられるようになった。

　先に述べたように日本では株式所有の法人化が進んだが，アメリカやイギリスなどでは株式所有の機関化が進んだ。法人化と機関化はもちろん異なるが，しかしいずれも個人所有でないという点で同じだし，そして真の所有者でない経営者やファンド・マネジャーがそれによって大株主として行動している点でも共通性がある。

　日本では株式所有の法人化が進んだ結果，株価が異常に高騰し，それが地価の上昇と連動することによって，いわゆる"バブル"が発生し，それが壁に突き当たったところから1990年代になって"バブル崩壊"となった。

　同じようにアメリカでは株式所有の機関化が進んだ結果，株価が高騰して投機化が進んだが，それが行きついたところで2008年からのサブプライム危機となって株価が暴落した。それにつれてヨーロッパでも株価が暴落し，日本もまたその波に洗われた。

　このようにみてくると日本は「矛盾の先駆者」ということができるが，これは会社本位主義によって株式会社が変質したことのあらわれであったということができる。会社と人間の関係が逆転して「人間のための会社」が「会

社のための人間」に変質したところからそれは起こったのだか，同時にそれは本来は人間のための株式会社ということが近代株式会社の原理であったものが，その原理が崩れたために起こったということがいえる。

そうであるとすれば，まず何より必要なことは株式会社のあり方を変えることである。そして矛盾の先駆者である日本で何よりもそのことが必要であるのだが，それに対して日本はどう答えたか？

1990年からのバブル崩壊のなかで日本では「失われた10年」ということがいわれたが，まさに肝心の株式会社の改革については何ごともなされないまま，その後もそれが続いている。

そのなかで小泉内閣は構造改革ということを旗印にし「自民党をぶっ壊す」と言ったが，その構造改革の旗印の下で行われたのは規制緩和で，株式会社に対する規制を緩和し，銀行と証券，保険の垣根を低くするというものであった。それはアメリカの新自由主義政策を輸入したもので，株式会社を改造するどころか，株式会社の矛盾をますます激化させるものであった。

これに対する野党側も企業改革には全くといってよい程触れないで，矛盾を放置したままであった。そして学者や評論家たちも矛盾には目をつぶったままであり，企業改革について論じる者は皆無に近かった。

そして現実に行われたのは巨額の公的資金を投入して銀行や証券会社などを救済するということであった。公的資金を株式会社に投入するということは企業の国有化につながることである，事実，日本長期信用銀行（新生銀行）や日本債券信用銀行（あおぞら銀行）などは完全に国有化され，その他の大銀行も軒並みに部分的に国有化されたが，しかしこれによって企業改革が行われるどころか，その後再び転売され，民営化（私有化）されて，元の株式会社に返った。

一方，アメリカでもサブプライム危機によって経営危機に陥った銀行を救済するために巨額の公的資金が投下され，さらにGMやクライスラーなど

の自動車会社に対しても公的資金が投入された。これは企業の国有化であるという議論がアメリカでは高まっている。そしてアメリカの保守勢力の間では「企業の国有化は社会主義に通じるものだ」という意見が強く，国有化反対論を唱える者が多い。逆に民主党のなかには国有化を推進すべきだという声があり，経済学者の間にも国有化推進論がある。

しかしバブル崩壊後の「失われた10年」の間に日本が示した方向は株式会社の国有化によって社会主義になるどころか，それは株式会社の救済策で，巨額の公的資金を投じたあと，その株式会社を外国の投資ファンドに転売したり，国内の資本に転売するというものであった。株式会社の国有化＝社会主義というのは全くのデタラメであった。

アメリカで行われた公的資金の投入による株式会社の国有化なるものも，それと同じようなものになっていくと考えられる。

企業の国有化＝社会主義というのは，かつてのロシア革命や中国革命の経験から出てきたものだが，しかしそのロシアでは国有企業は非能率な官僚支配をもたらし，これがやがてソビエトの解体となっていったことは記憶に新しいし，中国でもその後，国有企業の改革が大きな問題になっている。企業の国有化＝社会主義は失敗したと言ってよい。

このような日本，アメリカ，そしてソ連や中国の現実からわれわれは何を学ぶべきか。株式会社を国有化したのではなにも解決にならないし，株式会社の矛盾を解決することにはならない。

そこで必要なことは株式会社のあり方を改革することである。近代株式会社が巨大株式会社を産み出し，その矛盾が20世紀末から21世紀にかけて誰の目にも明らかになった。いま必要なことは巨大株式会社を解体し，それに代わる新しい企業を作り出していくことである。この企業改革はなによりも大企業を解体して，それぞれを独立した企業とし，それを従業員が支配するようなものにすることである。

株式会社は永遠でもなければ，理想的な企業形態でもない。企業は本来，人間の働く場であり，それに適した企業を作り出していくべきである。それには会社を実体としてとらえるのではなく，「人間の働く場」としてとらえる，という企業観を確立することが必要である。というよりも，もともと企業は人間が働く場として人間が作り出したものであるという原点に立ち返ることが必要なのである[6]。

1) 例えば矢野誠京都大学経済研究所教授は「サブプライム危機―『市場の質理論』から見た原因と対策」(「経済セミナー」2009年2-3月号)で，サブプライム危機を発生させた原因として
   1. 住宅ローンの証券化における企業向け貸出の証券化技術の応用の誤り
   2. 日米政府の金融政策の誤り
   をあげているが，証券化技術の応用の誤りと日米政府の金融政策の誤りだけで説明できるのか，疑問である。前者の証券化技術について，「1970年代ごろから，企業金融市場では，複数の企業向け貸出を束にした後に分割し，販売するという証券化が広範囲に行われるようになり，いろいろな種類の証券が考案された」としているが，なぜ1970年代ごろから証券化が広範囲に行われるようになったのか，ということを解明することが必要なのではないか。
2) なおアメリカ経済の金融化，証券化については Lawrence E. Mitchell "The Speculation Economy" (Berrett-Koehler Publishers), Robert B. Reich "Super Capitalism" (Alfred A. Knopf)―邦訳『暴走する資本主義』(雨宮寛，今井章子訳，東洋経済新報社), Robert Pollin "Contours of Descent" (Verso), John Bellamy Foster and Fred Magdoff "The Great Financial Crisis" (Monthly Review Press) などを参照。
3) K. マルクス『資本論』(大月書店) 第3巻I, 556–559頁。
4) 鈴木俊夫「イギリス近代株式会社の生成過程」(3. 上)―「金融経済」181号, 78頁より引用。
5) J.S. ミル『経済学原理』末永茂喜訳, 岩波文庫, (5) 210–211頁。
6) 筆者の企業改革論については『大企業解体』(ダイヤモンド社),『会社をどう変えるか』(ちくま新書),『会社はどこへ行く』(NTT出版) などを参照されたい。

第 8 章

日本における失われた10年と外国企業
――その含意と結果

ハラルド・ドレス
(孫　榮　振　訳)

1. 1980年代における日本市場の参入障壁

　1980年代，多くの本で次のことが日本的経営の主要な概念として指摘されていた (それを示すものとして，Takahashi〔1984〕を参照されたい)。それは終身雇用，年功序列 (seniority)，職場訓練とジョブ・ローテーション，企業別組合，ネマワシ (根回し) とリンギ (稟議) システムを通じた集団的意思決定，などである。その上，新入社員の適性が会社の価値体系と社風に合うように，日本の会社は新入社員に対する慎重な審査を行った。また，日本市場へのアクセスに対する大きな障害として時々言及されるのが，日本の産業の組織，すなわち大きな産業グループ (系列) となっている企業組織である。それは複雑で扱いにくく，また高コストで紛らわしく，その上非効率的で古めかしく，外国企業にとっては，市場参入に対する見えない障害であった (例えば Dolles 1994, 1997, 1999 が参考になる。また包括的な概要に関しては Dolles & Kumar 1996; Hemmert 1993 を参照されたい)。例えば，米国政府は1989年に，市場参入に対する最も大きな障壁として，日本の流通システムを問題としていた。

1980年代の日本企業における経済的富の増加とともに，日本的経営は，日本企業の競争優位の源泉であるとして，当時の西側における多数の研究者に真剣に受け止められた（例えば Abegglen & Stark 1985）。実際日本の系列システムが効率の悪いものなのか，あるいは，それがどの程度貿易障壁として作用するのかに関して多くの議論が展開されたが，それが多くの他国の産業組織システムとは大きく違っているということには疑問の余地はなかった。明らかなことであるが，当時日本の市場に参入する外国企業は，日本市場で成功を望むなら，日本的経営だけでなく日本のケイレツ・システムの本質を理解する必要があったのである。

当時日本は，さまざまな理由で魅惑的な市場を外国企業に提供した。それは，世界第2位の経済大国であったこと。高い収入が比較的均一に分配されていたこと。そして，非常に競争的かつ洗練された市場を有していたことである（Kumar, Steinmann & Dolles 1993）。しかしながら，外国企業のビジネスは，日本においてビジネスを行うには多大な困難に直面していた。その困難とは，日本の産業システム（流通と製造に関わる）と市場参入障壁に対する理解の不足という無形の障壁に帰因するものであった。外国企業が日本への直接投資（生産と販売子会社）を増加させていたので，子会社のマネジメントもまた重要な問題になっていた。外国企業は，子会社のマネジメントを日本的経営という現地の条件に適応させなければならなかった。しかし，同時に，親会社の強みと政策によって，子会社のマネジメントを標準化することも試みた。自国市場で活動しているということで外資系企業に優位を持つ日本の企業に対し，外国企業の日本子会社が競争優位を実現できるのは，もっぱらこのような自国の強みや政策といった資源に基づく場合だけであった。

本稿では，1980年代におけるドイツ企業の日本支社のマネジメント・パターンを明らかにする。現地適応とグローバル標準化のフレーム・ワークに基づいて，日本の状況に適応しなければならなかった外国企業の主な特徴と

される領域を確認する。21世紀に対する海外子会社のマネジメントをみつめ，われわれは「失われた10年」間での変化に起因する，日本での海外子会社のマネジメントの変化，そして海外直接投資における著しい変化を明らかにする。

2. 現地適応とグローバル標準化の概念的枠組み

「現地適応」と「標準化」によって定義される二次元のマネジメントのパターンは，一次元の適応スペクトルに沿って概念化される（例えば，標準化は不適応または低い適応に等しい）。どのマネジメント・スタイルであれその有効性は，そこで活動する管理者が環境を知覚するなかで理解される。この原則をもとに，1980年代における子会社のマネジメントにおいて実践された適応の程度は，本国と受入国の間における文化の差を子会社の管理者がどのように知覚していたかに依存すると，仮定する。従って，われわれは「適応スペクトル」におけるマネジメントの3方法を以下の仮説として提示した（Kumar & Steinmann 1989, 1990; Kumar, Steinmann & Dolles 1993 を参照されたい）。

(1) 「社会的義務の様式」：実践された適応の程度は，本国と受入国の文化的な影響に関する知覚の相違と符合する。これは，子会社が市場とある経営者のなかにある文化的な能力に応じるケースであるが，経営者は，受入国の強制的規制や，経済的かつ法律的に要求される要件に直面する。この場合，企業は法的経済的規則および制度を遵守する以外の選択は不可能である。これらの規範に適応しないと逆機能が招来する。

(2) 「社会的受容の様式」: 実際にやってみた適応の程度は，本国と受入国の間で知覚される相違に比べより大きい。この場合，たとえ親会社の観点からみて，より標準化されたマネジメント方法が実行可能であっても，子会社のマネジメントは一般的な現地慣行に適応させられる。

(3) 「社会的反応の様式」: 実践された適応の程度は，本国と受入国の間での文化的な影響に関する知覚の相違より小さい。この場合，海外子会社は，受入国の規範とマネジメント実践の指示と感じられることとは，意識的に異なる方法（より標準的方法）で行動する。この異なった反応によって，外国の子会社は，外国人であることのハンディキャップを補完するか，または地元の企業に対して確実なリードを得るための努力をする。この仮説は，現地のステークホルダーが外国企業の子会社とその非適応的マネジメントに対して，しばしば協調的であることを示し，結局，一般的な慣行より効果的であると判明されることもある。その結果，外国企業の子会社は受入国市場における変革推進者（a change agent）の機能を持つ。

3. 方法論と分析サンプル

調査は，1980年代の期間に，ドイツのエルランゲン-ニュルンベルク大学（Erlangen-Nuremberg University）の研究グループによって，4段階で行われた（Kumar & Steinmann 1989, 1990; Kumar, Steinmann & Dolles 1993; Steinmann, Kumar & Dolles 1992）。最初は，1985年，ブリジ・N・クマー（Briji N. Kumar）とホルスト・シュタインマン（Horst Steinmann）が，標準化前のアンケートを，日本で操業しているドイツ系子会社の派遣駐在員に送った（101の質問表が回収できた）。続いて第2段階で

は，1986年，中央大学の高橋由明氏の支援を受け，ブリジ・N・クマー (Briji N. Kumar)，ホルスト・シュタインマン (Horst Steinmann)，そしてハバート・F・ユング (Herbert F. Jung) が，日本で操業しているドイツ系企業の子会社で働く30人の駐在員経営者とエキスパートに対し標準化される前のインタビューを行った。第3段階では，1987年，ブリジ・N・クマーとホルスト・シュタインマンが，完全に標準化されたアンケートを，日本で操業しているドイツ系企業の子会社に送った (55の質問表を回収し，回答率は30％であった)。第4段階では，1987/1988と1991/1992年，ハラルド・ドレス (Harald Dolles) が，日本で操業しているドイツ系企業の子会社で働く30人の赴任者を対象にし，対話的 (narrative) インタビューを行った。

2001-2006年の間，ハラルド・ドレスはドイツ系企業の日本子会社で活動している約60人のドイツ人や日本人経営者に，準標準化されたインタビューを実施した。彼らには，海外駐在員と現地の管理スタッフ，銀行員，コンサルタント，弁護士と卸売業者などが含まれる。さらに，2003年，在日ドイツ商工会議所 (DIHKJ) と東京ローランド・ベルガー戦略コンサルタントが共同で実施した研究が，本調査のベースとして用いられた。(DIHKJ & Roland Berger Strategy Consultants 1993 を参照されたい)。在日ドイツ商工会議所と関係するドイツ系企業510社にアンケートが送られ，測定可能な97の質問表が回収された。回答率は19％であった。

現地適応——グローバル標準化枠組みに従ってドイツ系企業の日本子会社におけるマネジメント方法を定量分析するために，われわれは，(1) マネジメントの諸機能とその領域における実質的適応の程度，(2) ドイツと日本の間におけるマネジメント・スタイルの知覚的差異の程度，を確かめる必要があった。子会社で実行される適応の実質的パターンを見つけるために，5点のリッカート尺度が適用された。1987年の標準化されたアンケートでは，提

示された質問に対して回答者の見解が述べられるように詳細な例文を提供した。それは右のような文章である。「日本でドイツ系の子会社をマネジメントすることは，現地の条件に適応することを意味する。あるいは，親会社の政策に従って標準化することを意味する。日本におけるマネジメントは，適応に近いのか，標準化されたものであるに近いのか。あなたの当てはまるところにマークを付ける方法で，以下の項目をチェックしてください」。この質問は10個のマネジメント領域と諸要件として整理された。われわれの理論的な概念化では，低い点数は高い適応度を意味し，高い点数はより少ない適応度を意味する。本国と受入国文化の間において知覚された相違を確かめるため，われわれは同じ質問用紙のなかで，日本とドイツ間での全般的なレベルでのマネジメント慣行を比較した一覧を評価するよう回答者に要請した。一覧は同一の10個のマネジメント領域に関するものである。例えば，「ドイツと比べ，日本では広告がより重要である（あるいは，多くの場合品質が重視される）。「1＝つよく同意する」から「5＝つよく意見を異にする」までの5点リッカート尺度が評価のために用いられた。同意すること（低い点数）は，回答者に大きな相違が存在しないことを意味し，この場合には適応の誘引が存在しないことを意味する。

4. 1980年代における日本支社のマネジメント

調査から得られた結果は以下のようになる。全体的にみて，ドイツ企業の日本支社におけるマネジメントは，社会的応答の様式であった。1980年代においてさえ，支社のマネジメントは，親会社のスキルに基づく標準化の要素をより含んでいたが，またそれは適応の要素であった。しかしながら，差異を示している＋0.14という点数の意味は，日本のパターンを受け入れない

第 8 章　日本における失われた 10 年と外国企業……　207

図 8-1　産業構造によるマネジメント・スタイルの違い

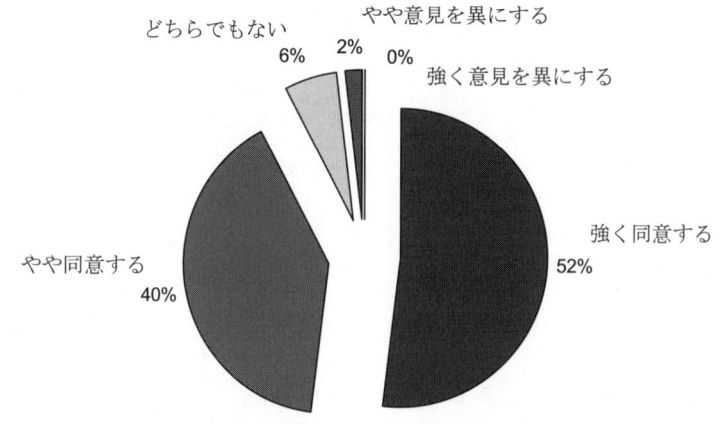

- 強く同意する　52%
- やや同意する　40%
- どちらでもない　6%
- やや意見を異にする　2%
- 強く意見を異にする　0%

注：数値は割合，n＝52　ドイツ系子会社。

表 8-1　日本とドイツのマネジネント・スタイルの相違

「ドイツに比べ，私は日本では...のように思う」

	強く同意する	やや同意する	どちらでもない	やや意見を異にする	強く意見を異にする	回答なし	中央値
マーケティングがより重要	10	35	33	17	0	6	2,61
ブランド・マネジメントに違いがある	2	23	38	15	17	4	3,24
製品の品質への強い要求がある	52	27	15	4	0	2	1,71
サービスへの要求が強い	71	19	8	2	0	0	1,40
流通制度への接近が困難	60	25	12	2	0	2	1,55
購買政策が異なる	23	42	21	10	0	4	2,18
製品価格が高い	33	25	25	8	8	2	2,31
生産システムが異なる	12	17	44	10	4	13	2,73
人材（HR）管理が重要	42	40	6	8	0	4	1,78
財務政策が異なる	12	50	23	10	4	2	2,43

注：数値は割合，n＝52　ドイツ系子会社。

表8-2 日本の子会社のマネジメントにおけるマネジメントの実践

「ドイツに比べ，日本でのわれわれの支社（ドイツ系）では…において異なった実践をしている」

	強く同意する	やや同意する	どちらでもない	やや意見を異にする	強く意見を異にする	回答なし	中央値
マーケティング	21	25	13	6	8	8	2,50
ブランド・マネジメント	4	10	23	29	25	10	3,68
品　質	23	29	15	13	13	6	2,63
サービス	42	40	10	0	0	6	1,67
流　通	44	21	6	10	6	13	1,98
購買方針	17	25	19	13	12	13	2,73
製品価格設定	38	40	13	4	2	2	1,88
生産システム	15	27	15	4	10	29	2,51
人事管理	58	25	13	2	0	2	1,59
財務政策	21	31	19	12	10	8	2,54

注：数値は割合，n＝52　ドイツ系子会社。

ことや標準化の程度が，環境に適応してえられるマージン以上に高くないことを示す。どちらかといえば，支社は新しいパターンを導入することに非常に慎重である。まさに，これらの新しいスタイルのマネジメントは，平均的な適応の点数が示しているように，低いイノベーション・レベルにとどまっている（図8-1と8-2，そして表8-1と8-2を参照されたい）。

個々のマネジメント職能と領域の間には，多くのバリエーションが存在する。表1と2の結果を比較すると，社会的反応の様式において最も高い程度を示しているのは製品政策に関係するものであった。製品品質とブランド政策は，それぞれ＋0.89と＋0.70の点数を示している。社会的受容の最も高い部門は，価格政策と人事管理に続いて生産マネジメントの領域であった。ドイツ企業の支社はたいてい彼らの販売慣行を現地のシステムに適応させた

図 8–2　ドイツ系日本子会社のマネジメント方法

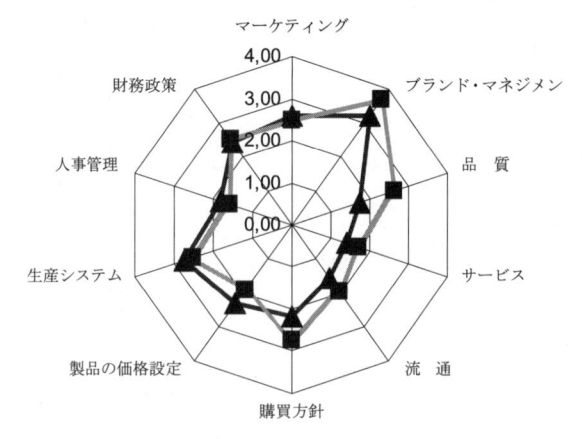

（レーダーチャート：マーケティング、ブランド・マネジメン〔ト〕、品質、サービス、流通、購買方針、製品の価格設定、生産システム、人事管理、財務政策）

▲　産業構造とマネジメント・スタイルで相違があると感じる
■　日本支社における標準化・適応化の実行

注：中央値比較，n＝52　ドイツ系外資系企業。

（＋0.155）。なぜなら，製造業者と流通業者との関係が非常に伝統的であり，そしてそのシステムを壊すのは市場における顧客吸引力を犠牲にすることを意味したからである。受入国と本国の間で，文化的影響と行動慣行への適応に関して知覚される相違が最も小さいのは広告であった（−0.08）。これは，少なくとも広告においては，外国企業の支社に選択の余地が存在することを意味する。知覚される環境圧力に従うのは，経済的必要性あるいは法的必要性のためである。しかしながら，全体的にみて，社会的義務のケースはなかった。1980年代における日本の環境は，非常に小さかったとはいえ，支社のマネジメントにおける選択の範囲を広げていたようにみえる。

210　第Ⅱ部　経営からみた「失われた10年」

5. 今日の日本における神話の崩壊と支社のマネジメント

　1980年代の調査結果に基づき，われわれは，21世紀におけるドイツ企業の日本支社の適応の要件とパターンを再び分析することとする。出発点となる質問は，日本で操業する外国企業が日本の市場状況にどの程度まで適応すべきか，あるいはどの程度まで適応しなければならないかに関するものである。

命題1．「日本でお金を稼ぐのは難しく，少数の企業だけが成功している。」

　1980年代，日本における海外からの直接投資は，保守政権グループだけでなく一般の人々にもかなり怪しいものとみなされていた（DIJKJ &

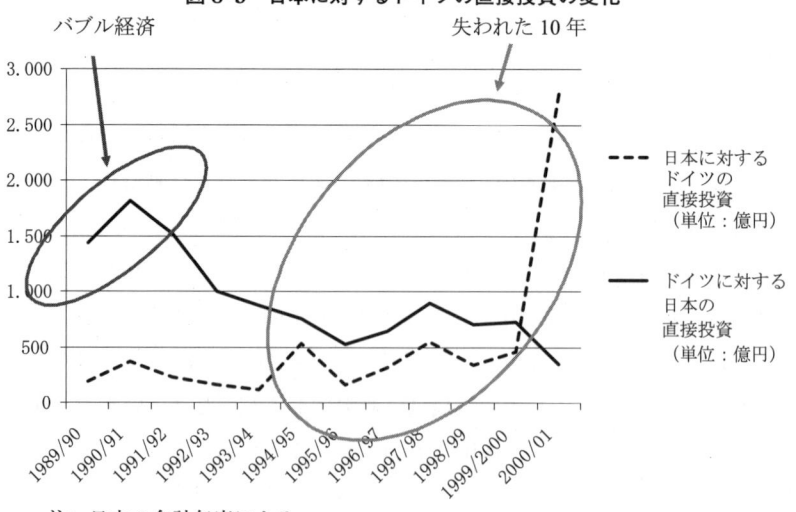

図8–3　日本に対するドイツの直接投資の変化

注：日本の会計年度による。
出所：日本財務省。

Roland Berger Strategy Consultants 1993)。過去に，この反応のない投資環境は，多くの会社にとって市場参入を難しくした。さらに，「失われた10年」は日本の企業にとって経済危機という経験でもあった。これは，多くの外国企業には脅威であり，日本に直接投資をすることを回避させてきた。「日本で金を稼ぐのは難しく，そして，ほんの少しの会社だけが日本で成功する」という意見が広まった。

この傾向は，近年変わった。今日の日本政府は，FDI（海外直接投資）が日本に資本をもたらすだけでなく，多くの領域でプラスの影響を及ぼすと認識している。技術，マネジメント方法，および労働市場における新しい原動力が期待され，外国の直接投資が改革をしようとする日本の努力をサポートする要素として，ますます考えられるようになっている。

1995年から日本への直接投資は増加したが，一方，ドイツへの日本の直接投資（FDI）はバブル経済の終わりにピークを迎え，それ以降減少している（図8–3）。

また，FDIとは別に，1990年代の期間は，日本への輸入は日本からの輸出より急激に増加している。輸入に占める国家消費の割合は，部門（sectors）によって異なるが，全体的にみて増加している。製造業においては，1990年代の初期は，輸入に占める消費の割合はおよそ25%上昇した。

命題2.「日本においてビジネスで成功するためには長い時間がかかる」

先のDIJKJとローランド・ベルガーの調査（1993）によると日本で操業している大多数のドイツ企業は利益をあげている。

これらのドイツ企業に，2000年における企業の売上総利益率と税引き前利益を尋ねた。調査したドイツ企業の94%は，プラスの売上総利益率をあげていた。調査した企業のおよそ5分の1は40%以上の売上総利益率を実現し，3%の企業だけが深刻な赤字を出していた。

212　第Ⅱ部　経営からみた「失われた10年」

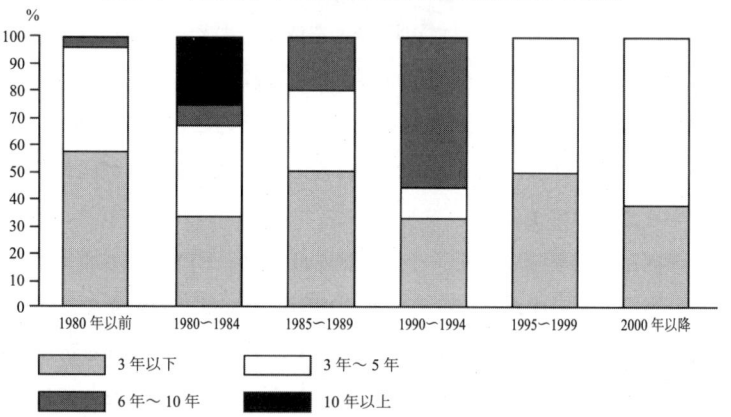

図8-4　在日本ドイツ系企業の損益分岐点に達する期間

凡例：
- 3年以下
- 3年～5年
- 6年～10年
- 10年以上

注：日本におけるドイツ系子会社79社のデーターを基礎にしている。
出所：DIJKJ & Roand Berger Strategy Consultants (1993) 16.

通常，日本への投資は，損益分岐まで（収益が初めて費用を上回る年）は長期的な計画でなければならない，と主張される。

DIJKJとローランド・ベルガーの調査における企業の半数以上が，ほとんどの部門において，損益分岐点（図8-4）にたどり着くのに，少なくとも3年の期間を要した。調査企業のわずか4％だけが，損益分岐点に達するのに10年ほどかかると予想し，あるいは10年ほどの時間を要したと答えた。これは，「失われた10年」の間，外国企業の損益分岐点に日本の経済状況がどれくらいの影響を及ぼしたのか，あるいは本当に当時の日本の経済状況が影響を及ぼしたのか，という疑念を起こさせる。

1990年から1994年の間，バブル経済の崩壊直後に日本で操業を始めたドイツ企業は，損益分岐点に達するのに時間がかかる傾向にあった。

損益分岐点に達するのに6年以上かかった企業の割合は，およそ20％（1985～1989）から56％（1990～1994）に増大した。1990年代後半あるいはそれ以降にプレゼンスを確立した企業は，全体の平均より早く損益分岐点

に到達した。これらの企業は,日本の長引く経済危機にもかかわらず,5年以内に損益分岐点に達することができた(または達することができると考えていた)。

命題3.「強い系列関係のためM&Aによる市場参入は不可能である」

日本経済が成長している間,日本の系列システムは非常にうまく機能していた。しかし,日本経済が根本的な変化を迫られた「失われた10年」の間,このシステムをどのように持続させるか,が問題であった。これまで言われてきたように,系列グループは株式の相互持合,役員派遣,取引関係,および他の方法を通して結ばれていた。株式の相互持合は,敵対的な買収を回避し,マネジメントを安定化させ,そして他の会社と相互に有益な関係を構築するために確立された。株式の相互持合は1970年代まではうまく機能した

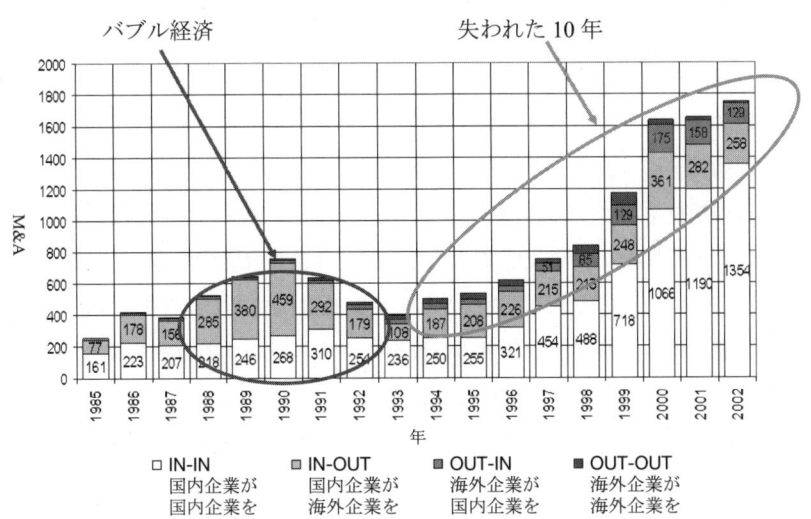

図8-5 バブル経済と失われた10年間における日本のM&A

出所: Moerke (2003).

が，1980年代の後半になると過去にあった株式の相互持合は分解し始め，1990年代に入るとこの傾向は一層加速した（Moerke 1993）。

このような状況の変化は，外国企業がM＆Aを通じて日本の市場に参入することを可能にした。

ケース　ルノーと日産自動車社

ルノーと日産自動車社のケースは，確かに21世紀における大規模M＆Aの成功例である（Moerke & Dolles 2004）。ルノーが日産自動車社の36.8%の株（後で44.4%）を取得する以前，多くの問題を抱えていたこの日本の自動車メーカーは，ドイツのダイムラーベンツとの交渉をうまく運ぶことができなかった。日本の自動車市場においてナンバーツーであった日産自動車社は，当時，業績が悪かった。膨大な負債，販売不振，および低い顧客選好度のなか，7年間におよび損失を計上していた。トヨタ自動車社と三菱自動車工業とは違って，日産自動車社は系列グループの一部ではなく，従って，グループ会社は一定の割合の日産自動車社の株を持たなかった（そして，グループ会社は，日産自動車社のマネジメントに影響力がなかった）。日産自動車社の当時のコーポレートガバナンス構造は，通常典型的な日本的と言われている，取締役会のメンバーがほとんど企業内部から構成される（1998年ではそれぞれの地位を持つ43人の役員），大規模であるが非効率的なものであった。株主による透明性の高い支配ではなく，同社は最高経営責任者（CEO）の目標に従っていた。CEOは取締役会と法定監査役に従って意思決定をしたが，法定監査役は，最高経営責任者の行動をコントロールする権限を持たず，また，企業統治基準にそぐわないときにも介入することができなかった。しかも，日産自動車社は強い官僚的な傾向を持っており，自分自身の行動に対して個人的責任を持たないという社風を特徴としていた（財部誠一〔2002〕）。

日産自動車社におけるルノーとの協約（engagement）は，日産自動車社が

資本準備金を増資することによりルノーの株15%を取得することで成立した。しかし，両社の株式保有協定の間には重大な違いが存在する。ルノーにおける日産自動車社の株式の保有は日産自動車社側に人員を送って意思決定の過程に参加する権利と投票権を得ることを意味していたが，日産自動車社が保有する株式にはどんな投票権も与えられなかった。2002年，日産自動車社とルノーが共同でかつ株式を折半して所有し，共通戦略の決定とシナジーの管理を目的とするルノー・日産 BV（訳注：BVとは，オランダの会社法による非公開会社）が設立された。筆頭株主であるルノーは取締役会に人員を送って，日産自動車社をリストラクチャリングする権利を行使した。日産自動車社は，4人の監査人グループとともに，ルイス・シュバイツアー委員長と最高経営責任者による「グループ執行委員会，CEG」，CEGと他の18人のメンバーから成る「経営委員会」，そして機能部門と関係する14人の副社長から成る追加グループを特徴とする，ルノーのトップ・マネジメント構造を採用した。この新しい役員システムを持ったルノーは，日産自動車社の購買方針とサプライヤー関係，生産構造，そしてモデル・チェンジなど，広範囲の企業再構築を試みた。この合併で，日産自動車社は典型的な日本の会社から西欧タイプ企業の共同出資者（partner），そして子会社（subsidiary）に変貌した。この変貌によって，景気下降が止められ，そして，ターンアラウンドに成功した。

ケース　ダイムラー・クライスラーと三菱自動車工業
　ダイムラー・クライスラー社が三菱自動車工業の株およそ3分の1を買収すると申し出たとき，三菱自動車工業の業績は良い状態ではなかった。三菱自動車工業は，製品開発の大幅な遅れ，顧客関心の減少，そして大きな事業損失を抱えていた。これらの特徴のほとんどは日産とルノーのケースと非常に似ていると思われていたが，しかし，三菱自動車工業とダイムラー・クラ

イスラーは全くこの比較を受け入れなかった。より詳細な観察をすれば，この両ケースの重要な構造的違い（詳しくは Moerke & Dolles 2004，を参照されたい）は明らかになるであろう。

　最初の最も明白な違いは，企業統治に関する組織構造上の違いである。三菱自動車工業は，水平的な三菱企業集団における中心的な会社の1つであったし現在もそうである。水平的なグループは，安定した株式相互持合，役員の派遣，社長会によって特徴づけられる。その理由から，三菱自動車工業の主要な株主は三菱グループから来ている。それは三菱重工業，三菱商事，そして三菱銀行である。また，重工業3社が三菱重工業として1つになった1964年，三菱自動車工業が三菱重工業の自動車部門からスピンオフしたことも付け加えなければならない。こうした構造であるが故，取締役会が三菱グループからの人々によって支配されたことは当然である。ダイムラー・クライスラーは，三菱自動車工業への投資（そして提携）で，自動車メーカーとして真にグローバルな操業をするという戦略的ビジョンを持つ「世界的株式会社」になろうと考えていた。1998年に行われたダイムラー・ベンツとクライスラーの合併（クライスラーの買収としてみられた）は，2008年までわずか10年間続いただけであった。2000年，三菱自動車工業への投資は実現された。

　三菱自動車工業の株式のおよそ3分の1を買収することによって，ダイムラー・クライスラは三菱自動車工業の筆頭株主になった。しかし，2番目の株主は三菱重工業（14.82%）であり，三菱商事（5.21%）がそれに続いた。全体として，三菱グループは，三菱自動車工業の株式のおよそ26.21%を持つことになり，ダイムラー・クライスラーの強力な相手（counterpart）になる。当然，ダイムラー・クライスラーは，日本の自動車メーカーに人員を配置させる権利を使って，会社をリストラクチャリングし始めた。日産自動車社と同様，役員会は縮小された。その上，ドイツのトップ・マネジメントチーム

は三菱のゲームのルールに従おうとしていた。三菱自動車工業の最高経営責任者ロルフ・エックロスが必要性を感じ，三菱グループの理事会に毎月参加したことは，有名な話である。大株主がドイツ人であり，そして会社がますますダイムラー・クライスラーの戦略に統合されていたにもかかわらず，三菱自動車工業は未だに日本的企業のままであった。コストを節約するため「供給者会（suppliers' council）」（以前，OEM 交渉に従事していたサプライヤーの協会）の解散が発表されたにもかかわらず，三菱自動車工業は，エンジンは三菱重工業，自動車用電装は三菱電機などから購入し続けた。最後に，当時の三菱自動車工業における損失の大部分となった米国市場における販売不振は，ダイムラー・クライスラーが，適切な監視装置と報告，そしてリスク・マネジメントの運用ができなかったことを示すものである。適切な企業統治メカニズムを具備し，米国市況の変化を追い，それを伝えなければならなかったのである。

ダイムラー・クライスラーと三菱自動車工業の共同生産は，彼らの売上高を増やした。以下の表 3 は，三菱自動車工業の自己資本利益率の変化と 1 株当たりの利益を示している。ルノー・日産のケースと比較すると，期待したより成果がなかったのは明らかである。2004 年 10 月の始め，三菱自動車工業はサプライヤーのために傘下組織の復活を発表した。これは，ダイムラー・クライスラーが増資に参加するのを拒み，それに従い，フェニックス・キャピタル（Phoenix Capital）が筆頭株主となり，2005 年，最終的にゴールドマン・サックス（Goldman Sachs）にその株を売却した後に，三菱自動車工業が古い組織体制に戻ったのを示す 1 つの指標にすぎない。これがダイムラー・クライスラーの戦略の失敗に基因するものなのか，あるいは三菱グループがダイムラー・クライスラーのやり方を許容しなかったためなのかは，未だわかっていない。

ルノー・日産，そしてダイムラー・クライスラー・三菱自動車工業のケー

表 8-3　三菱自動車工業の自己資本利益率の変化

	1999年3月	2000年3月	2001年3月	2002年3月	2003年3月	2004年3月
ROE (%)	1.60	n.a.	n.a.	4.27	13.56	−138.86
1株当たりの利益 (円)	6.15	−24.87	−232.77	7.66	25.35	−145.22

出所：三菱自動車工業年次報告書 (有価証券報告書)，2003年6月，2004年6月。

スに関して結論をいえば，日本の系列システムにおける外見上の変化にもかかわらず，産業組織におけるこの形は将来にも存在し続けるということである。しかしながら，外国企業が彼らのメンバーにアクセスすることを日本企業は防げなくなるだろう。グループ影響力の減少は，DIHKJ とローランド・ベルガーにおける研究結果からも確認できる。調査された企業のわずか7%だけが，系列関係が，将来日本における彼らの活動になんらかの問題を引き起こすかもしれないとみていたのである。日本の流通システムが変化するにつれ，外国企業は日本市場において自らの企業を設立する新しい機会を切り開き，そして社会的応答の方法に基づく販売とサービスのネットワークを構築する。そうすることによって，外国企業は，伝統的な販売パターンを取りやめることや，小売業者 (消費財) またはエンドユーザ (資本財) に直接的に供給することのほうが，競争相手である日本企業に比べていくぶん容易であることに気づくだろう。

命題 4.「外資系企業は，優秀なスタッフを見つけるのに苦労する」

ゆっくりではあるが，変化は労働市場でも生じている。2003年前半に外国商工会議所の情報グループ (Foreign Chambers Information Group 〔FCIG〕) によって行われた日本における外資系企業調査では，企業の3分の2が優秀なスタッフを見つけることがより簡単になったと答えている。しかし，2009年に行われた調査では，適格な人材を発掘し継続的に雇用を維

持するのは日本における外資系企業に難題としてまだ残っている(図6)。

　日本の高学歴のエリート達は「失われた10年」の時代，すなわち1990年代には外資系企業を考えていなかった。外資系企業は徐々に一般的になっているとしても，このような事態は，さまざまな要素と関係している。一度外資系企業に入社すると，学生はすぐに責任を持ち，そして自らのキャリアを築き上げようとする。特に，キャリア指向を持つ女性は，外資系企業には性別によって強く区別されるようなキャリア障害が少ないことを評価する。ゆっくりではあるが，明らかに，こうした変化が起きている。評判のよい企業を格付するFCIJ調査の一部での質問によると，2004年に卒業した学生達は，

図8-6　最も顕著なビジネス問題

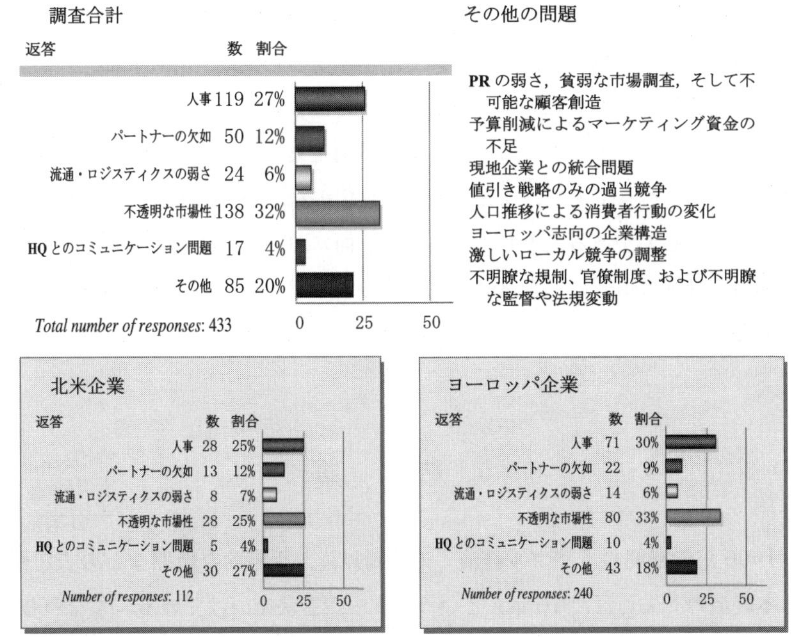

調査合計

返答	数	割合
人事	119	27%
パートナーの欠如	50	12%
流通・ロジスティクスの弱さ	24	6%
不透明な市場性	138	32%
HQとのコミュニケーション問題	17	4%
その他	85	20%

Total number of responses: 433

その他の問題

- PRの弱さ，貧弱な市場調査，そして不可能な顧客創造
- 予算削減によるマーケティング資金の不足
- 現地企業との統合問題
- 値引き戦略のみの過当競争
- 人口推移による消費者行動の変化
- ヨーロッパ志向の企業構造
- 激しいローカル競争の調整
- 不明瞭な規制，官僚制度，および不明瞭な監督や法規変動

北米企業

返答	数	割合
人事	28	25%
パートナーの欠如	13	12%
流通・ロジスティクスの弱さ	8	7%
不透明な市場性	28	25%
HQとのコミュニケーション問題	5	4%
その他	30	27%

Number of responses: 112

ヨーロッパ企業

返答	数	割合
人事	71	30%
パートナーの欠如	22	9%
流通・ロジスティクスの弱さ	14	6%
不透明な市場性	80	33%
HQとのコミュニケーション問題	10	4%
その他	43	18%

Number of responses: 240

出所：Foreign Chambers in Japan Confidence Survey (2009), p. 25.

トップ23社に日本の企業を選んだ。外資系企業10社だけが，日本のトップ100社にランクされている。学生達の将来の就職先の選定に関する決定規準は，将来的に雇用が保障されることに関連する企業の規模と日本における知名度であった。

外資系企業のマネジメントにおける社会的反応の様式は，ある業種（sectors）では，特に加えて外国の企業であるということでブランド力を持つ場合は，重要な役割を果たす。一般的に，ドイツの企業は，日本で良い評判を得ている（Dolles & Abraham 2004）。日本人は，ドイツに対して，勤勉で，正確さを持ち，信頼できるというイメージを持っている。ドイツが主導的な役割を果たす業種として，例えば機械産業，自動車産業，医療装置，薬品と環境技術がある。ドイツに関するこのような積極的な評価は，日本とドイツの間において知覚される親密性と雇用者としてのドイツ企業の評判よって強くなる。しかし日本人の認識において，ドイツの企業は，消費者部門において重要な評価基準になる「ファッション」とは程遠い。この部門はイタリアとフランスがリードしている。従って，外国企業は，差異から生じる特定の利点を活用すべきであり，また，社会的反応の様式の上に人的資源管理を構築していく必要がある。そして，あらゆる面において，変化することがないであろう日本の慣習に適合させる自分達のマネジメント実践をあきらめるべきではない。

6. 結　論

1990年代初期の「バブル経済」の終焉以降，否定的な新聞などの表題が日本経済の「失われた10年」というイメージを決定づけている。すなわち，経済成長の停滞，弱い銀行システム，低い生産性と最低の投資利益率という

否定的見出しで表現されたのである。事実上,「失われた10年」間における継続的景気後退は,外国の企業をして日本に定着させなかった。さらに,日本の市場は1980年代のような高い成長を達成できず,従って,市場は魅力を失ってしまった。しかし,この景気後退は日本の頑固な産業構造を解体し,外国企業に対して新しい投資機会をもたらしたのである。

　外国投資家には,日本はまだ非常に魅力的な市場であると考えられている。日本は,世界の第2の経済大国であり続けている。日本だけで,東アジアの総生産の60%以上を作り出している。たとえ現在における日本の低い成長率と他のアジア諸国の高い成長率が続いたとしても,2010年における日本の経済生産高はアジアで最も高いだろう。日本の個人消費における高い購買力によって,消費財メーカーは,ヨーロッパまたは米国よりはるかに高い価格で製品を供給していた。1980年代における日本の技術は,多くの産業でトップ・クラスであった。多くのイノベーションが日本で生まれ,それから中国や他のアジア諸国へ次々と伝播された。したがって,日本はアジアで成功しようとする企業の出発点として,まだ非常によい拠点である。われわれのインタビューに応じた多くのドイツ系企業は,日本で子会社を設立することがアジアのビジネスパートナーのなかで信頼を形成し,ビジネス関係を築こうとする際に有利となると答えた。

　外国企業は現地の環境条件に適応するという戦略的問題にたち向かうと同時に,親会社の政策を実行する試みも必要になる。適応を要求しないマネジメント・スタイルは子会社のマネジメントにおいて逆機能を引き起こし,また過度の適応を要求すると,企業特殊性優位と本国優位性を歪めることになる。日本におけるこの課題が依然として難問である理由は,ほとんどの外資系企業が本国と離れ,文化的に違う世界にいるためであり,そして日本の競争相手と異なること自体が不利である,という初期的印象を日本の環境が作り出すためである。このことは,要求されるサービスの程度,流通チャンネ

ルと流通政策，製品価格設定とHRマネジメントなどの場合にいえることであり，これらの要件は，子会社のマネジメントに関するわれわれの調査において，高水準の適応度を示したのであった (Steinmann, Kumar & Dolles 1992)。われわれの調査結果が示すように，子会社のマネジメントにおける社会的受容の様式は，HRマネジメントにおいて実行された。日本についてのわれわれのインタビューが示すように，この様式は日本人の従業員を方向づけ，また動機づけるものとして理解しなければならない。しかし，このような適応度を示しているにもかかわらず，多くのドイツの企業はまた，親会社のHRの原型を導入することを初めから決めていた。それ故，定期的休暇，成果給，女性社員のためのキャリア組み，などが提供されていた。

　最近では，子会社のマネジメントにおいて社会的反応の様式に従うことが，競争優位を獲得する戦略であるとみなされている。外国企業が日本の暗黙の了解となっているルールに気づくことを必ずしも期待されるわけではないので，外国企業は日本の競争相手企業より大きな選択の自由を味わえることになる。また，経済状況が変化すれば，肯定的な市場反応が現れる。DIHKJとロランド・バーガの調査によると，規則からの逸脱が可能で，またそれが有利に働く領域は価格・支払期間である。外国企業は日本の顧客との取引において，日本の競争相手より短い支払期間に応じる場合が多い。この可能性は，ルノー・日産のケースでみられるように，企業統治の領域にも存在している。日本では取締役会と監査役会が1つの形式とみられてきたが，外国企業はこれらの会議組織と会議を有効な指導メカニズムに変えることができる。インタビューでは，日本の競争相手は特に中小規模の企業であり，また国際市場に適応するには十分ではないことから，日本におけるドイツ企業はグローバルな方向づけから生まれる特定の利点を持つと言及している。しかし，日本における外国人投資家の活動が増加するにつれ，日本企業のグローバル化の程度は必然的に進むだろう。

第8章　日本における失われた10年と外国企業……　223

原題は，The Lost Decade and Foreign Companies in Japan: Implications and Consequences

参 考 文 献

Abegglen, J. C. & Stark, G. (1985): *Kaisha. The Japanese Corporation*. New York: Basic Books.

DIHKJ & Roland Berger Strategy Consultants (eds.) (1993): *Making Money in Japan. A Profitability Survey Among German Affiliates in Japan*. Tokyo: DIHKJ.

Dolles, H. (1994): Netzwerk mit Prinzipien [Principles of Corporate Networks in Japan]. *Absatzwirtschaft. Zeitschrift für Marketing*. Vol. 37, no. 1 (January), pp. 26–29.

Dolles, H. (1997): *Keiretsu: Emergenz, Struktur, Wettbewerbsstärke und Dynamik japanischer Verbundgruppen. Ein Plädoyer für eine interkulturell-interpretative Erweiterung ökonomischer Analysen in der vergleichenden Managementforschung* [Keiretsu: Emergence, Structure, Competitive Strengths and Organizational Dynamics of Corporate Groupings in Japan]. Frankfurt am Main et al.: Peter Lang.

Dolles, H. (1999): Keiretsu: Strukturelle Merkmale und wettbewerbsstrategische Handlungen vertikaler und horizontaler Verbundgruppen in Japan. Ihre Bedeutung für die Geschäftstätigkeit ausländischer Unternehmen in Japan [Keiretsu: Organizational Structure and the Competitive Strategies of Corporate Groupings in Japan. Implications for Successful Management of Foreign Subsidiaries in Japan]. *Facetten des modernen Japan*. Eisenhofer-Halim, H., Pörtner, P. & Wohlbier, H. (eds.). Frankfurt am Main: Peter Lang, pp. 379–431.

Dolles, H. & Abraham, M. (2004): Reputation als Erfolgsfaktor im internationalen Geschäft [Reputation as Success Factor in International Business]. *Japan Markt. Journal of the German Chamber of Industry and Commerce in Japan*. Vol. 13, no. 4 (April), pp. 28–30.

Dolles, H. & Kumar, B. N. (1996): Überlegungen zur strategischen Führung und Wettbewerbsstärke japanischer Unternehmen: Ein Plädoyer für eine interkulturell-interpretative Erweiterung der ökonomischen Analyse [A

New Approach to Strategic Leadership and Sustained Competitive Advantages of Corporate Groupings in Japan]. *Strategische Führung internationaler Unternehmen. Paradoxien, Strategien und Erfahrungen.* Engelhard, J. (ed.). Wiesbaden: Gabler, pp. 39-68.

Foreign Chambers in Japan & Nomura Research Institute (eds.) (2009): *Some Bright Spots on the Horizon? FCIJ Business Confidence Survey.* Tokyo: FCIJ & Finnish Chamber of Commerce (download at http://www.fcc.or.jp/fcij/bcs.html, last accessed 06.06.2009).

Hemmert, M. (1993): *Vertikale Kooperation zwischen japanischen Industrieunternehmen* [Vertical Cooperation Between Japanese Industrial Firms]. Wiesbaden: Deutscher Universitätsverlag.

Kumar, B. N. & Steinmann, H. (1989): Managing Subsidiaries of German Companies in Japan. Some Findings of Adaptation Strategies. *Japanese and European Management. Their International Adaptability.* Shibagaki, K., Trevor, M. & Abo, T. (eds). Tokyo: University of Tokyo Press, pp. 244-260.

Kumar, B. N. & Steinmann, H. (1990): Managing Japanese Subsidiaries of German Companies: Some Findings for Theory-building on Foreign Subsidiary Managment in Japan. *Industrial Cooperation Between Europe and Japan.* Stam, J. (ed). Rotterdam: ERASMUS University Press, pp. 99-114.

Kumar, B. N., Steinmann, H. & Dolles, H. (1993): Das Management in Niederlassungen deutscher Unternehmen in Japan - eine empirische Untersuchung unter besonderer Berücksichtigung von Klein- und Mittelbetrieben [Subsidiary Management of German Small- and Medium-Sized Companies in Japan]. *Diskussionsbeitrag des Lehrstuhls für Betriebswirtschaftslehre insbesondere Internationales Management (Prof. Dr. Brij N. Kumar),* no. 2, Friedrich-Alexander-Universität Erlangen-Nuernberg.

Moerke, A. (2003): Quo Vadis Keiretsu? Structural Change in Japanese Inter-Firm Relations in the 1990s. *Japan in the 1990s. Crisis as an Impetus for Change.* Foljanty-Jost, G. (ed.). Hamburg: LIT, pp. 11-31.

Moerke, A. & Dolles, H. (2004): Managing Cross-border Alliances of MNCs in Turbulent Times: A Question of National vc. Corporate Perception in Corporate Governance. *Harmony v Conflict: Euro-Asian Management in a*

Turbulent Era. Proceedings of the 21th Annual Conference of the Euro-Asia Management Studies Association. Yau, O.H.M., Tseng, C. S. & Cheung, F. (eds.). Hong Kong: City University of Hong Kong Press, pp. 410–421.

Steinmann, H., Kumar, B. N. & Dolles, H. (1992): Eintritts- und Führungsstrategien deutscher Unternehmen in Japan [Market Entry Strategy and Competitive Strategies of German Companies in Japan]. *Handbuch der Internationalen Unternehmenstätigkeit.* Kumar, B. N. & Haussmann, H. (eds.). München: C. H. Beck, pp. 995–1011.

Takahashi, Y. (1984): The Character of Japanese Style Management. From the aspect of personnel and labour management. *Chuo daigaku 100shunen kinen ronbunshu.*

財部誠一 (2002)『カルロス・ゴーンは日産をいかにして変えたか』PHP 研究所。

# 第 9 章

株式会社の株主資本政策の容易化
――株式市場を重視した経営者権限拡大の制度改正――

箕 輪 德 二

　平成18年5月に会社法(平成17年法律第86号),会社法委任に基づく会社法施行規則(平成18年法務省令第12号),会社計算規則(平成18年法務省令第13号)が施行された。
　改正法務省令は,平成21年3月27日に「会社法施行規則,会社計算規則等の一部を改正する省令」(平成21年法務省令第7号)として公布された。この省令改正の趣旨は,国際的な会計基準とのコンバージェンスの必要からとされ,平成21年4月1日より施行されている[1]。
　本章は,会社法における株式会社の株主資本制度について旧商法の資本,資本準備金,利益準備金制度と比較する方法で,今般の「新会社法施行規則」,「新会社計算規則」に則り,その特徴,現代的意義を論究する。
　会社法の株主資本は,純資産の部のうち,資本金,新株式申込証拠金,資本剰余金(資本準備金,その他資本剰余金),利益剰余金(利益準備金,その他利益剰余金),自己株式,自己株式申込証拠金である(新会社計算規則76条,旧会社計算規則108条2項,4項,5項)。
　本章での,主な主張点をまとめると,次のとおりである。
　その1つが,資本金制度で,資本確定の原則,資本維持・充実の原則,資本不変の原則の放棄又は弱体化で,会社債権者保護思想が弱められた,ない

し放棄された。立法者は，資本金を，分配可能額の計算における控除額として考え，債権者と株主の利害調整の観点から規制したとしている[2]。

その2つが，準備金(資本準備金及び利益準備金)を一本化して規定し，それの取崩し，使途を拡大したことである。株主払込による実質払込資本である資本準備金のその他資本剰余金への振替，分配不可での準資本と見なせる利益準備金のその他利益剰余金への振替を認めることになり，両準備金の取崩しによる剰余金の分配を可能としたことである。会社法は，ここに資本(準資本を含み)の払戻し(剰余金の配当)分配を認める法規制に変容したのである(平成13年改正旧商法289条②を継承)。今般の会社計算規則の改正により株主総会の普通決議により利益準備金，その他利益剰余金の資本組入れを認める改正がなされた。これは，旧商法時代には，利益準備金の資本組入れが取締役会の決議で可能で，配当すべき利益を資本に組入れるには株主総会の普通決議でできた。利益準備金とその他利益剰余金は，利益を源泉として算定された結果であり，利益の資本組入れは株主による利益処分の問題であったのである。会社法が利益処分の資本組入れを認めていなかったのは，株主の利益処分権にまで規制をかけたものであり過剰な規制で問題であったのである。このたびの省令改正はこの過剰規制の問題を改めたと考えられる。

その3つが，平成13年改正旧商法で自己株式の全面解禁を認め，15年改正旧商法で上場会社について定款記載により取締役会の自己株式の取得・処分・消却を認め，それを継承したのが会社法の自己株式制度である。ここに至り，取締役会は，新株式発行権限(増資権限)と自己株式取得権限(株主資本の払戻し権限)・処分(自己株式〈隠されていた利益留保；合法的秘密積立金〉による利益創出政策)・消却(剰余金の実質的分配政策)の権限を握ることになり，株主資本の増減政策を一層容易化するものとなったのである。

1. 資本金と授権資本制度
―― 資本確定の原則，資本充実・維持の原則の放棄 ――

(1) 資本金制度と授権資本制度

会社法445条（資本金の額及び準備金の額）は，資本金を次のように規定した。

「① 株式会社の資本金の額は，この法律に別段の定めがある場合を除き，設立又は株式の発行に際して株主となる者が当該株式会社に対して払込み又は給付をした財産の額とする。

② 前項の払込み又は給付に係る額の2分の1を超えない額は，資本金として計上しないことができる。

③ 前項の規定により資本金として計上しないこととした額は，資本準備金として計上しなければならない。

④ 剰余金の配当をする場合には，株式会社は，法務省令の定めるところにより，当該剰余金の配当により減少する剰余金の額に十分の一を乗じて得た額を資本準備金又は利益準備金（以下「準備金」と称する。）として計上しなければならない。

⑤ 合併，吸収分割，新設分割，株式交換又は株式移転に際して資本金又は準備金として計上すべき額については，法務省令で定める。」

会社法445条（資本金の額及び準備金の額）における「株式会社の資本金は，―略― 株主となる者が株式会社に対して払込み又は給付をした財産の額とする」で，払込み又は給付財産額を資本金とする考え方であり，「実際に払い込まれた額等」を資本金とする。

旧商法の資本は，284条の2（資本，払込剰余金）の1項「会社の資本は本

法に別段の定めある場合を除くの外発行済み株式の発行価額の総額とす」，2項「株式の発行価額の2分の1を超えざる額は資本に組入れざることを得」である。旧商法の資本は，現物財産の給付による規定はなく，「発行済株式の発行価額の総額」を「資本」と規定し，「資本金」とは称していないのである。さらに，設立時の最低払込資本は，旧商法166条（定款の記載・記録事項）1項3号「会社が発行する株式の総数」，4項「会社の設立に際して発行する株式の総数は会社が発行する株式の総数の4分の1を下ることを得ず一略一」と規定し，平成13年商法改正前の株式額面があった時代は，額面額は資本に組入れることになっており，そこでは，最低資本額が確定していたのである。しかし，今般の会社法は「実際に払い込まれた額等」を資本金と考え，旧商法のこの最低払込資本金の考え方を放棄したもので，「資本確定の原則」「資本維持・充実の原則」を放棄したと考えられる。平成2年に導入された株式会社の最低資本金制度（旧商法168条の4），株式会社1,000万円以上，有限会社300万円以上も，廃止されたのである[3]。

授権資本制度は，昭和25（1950）年の商法大改正の1つとして，英米法の考えを取り入れて導入されたのである[4]。25年商法改正で，その他導入された制度は，無額面株式制度の導入（商199条），社債発行権限の取締役会への移譲（商296条），取締役会の決議による法定準備金の資本組入れ（商293条の3）そして，利益準備金制度（商288条）と資本準備金（商288条の2）の分別規定などである。

会社法の前述の資本確定の原則，資本維持・充実の原則の放棄については，次の授権資本制度の規定の改正を見ると一層明らかとなる。授権資本制度は，機動的な資本集中を可能とするため，授権株式のうちの未発行株式の発行権限を取締役会に付与するというものである。旧商法と会社法を比較しながら授権資本制度を見ることにする。

旧商法166条（定款記載・記録事項）1項は「株式会社の定款には左の事

項を記載又は記録することを要す」で，その3号「会社が発行する株式の総数」を規定し，同条4項で「会社の設立に際して発行する株式の総数は会社が発行する株式の総数の4分の1を下ることを得ず但し～略～」を規定している。

　授権資本制度は，もし設立時，会社が発行する株式の総数の4分の1を発行していたとすると，会社成立後に未発行株式の4分の3の数の株式発行権限を取締役会に付与するというものである。その規定は，旧商法280条の2（発行事項に関する決定）の1項で「会社の成立後株式を発行する場合は，左の事項を定款の定めなきときは取締役会これを決す」で，1号「新株の種類及び数」，2号「新株の発行価額及び払込期日」，3号「現物出資を為す者の氏名，出資の目的たる財産，其の価格並にこれに対して与うる株式の種類及び数」，4号「新株の発行価額中資本に組入れざる額」，5～9号「～略～」である。同条2項で，株主以外のものに「特に有利なる発行価額」で新株式を発行する場合以外の未発行株式の発行権限を取締役会に付与したのである（旧昭和41年改正商法）。

　つまり，ここでは，設立時に会社が発行する株式総数を定款記載し，その4分の1を最低発行させ，額面株式制度採用時は，その額面額が最低資本金として確定していたのである。

　会社法における授権資本制度は，会社が発行できる株式総数（「発行可能株式総数」と称す，会社法37条①）をあらかじめ定款には記載を要せず，払込みのあった額を資本金としてその払込みの株式数の4倍を「発行可能株式総数」と定款変更して定め，登記により会社を設立（成立）できるのである（会社法37条①，②，③）。

　会社法における授権資本制度の詳細について見る。

　会社法27条（定款の記載又は記録事項）1項は「株式会社の定款には，次に掲げる事項を記載し，または記録しなければならない。」とし1号「目的」，

2号「商号」，3号「本店の所在地」，4号「設立に際して出資される財産の価額又はその最低額」，5号「発起人の氏名又は名称及び住所」を要求しているが，原始定款には「発行可能株式総数」の記載は必要としない。しかし，会社法37条（発行可能株式総数の定め等）1項で発起人は，株式会社が発行可能株式総数を定款に定めていない場合は，会社の成立の時までに，発起人の全員の同意によって，定款を変更して発行可能株式総数を定めることを強制し，2項で，「発起人は，発行可能株式総数を定款で定めている場合には，会社の成立の時までに，その全員の同意によって，発行可能株式総数の定款の変更をすることができる」と規定している。さらに，3項で，「設立時発行可能株式の総数は，発行可能株式総数の4分の1を下ることができない。ただし，設立しようとする株式会社が公開会社でない場合は，この限りでない」と規定している。つまり，株式会社の原始定款には，「発行可能株式総数」の記載は必要なく，会社の成立の時までに集まった資本金の4倍までに「発行可能株式総数」を発起人全員の同意により定款記載（又は定款変更）して，登記することにより株式会社が成立する（非公開会社は除く）。

　これは旧商法166条が，株式会社の資本を一定額以上の資本の確定，資本の維持・充実の原則を満たしていたのに比較して，会社法では発起人が，株主となる者より現実に払込まれた額又は現物財産の給付額をもって資本金とする（打ち切り発行容認）とするものであり，資本確定の原則，資本維持・充実の原則を放棄したものと考えられる。「資本確定の原則が，設立時の会社財産の確保あるいは無責任な会社設立の回避を目的とするところ，今回の会社法の制定に際しては，会社の設立を促進し，設立時の財産確保を重視しない立場がとられていることから，この原則の放棄は必然なもの」[5]と考えられている。たとえば，発起人の株式払込み出資の不履行（会社法36条3項）又は設立時募集株式の引受人の当該株式の払込み出資の不履行（会社法63条3項）がある場合でも（発起人の引受担保責任の廃止）[6]，実際に払込まれた額

又は財産給付額を資本金として会社を設立することができることになったのである。旧商法では，設立後引受け・払込みのなかった株式については，取締役の引受け・払込み担保責任が課されていた（旧商法192条），同様に，新株発行の場合，変更登記後に引受けのなかった株式についての取締役の引受け担保責任（旧商法280条の13）を規定していた，会社法はいずれの規定も廃止した。

以上のように会社法は，株式会社の設立時に一定の最低資本金額の要求を放棄し（平成13年商法改正前の額面株式制度時代と比較して），会社の起業促進のための法制度へ会社経営者（発起人を含め）の使い勝手の良い制度へ授権資本制度が変容したものと考えられる。

(2) 株式会社の資本金の政策の容易化

A. 資本金の増加の制度について見る。

その1は，増資のための新株発行の場合である。

新株発行により資本金を増加させる場合[7]，会社法199条（募集事項の決定）は非公開会社の募集事項の決定について株主総会の特別決議により決定すると（同条②，会社法309条②5号），会社法201条（公開会社における募集事項の決定の特則）の1項で公開会社の募集事項の決定は，「払込金額が株式を引き受ける者に特に有利な金額での募集理由の取締役説明責任（会社法199条③）」の場合以外は，取締役会の決議によると規定している。ここでも，旧商法280条の2（発行事項に関する決定）の2項「株主以外の者に特に有利なる発行価額をもって新株を発行する〜株式の種類，数及び最低発行価額につき第343条の決議あることを要すこの場合取締役は特に有利発行の必要な理由を開示することを要す」と規定していたが，会社法は，旧商法の条文の後半の「特に有利発行の必要な理由の開示」（開示を説明に変更）のみを規定し，株主総会の特別決議の条文を削除したことから，公開会社の取

締役会の新株発行価額の決定について自由裁量が拡大したのである。

その2は，資本準備金・利益準備金の資本金への振替の場合である。

平成21年4月1日施行の法務省令による新会社計算規則25条(資本金の額)[8]1項1号において資本準備金，利益準備金を取崩して資本金に振り替える場合は，株主総会の普通決議(会社法448条〈準備金の減少〉)でできる。これまで利益準備金の資本金への振替を禁止してきたが(旧会社計算規則48条1項1号)，今般の省令改正により，利益準備金を取崩して資本金に振り替えることが可能となったのである(新会社会計規則25条①1号，28条②)。これは，旧商法293条の3(準備金の資本組入れ)「会社は取締役会の決議により準備金の全部又は一部を資本に組入れること得」の規定の復活である。新会社計算規則での準備金の資本金への振替は，株主総会の普通決議を要するとしており，旧商法が取締役会の決議でよかったのに比較し，手続きが煩雑になっている。この手続き変更は，株主にとって準備金を資本金へ振り替えることにより資金の拘束力が高まることにより配当分配が難しくなるからであると考えられる。平成13年改正前商法時代の法定準備金は，取崩して株主分配を禁止していた(旧商法289条〈法定準備金の使用〉)のである。平成13年商法改正以前は(平成13年改正旧商法289条②)，準備金が配当分配不可で，準資本金であるとの考えに基づき両準備金からの資本金への振替を認めていたものと考えられる。

その3は，その他資本剰余金・その他利益剰余金を資本金に振り替える場合である。

平成21年4月1日施行の法務省令による新会社計算規則25条(資本金の額)1項2号は，「法450条〈株主総会の普通決議により剰余金を取崩し資本金を増加する場合〉の規定により剰余金の額を減少する場合　同条第1項第1号の減少する剰余金の額に相当する額」と規定し，旧会社計算規則48条1項2号で「その他の資本剰余金」のみを資本金に振替を可能としていたが，

新会社会計規則では,「その他利益剰余金」も資本金に振替ができるようにした (新会社計算規則29条2項1号)。これは,旧商法293条の2 (利益の資本組入れ)「会社は利益の処分に関する株主総会の決議をもって〜利益の全部又は一部を資本に組入れることを得」の復活である。この省令改正は,会社の利益処分について株主総会の決議より配当すべき利益を資本に組入れることで,特段問題となるものではない。これは,会計上の「剰余金区分の原則」を害するものではなく,株主による利益処分権の問題であるからである。

その4は,会社再編による資本金又は準備金を増加する場合である。

会社法445条 (資本金の額及び準備金の額) 5項で「合併,吸収分割,新設分割,株式交換又は株式移転に際して資本金又は準備金として計上すべき額については,法務省令で定める」としている。

法務省は企業結合会計基準等の公表に伴う組織再編に関する新会社計算規則改正の考え方の経緯と解説を次のように述べている。

会社計算規則改正のこの事項の経緯については,「平成20年12月26日にASBJによって公表された企業結合会計基準は,平成21年4月1日以後開始する早期適用が可能になり,平成22年4月1日以後の組織再編から強制適用が開始されるものとなっている。その改正内容のうち,会社計算規則にかかわる主なものは,① いわゆる持分プーリング法の廃止及び ② 負債ののれんの負債計上の禁止 (すなわち一括利益計上の強制) であり,旧計算規則における組織再編に関する計算規定については,これらの事項に対応した改正を行う必要が生じていた」[9]である。

これを受け,この事項の改正の考え方は,「組織再編を行う場合に会計上当然に定まるべきものである ① のれんの額,② 株式又は持分に係る特別勘定の額及び ③ 組織再編等によって変動する株主資本等 (新会社計算規則2条3項30号参照) の総額に関しては,会社計算規則において,その算定に関する基本的な事項のみを規定することで足り,他方で,会社法独自の概念である

資本金，準備金（資本準備金及び利益準備金）及び剰余金（その他資本剰余金及びその他利益剰余金）の計上に関しては，会社計算規則において，組織再編等によって変動する株主資本等の範囲内で，その内訳について，どのような計上の仕方が許されるかを詳細に規定することが必要であるとの整理に至った。～この改正は，旧計算規則における規律の実質をおおむね維持しつつ，企業結合会計基準等の改正にも柔軟に対応することができるように，もっぱら条文構成の合理化を図るものであるといえる」[10]である。

B. 資本金の減少の制度について見る。

資本金を減少するには，株主総会の特別決議を要する（会社法447条①，309条①9号）。ただし，資本金の減少と同時に，その減少額以上に資本金を増加させる場合には，取締役の決定（取締役会設置会社にあっては，取締役会の決議）でできる（同法447条③）。

その1は，資本金を減少して資本準備金を増加させる場合である。

株主総会の特別決議により，資本金を減少させて資本準備金を増加させることができる（会社法447条①2号，新会社計算規則26条）。この場合，債権者保護手続きが必要である（会社法449条）。

その2は，資本金を減少してその他資本剰余金を増加させる場合である。

株主総会の特別決議により，資本金を減少させてその他資本剰余金を増加させることができる（新会社計算規則27条①1号）。この場合，債権者保護手続きが必要である（449条）。

その3は，資本金を減少して欠損填補する場合である。

定時株主総会において欠損填補のため資本金を減少させ剰余金が生じない場合，株主総会普通決議（会社法309条①，②9号括弧書き）でできる。この場合，債権者保護手続きを要する（会社法449条）。

2. 株式会社の準備金，剰余金の制度の柔軟化

(1) 準備金制度と剰余金制度
——準備金の一本化，準備金と剰余金の資本金組入れ——

　会社法445条4項において，剰余金（その他利益剰余金又はその他資本剰余金）の配当をする場合，その配当額の10分の1を準備金（資本準備金又は利益準備金）に積み立てることを要すると規定している。さらに，新会社計算規則22条1項，2項において，剰余金の配当時の準備金への積み立て限度額を，基準資本金額（資本金の4分の1を乗じて得た額）に達するまでと規定している。このように会社法では，両準備金を一本化して準備金と表示し，それぞれの準備金の増減取引を資本取引，損益取引に区分して表示するものとしている。会社法における準備金制度の変質については後述する。

　平成21年4月1日施行の新会社計算規則25条1項1号は，株主総会の普通決議で利益準備金を資本金に組入れることを認め（同前計算規則29条①2号），その他利益剰余金を資本金に組入れることを株主総会の普通決議で認めた（同前計算規則29条②1号）のである。これは，分配すべき利益の資本組入れを認めたものであり，財務上からは，新株式発行を伴わない利益の資本金組入れの場合には，一株当たりの資本金の増加となり，一株当たりの帳簿株主価値が増加することを意味する。またこの組入れ時に無償新株を株主に発行した場合も，利益の配当分配（利益の株主還元）効果があると考える。このことから，この資本組入れの取引は，分配すべき留保利益を資金的に拘束力の強い資本金に振り替える株主による利益処分行為（株式配当効果）であり，剰余金の区分の原則には反しない。

(2) 資本準備金，その他資本剰余金の増減の制度

A. 資本準備金の増減の制度

資本準備金を増加させる場合は次のとおりである。

その1が，会社法445条（資本金の額及び準備金の額）2項，3項における株主となるものが払込又は給付をした財産の額の2分の1を超えない額を資本準備金に組入れた場合である。

その2が，その他資本剰余金を配当分配した場合，基準資本金額（資本金の額に4分の1を乗じて得た額）に準備金額が不足する場合には，その配当する剰余金の額の10分の1を基準資本金額に達するまで資本準備金に積み立てることを要する（会社法445条④，新会社計算規則22条①）。

その3が，資本金を減少させ資本準備金を増加させる場合で，前述の資本金減少のところで述べているのでそこを参照されたい。

その4が，株主総会の普通決議により（会社法451条②）その他資本剰余金を減少させ資本準備金を増加させる場合である（新会社法計算規則26条①2号）。

次に，資本準備金の減少につて見る。

その1が，株主総会の普通決議により資本準備金を減少し，資本金を増加させる場合である（会社法448条①2号，新会社計算規則26条②）。この場合は，債権者保護手続きは不要である（会社法449条①）。

その2は，資本準備金を減少させ，その他資本剰余金を増加させる場合である（会社法448条，新会社計算規則27条①2号）。この場合は，債権者保護手続きが必要である（会社法449条）。

その3は，資本準準備金・利益準備金を減少させて，欠損を塡補する場合で，委員会設置会社又は会計監査人設置会社である監査役会設置会社で取締役の任期が1年以内の会社は，定款で，欠損塡補のための準備金の額の減少を取締役会の決議事項とすることができる（会社法459条①2号）。この場

合に，定時株主総会での準備金のみの減少額が欠損額を超えない場合は，債権者保護手続きを必要としない（会社法449条1但し書き）。

B． その他資本剰余金の増減の制度

その他資本剰余金の増加の制度について見る。

その1は，株主総会の特別決議を経て，資本金を減少してその他資本剰余金を増加させる場合である（新会社計算規則27条①1号）。この場合，債権者保護手続きが必要となる。

その2は，株主総会の決議を経て資本準備金を減少させ，その他資本剰余金を増加させる場合である（新会社計算規則27条①2号）。この場合，債権者保護手続きが必要である。

その3は，自己株式処分差益，減資差益等である（同計算規則27条①3号）。

その他資本剰余金の減少制度について見る。

その1は，株主総会の普通決議で，その他資本剰余金を減少させて配当を行う場合である（会社法453条，454条，461条）。

その2は，株主総会の普通決議で，その他資本剰余金を減少させて資本金を増加させる場合である（会社法450条，新会社計算規則27条②1号）。

その3は，株主総会の普通決議で，その他資本剰余金を減少させて資本準備金を増加させる場合である（会社法451条，新会社計算規則27条②2号）。

その4は，自己株式処分差損，自己株式消却，欠損填補等によりその他資本剰余金を減少させる場合である（同計算規則27条②3号）。

(3) 利益準備金，その他利益剰余金の増減の制度

A． 利益準備金の増減の制度

利益準備金の増加の制度を見る。

その1は，株主総会の普通決議により，その他利益剰余金を減少させて，利益準備金を増加させる場合である（会社法451条，新会社計算規則28条①）。

その2は，その他利益剰余金を原資に配当分配した場合の，基準資本金額に達していない場合のその配当した剰余金額に対しての10分の1を乗じて得た額の利益準備金への積み立てである（会社法445条④，新会社会計規則22条②）。

その3は，吸収合併，吸収分割及び株式交換に際して利益準備金として定められた額がある場合である（新会社計算規則第3章4節）。

利益準備金の減少の制度を見る。

その1は，株主総会の普通決議で，利益準備金を減少させて，資本金を増加させる場合である（会社法448条，新会社計算規則28条②，25条①1号）。この場合，債権者保護手続きは不要である。この規定が，平成21年4月1日施行の新会社計算規則により認められることになったのである。

その2は，株主総会の普通決議で，利益準備金を減少させて，その他利益剰余金を増加させる場合である（会社法448条，同計算規則29条1号）。この場合，債権者手続きが必要である。

その3は，株主総会の普通決議により，利益準備金を減少させて欠損填補する場合である（会社法448条，同計算規則28条②）。この場合，定時株主総会の決議で，準備金の取崩し額が欠損の額を超えない場合は債権者保護手続きは不要である（会社法449条①但し書き）。

B．その他利益剰余金の増減の制度

その他利益剰余金の増加の制度について見る。

その1は，株主総会の普通決議により利益準備金を減少させその他利益剰余金を増加させる場合である（会社法448条①，新会社計算規則28条①2

号，29条①1号)。

その2は，当期純利益が生じた場合である(新会社計算規則29条①2号)。

その3は，その他利益剰余金を増加すべき場合である(同前計算規則29条①3号)。たとえば，吸収型再編受け入れ行為による等である(同前計算規則36条②等)。

その他利益剰余金の減少の制度について見る。

その1は，株主総会の普通決議でその他利益剰余金を株主に配当する場合である(会社法443条，454条，461条)

その2は，株主総会の普通決議によりその他利益剰余金を減少させ資本金を増加させる場合である(会社法450条，同前会計規則29条②1号)。この規定は，新会社会計規則に新しく規定された。旧会社計算規則では，その他利益剰余金からは，資本金には組入れできなかった(旧会社計算規則52条②)。

その3は，株主総会の普通決議によりその他利益剰余金を減少させ利益準備金を増加させる場合である(会社法451条，新会社計算規則29条①2号)。

その4は，当期純損失が生じた場合である(同前計算規則29条①3号)。

その5は，前の3事項の場合以外に，その他利益剰余金を減少すべき場合である(同前計算規則29条①4号)。自己株式処分差損をその他資本剰余金から控除して，なお，残余が出た場合に，その他利益剰余金で補填する場合である。

その6は，27条3項(その他資本剰余金の額)において，「前項(その他資本剰余金の減少規定)，前3款(自己株式の会計処理規定)及び4節(吸収合併，吸収分割及び株式交換に際しての株主資本及び社員資本)の場合において，これらの規定により減少すべきその他の資本剰余金の額の全部又は一部を減少させないこととすることが必要かつ適当であるときは，これらの規定にかかわらず，減少させないことが適当な額については，その他の資本剰余

金の額を減少させないことができる」場合があるとき，当該減少させない額に対応する額をその他の利益剰余金から減少させるものとする場合である（新会社計算規則29条③）。たとえば，吸収分割型再編での対価自己株式の処分により生ずる差損の額をその他資本剰余金の減少額とし，その余の額をその他の利益剰余金の減少額とする場合である（同前計算規則37条②）。

(4) 株式会社の準備金制度の変質

会社法の株式会社の資本準備金と利益準備金は，準備金に一本化して規定された。旧商法は，両準備金を個別条文により規定していたことから大きな改正である。

この両準備金は，両者を区別することなく，とくに利益準備金については，平成13年旧商法改正で積み立て限度を緩和（両準備金を併せて資本の4分1まで，それ以前は利益準備金単独で資本の4分の1までであった），及びその使途拡大（欠損塡補，資本組入れ限定から両準備金の合計額から資本の4分の1を残し残余額をその他剰余金へ取崩して株主分配可に変更）した新設規定を会社法は継承している。ここに，債権者保護手続きを経れば株主総会の普通決議で，株主払込資本（準資本である資本準備金）を株主への配当等の分配の道を開いた制度にしたのである。今や，株主への分配は，従前の利益の配当（配当可能利益）に限定されることなく資本を源泉とする配当を可能（剰余金の分配）にする制度へと資本制度が大きく変質したのである。

本準備金制度の緩和改正の趣旨は，「旧商法の下では，法定準備金よりも拘束性の強い資本に減少手続が設けられているにもかかわらず，法定準備金に減少手続がなく，資本欠損塡補または資本組入れの場合にしか取崩すことができないことについて，立法の不備であるとの指摘がなされていた。また，経済界は，時価による増資が一般的となり会社内部に多額に積み立てられている法定準備金の柔軟な活用を可能にすべきである旨の要望をしていた」[11]こ

とに応えたものである。

3. 自己株式制度の資本政策
―― 平成不況下の自己株式取得制度の緩和改正の変遷 ――

　先進諸国の赤字国債増発に伴う慢性的な過剰資金の時代にバブル経済とその収縮を繰り返す世界的な金融市場・経済の不安定の常態化における，経営者は，自らの経営執行権限により容易に会社の資本構成を変動させ，長期的な資本コストを低減させ会社の利益・キャッシュフローを高める資本政策を行えるようにした方策の1つが今般の自己株式の緩和改正である。以下，近年の自己株式の制度の変遷と平成19年（2007年）7月サブプライムローン問題の発生，20年（2008年）9月15日のリーマンブラザーズ経営破たん後の世界的な金融危機下の自己株式の財務政策について分析解明する。
　平成13年改正前旧商法は，自己株式を原則禁止し，例外的な取得のみしか認めていなかったが，平成13年改正旧商法は，定時株主総会の決議で自己株式取得・保有・処分・消却を全面解禁した。
　13年旧商法の自己株式取得の全面解禁に至るまでに，バブル経済崩壊後の株価が低迷する平成6年に定時総会の決議で「取締役又は使用人に株式を譲渡するために発行済み株式の総数の10分の1を超えざる額の範囲内で自己株式を取得できる」（平成6年改正旧商法210条の2）の新条文を導入したのである。いわゆる，ストック・オプションに備えるための自己株式の取得緩和改正である。
　株価低迷が一層深刻化する状況で，平成9年5月21日に公開会社（上場会社及び店頭公開会社；「消却特例法」①5号）に限って自己株式の取得・消却を認める，「株式の消却の手続きに関する商法の特例に関する法律」（平成

9年5月21日公布,平成13年9月30日廃止)(「消却特例法」と称す)が成立し,徐々に自己株式取得に関しての緩和条項,特例法が準備されていったのである。

この「消却特例法」1条の目的は,「資本市場の効率化を図り,もって国民経済の健全な発展に寄与する」である。同法の3条において旧商法の株式消却の特例として,「公開会社は定款記載により取締役会決議で自己株式を取得・消却できると規定し,その取得の範囲を発行済み株式総数の10%を上限に,中間配当可能額から中間配当分配額を控除した額の2分の1を限度とする」と規定した(同前法3条①,②,③)。さらに,平成11年に同法は緩和改正され,自己株式取得・消却のための財源として,定款記載により資本準備金を使うことを可能にしたのである(「改正消却特例法」3条の2①)。その詳細は,自己株式取得・消却のための資本準備金による自己株式取得の限度額を,「資本準備金及び利益準備金の合計額から資本の4分の1に相当する額を控除した額を超えることができない」(11年「改正消却特例法」3条の2②,③,⑤,)としたのである。しかし,最終の貸借対照表の純資産額が,資本,準備金,要準備金積立額,開業準備費・開業費・試験研究費の繰延額,譲渡制限株式の自己株式取得額・取締役・使用人への譲渡のための自己株式取得額・譲渡制限のある相続人からの自己株式の取得,時価評価益,利益配当額・利益の資本組入れ額・定時総会での取締役等への譲渡のため自己株式を買入れると決議している額・定時総会決議による自己株式取得消却額,及び既に中間配当実施した金銭の額の合計を下回る場合は,自己株式を買い受けることができないとしている(同前法3条の2⑥)。つまり,最終事業年度の貸借対照表の純資産額が配当可能利益算定のための控除額および,中間配当実施額の合計額を下回った場合,すなわち配当可能利益がない場合は,消却のための自己株式取得を禁止していたのである。

つまり,「改正消却特例法」は,公開会社(上場会社及び店頭公開会社)が,

自己株式取得・消却を定款記載により，取締役会の決議で両準備金の合計額のうち資本の4分の1を留保し，残りの総額まで資本準備金（株主払込資本＝準資本）を取崩して自己株式の取得・消却できることにしたのである。

　平成13年改正旧商法は，自己株式取得の解禁とその取得財源（13年旧商法210条①, ③）拡大のための同法289条（準備金の使途）2項（両準備金の取崩し条項）を新設導入したのである。この条項は，「改正消却特例法」の3条の2（資本準備金を原資とする自己株式の買受け，消却）を継承し，利益準備金の取崩しまで拡大して新設規定されたのである（平成13年旧商法289条②）。

　そして，会社法は株主への分配規制を「剰余金の分配」と規定し，その分配内容を「自己株式の取得」と「剰余金の配当」に分けて規定し，その「剰余金の分配」額の範囲は，「分配可能額」（会社法461条）までとしたのである。

(1)　証券市場又は公開買付の方法での自己株式取得の制度

　会社法は，証券市場又は公開買付により自己株式を取得する場合[12]，取締役会の決議で行えることを定款で定めることができることとした（会社法165条②）。

　平成13年旧商法210条1項では，本法の別段の定めがある場合を除き，定時株主総会の決議を必要としていたが，平成15年改正旧商法で，定款記載により，市場で自己株式を買い受ける場合は，取締役会の決議でできる改正をした（15年改正旧商法211条の3）。その改正の趣旨は，「自己株式の取得が利益処分的性質を有すること…，同じく利益処分的性質を有する中間配当が定款授権に基づく取締役会決議によって行うものとされていること（商293条ノ5第1項）からすると，自己株式の取得についても，定款の授権があれば，取締役会によることを認めても不合理ではないと」[13] 考えたのであ

る。こうして，15年改正旧商法は定款記載により自己株式の取得権限を取締役会に授権したのである。

　この自己株式取得権限の取締役会授権の考えを継承したのが会社法165条（市場取引等による株式の取得）の規定である。ここに名実ともに，取締役会（経営者）は，株式会社の株式発行の増資権限と自己株式の取得による資本払戻し権限を持つに至ったのである。経営者の資本増減の権限は，株主資本構成の変更権限のための資本政策の容易化を図る法制度である。

(2)　自己株式処分の制度

　自己株式の処分手続きは，有償新株式発行の募集規定と一緒に規定された（会社法199条）。すなわち，自己株式を募集するときは，その都度株主総会の特別決議による募集事項を決定しなければならない（会社法309条2項5号）。募集事項の決定を取締役又は取締役会に委任するときは，会社法200条（募集事項の決定の委任）より株主総会の特別決議を必要とする（同法309条2項5号）。

　公開会社（株式の一部又は全部について譲渡制限をしない会社；会社法2条5号）の募集事項の決定は，「特に有利な金額での発行」についての株主総会での必要理由の説明を行うこと以外の自己株式の処分（新株発行の募集）事項をいつでも取締役会決議でできることになった（会社法201条①，199条①，②，③）。つまり，公開会社の場合，新株発行の場合と同様に，自己株式の処分に係る募集事項の決定を取締役会で行える。ここでも，会社法199条3項で「募集株式の払込金が，引き受ける者に特に有利な金額である場合，取締役は株主総会において当該払込金額で払込むことが必要である理由を説明しなければならない」とし，13年改正旧商法280の2（発行事項に関する決定）の2項「株主以外の者に対し特に有利なる発行価額をもって新株を発行するには定款の定めあるときでも〜株式の種類，数及び最低発行価額につき

343条〈株主総会の特別決議〉あることを要す，この場合取締役は株主総会で株主以外の者に特に有利な発行価額で発行する必要理由を説明しなければならない」と規定していた。ことから，今般の会社法の「特に有利な発行（金額）」の規定は，大幅に緩和されたことが理解でき，この側面からも経営者は自己株式の処分が容易に行えることになったのである。

(3) 自己株式消却の制度

株式消却できる株式は，自己株式のみで，取締役会の決議でできる（会社法178条②）。取締役会非設置会社での自己株式の消却決議は，会社法348条2項（複数取締役の業務執行決定・過半数決議）での決定による。

13年改正旧商法212条（株式の任意消却）1項は「会社は取締役会の決議をもってその有する自己株式の消却することを得この場合においては消却すべき株式の種類及び数を定むることを要す」を新設導入したのである。この考え方を継承したのが会社法178条2項である。

13年改正旧商法213条（株式の消却—資本減少・定款の規定による場合）は，資本減少の規定に従う株式消却と定款をもって株主に配当すべき利益による株式消却を規定していた。しかし，会社法は13年制定の無額面株式制一本化，額面株式廃止を継承していることから，資本の減少をしても株式を会社に提出する必要がなくなったこと，自己株式の取得を剰余金の分配の1つに位置づけたことから，あえて株式の利益消却条項，減資規定による株式消却条項を必要としなくなったのである。

(4) 自己株式の財務政策の実態分析——その意味と今日的意義——

会社法は，自己株式の取得を「剰余金の分配」の1つとして位置づけたことから，株主への利益等の分配を意味する。財務上，自己株式取得は，流通株式を減らし一株当たりの利益（利益が一定だとすると）を高め（EPS），自

己資本利益率（ROE）を高める効果がある。こうした自社株買いがEPS，ROEの改善効果を生み株価上昇につながるとの報告がある。「野村証券金融経済研究所が取得枠設定を発表した企業の株価を東証株価指数（TOPIX）対比で調べたところ，07年度の上期までの株高効果は発表日からせいぜい2営業日，株価上昇率も1–2％だった。ところが07年下期以降は株高効果が20日程度持続しているうえ，上昇率も4％を上回る」との結果を発表している[14]。

米投資運用会社のダルトン・インベストメンツは，投資先の上場会社75社に（主な保有銘柄と持ち株比率；京三製作所7.59％，鶴見製作所7.17％，日本精化6.05％，トランスコスモス5.16％，セガミメディクス5.02％，光ビジネスフォーム4.85％，フジテック4.13％；2008年3月25日大量保有報告書より），自社株買いなど株主配分策の強化を求める書簡を送っていた。ダルトンはその書面で「短期的に効果の高い株主価値向上策」として積極的な自社株買いや消却，配当の増加を求めたのである[15]。

このように自己株式の取得が，財務上EPS,ROEの改善から，株価上昇効果があることから，投資ファンド等の株主から自己株式の取得，消却を積極的に求めてきている。経営者も株式保有者として外人投資家が増加したことから，株価，市場を意識した経営を行わなければならず，最近積極的に株主への剰余金の分配を行ってきていた。

ところで，自己株式の取得・保有は，剰余金の「分配可能額」を財源にしており，自己株式の取得・保有額を株主資本等から控除して会計上表示している。このことは，株主資本等からの控除した自己株式取得・保有額は，隠れた剰余金と捉えることができる。自己株式取得・保有は，経営者の裁量権に委ねられた隠れた剰余金ということになる。

このことが，財務政策として自己株式（金庫株）を，ストック・オプションの行使に備えるとか，M＆Aのための株式交換，合併対価，会社分割の会社

第9章　株式会社の株主資本政策の容易化　249

再編のために経営者が裁量権に基づいて利用することを可能にしたのである。

　自己株式の取得の実態を見ると「平成19年度で上場会社が実施した自社株買いの総額は4兆6,200億円（野村証券調べ，普通株ベース）で，3年連続で過去最高を更新した。株式相場が下落した局面で，自社株の株価が割安と見る企業が相次ぎ自社株買いに動いた。株主配分に対する意識の高まりも増加の背景にある」[16] と考えられている。

　平成20年の自己株式取得は，4兆0,313億29百万円（前年比20.3％減）である。平成19年7月にアメリカでサブプライムローン問題が発生，20年9月15日に投資銀行のリーマンブラザーズが破たん，世界の株式市場において株価の暴落，金融機関に流動性の欠如が発生する金融危機を引き起こし，実体経済にまでその影響を及ぼしている。こうした経済金融状況下で日本の上場会社の自己株式取得は，20年1～6月で2兆774億円（普通株ベース）と上半期として4年連続で増加し[17]，7月，8月（3,497億円，5,952億円）から，9月，10月（1,542億円，2,271億円）へと停滞的であったが，11月，12月（4,700億円，4,115億円）と積極的に買われた。しかし20年の自己株式の取得額は，前年比20％減であった。この自己株式取得は，株価下落を食い止めるための自己株式の取得であったと考えられる。

　平成21年1～2月の自己株式の取得は，2,732億円と，前年同期に比べ53％減と急ブレーキがかかっている。これは，景気低迷で先行き不透明感が強まるなか，企業は資金流出を抑え手元資金をなるべく多めに確保することを優先しているからであると考えられる[18]。アメリカにおいても金融危機下で「主要企業の自己株式取得に急ブレーキがかかっている。2008年10-12月期の自社株買い総額は418億ドル（約4兆8,000億円）と前年同期に比べ66％減少し，年明け以降も低調が続いている模様だ。金融機関の貸し渋りに対応し，企業が手元資金を抱え込む動きが広がったため」[19] である。21年に入っても株価低迷，先進国の経済成長率も軒並みマイナスが見込まれ，銀行

は，財務体質の健全化指標であるBIS自己資本比率達成のための普通株式発行，優先出資証券発行による自己資本充実を一斉に図るとともに，企業は，手元に流動資金を確保する経営に転換してきており，手元資金で自己株式を買う余裕をなくしているのが最近の実態である。

次に，自己株式の処分の財務政策について見る。

自己株式の処分の財務政策は，公募による処分，合併・株式交換・会社分割に伴う移転，そして消却処分に分けて見ることができる。

平成19年で公募による自己株式処分は1,782億77百万円（全自己株式処分比7.1％），合併等会社再編のための移転6,671億18百万円（同前比26.5％），株式消却1兆6,709億56百万円（同前比66.4％）の合計自己株式処分額2兆5,163億52百万円（前年比47.0％減）である。

平成20年で公募による自己株式処分は2,289億68百万円（全処分比7.0），合併等会社再編のための移転5,049億65百万円（同前比15.5％），株式消却2兆5,303億50百万円（同前比77.5％）の合計自己株式処分額3兆2,642億84百万円（前年比29.7％増）である。

平成21年1-4月合計で公募による自己株式処分は58億円（全処分比1.2％），合併等会社再編のための移転136億38百万円（同前比2.89％），株式消却4,530億95百万円（同前比95.89％）の合計自己株式処分額4,725億33百万円である[20]。

自己株式の処分額は，平成18年が3兆9,329億円で，19年が2兆5,164億で前年比47.0％減であったが，20年が3兆2,642億円で同前比29.7％増加したのである。その処分の内訳は，19年で自己株式の消却が1兆6,709億円の全自己株式処分比66.4％，20年で2兆5,303億円の同前比77.5％，21年1-4月合計で4,530億円の同前比95.9％で，自己株式の処分の大部分が株式の消却で占められている。平成19年7月の米サブプライムローン問題の発生，20年9月15日のリーマンブラザーズの経営破たんにより，世界同

時株安下での，自己株式の消却をすすめ，実質的な EPS，ROE の改善に各社が取り組んでいる様子をうかがうことができるのである。

「上場企業が株主配分強化のため，保有する自社株（金庫株）の消却を積極化している。2007 年度は株数で過去最高を更新，初めて 10 億株の大台を突破するみとおしだ。金庫株の消却は発行済み株式を減らし，自社株の再放出によって 1 株当たり利益が減る恐れをなくすため，市場から好感されることが多い。株式相場の低迷も企業に自社株消却を迫っている。今年度（08 年度）の東京証券取引所上場企業の株式消却は 11 億 1 千万株超となり，過去最高だった前年度比 3 割増える見込み」[21] である。

自己株式消却の財務効果は，「分配可能額」から取得した自己株式を会社の金庫から出して消却処分することであり，実質的に株式数だけが減少し，資本金，資本準備金，利益準備金（以下，資本金等と称す）は減少しない。したがって，財務上一株当たりの実質資本金等比率を上昇させ，さらに利益が一定だとすると実質自己資本利益率（ROE）を上昇させることになる。

1) 大野晃宏他稿「会社法施行規則，会社計算規則等の一部を改正する省令の解説―平成 21 年法務省令第七号―」商事法務研究会『商事法務』No. 1862，平成 21 年 4 月 5 日，4 頁。
2) 「日本の資本制度は警告機能を有しないから，会社財産の維持という観点から資本機能は剰余金の分配規制以外は剰余金の分配規制での債権者と株主の間の利害調整のためのものと解した上で，最低資本金制度等の資本制度に関連する規制を見直すことにした」（法務省民事局参事官室「会社法制の現代化に関する要綱試案補足説明」第四部第五 2，小林　量稿「新会社法による資本の変容」中央経済社『企業会計』Vol. 57, No. 9, 2005 年 9 月，22 頁）。
3) 株式会社の最低資本金制度の平成 2 年の導入の理由，会社法におけるその制度廃止理由についての詳細は，箕輪徳二稿「株式会社の資本金制度の新展開」箕輪徳二，三浦后美編著『会社法と会社財務・会計の新展開』泉文堂，平成 20 年 5 月 1 日，22 頁を参照されたい。
4) 水越　潔教授は，「昭和 25（1950）年改正の商法は，英米法理念による制度であ

るから，その意味で株式会社制度の改革である。従前の株主保護あるいは債権者保護から株式会社，つまり「資本」そのものを重視する制度への転換と考えられるからである」としている（水越　潔稿「株主資本制度の史的展開」水越　潔編『会社財務制度の史的展開』税務経理協会，平成10年11月15日，8頁）。

5) 小林　量稿「新会社法による資本の変容」『企業会計』Vol. 57, No. 9, 2005年9月，21-22頁参照。
6) 小林　量稿，同前誌，22頁参照。
7) 自己株式の処分も新株募集の手続き規定に従うが，資本金が増加しないためここでは除いている。
8) 平成21年3月27日公布された「会社法施行規則，会社計算規則等の一部を改正する省令」（平成21年法務省令第七号）（以下「改正省令」という）は，国際的な会計基準とのコンバージェンスの必要から，企業会計基準委員会（以下「ASBJ」という）によって，企業結合に関する会計基準等（以下「企業結合会計基準等」という）が公表されたこと及び近似の関係法令の改正等に伴って，会社法の委任に基づく会社計算規則（平成18年法務省令第13号）（以下，改正省令による改正法のものを「新会社計算規則」といい，改正前のものを「旧会社計算規則」という）の改正を行うとともに，同法の委任に基づく会社法施行規則（（平成18年法務省令第12号）（以下，改正省令による改正法のものを「新会社施行規則」といい，改正前のものを「旧会社施行規則」という））についても，関係各方面からのさまざまな見直しの要望にかんがみ，その一部を改正することを内容とする。改正省令の施行日は，平成21年4月1日（以下「施行日」という）である（大野晃宏他稿「会社法施行規則，会社計算規則等の一部を改正する省令の解説―平成21年法務省令第七号―」商事法務研究会『商事法務』No. 1862, 平成21年4月5日，4頁）。
9) 大野晃弘他稿，前掲誌，4頁。
10) 大野晃弘他稿，前掲誌，5頁。
11) 原田晃治他稿「自己株式の取得規制等の見直しに係る改正商法の解説（下）」『商事法務』No. 1069, 2001年10月25日，4頁。
12) 自己株式の取得できる場合（会社法155条，会社法施行規則27条）は，箕輪徳二稿「会社法の自己株式制度の内容」箕輪徳二・三浦后美編著『会社法と会社財務・会計の新展開』泉文堂，2008年5月，86-98頁を参考にされたい。なお，新会社法施行規則27条8号に「その権利の実行に当たり目的を達成するために当該株式会社の株式を取得することが必要かつ不可欠である場合（前号に掲げる場合を除く）」が新設された。

第 9 章　株式会社の株主資本政策の容易化　253

13) 商事法務編集部「与党提出の商法と改正法案の経緯と概要」『商事法務』No. 1664, 2003 年 6 月 5 日, 4 頁参照。
14) 「自社株買いの今」『日本経済新聞』朝刊　平成 21 年 9 月 4 日。
15) 「自社株買い求め書簡―〈もの言う株主〉米ダルトン」『日本経済新聞』朝刊　平成 20 年 5 月 2 日。
16) 「自社株買い―ROE 向上にも寄与」『日本経済新聞』朝刊　平成 20 年 6 月 21 日。平成 19 年の自己株式取得は 4 兆 4,942 億 56 百万円 (前年比 0.01% 減) であつた (東京証券取引所「自己株式の処理及び処理状況」証券統計ポータルサイト, 平成 21 年 5 月 31 日)。
17) 自社株買いをする企業も増え 1,488 社と前年同期比 94% 増加した。この要因は, 日経平均株価が平成 19 年 7 月 1 万 8,261 円の直近の高値を付けて以降, 20 年 3 月には一時 1 万 1,787 円まで下げ, 自社株買いで株価のテコ入れを図る企業が増加した。他方, 株安で発行条件が不利になるため, 公募増資や新規株式公開 (IPO) などのエクィティファイナンスは 15% 減の約 3,900 億円と 15 年以来の水準に落ち込んだ。株式調達規模は, 自社株買いの 5 分の 1 の規模となっている (「自社株買 2 兆円超す」『日本経済新聞』朝刊　平成 21 年 7 月 18 日)。
18) 「自社株買いが急減―1-2 月半減企業, 手元資金を確保―」『日本経済新聞』平成 21 年 3 月 21 日。
19) 米格付け会社 S＆P が, S＆P500 種採用企業の自社株買いの状況をまとめた。08 年の通年の自社株買総額は 3,396 億と, 過去最高を更新した 07 年に比べ 42% 落ち込んだ。これは, 足元で起きている事業採算の低下が将来にわたって続き, 本業からの得られる現金が減ると警戒しているため。人員削減で早期退職金の支払いがかさんでいる企業も多いと報じている。『日本経済新聞』朝刊　平成 21 年 4 月 4 日。
20) 自己株式の処分の統計は, 東京証券取引所「自己株式の処理及び処理状況」証券統計ポータルサイト, 平成 21 年 5 月 31 日により算定。
21) 「自社株消却　過去最高」『日本経済新聞』朝刊　平成 20 年 3 月 23 日。東京証券取引所上場企業の自己株式の消却株数は, 18 年で 8,280 億 35 百万株, 19 年で 7,739 億 22 百万株 (前年比 16.6% 減), 20 年で 9,793 億 74 百万株 (同前比 26.6% 増) である (東京証券取引所「自己株式の処理及び処理状況」証券統計ポータルサイト, 平成 21 年 5 月 31 日により算定)。

第 10 章

シンガポールの産業高度化から学ぶ

林　　正　樹

1. 分かれ道はどこに？

　シンガポールの国民1人当たりのGDPが1998年には日本の3分の2にすぎなかったにもかかわらず，2007年に日本のそれを超えた（後掲の表10-2）。わずか10年で追いつき・追い越すほどまでになり得たのはなぜであろうか。1970年代以降，韓国・台湾・香港と並んでアジアNICs（新興工業化諸国，Newly Industrializing Countries。後に，中国への政治的配慮から，Newly Industrializing Economies: NIEsに呼称変更）として注目され，1990年代以降も，1997年のアジア金融危機の影響をまともに受けながらも，見事に復活し，その後も際だった経済成長を遂げた要因は何であろうか。

　一般的には，国の経済成長に伴い，1人当たりのGDPが上昇するのでそれまでの低い賃金水準は国際競争力の要因ではなくなっていく。特に，1990年代以降，中国という低賃金を武器とする強力な競争相手が登場してきたために，シンガポールにおいては，これまで経済成長の原動力となってきた製造業企業が当然のこととして低賃金を求めて国外に進出して国内製造業の「空洞化」問題が発生したり，国内に残った企業に対しては持続的経済成長に向けて公害発生防止や地球環境保護に向けた環境経営費用が上昇するとか，さ

らには教育・医療などの水準が高くなり，その費用負担を国家・企業・個人の間で如何に調整するかなどという問題が発生した。

　すでにお気づきのとおり，同様の問題は1970年代の日本で生起し，バブル経済崩壊後の1990年代に特に深刻化していった問題であった。現在の日本ではこれに少子高齢化が加わって，高い経済成長どころか安定成長すら困難になっている。しかし，シンガポールは基本的には日本と同じ道を歩むどころか，日本が少子高齢化・企業と人材の海外流出・雇用と消費の停滞・地域経済の衰退に有効な政策を打ち出せないのを尻目に，世界から優秀な人材と企業を呼び込んで成長する道を進みつつある。21世紀に入っても，ITバブルの崩壊による大幅な落ち込みとなった2002〜3年を経て新たな成長軌道に乗り，国民1人当たりのGDPが，冒頭に述べたとおり，2007年に日本のそれを超えたのである。

　かつての「東アジアの奇跡」には，「ルック・イースト」のプロパガンダに象徴されるように，日本の経済成長政策および日本企業の投資行動が大きく関わってきたが，日本が「失われた10年」と言われた90年代以降の日本の関わりはどのようなものであったのか？　シンガポールの経済成長と日本の長期停滞の分かれ道はどこにあったのか？　日本の「失われた10年からの脱出」を考える上で参考にするべきものは何か？　これらについて考察するのが本稿の目的である。

2．シンガポールの経済成長の特徴

　シンガポールは1965年にマレーシア連邦から独立した後，それまでの現地資本中心の輸入代替工業化戦略から外国資本を利用した輸出志向型工業化戦略に転換し，70年代〜80年代にGDP対前年比平均で8%前後の成長を

達成したので，韓国，台湾および香港とともにアジア NIEs（新興工業国）と呼ばれ，その実績は他の ASEAN 諸国の経済成長とともに「東アジアの奇跡」と評価された[1]。

やや詳細に見ると次のような成長軌道であった。まず，1966年から1973年の第1次「石油危機」までは，シンガポール経済は実質12%台の経済成長を達成した。次に，「石油危機」後は，74年6.3%，75年4.1%に急落したが，76〜80年は年平均9.4%の高い成長を回復した。その後も，82年が6.3%に下がったが，80年代前半は実質経済成長率（GDPベース）で，81〜4年平均8.0%の成長を維持した。しかし，シンガポール経済が輸出志向型であるが故に，1つには，先進国の構造的な不況の影響を免れることができないという循環的要因があり，85年は独立後初のマイナス成長（1.7%）となり，9.2万人の雇用減（その内，外国人労働者は6万人），失業率は4%を記録した。輸出も他のアジア NIEs の増加率のほぼ半分となり，シンガポールの競争力がこれらの諸国に比し低下していることが明らかになった[2]。また，こうした循環的要因だけではなく，シンガポール経済の構造的要因として，経済の高度成長に伴う賃金上昇，事務所や工場用地の値上がり，労働者不足，など製造業の立地環境の変化が生じた。

経済成長に伴う経済政策の変化について，シンガポール政府は，一方で製造業の重要性を中期的な経済戦略として認めながらも，今後の成長の牽引力となるのは金融，通信等のサービス部門であると指摘し（「経済委員会報告」(1986)），貿易産業省が，「戦略的経済計画」(1990年)の中に，「ハイテク産業，知識集約型産業の誘致，高付加価値的な革新的・創造的企業活動の促進という項目」を掲げたのを受けて，「IT2000：インテリジェント・アイランドに向けて」(1992年)を発表し，2000年に向けて情報通信インフラストラクチャーの発展計画を具体化した[3]。

かかる成長戦略の転換は，産業別 GDP 構成比を見る限り，製造業は1990

表10–1 シンガポールの主要産業別GDP構成比

(単位: %)

年	1970	1980	1990	1994	1995	1996P
製　　造	25.0	29.7	28.6	27.5	27.8	26.9
建　　設	10.0	7.5	5.5	7.4	7.4	8.2
商　　業	23.4	20.1	18.8	18.2	18.2	18.1
運輸・通信	6.7	11.0	12.8	12.8	13.1	13.2
金融・ビジネスサービス	16.9	20.5	26.3	27.3	26.9	27.2
その他のサービス	14.6	11.4	10.8	10.7	10.3	10.4

注：90年価格ベース。GDP総計は農水産，鉱業，税，輸入関税（加算），銀行帰属サービス料金（減算）を含む。商業は商品貿易を含む。Pは暫定値。
出所：Economic Survey of Singapore 1996より算出。『ARCレポート（シンガポール）』(1997. 6)

年の28.6%から95年の27.8%へと比率を若干の低下に止める一方，金融・ビジネスサービスを10ポイント以上高めることに成功するなど，90年代の産業構造の高度化として結実した（表10–1）。

しかし，シンガポール経済が貿易依存型であるが故に，先に指摘した国際経済の循環的変動の波によって大きく変動するという弱点はその後も克服できてはいない。すなわち，1998年の実質GDPの対前年比の上昇率はアジア金融危機の影響をまともに受けて前年の8.0%から0.4%に低下した。その後，99年5.9%，2000年10.3%の上昇と回復，2001年の米国のITバブル崩壊の影響で低下（2002年4.2%，2003年3.1%），2004年に再び回復(8.8%)，2008年は世界的金融不況により大きな低下（予想），という繰り返しである。

表10–2は，日本・アジアNIEs・ASEAN6ヵ国および中国とインドの1人当たりGDPの推移を，アジア金融危機とITバブル崩壊の時期を挟んで整理したものである。

第 10 章　シンガポールの産業高度化から学ぶ　259

表 10-2　1 人当たり GDP（名目）

(単位；ドル)

	1989 年	1997 年	1998 年	2007 年
日　　本	23,952	33,837	30,693	34,296
香　　港	12,006	27,056	25,353	29,753
シンガポール	10,276	25,254	20,982	35,163
台　　湾	7,584	13,835	12,601	16,760
韓　　国	5,660	11,961	7,848	21,655
マレーシア	2,239	4,693	3,303	6,956
フィリピン	710	1,170	910	1,627
中　　国	400	771	817	2,483
インドネシア	622	1,184	516	1,925
イ ン ド	345	410	408	942
ベトナム	97	362	391	829

出所：IMF-World Economic Outlook より作成。

　もう一歩踏み込んで，製造業の構成比率の変化を見ると，対 GNP 比率は 98 年に 23.5% に低下するが，99 年 25.1%，2000 年 26.1%，へと再び反転し，IT バブル崩壊の影響で 02 年と 03 年は 24.3%，24.2% に低下したが，04 年から反転 (25.3%)，06 年 (26.9%) に回復している。循環的な変化に影響されているが，その度に以前よりも高度な産業構造となって回復するという，この国独自の特徴が現れているようにも見える。

　以上，シンガポール経済の特徴を概観し，天然資源にも恵まれていない小国が，地の利を生かして輸出志向型工業化をいち早く採用し，一方でハイテク製品を含む製造業の対 GNP 比率を高めに維持しながら，同時に情報ネットワークシステムに基礎づけられた金融とビジネスのアジアのセンターという機能をも併せ持つ産業構造を構築していることを見てきた。次には，この

ような産業構造が如何にして形成されたのかという視点から，その歴史をたどってみよう。

3. シンガポールの産業高度化戦略の特徴

国土面積が日本の500分の1，淡路島とほぼ同じ，人口は430万人（2006年。1980年の230万人から増加），しかも天然資源にも恵まれていない小国が今日の経済成長を達成できた要因は何か。地の利や時の運もあろうが，それを生かしたのはこの国の工業化を含む産業高度化戦略（＝経済・産業政策）である。それは，輸入代替型工業化戦略期（1960～1964年），輸出志向型工業化戦略期（1966～1979年），産業構造高度化戦略期（1980年以降）に分けられる[4]。

(1) 輸入代替型工業化戦略期（1960～1964年）

シンガポールは，1963年にマレーシア連邦の一員としてイギリスから独立するまでは，地理的優位性を生かした「中継貿易」（東南アジア諸国の1次産品を先進工業国に輸出する一方，先進諸国の工業製品を輸入し，それを近隣諸国へ輸出するもの。「仲介貿易」ともいう。）によって発展してきた。しかし，65年のマレーシア連邦からの独立に伴い，マレーシア共同市場の喪失や公共事業の停滞による雇用問題（10％近い失業率と労働争議）を解決できず，輸入代替型工業化戦略が行き詰まった。

(2) 輸出志向型工業化戦略期（1966～1979年）

1965年にマレーシア連邦から独立した後，それまでの現地資本中心の輸入代替工業化戦略から外国資本を利用した輸出志向型工業化戦略に転換し，

70年代〜80年代にGDP対前年比平均で8%の成長を達成し，アジアのNIEsとして注目された韓国・台湾・香港の中でも際だった経済成長を遂げたのである。しかし，同時に，シンガポール経済が輸出向型であるが故に，先進国の不況の影響を免れることはできず，1970年代末には，1人当たりのGDPの上昇に伴い，特に，中国という低賃金を武器とする強力な競争相手の登場とアメリカ市場の低迷によって，輸出志向型工業化戦略の限界に直面した。

ここで，シンガポールは再び工業化戦略の転化を図り，1979年に，産業構造の高度化戦略を打ち出し，85年には独立以来初めてのマイナス成長を記録するなどの試練を経ながらも，ハイテク製品を中心とする製造業と金融およびビジネスサービスを柱とする経済構造を築くことに成功した。すなわち，一方では，ハイテク製品が製造業品の輸出に占める比率が89年の38%から99年の60%に急速に増加するなど産業の情報化を推し進め，他方では，金融およびビジネスサービスのGDPシェアを1986年の20%から98年の26%に拡大するなど，産業構造の高度化戦略は成果を上げていると言えよう。

(3) 産業構造高度化戦略期（1980年以降）

1979年，シンガポール政府は産業構造の高度化戦略を打ち出した。具体的には，オートメーション化，コンピュータ化を奨励し，高付加価値化および技術集約型産業への投資促進政策を実施し，そのための人的資源開発政策（初等・中等教育の普及，中等レベル以上の職業専門教育の充実，職業訓練）を推進した。しかし，外資導入競争が激しくなったのと労働力資源の制約がコスト上昇圧力となり，1985年に，シンガポールは独立後初めてマイナス成長を記録する。そこで，シンガポール政府はこれまでの輸出志向型戦略から産業構造高度化戦略に切り替えることになる。ここまでは，工業化を成し遂げた国が辿るお決まりの道であり，日本との共通点も多い。

日本とシンガポールの産業構造高度化戦略の違いはどこにあるのか。日本が学ぶべきことは何か。それを考えるために，まず，シンガポールの産業構造高度化戦略の中身を見ておこう。それは，次の3本柱からなる。

① 世界のビジネスセンターを目指す「トータル・ビジネスセンター構想」で，「地域統括会社」（OHQ 等）を制度化（1986 年）し，世界トップクラスの多国籍企業をシンガポールに誘致する。② 情報技術部門の戦略的育成を図る国家情報技術計画（National IT Plan, 1986 年）[5]，「ハイテク産業，知識集約型産業の誘致，高付加価値的な革新的，創造的企業活動の促進」という「戦略的経済計画」（1990 年）および「IT2000：インテリジェント・アイランドに向けて」（1992年）。③「成長の三角地帯」経済圏構想（＝マレーシア・インドネシア・シンガポールからなる「成長の三角地帯」経済圏は近隣諸国・地域市場の育成によって，先進国市場に偏った輸出依存型産業構造の弱さを克服する国家戦略（1989 年）。

日本の産業構造高度化政策との共通点は，②の情報技術政策と知識集約型産業育成政策である。日本でも，工業化の段階では，日本政府が大企業に対して「国家カルテル」とも言えるような優遇措置や参入規制を行ってきた。たとえば，1957 年の「電子工業振興臨時措置法」，1971 年の「特定電子工業及び特定機械工業振興臨時措置法」，1978 年の「特定機械情報産業振興臨時措置法」など，1980 年代の半ばの「日米半導体貿易」の「インバランス」が問題になった際には，アメリカから強く批判され，注目された。その後，アメリカに次ぐ世界第 2 位の経済大国になった段階では，政府の直接的な産業支援策は制限されてきた。ただし，政府と大企業の癒着に対する批判が，バブル崩壊後は特に，「規制緩和」の名の下で，いわゆる「構造改革」（＝「新自由主義」）路線に利用されたことは留意しておかなければならない。特に，本稿で問題にする点は，工業化段階で政府による直接的な産業支援策が必要なように，産業構造高度化段階ではその段階に相応しい産業政策が必要だと

いうことである。

　産業構造高度化段階に相応しい産業政策として，また，日本に全く欠如している政策として，シンガポールの「トータル・ビジネスセンター構想」とマレーシア・インドネシア・シンガポールからなる「成長の三角地帯」経済圏構想に注目したい。この2つは，工業化段階の政府による直接的な産業支援政策を超えて，産業高度化段階に相応しい国家戦略と言えるからである。

4. シンガポールの産業高度化戦略と日系企業の関係

　シンガポールのこれまでの経済成長は，産業的・社会的インフラストラクチャーの建設と，それを基盤として，世界の資本・技術・人材，特に先進技術を持つ多国籍企業を引きつけ，多国籍企業の力を利用してきたことにある。日系企業もその中に位置づけられる。日本側から見れば，逆にシンガポールの経済成長に関わりながら，これを利用してきたという，いわゆるコインの表と裏の関係である。以下では，特に，(1) 1986年に世界のビジネスセンターを目指す「トータル・ビジネスセンター構想」における世界の多国籍企業の「地域統括会社」(OHQ等) 誘致政策と，(2) これらを実現する地域としての東アジア経済圏，より直接的には「成長の三角地帯」という地域経済圏を構築する政策，の2点に注目し，日系企業との関係という視点から，その特徴を考察する。

(1) 「地域統括会社」制度で世界のビジネスセンターを目指す
　シンガポールは，1960年代初期の輸入代替工業化戦略から，独立後はいち早く外国から資本・技術・人材を誘致して輸出志向工業化戦略に切り替え，近隣諸国が国際競争力を高めてきた80年代には産業高度化戦略に再び政策

転換を行って,「東アジアの奇跡」の先頭を走ってきた。そして, 1998 年に 1 人当たり GDP が日本の 3 分の 2 の約 20,000 ドルが, 2007 年に 35,000 ドルに達して日本のそれを追い越した。この「奇跡」をもたらした 1 つの要因として, シンガポールが外国企業に対して認定している「地域統括会社」制度に注目する。

シンガポールには, 7,000 社を超える外国企業 (その内, 日系企業は約 700 社; 2004 年現在)[6]があり, その内, シンガポール政府・経済開発局 (EDB) によって「地域統括会社」のステータス (1986 年に導入された) を認定・付与されている会社は, 2001 年までの累計で 230 社 (その後毎年 25 社に新規にステータスを付与するという計画通りであれば, 2008 年現在では約 400 社) である。地域統括会社のステータスは, シンガポール政府が優秀な外国企業を誘致するために, 法人税の減免などの優遇措置 (特典) を与える制度で, その特典を得た企業の国籍別構成比を見ると, 米国 38%, EU33%, 日本 11%, その他, となっている[7]。地域統括会社のステータスは, 制定されて以来, 次の 4 つに分かれていた (2002 年 12 月まで)。

① OHQ (Operational Headquarters); アジア地域全体の経営戦略や政策決定, 経営管理, 支援機能を担う (特典: OHQ 業務から生じる利益に対し法人税の減免)。(＊)

② MHQ (Manufacturing Headquarters); 地域製造統括機能を担う。(＊)

③ BHQ (Business Headquarters); 地域マーケティング販売機能を中心的に担う。(＊)

④ GHQ (Global Headquarters); アジア地域を越えたグローバルな統括機能を担う (特典: 法人税の減免)。

(＊) ①②③ は, 事業の性格, 申請者の意向, EDB のアドバイス・判断によって決まる[8]。

これら4つのステータスは，2002年12月にIHQ (International Headquarters；国際統括本部) に統合され，現在に至っている。政府が付与するステータスは統一されたが，企業の実態は従来通り，様々な「統括」機能を持つものからなっている。たとえば，ジェトロの調査では，シンガポールの日系企業の場合，製品・サービスの販売拠点に「地域統括拠点」としての役割・機能を求める企業が79社の内48社 (60.8%) もあり，第1位である。また，「地域のサプライチェーン統括機能」を期待する企業が24社 (20.3%) あり，販売拠点に対して，「第3国・地域向け販売拠点」(50.6%)，「国内市場向け販売拠点」(22.8%) としての機能を求めるだけではなく，何らかの「統括機能」を持たせている。シンガポールの他に，ASEAN 6ヵ国で，販売拠点に「地域統括機能」を求めている日系企業は，タイの日系企業91社の内の24社 (26.4%) である[9]。

したがって，本稿では，従来の4つのステータスと現在のIHQを含め，一括して，「地域統括会社」と表記する。

「地域統括会社」の特典の内容は，法人税や関税の減免・R&Dコストの二重控除，簡易連結決算[10]などが指摘されており，実際に，ソニー，松下 (現パナソニック)，日立，NEC，オムロンや横河電機などの電気・電子機械産業の代表的メーカー，また，トヨタ，デンソーが自動車 (部品) の「販売拠点」を設立してそこに「地域統括機能」を持たせていること，さらには，「世界を代表する自転車メーカー」であるシマノや大日本インク (株) が「地域統括会社」を設置していること，および，シンガポールの「地域統括会社」の70%以上を欧米の多国籍企業が占めているという事実，等々が「地域統括会社」の特典の魅力を物語っている。

たとえば，アジア主要諸国の法人税率は，日本30.0%，中国・韓国・台湾が各25.0%，香港16.5%，シンガポール18.0%，マレーシア25.0%，インドネシア・タイ・フィリピンが各30.0%である (2009年1月；財務省の

web)。シンガポールは法人税をそれまでの22%から，2005年に20%に引き下げ，さらに現在の18.0%へと5年間で4%引き下げた。その背景には，マレーシア，タイ，フィリピン，中国などが，90年代以降，相次いでシンガポールの「地域統括会社」制度と同様の制度を導入し始め，2000年代に入ってからこれらの国の「地域統括会社」が増加してきたことが背景にある。

(2) 東アジア経済圏の一角としての「成長の三角地帯」

ASEANの歴史は，1961年に設立された東南アジア連合(マラヤ連邦，タイ，フィリピン)を原点とし，マレーシア連邦の独立をめぐる対立を経て，1967年の原加盟5ヵ国(タイ，インドネシア，シンガポール，フィリピン，マレーシア)の外相がASEAN設立のバンコク宣言に署名したことに始まる。1976年の第1回首脳会議以降東西冷戦終結までの「内向きの集団的経済自立化の時期」[11]を経て，ベトナムの加盟(95年)，ミャンマーとラオスの加盟(97年)およびカンボジアの加盟(99年)によってASEAN10を設立し，アジア金融危機以後も経済協力の面で発展を見せている。

ASEAN域内経済協力に関しては，1977年のASEAN特恵貿易協定(PTA)を出発点として，81年に「単一の工業製品の主要部品を各国が分担して生産・組み立て，域内で流通させる」ASEAN産業保管協定(AIC)，87年にPTAを改正して対象品目を拡大し，優遇関税対象品目の原産地規制を50%から35%に緩和することが合意された。88年には加盟国間での自動車部品の相互補完に優遇関税が適用されるBBCスキームを導入した。また，92年の第4回首脳会議でASEAN自由貿易地域(AFTA)の創設を決定し，「2008までに全ての生産品目について先行加盟6ヵ国が関税を5%以下に引き下げる」という共通特恵関税措置(CEPTスキーム)を決定(1993年発効)した。さらに，95年の第5回首脳会議で，AFTAの実現を2003年に前倒しすることを決定[12]し，加えて，96年の経済閣僚会議において，「全製造業

部門の域内進出企業を対象に国産化率が40％以上であり，かつ現地側の出資比率が30％以上の企業拠点間での貿易については，関税を5％以下に減免する」[13]というASEAN産業協力計画（ASEAN Industrial Cooperation Scheme: AICOスキーム）が導入された。これによって，2004年には全品目の97.5％で達成した[14]。また，WTOの情報技術協定（ITA）により，対象となる半導体，コンピュータ，通信機器等につき，ASEAN各国も2005年までに対象となる品目の関税を撤廃した。これら関税をめぐる貿易環境の変化が，事業再編を促しているのである[15]。

この間，2001年に日・シンガポール経済連携協定（JSEPA）が締結されて以来，東アジア諸国は自由貿易協定（FTA）締結への動きを加速させた。

以上のようなASEAN（プラス&）諸国による経済協力関係の延長線上に，東アジアビジネス圏構想が位置づけられる。具体的には，1990年代初頭に，シンガポール，インドネシア・バタム，マレーシア・ジョホールを結ぶ「成長のトライアングル」が設置され，その成長が大きな注目を浴びている[16]。

東アジアビジネス圏における事業再編成では，日系企業の関わりが大きな比重を占めている。日系企業の事業再編の実態を整理しておこう[17]。

1）生産拠点の移転；2003～7年の5年間に，ASEAN 6ヵ国に移転された合計530の生産拠点（工場）について見ると，移転先の内訳は，タイ160，マレーシア114，フィリピン109，インドネシア79，シンガポール45，ベトナム23となっているが，移転元の国は，シンガポールを除くとほぼ半数が日本からの移転である（59～60頁）。日本以外では，ASEAN域内移転が多く，域内での事業再編が進んでいることが現れている。

東アジア圏での事業再編が進む理由は，関税の低下，生産拠点としての将来性，市場としての将来性，および販売拠点の役割の変化等である。

2）関税；(1977年) ASEAN特恵貿易協定（PTA），(88年) 自動車部品の相互補完に優遇関税が適用されるBBCスキームの導入，(92年)

ASEAN自由貿易地域（AFTA）の創設と，その実現に向けて関税を5%以下に引き下げるという共通特恵関税措置（CEPTスキーム）を決定（1993年発効），（96年）ASEAN産業協力計画（ASEAN Industrial Cooperation Scheme: AICOスキーム）導入。

3) 最適生産拠点；ASEANに進出している日系企業は進出国の生産拠点を最適地として「満足」しているのかを見ると，マレーシア・インドネシア・フィリピンについては約4割の企業が「満足」していると答えているが，シンガポールについては，「満足」の答えは2005年の24.2%から2006年20.5%，2007年12.5%へと半減し，中長期的な製造国としての評価が下落している。（考察；シンガポールはいわゆる「もの作り国家」としての魅力を弱めてきているのかも知れない。ある意味では，日本と共通する課題である。）

4) 事業・製品別の最適生産拠点国；業種別に見ると次のようになっている。

輸送用機器；タイが47.4%，インドネシアが26.3%，インド15.8%。

輸送用機器部品；タイが43.3%で，フィリピン・ベトナム・インドが各11.3%。

電気機械・電子機器；ベトナム28.0%，マレーシア22.0%，タイ18.0%，中国12.0%。

電気・電子部品；マレーシア30.2%，ベトナム20.9%，中国18.6%。

金属製品；タイが33.3%，ベトナム27.8%，フィリピン11.1%。

化学品；タイ28.0%，中国20.0%，ベトナム14.0%，インド10.0%，マレーシア・シンガポール・インドネシア各6.0%，の順。

（考察；この数字は，あくまでも，日系企業から見たシンガポールに対する評価にすぎない。そのことを念頭に置きながら，この数字を読む必要があるだろう。）

5) 日系企業の輸出比率と輸出先；（イ）シンガポールでは，輸出比率が70%以上という日系企業が63.3%と多く，ASEAN6ヵ国の平均49.8%を

第 10 章　シンガポールの産業高度化から学ぶ　269

表 10-3　主要業種別の中長期的に最適な生産拠点
(単位: 社, 構成比 %, 有効回答企業数: 578 社)

総　数 (578社)		輸送用機器部品 (97社)		金属製品 (54社)		電気機械・電子機器 (50社)		化学品 (50社)		電気・電子部品 (43社)	
タ　　イ	163社 28.2	タ　　イ	42社 43.3	タ　　イ	18社 33.3	ベトナム	14社 28.0	タ　　イ	14社 28.0	マレーシア	13社 30.2
ベトナム	114社 19.7	フィリピン	11社 11.3	ベトナム	15社 27.8	マレーシア	11社 22.0	中　　国	10社 20.0	ベトナム	9社 20.9
マレーシア	73社 12.6	ベトナム	11社 11.3	フィリピン	6社 11.1	タ　　イ	9社 18.0	ベトナム	7社 14.0	中　　国	8社 18.6
中　　国	54社 9.3	イ　ン　ド	11社 11.3	マレーシア	5社 9.3	中　　国	6社 12.0	イ　ン　ド	5社 10.0	タ　　イ	6社 14.0
フィリピン	50社 8.7	インドネシア	10社 10.3	イ　ン　ド	5社 9.3	フィリピン	5社 10.0	そ　の　他	4社 8.0	フィリピン	3社 7.0
イ　ン　ド	47社 8.1	中　　国	8社 8.2	インドネシア	2社 3.7	イ　ン　ド	3社 6.0	マレーシア	3社 6.0	そ　の　他	2社 4.7
インドネシア	37社 6.4	マレーシア	2社 2.1	中　　国	2社 3.7	その他ASEAN	2社 4.0	シンガポール	3社 6.0	シンガポール	1社 2.3
そ　の　他	20社 3.5	その他ASEAN	1社 1.0	そ　の　他	1社 1.9			インドネシア	3社 6.0	イ　ン　ド	1社 2.3
シンガポール	11社 1.9	そ　の　他	1社 1.0					フィリピン	1社 2.0		

食品・農水産加工品 (24社)		一般機械 (24社)		非鉄金属 (21社)		鉄　　鋼 (19社)		輸出用機器 (19社)		衣服・繊維製品 (11社)	
タ　　イ	6社 25.0	タ　　イ	6社 25.0	タ　　イ	7社 33.3	タ　　イ	6社 31.6	タ　　イ	9社 47.4	タ　　イ	4社 36.4
マレーシア	5社 20.8	ベトナム	6社 25.0	マレーシア	4社 19.0	インドネシア	6社 31.6	インドネシア	5社 26.3	そ　の　他	3社 27.3
ベトナム	4社 16.7	マレーシア	3社 12.5	フィリピン	3社 14.3	イ　ン　ド	2社 10.5	イ　ン　ド	3社 15.8	インドネシア	1社 9.1
シンガポール	2社 8.3	インドネシア	3社 12.5	その他ASEAN	2社 9.5	その他ASEAN	2社 10.5	マレーシア	1社 5.3	フィリピン	1社 9.1
その他ASEAN	2社 8.3	フィリピン	2社 8.3	イ　ン　ド	2社 9.5	フィリピン	1社 5.3	フィリピン	1社 5.3	ベトナム	1社 9.1
イ　ン　ド	2社 8.3	イ　ン　ド	2社 8.3	シンガポール	1社 4.8	フィリピン	1社 5.3			中　　国	1社 9.1
インドネシア	1社 4.2	シンガポール	1社 4.2	中　　国	1社 4.8	そ　の　他	1社 5.3				
フィリピン	1社 4.2	中　　国	1社 4.2	そ　の　他	1社 4.8						
中　　国	1社 4.2										

出所: ジェトロ (2008)『在アジア日系企業の経営実態―ASEAN・インド編―』(2007 年度調査), p. 63。

かなり上回る。(ロ) 輸出先については, シンガポールの日系企業は ASEAN 市場向けが中心 (45.3%) で, 日本向け 11.5%, 中国向け 9.4%, 米国向け 12.5% が副次的になっている。ASEAN 6 ヵ国の日系企業は ASEAN 市場向けは 3 分の 1 以下 (30.9%) で, 日本向けが約 4 割 (38.7%) と多く, 中国向け 6.2%, 米国向け 7.9% の順になっている。また, (ハ)「中継貿易」が多いのもシンガポールの特徴である。ASEAN に複数拠点を持つ企業は, インボイスの発行や為替・決済管理を含む物流の総合的な効率化を図る「有効なツール」として「中継貿易」を利用している。シンガポール (および日本) はその重要な拠点である。(14〜23 ページ)。(理由; 中継貿易と言うより加工貿易と言う方がわかりやすい。日本は ASEAN 諸国や中国などと「プロセス分業」を行い, ASEAN 域内で完成した製品を逆輸入したり欧米その他に輸出しているのである。次項参照。)

6) 原材料・部品の調達; (イ) シンガポールの日系企業は現地での調達割合 (29.6%) よりも, 日本からの調達割合 (34.0%) が高く, ASEAN 域内からの調達が最も低い (18.4%), (ロ) 現地調達の内訳は, 現地進出日系企業からの調達と地場企業からの調達が 44.4% と 43.3% でほぼ拮抗している。(ハ) 今後の調達先については, ASEAN は「進出国からの調達を増やす」が 54.7% と最大だが, シンガポールは「ASEAN からの調達を増やす」が最大 (48.2%) になっている。(考察; シンガポール日系企業は, 伝統的な中継貿易の継承という面と, その今日的形態という意味で, アジア経済圏の中での最適調達を図る地域統括機能を持つべく期待されているからという両面が考えられる。たとえば, アナログ TV セットのプロセス分業は, 次のように行われている。「製品のコンセプトづくり」(日本) →「基礎研究」(終了) →「商品開発」(シンガポール) →「試作」(シンガポール) →「製造」(中国・インドネシア) →「販売」(日本・アジア) →「コールセンター」(日本・アジア) →「メンテナンス」(日本・アジア)[18]。(ニ) 輸入調達に占める「関税ゼロ」

第10章　シンガポールの産業高度化から学ぶ　271

の割合は，ASEAN 6 ヵ国（32.6%）よりもシンガポールの方が高い（39.2%）。（理由；シンガポールは，一般関税が低い上，AFTAの活用などで関税ゼロになる域内での調達率が比較的高いためと見られる。）

7）ASEANに進出した日系企業にとっての経営上の問題点；（イ）生産面での問題点は，「調達コストの上昇」を指摘する企業はシンガポールとASEAN 6 ヵ国平均がともに 6 割を超えている（62.5%，64.2%）が，「限界に近づきつつあるコスト削減」（同 53.6%，44.3%），「品質管理の難しさ」（同 26.8%，45.0%），「原材料・部品の現地調達の難しさ」（同 23.2%，35.6%）と続く。（ロ）金融面での問題点は，シンガポール・ASEAN 6 ヵ国ともに「現地通貨の対ドル為替レートの変動」（シンガポール 61.8%，ASEAN 59.8%），「現地通貨の対円為替レートの変動」（シンガポール 40.0%，ASEAN 43.1%）が 1 位と 2 位を占め，ASEAN 6 ヵ国平均では，「税務の負担」が第 3 位（26.2%，シンガポールは 9.1%）となっている。（理由；シンガポールは，「地域統括本部」制度を導入するなどの優遇措置をとっている。）（p.34）。（ハ）雇用・労働面での問題点では，シンガポール・ASEAN 6 ヵ国の日系企業は，第 1 位に「従業員の賃金上昇」（シンガポール 77.6%，ASEAN 68.4%）を挙げているが，ASEANが「人材（技術者）の採用難」（46.4%）に苦しんでいるのに対して，シンガポールは 34.5%と，10 ポイント以上低くなっている（p.36）。（理由；シンガポールが早くから外国人技術者の導入と国内の人材育成に力を入れてきた成果が出ていると考えられる。）

8）競争力の源泉と今後の事業展開；（イ）「最大の競争相手・企業の国・地域（同業日系進出企業を除く）」は，ASEAN 6 ヵ国とシンガポールの日系企業はともに中国と回答する企業が第 1 位（各々 34.9%，37.3%），第 2 位がASEANでは「進出先地場企業」（20.4%）に対して，シンガポールでは「欧州」（15.3%）となっており，輸出市場の違いを反映している。（ロ）「競争相

表10-4 雇用・労働面での問題点（上位5項目）（製造業）

(複数回答，単位：％，有効回答621社)

	有効回答	第1位	第2位	第3位	第4位	第5位
総数	621	従業員の賃金上昇	人材（技術者）の採用難	人材（中間管理職）の採用難	管理職，現場責任者の現地化が難しい	日本人出向役職員（駐在員）のコスト
	100.0	69.2	45.6	39.3	33.7	31.4
ASEAN計	588	従業員の賃金上昇	人材（技術者）の採用難	人材（中間管理職）の採用難	管理職，現場責任者の現地化が難しい	日本人出向役職員（駐在員）のコスト
	100.0	68.4	46.4	39.1	34.7	31.6
タイ	155	従業員の賃金上昇	人材（技術者）の採用難	管理職，現場責任者の現地化が難しい	人材（中間管理職）の採用難	従業員の定着率
	100.0	59.4	54.2	41.9	40.7	32.9
マレーシア	143	従業員の賃金上昇	人材（技術者）の採用難	人材（中間管理職）の採用難	従業員の定着率	日本人出向役職員（駐在員）のコスト／管理職，現場責任者の現地化が難しい
	100.0	55.9	50.4	42.0	31.5	27.3
シンガポール	58	従業員の賃金上昇	日本人出向役職員（駐在員）のコスト	従業員の定着率	人材（中間管理職）の採用難	人材（技術者）の採用難
	100.0	77.6	37.9	36.2	34.5	34.5
インドネシア	80	従業員の賃金上昇	解雇・人員削減に対する規制	日本人出向役職員（駐在員）のコスト	労務問題	管理職，現場責任者の現地化が難しい
	100.0	83.8	57.5	43.8	35.0	31.3
フィリピン	125	従業員の賃金上昇	人材（技術者）の採用難	管理職，現場責任者の現地化が難しい	人材（中間管理職）の採用難	解雇・人員削減に対する規制
	100.0	76.8	52.0	38.4	35.2	35.2
ベトナム	27	従業員の賃金上昇	人材（中間管理職）の採用難	人材（技術者）の採用難	従業員の定着率	管理職，現場責任者の現地化が難しい
	100.0	81.5	70.4	63.0	48.2	48.2
インド	33	従業員の賃金上昇	従業員の定着率	人材（中間管理職）の採用難	人材（技術者）の採用難	日本人出向役職員（駐在員）のコスト
	100.0	84.9	63.6	42.4	30.3	27.3

出所：表10-3に同じ。p.36。

第10章　シンガポールの産業高度化から学ぶ　273

手の競争力」の要因は，ASEAN 6ヵ国もシンガポールも「価格」（86.1%，80.7%）とし，（ハ）競争相手への対抗手段は ASEAN 6ヵ国とシンガポールは第1位と第2位は「製品の高付加価値化」（56.2%，60.7%）と「マーケティングの強化」（33.1%，32.1%）で共通しているが，第3位以下は ASEAN が「販売価格の引き下げ」（26.9%）「研究・開発機能の強化」（21.6%）「新規分野での顧客の開拓」（20.6%）であるのに対して，シンガポールは「研究・開発機能の強化」と「新規分野での顧客の開拓」が同率3位（26.8%）で，第5位は「アフターサービスの強化」（23.2%）という違いを見せている（表10-5）。この違いは，それぞれの産業構造や輸出製品・市場の違いを反映していると思われる。（ニ）「今後1～2年の事業展開」では，シンガポール（日系企業）の回答は「拡大」55.0%（2006年 39.5%），「現状維持」30.0%（同44.2%），「縮小」11.7%（同8.1%）となっており，2007年調査で「拡大」が「現状維持」を上回ったものの，「縮小」と答えた企業が前年よりもさらに増加して ASEAN の倍以上になっている点が注目される。ASEAN の回答は，「拡大」59.6%（2006年 54.1%），「現状維持」34.6%（同40.7%），「縮小」4.8%（同4.1%）である。「縮小」に伴う移転先について，化学品，電気・電子部品関連で，シンガポール進出日系企業の6社がタイを挙げているのが目立ち，中国への移転も3社，ベトナム2社，インドと日本が各1社となっている（58頁）。

（3）　シンガポールの産業構造高度化の現状

シンガポールでは，「80年代半ば以降，国内の賃金上昇，オフィス賃貸料の高騰やシンガポール・ドルの対ドルレート上昇などを背景に，労働力，資源が比較的豊富な近隣アジア諸国に労働集約型産業の生産拠点が移転した。」[19]

これをやや具体的に見ると，まず，エレクトロニクス産業では，80年代に家電製品の生産がマレーシア，タイなどの ASEAN 諸国に移転し，続いて，

表 10-5　競争相手に対する対抗手段（回答上位5位）

【製造業】　　　　　　　　　　　　　　　（複数回答，単位：%，有効回答 536 社）

	第1位	第2位	第3位	第4位	第5位
総数	製品の高付加価値化	マーケティング・営業の強化	販売価格の引き下げ	研究・開発機能の強化	新規分野での顧客の開拓
	56.2	33.4	27.1	21.6	20.2
ASEAN計	製品の高付加価値化	マーケティング・営業の強化	販売価格の引き下げ	研究・開発機能の強化	新規分野での顧客の開拓
	56.2	33.1	26.9	21.6	20.6
タイ	製品の高付加価値化	マーケティング・営業の強化	販売価格の引き下げ	研究・開発機能の強化	新規分野での顧客の開拓
	56.8	30.3	25.8	22.7	18.9
マレーシア	製品の高付加価値化	マーケティング・営業の強化	研究・開発機能の強化	販売価格の引き下げ / 新規分野での顧客の開拓	新規分野での顧客の開拓
	58.5	37.4	28.5	27.6	27.6
シンガポール	製品の高付加価値化	マーケティング・営業の強化	研究・開発機能の強化 / 新規分野での顧客の開拓	新規分野での顧客の開拓	アフターサービスの強化
	60.7	32.1	26.8	26.8	23.2
インドネシア	製品の高付加価値化	マーケティング・営業の強化	販売価格の引き下げ	設備の増強	研究・開発機能の強化 / 新規分野での顧客の開拓
	57.8	33.8	31.0	18.3	16.9
フィリピン	製品の高付加価値化	マーケティング・営業の強化	販売価格の引き下げ	物流の効率化	既存製品/事業での選択と集中
	52.0	30.4	27.5	19.6	17.7
ベトナム	製品の高付加価値化	マーケティング・営業の強化	設備の増強	販売価格の引き下げ	アフターサービスの強化
	42.9	38.1	33.3	28.6	23.8
インド	製品の高付加価値化	新製品・モデルの市場投入	マーケティング・営業の強化	販売ネットワークの拡充	アフターサービスの強化
	54.8	41.9	38.7	35.5	32.3

出所：表 10-3 に同じ。p. 47。

第 10 章　シンガポールの産業高度化から学ぶ　275

【非製造業】　　　　　　　　　　　　（複数回答，単位：%，有効回答 359 社）

	第1位	第2位	第3位	第4位	第5位
総　数	製品・サービスの高付加価値化	マーケティング・営業の強化	新規分野での顧客の開拓	新製品・サービスの市場投入	アフターサービスの強化
	63.5	39.8	25.1	23.7	23.4
ASEAN計	製品・サービスの高付加価値化	マーケティング・営業の強化	新規分野での顧客の開拓	アフターサービスの強化	新製品・サービスの市場投入
	63.7	38.6	24.8	23.9	23.6
タ　イ	製品・サービスの高付加価値化	マーケティング・営業の強化	新規分野での顧客の開拓	新製品・サービスの市場投入	アフターサービスの強化
	63.4	39.8	26.9	21.5	18.3
マレーシア	製品・サービスの高付加価値化	マーケティング・営業の強化	アフターサービスの強化	新規分野での顧客の開拓	新製品・サービスの市場投入
	62.4	45.9	31.8	27.1	25.9
シンガポール	製品・サービスの高付加価値化	マーケティング・営業の強化	新製品・サービスの市場投入	販売価格の引き下げ	新規分野での顧客の開拓
	66.7	34.8	31.9	29.0	26.1
インドネシア	製品・サービスの高付加価値化	新製品・サービスの市場投入／新規分野での顧客の開拓	アフターサービスの強化	マーケティング・営業の強化／物流の効率化／既存製品／事業での選択と集中	製品・サービス開発期間の短縮	販売価格の引き下げ
	66.7	28.6	23.8	14.3	9.5
フィリピン	製品・サービスの高付加価値化	マーケティング・営業の強化	アフターサービスの強化	既存製品／事業での選択と集中	製品・サービス開発期間の短縮／販売価格の引き下げ／新規分野での顧客の開拓／販売ネットワークの拡充
	54.4	34.8	19.6	17.4	15.2
ベトナム	製品・サービスの高付加価値化	マーケティング・営業の強化	アフターサービスの強化	新製品・サービスの市場投入	新規分野での顧客の開拓
	76.0	48.0	28.0	24.0	20.0
インド	製品・サービスの高付加価値化／マーケティング・営業の強化	新規分野での顧客の開拓	新製品・サービスの市場投入	販売ネットワークの拡充	研究・開発機能の強化／物流の効率化／戦略的な業務提携／企業買収による経営資源の活用
	60.0	30.0	25.0	25.0	20.0

出所：表 10–3 に同じ。p. 47。

90年代に入って中心的な生産品目は電子部品・デバイス，情報処理機器などにシフトした。しかし，近年（90年代末以降）はこれらの分野でも技術の平準化が進み，生産コストが低いASEAN，中国への移転が起きている。たとえば，90年代半ばまでシンガポールの代表的生産品目であったハードディスクドライブの場合，90年代末にウェスタンデジタルやシーゲートといった有力企業が相次いでシンガポールの生産拠点を閉鎖・縮小した[20]。

これは，国内の労働集約型産業が海外展開し，代わって，エレクトロニクス産業や情報産業など資本集約型ないし知識集約型産業が発展して，産業構造が「高度化」するという，日本の産業構造の転換と基本的には類似している。すなわち，シンガポールも日本も，経済の発展によって，国内の経済活動は，地価の上昇や人件費の上昇に表されるように，いわゆる「高コスト構造」になっているのである。しかし，彼我の決定的な違いは，日本は資本も技術も人材も海外に流出する一方であるのに対して，シンガポールはこれらの資源を世界から呼び寄せる道を選択したところにある。

5. シンガポールの課題，日本の課題

シンガポールは1980年代まではアジアNIEsの一角として注目されたが，90年代以降は中国が「世界の工場」として登場し，ロシア・ブラジル・インドがこれに続いたので，すっかり影を潜めたかのごとくである。ところが，97年のアジア金融危機以降，さらには2001年のITバブルの崩壊以降の復活は実に著しく，「新しい奇跡」と言えるほどの「何か」を感じさせるのである。

今日のシンガポール経済を構築できた要因は多数指摘できるであろうが，本稿では，日本とも共通する情報技術や知識集約型産業育成策の他に，シン

ガポール独自の「地域統括会社」（OHQ 等）を誘致する制度と一連の産業構造高度化政策および「成長の三角地帯」経済圏構想に注目して，その経済的成果と日系企業との関わりを実体的に分析した。特に，「成長の三角地帯」経済圏構想は，発表の翌年にはマレーシアとインドネシアの両首脳が同意し，今では着実に成果を上げるところまで発展してきた。その意義は，シンガポールの先進国市場に偏った産業構造の弱さを近隣諸国・地域市場の育成によって克服していくことができるか，注目されるところである。「新しい奇跡」が起こりつつあるのかどうかの判断基準はここにある。

2008 年 10 月以降の経済危機による影響はシンガポールにとっては極めて深刻である。『通商白書』（2009 年）は，次のように指摘している。

「シンガポールの実質 GDP 成長率は，2004 年から 2007 年まで毎年 7〜9％ の伸びを維持しており，2008 年も第 1 四半期まで順調な伸びを示していた。同年第 2 四半期から減速をはじめ，第 4 四半期にはマイナス成長に転じ，2008 年の実質 GDP 成長率は 1.1％ まで低下した。輸出とは対照的に，シンガポールの民間消費が実質 GDP に占める割合は 40％ と相対的に小さい。しかしながら，雇用環境の悪化を背景として民間消費は冷え込みを見せており，2008 年第 4 四半期からは民間消費も減少に転じた。以上の結果，2009 年第 1 四半期の実質 GDP 成長率は −10.1％ と大幅に低下した。…しかし，輸出額の減少幅が 2009 年 2 月以降縮小に転ずるなか，製造業生産指数も化学製品は 2009 年 1 月以降，電子製品・部品が同年 4 月以降，回復しはじめている。2009 年 4 月には製薬・バイオ部門の大幅な上昇もあり，同月の製造業生産指数は大幅に回復している」[21]。

翻って，日本に目を向けると，90 年代が「失われた 10 年」と言われるが，

07年の1人当たりのGDPは97年のそれとほとんど同じである（表10–2参照）という限りでは，アジア金融危機後の政府の「規制緩和」政策と「株価最大化」を求める投機家集団の圧力に屈した企業経営[22]に問題があると思われる。98年からの10年間に1人当たりGDPが増えなかった原因は，所得の再配分の失敗にある。日本の大企業の多くが，「正規従業員の雇用を守る」ためにと称して「成果主義」人事・賃金制度を導入し，総人件費の抑制を行った。その結果，「非正規従業員」が雇用労働者の3分の1を超え，年収200万円以下のワーキング・プアと呼ばれる人たちが500万人を超し，貧困率はアメリカに次いで世界第2位になった。2003年以降，ITバブル崩壊後の世界経済の景気回復局面で，日本は「中国特需」など輸出の追い風を所得の再配分の失敗によって内需拡大につなげられなかった。その逆に，少なからぬ数の企業が海外に活動拠点を設けることによって利益を上げる道を歩んだために，国内産業の空洞化が進んでいる。このまま進めば，日本は「企業栄えて，民滅ぶ」道を進むことにならないだろうか。

1) 世界銀行（1993年）『東アジアの奇跡』東洋経済新報社。
2) ワイス（1986年）『ARCレポート；シンガポール』4頁。GDP（実質）の成長率は，86年も1.8%の低成長であったが，87年以降は8%〜11%成長に回復した（『ARCレポート』各年版より）。
3) 案浦崇（2001年）『シンガポールの経済発展と人的資本論』学文社，2頁。
4) 兪炳強（2003年）「シンガポールの経済発展と人的資源開発に関する一考察」『産業総合研究』Vol. 11。また，赤松要の雁行型経済発展モデルは，後進国の産業発展は先進国の発展経路を受け継いで，輸入→輸入代替工業化→輸出工業化→成熟化→斜陽化という過程をたどるというものであるが，発展途上国の経済発展モデルは発展途上国の条件を無視してアジア諸国や発展途上国全般に機械的に適用することは間違いである。たとえば，国内市場が狭隘な台湾，韓国，シンガポールでは，中国やマレーシアおよびタイよりも早く輸出志向型工業化政策が採用されている。天野倫文（2005年）『東アジアの国際分業と日本企業』有斐閣。
5) 平川均・石川幸一・小原篤次・小林尚朗編著（2007年）『東アジアのグローバル

　　　　　　　　　　　　　　第 10 章　シンガポールの産業高度化から学ぶ　279

　　化と地域統合』ミネルヴァ書房，43–44 頁。
 6) 安積敏政 (2005 年)『21c アジア経営戦略ガイド』(社) 企業研究会，30 頁。東
　　洋経済新報社『海外進出企業総覧 (2009)』によると，2008 年の在シンガポール
　　に子会社を持つ日本の企業数は 796 社である。
 7) 安積敏政 (2005 年)，31 頁。
 8) 安積敏政 (2005 年)，33 頁。
 9) 日本貿易機構 (ジェトロ) 海外調査部 (2008 年)「在アジア日系企業の経営実態
　　―ASEAN・インド編―」ジェトロ出版，67 頁。ジェトロは 2007 年 10 月～12
　　月，ASEAN 6 ヵ国 (タイ，マレーシア，シンガポール，インドネシア，フィリ
　　ピン，ベトナム) およびインドに進出している日系企業 2,607 社を対象とするア
　　ンケート調査を実施した (1,051 社から有効回答)。回答企業の内訳は，製造業
　　637 社 (輸送用機器部品，金属製品，電気機械・電子機器，化学品，電気・電子
　　部品など)，非製造業 414 社 (商社，建築・工事業，運輸・倉庫・通信業，商業，
　　情報処理サービス / ソフトウェア事業など)。
10) 安積敏政 (2005 年)，235 頁。
11) 大岩隆明 (2006 年)『東南アジア地域援助研究会報告書―地域統合と開発援助―
　　総論』(第 3 章)，JICA，45 頁。
12) 大岩隆明 (2006 年)，46 頁。
13) 竹野忠弘 (1998 年)「AICO スキーム (アジア産業協力計画) 定着の可能性と企
　　業戦略―工業化と政策協調，人材開発および企業戦略―」日本経営学会『経営学
　　論集』第 68 集，255–7 頁。
14) 大岩隆明 (2006 年)，48 頁。
15) 安積敏政 (2005 年)，59 頁。
16) 1993 年にマレーシア，タイ国境付近とインドネシア・北スマトラとアチェを結
　　ぶ「北のトライアングル」，1994 年に BIMP-EAGA (東のトライアングル) が
　　関係国で合意され，後に，ASEAN メコン河流域開発計画を含めて，ASEAN
　　成長地域と位置づけられている。大岩隆明 (2006 年)，46–47 頁。
17) 日本貿易機構 (ジェトロ) 海外調査部の「経営実態」調査報告書，『在アジア日系
　　企業の経営実態』(2008 年) にもとづいている。文末のページ数はこの調査報告
　　書のそれである。また，筆者のコメントを「理由」「考察」等として随時，挿入
　　した。
18) 『通商白書』(2002 年) 24 頁。
19) 平田潤・平塚宏和・重並朋生 (2003 年)，『ネットワーク型発展のアジア―21 世
　　紀の中国，NIES，ASEAN』東洋経済新報社，142 頁。

20) 平田潤・平塚宏和・重並朋生（2003年），143頁。
21) 『通商白書』（2009年），131-2頁。
22) ロナルド・ドーア著・藤井眞人訳（2001年）『日本型資本主義と市場主義の衝突』東洋経済新聞社，13頁。ドナルド・ドーア（2006年）『誰のための会社にするか』岩波書店，60頁。

第 11 章

「失われた10年」と日本企業の人事・人材開発管理の変化

高 橋 由 明

1. はじめに

　本稿は，いわゆる「失われた10年」の時代における，日本企業の人事・人材開発管理の変化を検討している。1992年にバブル経済がはじけて，日本の経済は，いわゆる「失われた10年」といわれた低迷の時代に入った。この過程で，企業は，収益をあげるため，労働コスト削減のため非正規労働者の数を増やし全労働者の3分の1が非正規労働者，という日本経済が経験したことがないほどの格差社会が生み出されている。この格差は，具体的には，財界の人事政策に呼応し日本企業が採用した人事政策の結果生み出されたものといえる。以下，第2節で，日本経団連が，1995年5月に出した『新時代の「日本的経営」―挑戦すべき方向とその具体策―』が，日本社会に格差を拡大させる契機となったこと，第3節で，日本の大企業が業績主義的人事・賃金制度へと変化させた内容について検討し，第4節で，日本企業における教育人材開発政策の変化について論じ，最後のおわりで，本稿の概要を総括している。

2．財界の『新時代の「日本的経営」』と労務政策

　日本の経済・企業活動において雇用・賃金・労働面での格差が拡大した契機を考える上で，決して忘れてはならないことがある。それは，日本経団連が，1995年5月に『新時代の「日本的経営」―挑戦すべき方向とその具体策―』(203頁) を発表したことである。この報告書は，経団連が，1993年11月に日本の代表的大企業30社の課長クラスの人事担当者などで構成するプロジェクトを立ち上げ，人事・労務管理に関する研究者を招聘し12回の研究会での討論を踏まえ，まとめられたものである。この報告書の内容を一言でいうと，従来の日本企業の伝統的終身雇用・年功賃金制度を，一部の幹部候補の従業員にのみ適用し，他の従業員にはこれを適用しないこと。また賃金の水準を従来の勤続年数ではなく成果により決定するという成果主義賃金制度を導入し，いわば市場原理主義を労働市場にも持ち込む契機を与えたのである。

　報告書では，従業員を3つのグループに分けて雇用すべきことを提言されている。①「長期蓄積能力活用型」，②「高度専門能力活用型」，③「雇用柔軟型」の3グループである。①のグループとは，「管理職・総合職・技術部門の基幹職」を担当する人びとで，彼らとは無期限の雇用契約を結び，昇給を認め，賞与は定率＋業績スライドで，退職金・年金は業績に応じたポイント制で，それぞれ支払われる。②のグループに属する人びとは，企画，営業，研究開発部門などで専門的職務を担う従業員で，彼らとは「有期雇用契約」を結び，昇給は認めず，賞与は成果に応じた配分方式で支払われ，退職金・年金は支払われない。③のグループに属する人びとは，「有期雇用契約」で，時間給か職務給で支払われ，もちろん昇給は無い。賞与は定率で支払われ，当然退職金・年金も支払われない。このように，日本経団連が，日本の伝統

第 11 章 「失われた 10 年」と日本企業の人事・人材開発管理の変化　283

的終身雇用（退職金支払い）を基幹職にのみ認め，他には適用しないことを提言し，さらに，賃金については，①にのみ昇給を認め総じて成果主義的支払いにすること。さらに，②と③のグループには，昇給の無い差別的賃金水準にすべきことを強調しているのである。

　この提言以降に，②と③の非正規従業員の数が次第に上昇し，2002年から2005年にかけて，29%，30%，31%，32.6% と増大し，現在では約3分の1以上にあたる人々が，労働契約において不安定な非正規従業員となり，かなり低い所得しか得られない状況となっているのである。こうした状況は，1992年のバブル経済の崩壊後，「失われた10年」といわれる構造不況のなかで，大手企業が，この提言に勢いをえて，リストラは仕方なしといった社会雰囲気をつくりだし，政府もそれに呼応する方策を採ることによって生じてきたのである。

　たとえば，労働省（当時）は，1986年にソフトウエアー労働，通訳・翻訳など特殊な労働13業務に認めた派遣労働法の規制を緩和し，1996年にはアナウンサーなど26業務に拡大し，さらに99年には製造業などの一部を除き派遣を自由化したのは，その典型例である。また，派遣期間が1年を超えた場合は正規社員にしなければならないという規定を，2004年には3年に変更する法案を通している。

　ところで，2006年7月31日，8月1日の『朝日新聞』などは，松下，日立，さらに後になりキヤノンなど大手の製造企業で『偽装請負』事件が発覚し，労働局が調査を開始し，指導監督を強めたと報道している。偽装派遣とは，形式的には請負の労働者を受け入れながら，実際は派遣労働者のように監督指導する形式で働かせることである。派遣では，製造企業などが派遣会社に一定人数を派遣するように依頼しその労働者を直接指導監督ができるが，3年間が過ぎれば企業は，その労働者を直接雇用する義務が生じる。それに対して，請負とは，製造企業が請負会社に業務を丸ごと任せる契約を結ぶの

で，労働者に対する使用者責任を負う必要も無く直接雇用義務も生じない。請負会社の労働者の賃金は安く不安定である。しかしながら，これらの大手製造企業は，実際に派遣のように労働者の数を指定し直接指導・管理しておきながら，賃金は，当然であるが個々の労働者に支払うのではなく，安価な労務費として，請負会社に一括して支払っていたのである。『朝日新聞』(2006年7月1日) によると，大分市郊外にあるデジタルカメラの工場では，請負会社から送り込まれた労働者の数は，他の工場と合わせると工場の正規従業員数に比べて3倍の4000人以上が働いていたという。そのため，大分労働局も，これは偽装派遣だと改善指導をしたということである。

また，12月1日の『朝日新聞』は，「美しい日本」をつくるといって新しく選ばれた首相が設置した諮問機関の「経済財政諮問会議」で，民間委員メンバーとして任命された日本経団連の新会長が，「派遣期間なんかないほうがいいと思います。労働市場では，自然な需要と供給に任せたほうがいい」と発言したと伝えている。この新会長は，「強い日本」とか「希望の国，日本」といったことを主張している。

こうした方向を推し進めようとする財界と，それを支持する一部の学者を中心に，「労働ビッグバン」といって，さらに労働法制を改悪する動きがあった。ひとつは，この一定期間 (3年) の派遣後は正社員とする規定を削除することのほかに，もうひとつは，1日8時間労働を超えた場合に支払われる残業手当は，管理者には支払わなくても済むという規定を改悪し，残業不払いの管理者の対象を拡大し，ホワイトカラー全般に拡げようとする動きである。後者は，ホワイトカラー・エグゼプションといわれる。経団連は，残業不払いの対象とする管理者の年収400万円以上のホワイトカラーとすると主張した (正規従業員の約50%がこれに含まれる) のに対して，政府側の審議会は約700万円以上 (正規従業員の15%) とする中間報告がまとめられている。この案に対しては，経済界と労働界の双方が反対し，保守党政府は，参議院

選挙を意識して国会提案を先送りした。

　このように，最近の日本の政治・経済施策は，財界主導で決められる傾向が強い。別な言い方をすれば，経済のグローバル化の進行のもとでは，アメリカの市場原理主義を基本とする経済施策を断行せざるをえないという社会的風潮がつくりだされ，政府の方針と政策は，なるべく財政支出を少なくするという「小さな政府」に向けられている。そのため，成熟した社会建設に不可欠な教育，医療，老人福祉などを民営化し，そこに競争原理を導入させ，弱者を切り捨て，その恩恵を受けるのは金持ちのみが可能という政策を採っている。企業は，正規従業員を減らし非正規従業員の数を増大させるとか，正規従業員の残業代を切り詰めるかして，利潤を増大させる方策を採っているが，日本政府は，労働法を改悪することによってさらに促進することを，容認してきたといえる。つまり，現在日本社会で大問題になっている社会格差・雇用格差は，規制緩和の名のもとに，大企業とそれを支持する自民党・公明党政府内閣によってつくりだされてきたものである。小泉前首相は，最初は「格差はない」と答弁し，その後は「格差はなぜ悪い」と発言する始末である。

3.　日本企業における人事政策の変化

(1)　従来の人事制度（伝統的職能資格制度）

A.　年功賃金制度から職能資格賃金制度への

　日本の雇用制度は，終身雇用と年功賃金制度ということで，世界に知られていた。終身雇用とは，従業員は一度その会社に雇用されれば犯罪など社会的正義に反する行為をしない限り，終身その会社で働くことができる制度である。また，定年まで働くと特別な計算に基づく退職金が得られる制度も，この終身雇用制度には含まれる。年功賃金制度とは，第2次世界大戦中に形

成され，賃金の水準が基本的には年齢ないし勤続年数によって決定され，しかも生活給的側面を考慮して，毎年定期的に昇給する定期昇給制度も含まれ，賃金の基本的形態は「基本給＋手当＋賞与」であった。

　1960年代に始まる高度経済成長の過程で，この制度は次第に変更を迫られた。製造現場の生産性が，機械技術の生産性でなく，もっぱら労働者の熟練に依存しているところでは，賃金の決定基準として勤続年数を重要な要素として考慮することは，一定の合理性が存在していた。なぜなら，熟練労働者の熟練は，同じ労働を長期間継続して行うことによって，その技能が熟練（手労働）として覚えこまれるものだからである。ところが，1960年代の半ばごろから高度経済成長がさらに進展する過程で急速に進んだ技術革新の展開は，たとえば自動車溶接労働者の熟練をロボットによって代替することを可能にさせ，年功（勤続年数）によって形成された現場労働者（溶接工）の熟練を解体し，年功賃金制度を不適切なものにした。しかも，熟練の機械への移転は，これまでの熟練労働者を単純労働者に転落させ，新しい機械技術の操作・利用に必要な技能や能力（これは必ずしも勤続による経験年数にではなく受けた専門高校，大学等で受けた教育や学習に依存する）を大幅に考慮した職能資格賃金制度を導入することになる。

　職能資格賃金制度とは，学歴，勤続年数，職務遂行能力と成果の諸要素を考慮し，資格（たとえば，参事，主事，主事補，主査，書記等）を決定し，その資格の等級に基づいて賃金水準を決定するが，職位（部長，課長，係長等）への昇進はその資格と同資格内の人びととの能力評価に基づいて行うという方式である。したがって，得られる賃金は，資格の等級と，課長などの職位を担うことによって与えられる手当によって決定される。これに対して，欧米における賃金は職務給といわれ，賃金額は仕事の難しさの程度によって決定される。欧米では，昇進とは易しい仕事（賃金が低い）から難しい仕事（賃金が高い）へ移ることを意味するが，日本では，資格への昇格と地位（職位）へ

図 11-1　旧来の職能資格制度：○○における等級，職能名称，職階（1970 年）

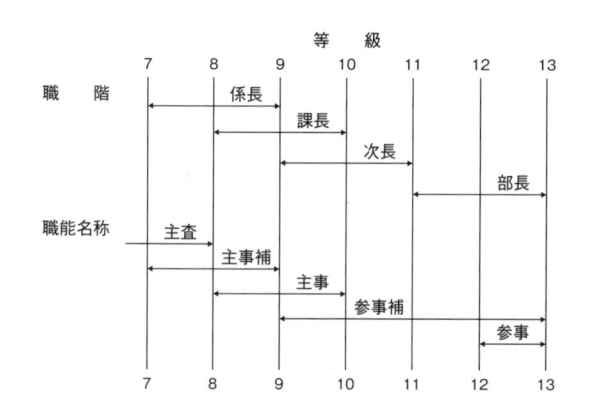

```
                        等　級
         7    8    9    10    11    12    13
職　階
              係長
                   課長
                        次長
                             部長

職能名称  主査
              主事補
                   主事
                        参事補
                             参事
         7    8    9    10    11    12    13
```

出所：ロドニー・クラーク（端信行訳）『ザ・ジャパニーズ・カンパニー』ダイヤモンド社，1981 年，104 頁。

の昇進の 2 つがあるため，この点については欧米人には理解しにくいところである（図 11-1 参照）。

B．職能・資格制度のもとでの評価要素

従業員の能力がどの資格に該当するかという評価の基準については，・下級従業員の場合は，職務遂行能力よりは学歴と勤続年数を評価し，・中級従業員の場合は，学歴，勤続年数よりは職務遂行能力と成果を評価し，・上級従業員の場合は，勤続年数は考慮されず職務遂行能力と成果のみが評価される（図 11-2 参照）。

1987 年の労働省の調査（調査対象企業数 629 社）によれば，78.9% の企業が賃金の決定にあたり「従業員の勤続年数より職務遂行能力への評価を強める」と答えている。また，27.8% の企業が「従業員の昇進にあたっては，（勤続年数によって）同時に昇進させるのではなく，従業員のいろいろな能力

図11-2 職能資格制度における各級社員の評価要素

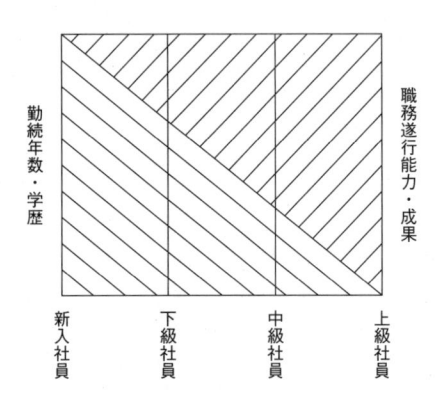

（縦軸左）勤続年数・学歴
（縦軸右）職務遂行能力・成果
（横軸）新入社員　下級社員　中級社員　上級社員

を評価する」と答え，36.0％の企業は「従業員の昇進を決めるにあたっては，入社後最初の5年間だけについては勤続年数を考慮する」と答えている。

賃金額を従業員の勤続年数によって決定しうるのは，企業の売上げが絶えず増大し右上がりの状況が続く場合のみで，1972年のオイル・ショック以降これまでのような企業成長が期待され得なくなり，年功賃金制度は修正をせまられる。従業員の職務遂行能力の要素をより賃金額の決定に考慮することにより，1978年ごろの調査によると，大企業の賃金のピークは50歳前後，中小企業では45歳前後となっていた（高橋由明，2006年，179–180頁）。日本的人事管理の良さは，長期的評価によるゆっくりした昇進であり，チームワークが維持・促進されることであった。

（2） 日本企業における人事・賃金評価制度の変化

バブル経済崩壊後，先に紹介した1995年に日本経団連が『新時代の「日本的経営」―挑戦すべき方向とその具体策―』を発表してから，日本の企業の人事制度の見直しを行うようになる。日本の各大企業における人事・評価制

度の見直しは各社によりその時期と内容は，異なっており現在の2009年でも続けられているが，大方のところでは共通しているといえる。

A．「基本給＋諸手当＋賞与」の形態の見直し

　まず象徴的なのは，第2次世界大戦中に生まれた年功賃金形態である「基本給＋諸手当＋賞与」の見直しが行われた。松下，ソニーなどが，年功賃金の基本的形態のうち「家族手当」「住宅手当」などの「手当」をなくし，それらを能力・成果に応じて払われる「基本給」1本に含めることが行われた。他の企業で「手当」を残している場合も，「住宅手当」とか「家族手当」などのような生活補助的手当を廃止し，「役割テーマ手当」，「役職手当」などとして役割に関する「手当」に変更されている。また，ほとんどの企業で，年齢ごとの生活の変化を考慮した旧来の定期昇給も廃止されている。賞与についても，従来の基本給プラス住宅手当などを加算し，それに月数を乗じて計算する方式は廃止され，能力・業績に応じて決まる基本給に月数を乗じて計算するか，賞与の計算を業績・能力に基づきポイント化して計算するかの方式が採られるようになっている。このように，年功賃金制度の賃金形態の基本が崩されたことは，従来の年功賃金制度が崩壊したことを意味する。

B．職能資格制度の変化

　日本企業の人事制度が変更されるといっても，欧米のように職務給に基づいた業績給の導入を意味しない。基本的には，職能資格制度に基づきながら，従来の細分化された等級の多い職能資格を，等級の少ないおおくくりの資格制度への変更を意味し，評価に際してはその資格と職務との関係を強めているのが特徴である。いまこの内容を分かりやすくするために，R社の旧職能資格と新しい職能資格について説明しよう。

　R社の旧資格制度では，資格ごとの職能要件は大まかな定義にとどまり，

かつ社内的に公表していなかったため，従業員にとっては，どのようにキャリア・アップを図るべきかが，必ずしも明確でなかった。また，昇格の評価も，マネジメント力を中心に行う傾向があった。こうした欠点を改善するため，新制度では，「7つの人材タイプ」（① ビジネスリーダー［事業トップ］，② ビジネスリーダー［機能トップ］，③ 新規事業創造リーダー，④ プロフェショナル，⑤ スペシャリスト，⑥ プロジェクトマネジャー，⑦ マネジャー）の輩出を目的として，i) キャリア・ビジョンを明示し，社員が主体的にキャリア・アップを図ることのできる仕組みとする，ii) 基準が曖昧になりがちな能力ベースでの職能資格制度を改め，役割レベルによる資格付けを行うことで，役割と成果に応じた処遇を実現する，ことを目指している。その仕組みの大枠は次のとおりである（『労政時報』3709号，07. 9. 14, 8頁）。

—重要な役割を担い，高い成果をあげる人材の早期選抜・リカバリーの機会拡大のための資格の大くくり化（14階層 → 4階層）
—目指す姿を提示するための「役割」ベースによる資格要件の公開・明確化
—仕事レベルと本人資格を一致させるための，役割レベルによる資格付け
—マネジメント系・専門系の2つのキャリア・パスを明確にし，上位管理職は複線型の資格体系とする。マネジメント・ゼネラリスト系だけでなく，プロフェショナル・スペシャリスト系人材のキャリア・パスを明示する（『労政時報』同, 8頁）

こうした考え方に基づき，図11-3のような新しい資格体系を作り上げた。
図11-3は，先の「7つの人材タイプ」を意識した仕組みとなっている。資格は，役割のタイプ・レベルごとに，アソシエイト（AS），スペシャリスト（SP），シニア・スペシャリスト（SS），シニア・マンネジメント（SM），エ

第11章 「失われた10年」と日本企業の人事・人材開発管理の変化　291

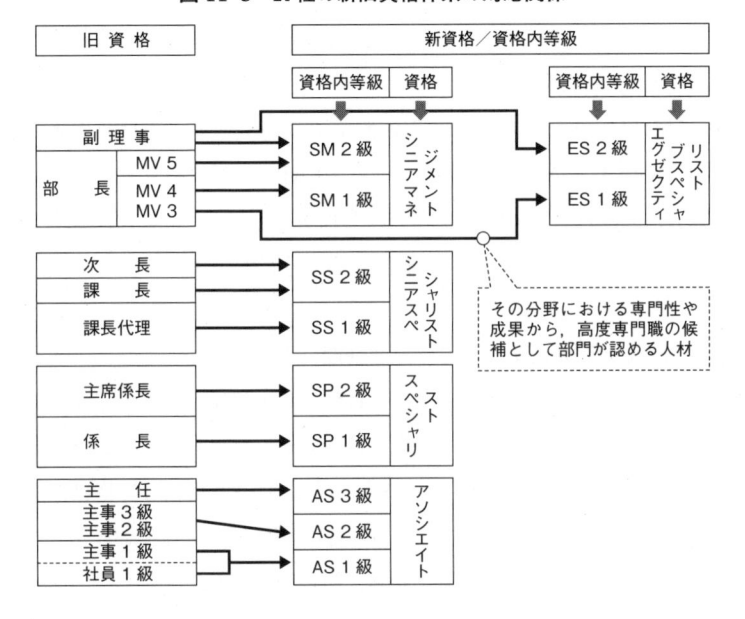

図11-3　R社の新旧資格体系の対応関係

旧資格	新資格／資格内等級			
	資格内等級	資格	資格内等級	資格
副理事 MV 5 部　長　MV 4 MV 3	SM 2級 SM 1級	シニアマネジメント	ES 2級 ES 1級	エグゼクティブスペシャリスト
次　長 課　長 課長代理	SS 2級 SS 1級	シニアスペシャリスト		
主席係長 係　長	SP 2級 SP 1級	スペシャリスト		
主　任 主事3級 主事2級 主事1級 社員1級	AS 3級 AS 2級 AS 1級	アソシエイト		

その分野における専門性や成果から、高度専門職の候補として部門が認める人材

グゼクティブ・スペシャリスト（ES）の5区分とされている。資格内には，それぞれ2-3段階の等級が設定されており，同一資格内にも若干の処遇格差がつけられている。等級格付けは，成果に基づくもの考えられている。資格内昇給は，目標管理に基づいた過去2年の成果達成度評価と成果プロセス評価（その達成における現状把握，課題設定，企画力，判断・実行，対人理解，対人影響，相互成長，専門性など考慮した行動発揮能力を意味する）を用いて，資格内の相対評価により判断される。

　SPまでが一般社員，SS以上が管理職で，このうち上位層のSM，ESが同一階層となり，先に触れたマネジメント系と専門職系による複線型の処遇区分がなされている。図11-3のように，職層段階として4階層である。縦の4階層で「役割のレベル」に応じた処遇を行い，最上層の横の2系統で，

マネジメント系 (SM) と専門職系 (ES) の「役割タイプ」に応じた区分がなされているのである。SM になるか ES になるかは，基本的には本人と上司の話し合いにより決定される。

　各資格要件は，「資格定義（期待役割）」，「期待成果」，「人材要件」の 3 点から管理職 (SM, ES, SS, [マネジャー・PM・テーマ推進リーダー], SS [専門職])，一般社員 (SP, AS) のそれぞれが，きわめて詳細に記録され，従業員のキャリア・アップの内容を徹底するようになっている。

C. 新しい職能資格制度の下での昇進制度

　先の R 社での，昇格は次のように行われる。すでに述べたように，R 社では，マネジメント・ゼネラリスト系，プロフェッショナル・スペシャリスト系の資格が複線型に存在し，図 11-4 を見ると，別の上級への昇格は，アソシエイト 3 級 (AS3) からスペシャリスト 1 級 (SP1) へ，SP2 からシニア・スペシャリスト 1 級 (SP1) へ，SP2 から，複線型のエグゼクティブ・スペシャリスト 1 級 (ES1) か，シニア・マネジメント 1 級 (SM1) への方式がある。AS から SP への昇格に関しては，資格要件定義書に基づき，過去 2 年間の「成果達成度評価」と「成果プロセス」に基づき，部門ごとに昇格候補者を選び，上位資格の各資格要件定義を満たしているかどうかについて審査し，最終的な昇格者の決定は部門ごとに行う。この「成果達成度」に基づく評価は管理者層に重く，若手一般職員には「成果プロセス」に基づく評価を重くする方式は，各社で採用されている（『労政時報』同，3 頁）。

　R 社の場合，① 資格の最下位のアソシエイト (AS) が，スペシャリスト (SP) に昇格する場合は，社内独自の検定制度である「BLA (Basic License Assessment)」に合格していることが前提である。この BLA は，若手社員が自分の専門分野を早期に明確にし，自己啓発を進める役割を果たしている。年に 1 回実施し，次の科目に関する知識の取得度合い検定するものである。

第 11 章 「失われた 10 年」と日本企業の人事・人材開発管理の変化　293

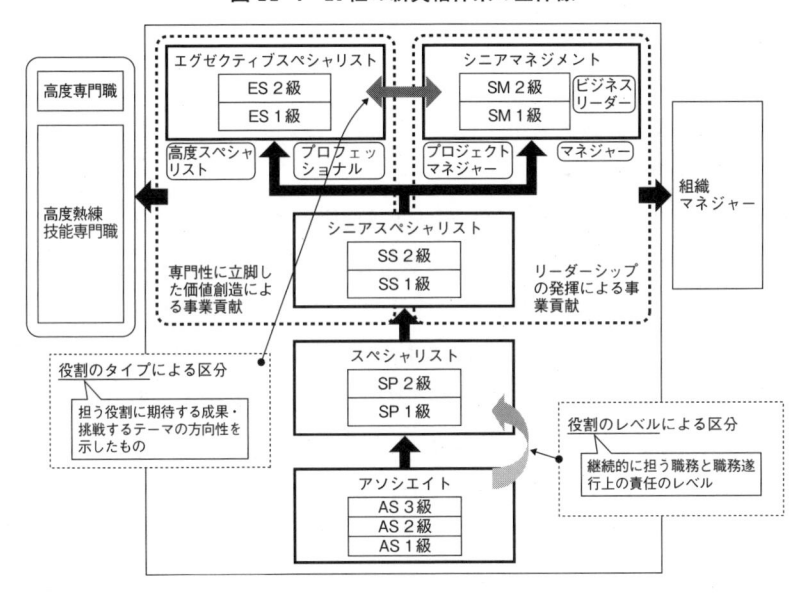

図 11-4　R 社の新資格体系の全体像

```
┌─────────────────────────────────────────────────────────────┐
│  ┌──────────────────┐    ┌──────────────────┐              │
│  │ エグゼクティブ    │    │ シニアマネジメント │              │
│  │ スペシャリスト    │    │   SM 2 級  ┌──┐  │              │
│  │   ES 2 級        │◄──►│   SM 1 級  │ビジ│  │              │
│  │   ES 1 級        │    │           │ネス│  │              │
│  └──────────────────┘    │           │リー│  │              │
│  高度スペ ┌プロジェ┐    ┌プロジェクト┐│ダー│              │
│  シャリ   │クショ  │    │マネジャー  │└──┘ ┌マネジャー┐  │
│  スト    │ナル   │    └────────────┘       └────────┘   │
│           └────────┘                                        │
│                    ▲              ▲                         │
│                    │              │                      ┌──┐│
│  高度熟練          │ シニアスペシャリスト                │組│ │
│  技能専門職        │    SS 2 級                          │織│ │
│                    │    SS 1 級                          │マ│ │
│                    └──────▲──────┘                      │ネ│ │
│         専門性に立脚し    │      リーダーシップ          │ジ│ │
│         た価値創造によ    │      の発揮による事          │ャ│ │
│         る事業貢献        │      業貢献                  │ー│ │
│                           │                              └──┘│
│                        スペシャリスト                        │
│                           SP 2 級                            │
│                           SP 1 級                            │
│                           ▲   ↻                              │
│                        アソシエイト                          │
│                           AS 3 級                            │
│                           AS 2 級                            │
│                           AS 1 級                            │
└─────────────────────────────────────────────────────────────┘
```

役割のタイプによる区分　担う役割に期待する成果・挑戦するテーマの方向性を示したもの

役割のレベルによる区分　継続的に担う職務と職務遂行上の責任のレベル

　―全社共通：経営理念や経営方針，全社員に必要な基礎知識
　―専門分野共通：技術，技能，販売などの専門分野ごとに共通な基礎知識
　―職種別基礎：職種ごとに必要な基礎知識（6 種合計で全 61 分野）

　② SP が SS に昇格する場合は，昇格候補者は，将来的に SM か ES のどちらに進むかを上司との話し合いで決め，それに応じた資格要件審査を行う。SS 以上の昇格判定は全社レベルで行う。
　③ SS が SE に昇格，および SS が ES に昇格する場合は，資格候補者は，やはり資格要件定義に基づき，昇格審査が全社レベルで行われるが，SM では「事業戦略への貢献」，「リーダーとしての目標達成」が，ES では「専門

分野での価値創造・戦略貢献」が主なポイントとなるということである（『労政時報』同，12頁）。

D. R社の人事評価制度
i) 基本的な考え方
　評価の基礎は，目標に基づく ① 成果達成度評価と，② その達成過程における発揮能力要素を考慮するプロセス評価の2つである。いずれの場合も，① その評価を人材育成に生かす，② 人材育成や評価の納得度を高めるために評価訓練の強化，③ 評価の納得度を高めるために仕事の特性に応じた適切な評価項目・基準を設定し，それを全従業員に明らかにする，④ 成長戦略実現にとって重要な「3つの行動様式」に対する意識付けを強化し，それを評価に反映するといった，仕方で行なわれる。3つの行動様式とは，a)「顧客起点」（お客様の課題を理解し，価値向上につながる課題解決策を提案・実行している），b)「ファイヤー行動」（高い目標を素早く達成するために，仮説検証のサイクルを回し，制約を設けず行動ができる），c)「利益創出志向」（全体最適の視点，長期的な視点で会社の利益を創出するための最適な行動を行っている）である。

ii) 評価の種類と評価すべき行動項目
　すでに述べたように評価の種類には，① 成果達成度評価と，② 成果プロセス評価の2つがある。① 成果達成度評価とは，SP以上は目標管理に基づく。期間の初期に本人が目標を設定し，面接を通じて組織目標との整合性について検討し，期末にその成果を上司との面談で確認した上で評価を行う。他方のASでは，目標管理を直接適用せず，今期取り組む業務の課題や方向性を前期末の面談で明確にし，当期末にその成果を本人が自己申告をし，それを上司との面談ですり合わせを行った上で部門での評価を行う。② 成果プロセス評価とは，「これに沿った行動をとれば，『必要な人材』になれる成果

が達成できる，というロードマップのようなもの」である。

　評価の項目とは，アソシエイト (AS)，スペシャリスト (SP)，シニア・スペシャリスト (SP，マネジメント系)，シニア・スペシャリスト (SS，専門系)，マネジメント系，専門職系といった資格 (役割) の特性に基づき求められる行動・発揮能力であり，具体的には，①「課題形成」(現状把握，課題設定，計画・企画)，②「課題遂行」(判断，実行)，③「対人・組織影響力」(対人理解・対人影響，組織影響，人材育成・相互成長)，④「専門性」，⑤「3つの行動様式」(顧客起点，ファイヤー行動，利益創出志向) の5点である。

iii) 評価段階別の評価者

　評価は，第1次評価者，第2次評価者，最終評価者によって行われる。管理職のSM/ESの第1次評価は，事業部長・本部長クラス (または組織の部長) によって，第2次評価は事業部長・本部長クラス，最終評価は社長によって行われる。SSの評価は，第1次は組織の部長 (または課レベルの組織部長) により，第2次は事業部長・本部長クラスにより，SPとASの第1評価は，課レベルの組織部長，第2次評価は部レベルの組織部長によって行われ，SS, SP, ASの最終評価は，全社調整に基づき部門で決定される (『労政時報』同，16頁)。このように，資格への昇格は，恣意的に行われず，かなり客観的行われ，全社員にオープンに行われるようになったといえよう。

iv) コンペテンシ理論に基づいた評価項目・基準

　また評価項目の詳細なリスト作成には，筆者の理解では，コンペテンシー理論に基づいて行われているということである。R社の場合，若手一般職，ベテラン管理職を想定した資格の具体的な職務・役割の遂行に必要な能力が規定されており，しかも，この具体的かつ詳細な能力は，このコンペテンシー理論に基づいて作成されている。大くくりにされた各職能資格は，関連付けられた詳細な職務・役割能力を明確化し，社内にオープンにされ，全社員に徹底されているのは，なにもR社に限られたものではなく，先進的な大企業

の多くの人事部門で採用されていることが，大きな特徴である。

E. 賃金・諸手当・賞与制度の変化

　総じて，月例給や賞与にも，管理階層において上級にいけば行くほど，成果達成度，業績の評価を反映させ，同じクラスでも報酬の差を大きくさせる，業績主義的報酬制度となっている。

i) 月例賃金

　各社によって細部は異なるが，月例給は，上記の評価基準である成果基準と成果プロセスの評価によって決まるが，たとえば，C社の場合は，成果業績部分の評価が重視され，評価により昇給が無い社員の数が増えている。図11-5にあるように，① 大学卒業後勤続10年 (32歳) までを見ると，人事評価と能力の伸長による経験昇給の2つとして，5段化評価として最低評価をとらない限り昇給し，最低評価のC2は昇給無しである。② 大学卒業後勤続10年以上 (33歳以上) では，管理職と同様業績評価の部分を重視し，昇給が無い人はC1とC2に増えている。評価の金額の基準を見ると，B2をミッドポイント (中間標準) を100として，図11-5のA評価の人は170ポイントなり，B2に比べ1.7倍の月例給が支給されることになる (『労政時報』, 3541号, 2002, 6, 7日号, 30頁)。

ii) 諸　手　当

　諸手当関しては，役職上の手当を残している会社もあるが，家族手当など生活補助的な諸手当はほとんどの会社で廃止されている。

iii) 賞　　与

　各社において細部で異なるが，賞与額の計算で月例給部分を一定程度の割合で考慮している会社と，業績部分のみを考慮する会社に分かれる。賞与額の決定を従業員業績のみを考慮している会社でも，ストック・オプションや株価連動報酬としているとか，部門業績を反映させるとか，する企業もある。

図 11-5　C 社の経験昇給と業績昇給

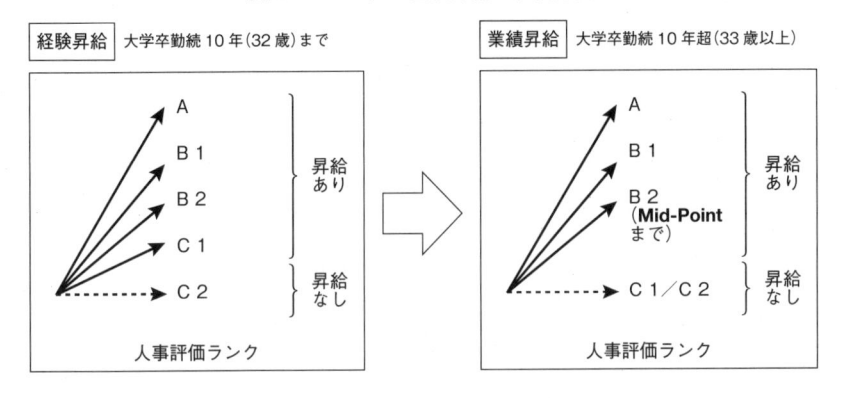

経験昇給	大学卒勤続 10 年(32 歳)まで

- A, B1, B2, C1 … 昇給あり
- C2 … 昇給なし
- 人事評価ランク

→

業績昇給	大学卒勤続 10 年超(33 歳以上)

- A, B1, B2(Mid-Pointまで) … 昇給あり
- C1／C2 … 昇給なし
- 人事評価ランク

4. 日本企業における教育・人材開発政策の変化

(1) 従来の日本的人的資源開発の特徴

　終身雇用では，従業員は他の企業に移らず退職までその企業で働くのであるから，従業員のキャリア（職歴）を形成していくことは，経営者にとって最も重要な責任に属する。もし，経営者が，人的資源管理を重視する方策を採らなかったら，会社は高い経済成長や収益をあげられない。それゆえ，日本のすべての経営者は，体系的な人的資源管理ないし教育・訓練制度を確立する努力を行ったのである。他社に比べより良い教育・訓練制度を確立することは，最も重要な経営戦略のひとつであった。その特徴を一言で述べるなら，次のような体系的人的資源管理ないし教育・訓練プログラムの内容を構成していた。

① 体系的教育・訓練グラムは，従業員の低級，中級，トップという経営管理階層（hierarchy）上にある地位とその仕事に関係し，さらに会計，人事，研究開発，生産，販売といった職能部門の仕事に関係して，形作られる。

② 多くの日本の大会社は，従業員が終身雇用されるために，もうひとつの「キャリア・デヴェロップメント・プログラム＝(career development program)」を用意している。このプログラムは，従業員が入社して退社するまでの各年代において，たとえば，入社時，20歳代，30歳代，40歳代，50歳代といったふうに，教育訓練プログラムを用意することを意味する。

(2) 従来の教育訓練プログラムが衰退した理由

日本の経済が，1990年初期にバブル経済が破裂し，厳しい不景気に直面するようになり（日本のジャーナリストは，1992年から2001年の間の経済の停滞を「失われた10年」と呼んだ），日本の大企業は，これまでの教育・訓練制度を見直さなければならなかった。この企業内教育・訓練制度の見直しは，1994年5月に日本経済団体連合によって提唱された伝統的終身雇用の見直し・修正に基づいている。

先に述べたように，この提案によると，従業員は，i) その能力を長期に活用し企業に蓄積すべき従業員（管理者候補），ii) 高い専門的技術を持つ従業員，iii) その能力を柔軟に利用するパートタイム従業員，の3グループに分けられるべきという。しかも，終身雇用を保証し，定年の際に退職金を払うのは，第 i) グループの長期雇用型従業員のみとし，他の第 ii)，第 iii) のグループには，終身雇用の契約をせず，退職金も払わないというのである。

多面で，多くの経営者は，深い不景気のため売上げが減少したため，労務費総額に対する教育・訓練費用を削減し，新入社員の教育以外は，主に幹部候補社員の人的資源開発にのみ教育費用を向ける，という新しい人的資源管理を展開するようになる。それは，図11-6には，教育訓練費用が全体的に減少し，1980年中ごろの総労務費に占める0.38%（約6000円億円）から2002年の0.28%（5000億円）にまでなり，約1000億円減少していることが分かる。さらに図11-7を見ると，従来の全社員，全部門階層に行われた

第 11 章 「失われた 10 年」と日本企業の人事・人材開発管理の変化　299

底上げ形研修費の比率が減少し，幹部候補の選抜型研修費の割合が増大しているのである。

その後，日本経営者連盟は，特別報告『エンプロイヤビリーティの確立を

図 11–6　日本企業の労働費用（現金給与総額を含む）に対する教育訓練費の割合

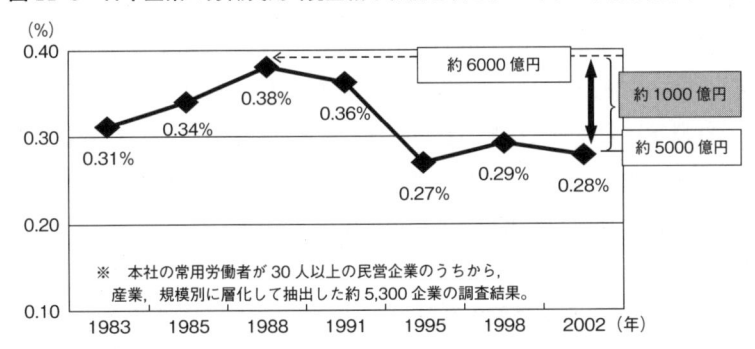

※　本社の常用労働者が 30 人以上の民営企業のうちから，産業，規模別に層化して抽出した約 5,300 企業の調査結果。

出典：厚生労働省「賃金労働時間制度等総合調査」（2003 年）（1983 年は同省「労働者福祉施設制度等調査」，2002 年は同省「就労条件総合調査」）。
出所：経済産業省『人材マネジメントに関する研究会取りまとめ』52 頁。

図 11–7　企業の教育訓練費の研修分野別費用構成の推移

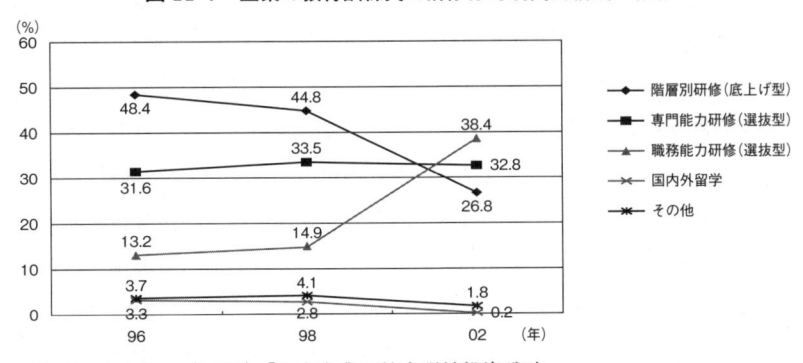

出所：大木栄一（2000）「日本企業の教育訓練投資戦略」
　　　大木栄一（2003）「教育訓練の戦略と投資行動」
　　　大木栄一（2004）「変わる教育訓練の戦略と投資行動」
　　　経済産業省『人材マネジメントに関する研究会取りまとめ』53 頁。

めざして—「従業員自立・企業支援型」の人材育成を—』(1999年4月) を発表し，基本となる4つのコンセプト，①「個」に焦点をあてたキャリア形成の支援を，② キャリア開発プランの構築と実現に向けた支援を，③ 自己啓発の情報と機会の提供を，④ 状況変化に対応できるエンプロイヤビロティ開発を，提言する。そして，企業内教育について，高等教育機関に対しては，「自ら学ぶ意欲」の涵養と「出口管理」(後なり「社会人基礎能力の涵養」) を要請し，さらに行政には，① 自己啓発優遇税制 (自己啓発費用等の所得控除)，② 職業能力開発支援策の整理統合と情報の周知徹底，③ 高齢者雇用を想定した人材育成支援策の展開を要請するようになる。こうした方策が，研修費用の変化に反映したといえるのである。

(3) コンピテンシー理論の活用

A. コンピテンシーの定義と企業内教育や人事評価項目への利用

職務を遂行する上で，継続した成果を発揮するために必要とされる考え方 (思考特性) およびふるまい (行動特性)。その場合，コンピテンシーには，「人格」や「性格」と呼ばれるその人が持って生まれた先天的な性質と，後天的に身につけることができる「知識」や「スキル」も含まれる (図11–8参照)。

なぜコンピテンシー・マネジメントは，社員の能力評価に基づく適正配置と新採用者の適正配置に利用するケースと，職能資格とそれぞれ割り当てられた職務要件の定義に利用され，それを社内に徹底させ，人事評価に利用しているケースとがある。A社の場合，コンピテンシーにより，社員の能力と割り当てた職務要件をより客観的に明らかにし，社員の能力を評価し，自他共に明らかにできると判断されたからである。しかし，A社の場合，2005年時点では，従業員の定期的な業績評価に基づく賃金査定には利用されるところまでには，至っていない。従業員の定期的業績評価と賃金査定は，従来の目標管理の方法に基づいて決められている。

第 11 章 「失われた 10 年」と日本企業の人事・人材開発管理の変化　301

図 11-8　コンピテンシーの概念図

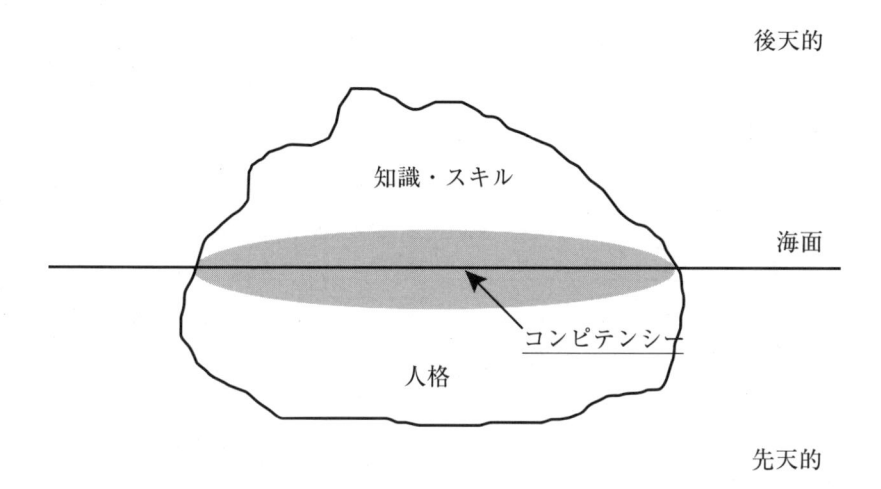

後天的

知識・スキル

海面

コンピテンシー

人格

先天的

　まずここでは，適正配置に，コンピテンシー・マネジメントがどのように利用されているか，について見ることにする。A 社は，各職務に必要とされるコンピテンシーを抽出している。このコンピテンシー・スキルは，各職務について比較的高い業績をあげている社員に共通する行動特性や思考特性から導出したものである。

B．コンピテンシー概念利用の具体例

　A 社の教育訓練部は，図 11-9 にあるように，職務遂行に必要な能力として，36 項目のコンピテンシーを分類している。それは，大きく「人間」，「思考」，「行動」の 3 つに分類でき，「人間」に関わることとして，①「リーダーシップ」②「対人関係能力」の項目があげられる。①「リーダーシップ」に必要な職務要件として，図に示されているように，「指揮」，「権限委譲」，「元気づけ」，「コーチング」，「適材活用」の 5 項目が必要と考える。さらに②

302 第Ⅱ部 経営からみた「失われた10年」

図11-9 職務遂行に必要な能力（A社のケース）

＊36項目のコンピテンシー分類

人間	リーダーシップ	指揮，権限委譲，元気づけ，コーチング，適材活用
	対人関係能力	対人感受性，チームワーク，関係構築，まじめさ，柔軟性 ストレス耐性，粘り強さ，異質の理解
思考	分析力	判断，情報をとる，問題分析，目標の明確化，目標管理 コピーセンス，専門性
	応用力	ネットワーキング，戦略センス，利益志向，組織への目配り 改革，向上意欲
行動	ダイナミズム	自信，インパクト，決断力，ヴァイタリティ，率先垂範 説得力，プレゼンテーション
	オペレーショナル	品質志向，顧客志向，現場管理

「対人関係能力」には，「対人感受性」，「チームワーク」など8項目が，必要とされる。

次に，「思考」能力と関係するのは，③「分析能力」と④「応用力」であり，③「分析力」には，図11-9に示されるように，「判断」，「問題分析」など7項目が，④「応用力」には，「ネットワーキング」など6項目が，それぞれ含まれる。「行動」に関係する能力は，⑤「ダイナミズム」と⑥「オペレーショナル」であり，⑤「ダイナミズム」には，「自信」，「インパクト」など7項目が，⑥「オペレーション」には，「品質志向」，「顧客志向」など3項目が，それぞれ含まれると考えられている。

36項目の具体的内容の説明は，表11-1の「定義一覧」に，「分類，職務要件，定義（簡潔に）」の順で示されている。さらに，職務別必要要件一覧表が示される。

この表に示されているように,「管理部門事業場長」の職務に必要とされる職務要件として「目標の明確化」,「利益志向」,「元気づけ」,「改革」,「指揮」,「権限委譲」,「目標管理」,「説得」「ストレス耐性」があげられている。また,営業部門外勤プレーヤー（営業・業務用）の職務に必要とされる職務要件は,「顧客志向」,「説得力」,「利益志向」,「目標の明確化」,「情報をとる」,「粘り強さ」,「柔軟性」,「向上意欲」があげられている。

A社では,この表11-1と表11-2のリストを照合しながら,表11-2の地位にある社員を,その職務要件に必要とするこの項目別の能力を評価することができる,と考える。しかし,この表の基準について,人事担当者や上司が一定の数値化された基準に基づく評価をするところまでに至っておらず,自己申告をしてもらい,適正配置と,中途採用者の職務配置に利用しているということである。したがって,コンペテンシー・マネジメントは,一定の基準化された数値による利用にまで至っていない。その理由は,部下の能力評価を,人事部担当者と上司など複数の評価者による評価をする体制になっていないからであり,これが一定の評価基準が示されると,報酬決定の際の評価にも利用されるのであり,実際に行っている会社もある。

（4） 自己啓発・キャリア支援方策の重視

日本の財界と大企業は,最低限の新入社員教育を行っているが,企業内人材教育・訓練,人材開発費用を削減するため,幹部候補に対する選抜型人材開発を中心とする教育政策を採用するようになっている。2006年8月に経済産業省は,守島基博教授（一橋大学教授）座長でまとめた『人材マネジメントに関する研究会報告書』(199頁)を発表し,人材教育・開発のあり方についての重要な問題点を提起している。そのなかで,現場リーダーの育成とキャリア支援の重要性が指摘されている。

日本経済団体連合も2006年6月に,「主体的キャリア形成の必要性と支援

表 11-1 定義一覧表（A社のケース）

分　類	職務要件	定　義（ショートバージョン）
リーダーシップ	指　揮	目標を達成すべく方針を示し舵取りをする
	権限委譲	適切な部下を選び仕事を順次任せてゆく
	元気づけ	みんなでお互いに鼓舞しあう雰囲気を作る
	コーチング	部下の技術や能力を高めるために指導する
	適材活用	埋もれている有能な人を発見し育てあげる
対人関係能力	対人感受性	つねに相手の立場や感情を配慮し尊重する
	チームワーク	自分のことよりチームのことを優先させる
	関係構築	チーム内の対立をなくしよい雰囲気を作る
	まじめさ	公私にわたり自分を厳しく律し約束を守る
	柔軟性	アイデアや要求に対して前向きに対応する
	ストレス耐性	プレッシャーに負けない強い精神力をもつ
	粘り強さ	悪条件のもとでもギブアップせずに頑張る
	異質の理解	多様な人の考え方を理解し意思疎通できる
分析力	判　断	現実的で合理性のある適切な選択肢を選ぶ
	情報をとる	あらゆる角度から必要な情報を集めてくる
	問題分析	問題の構造を分析して適切な解決案を作る
	目標の明確化	達成すべき目標を明確にして手順を決める
	目標管理	無理と無駄のない段取りを作って監督する
	コピーセンス	わかりやすい簡潔な文章を書く事ができる
	専門性	専門的な知識や技術を高い水準で維持する
応用力	ネットワーキング	各部門の立場や感情を踏まえた調整をする
	戦略センス	幅広い観点から長期的なビジョンを作る
	利益志向	財務や計数に明るく機会利益に敏感である
	組織全体への目配り	社内の各部の仕事を熟知し全体計画を作る
	改　革	斬新で想像力豊かな新しい方法を思いつく
	向上意欲	たえず自分を磨きレベルを高めようとする
ダイナミズム	自　信	自分の考えや行動に強い自信をもっている
	インパクト	存在感があり，周囲に強い印象を与える
	決断力	迅速果断にとるべき行動を決めて指示する
	ヴァイタリティ	自分から仕事に熱心に取組み頑張り続ける
	率先垂範	必要な時は自ら動いて群れの勢いをつくる
	説得力	説得して適切に相手を動かすことができる
	プレゼンテーション	ポイントをついて話をし聞き手を魅了する
オペレーショナル	品質志向	品質基準を作りその基準の達成に努力する
	顧客志向	顧客の求めに積極的に迅速に親身に応じる
	現場管理	計画どおりに物事を運び求める結果を出す

第 11 章　「失われた 10 年」と日本企業の人事・人材開発管理の変化　305

表 11-2　職務別必要要件一覧（A 社のケース）

職　　務	必要とされる職務要件
管理部門事業場長	目標の明確化・利益志向・元気づけ・改革・指揮・権限移譲・目標管理・説得力・ストレス耐性
管理部門所属長	戦略センス・目標の明確化・向上意欲・判断・問題分析・元気づけ・利益志向・顧客志向
管理部門プレーヤー（企画提案）	情報をとる・戦略センス・問題分析・向上意欲・改革・説得力・異質の理解
管理部門プレーヤー（運用管理）	情報をとる・問題分析・専門性・向上意欲・判断・利益志向・戦略センス・改革
工 場 長	決断力・品質志向・指揮・目標の明確化・情報をとる・判断・粘り強さ・組織全体への目配り
工場部門所属長	目標管理・専門性・指揮・チームワーク・元気づけ・関係構築・改革・率先垂範・現場管理
工場部門プレーヤー	チームワーク・元気づけ・柔軟性・目標の明確化・情報をとる・問題分析・目標管理・決断力・現場管理
研究所長	顧客志向・目標管理・利益志向・元気づけ・適材活用・戦略センス・決断力・指揮・権限委譲
研究所所属長	目標の明確化・戦略センス・権限委譲・コーチング・対人感受性・目標管理・決断力
研究所プレーヤー（企画提案）	専門性・チームワーク・元気づけ・柔軟性・異質の理解・向上意欲・現場管理・情報をとる・プレゼンテーション
研究所プレーヤー（維持管理）	チームワーク・向上意欲・専門性・品質志向・関係構築柔軟性・情報をとる・問題分析・目標管理
地区本部長	利益志向・決断力・戦略センス・改革・問題分析・柔軟性・率先垂範・指揮・権限委譲
支社長（A 支社）	決断力・戦略センス・自信・異質の理解・向上意欲・率先垂範・組織全体への目配り・まじめさ
支社長（B 支店）	決断力・指揮・元気づけ・戦略センス・改革・問題分析・目標管理・粘り強さ・まじめさ
営業企画部長	戦略センス・目標の明確化・問題分析・目標管理・ネットワーキング・決断力・改革
業務部長	柔軟性・目標の明確化・問題分析・ネットワーキング・組織全体への目配り・決断力・目標管理・改革
営業部長・C 支店長	元気づけ・コーチング・戦略センス・チームワーク・顧客志向・説得力・粘り強さ・問題分析
営業部門内勤プレーヤー（企画提案）	関係構築・元気づけ・チームワーク・ネットワーキング・率先垂範・顧客志向・現場管理・戦略センス・改革
営業部門内勤プレーヤー（統計）	改革・専門性・ストレス耐性・戦略センス・品質志向・顧客志向
営業部門内勤プレーヤー（維持管理）	顧客志向・判断・チームワーク・組織全体への目配り・指揮・決断力・まじめさ・ストレス耐性・ヴァイタリティ
営業部門外勤プレーヤー（一般チャネル）	粘り強さ・顧客志向・元気づけ・チームワーク・説得力目向上意欲・情報をとる
営業部門外勤プレーヤー（量販）	顧客志向・柔軟性・チームワーク・プレゼンテーション・説得力・戦略センス・情報をとる・向上意欲・目標の明確化
営業部門外勤プレーヤー（営推・業務用）	顧客志向・説得力・利益志向・目標の明確化・情報をとる・粘り強さ・柔軟性・向上意欲

のあり方——組織と個人の視点のマッチング」を発表し，産業界が求める3つの能力として，① 行動力（実行力，コミュニケーション能力，プレゼンテーション能力，ネットワーク力など7点），② 志と心（人間性・倫理観，社会性，職業観，責任感，国際協調の意識など6点），③ 知力（基礎学力，論理的思考力，専門性など5点）をあげ，a) 学生時代に身につけてほしい能力を文系学生と理系学生に分け，i)「一般常識・専門知識」，ii)「対人関係能力」，iii)「自己開発能力」，iv)「問題解決力」について，i) では「生活上の常識」，「専門知識」を，ii) では「コミュニケーション能力，チームワーク」をiii) では「社会人としての目標・概性」などを，iv) では「論理性，国語力または数学力」をあげている。さらに，事務系・営業社員，事務系スタッフ社員，技術系社員に分けて，b) 新入社員，c) 若手社員，d) 中堅社員，e) 管理職にとって，それぞれ能力をリスト化して示している。したがって，現代の日本の代表的企業は，昇進のための職務要件を明確にして，選抜型人事・昇進の機会が早く来るように，自己啓発による厳しい自己学習をしている実態が浮かび上がるのである。

(5) 最近の人材育成・企業内教育訓練の動向（各種の調査結果）

A. 最近の教育訓練の動向を紹介する。『労政時報』（労務行政研究所，110頁）の2005年4月の調査（教育・能力開発関連施策の実施状況）によれば，次のことが示される。回答企業数208社（1000人以上83社，300人–999人77社，300人未満48社）。

i) ① 新入社員教育（入社前）66%，② 新入社員（入社時）96%，③ 新入社員（フォローアップ）75%，④ 中堅社員70%，⑤ 新任管理職72%，⑥ 初級管理者43%，⑦ 中級管理者49%，⑧ 上級管理者（経営幹部）45%，⑨ 営業社員53%，⑩ 技術・技能者54%，⑪ 中途採用者51%，⑫ 評価者・効果者64%，⑬ 教育担当者32%。

ii) 今後における教育・能力開発の対象者と責任主体との関係は,「選抜型の教育」を「重視」が 6%,「やや重視」42% で合わせて 48%,「社員全体の底上げ教育」を「重視」が 4.5%,「やや重視」が 18.3% で合わせて約 20%(その他は「中間」)で,教育対象者は選抜型になっている。また,教育をする責任主体は,「企業の責任を」を「重視」と「やや重視」を合わせると 21%,「個人の責任を」を「重視」と「やや重視」を合わせると 38% で,現在の日本教育・能力開発は,「社員全体の底上げ」型から「選抜」型に,さらに「企業が責任を持って行う教育・開発」型から「社員個人が責任を持つ」自己開発型に移っているといえる。

B. 社会生産性本部が 2004 年 4 月に行った「将来の経営幹部育成に向けた選抜研修に関する調査」(回答企業数 134 社,回収率 11.2%)によれば,「実施している」が 53.7%,「実施していないが実施の方向で検討している」が 26.9% であった。「将来の経営幹部育成に向けた選抜研修への関心」に関する質問に対しては,「大いに関心があるが」64.2%,「やや関心がある」が 31.3% で,将来経営幹部の研修は選抜型になることは,確実といえる。次に,現在選抜研修の対象とされている役職は,「課長クラス」が 74.6%,「部長クラス」が 61.2%,「係長・主任クラス」が 29.9%,「本部長クラス」が 28.4% であった。選抜研修で重視している内容は,「経営戦略・マーケティング・財務・組織などマネジメント全般に関する知識」が 79.4%,「組織を牽引するためのリーダーシップ」が 48.5%,「組織の進む方向やビジョンを描く想像力」が 41.2% であった。選抜研修の問題点は,「日常業務が忙しく時間が確保しにくい」55.8%,「選抜方法に納得できる基準がない」が 50.4%,「良いプログラム(講師)を見つけるのが難しい」が 45.7%,「選ばれない人のモチベーションが下がる」が 35.7% であった。さらに,同じく社会生産性本部が 2005 年 8 月に行った「経営幹部育成に向けた選抜研修に関する調査」によ

れば,「選抜人材教育への経営陣関与度」についての質問に関しては（複数回答109),「社長が関与し実施している」が63社（57.8%),「役員クラスが関与し実施している」が27社（24.8%),「人事部門のみで実施している」17社（15.6%）であった。その選抜形態に関する質問については,「人事部門による人選」が28.2%,「各部門による人選」が27.3%,「役員の指名」が19.1%,「社長の指名」が17.3%であった。以上のことから,将来の経営幹部の選抜研修には,社長,役員が関わっていることが分かる。さらに,選抜人材教育の形態に関する質問には（複数回答109),「社内での集合研修」が67.9%,「社外のプロフラムへの派遣」が64.2%,「関連会社への出向」16.5%,「国内外の大学院への派遣」は15.6%であった（『労政時報』,3645号,2005年1月14日号,128頁)。

以上をまとめると,従来の終身雇用を前提とした全社員へのCDPに基づく教育・開発はほとんど無くなり,選抜研修に変わっているといえよう。

5. おわりに

以上,これまで,「失われた10年」以降（1992年以降）の日本の大企業における人事制度,企業内教育・人材開発制度の変化について検討してきた。総じて,従来の日本的人事制度の根幹であった下級,中級,上級での細分化された「職能資格制度」を変更し,おおくくりな「資格制度」にしており,かつその資格を従業員が担う職務の遂行に必要な職務要件と関連させて評価する方式を採用するようになっている。職務要件は,詳細に定義されそれを全従業員に明らかにし,従業員が具体的に担う職務との関連で,各評価者は,「成果達成度」と「成果プロセス」の2つの基準の観点から従業員を評価し,その内容が客観的に明らかにされ公表される方式である。賃金,賞与などは,

この評価に基づき業績中心に報酬額を決めるので，社内の従業員の報酬額に相当な差も生まれているといえよう。これまでの日本的経営は「おみこし経営」といわれ，社会的正義に反するような失敗が無い限り終身雇用され，さらに個人の職務の区分が明確でなく，成果をあげた者とそれほど成果をあげていない者の間でも，単なる勤続年数を重視して賃金が決められるので，賃金格差はそれほど生じなかった。グローバルな競争が激しく，多面で経済成長が止まりマイナス成長さえも懸念される時代には，こうした日本の報酬決定方式は，変更せざるをえなかった。

「失われた10年」の間に，企業のグローバル化が進展し，ますます企業競争が激しくなっている。こうした背景では，これまで見てきたように，業績に基づく賃金の決め方の普及は当然のこととしもいえる。しかし，「法人企業統計」によれば，資本金10億以上の金融業を除く大企業では，株主配当総額が1997年の9876億円から2006年の11兆9750億円と4倍に増大し，内部留保額は（資本剰余金，利益剰余金，流動負債と固定負債の引当金の合計）1997年の142兆1431億円から2007年度の228兆2119億円と1.6倍に増大している。それに対して，従業員への給与総額は，1997年度の43兆9848億円から2007年度には32兆9341億円と25％減少している（役員賞与は1.5倍に増加している）（国島・重本・山崎，2009，「はしがき」）。

この結果は，金融・証券市場の緩和により，日本の企業目的として「株主価値の最大化」が疑われることなく設定され，配当支払額が従来に比べ異常に高くなった背景のもとで，労務費を削減するため，正規従業員を減らしそれに代えて非正規従業員を増やしたことから生じた事態といえよう。また本稿で検討したように，業績主義的人事評価で，中・高齢者の従業員で，昇進が難しく賃金の上がらない者たちを，非正規化してきたことからも生じたものといえよう。

リーマンショックに始まった世界金融危機の影響をまともに受け，従来の

外需依存の日本経済の舵取りは困難になってきている。こうしたなかでの日本の企業の人事制度，教育・訓練制度の，これからの展開については，ますます注目していかねばならない。

参考文献

Yoshiaki Takahashi (1990), Human Resource Management in Japan, In: R. Pieper (ed.), *Human Resource Management: An International Comparison*, Walter de Gruyter, Berlin New York 1991.

Yoshiaki Takahashi (2003), Formation and Changes of Japanese Employment Practice: The disappearance of the life time employment and seniority system?『商学論纂』(中央大学商学部，44巻3号)。

国島弘行・重本直利・山崎敏夫編著『「社会と企業の」経営学』(ミネルヴァ書房，2009年，「はしがき」)。

経済産業省『人材マネジメントに関する研究会取りまとめ』(2006年，8月)。

日本経営者団体連盟『エンプロヤビィティの確立をめざして―「従業員自立・企業支援型」の人材育成をめざして』(1999年4月)。

日本経済団体連合「主体的キャリア形成の必要性と支援のあり方」(ホーム・ページ)。

佐藤博樹・玄田有史『成長と人材―伸びる企業の人材戦略』(勁草書房，2003年)。

高橋由明『基礎と応用で学ぶ経営学』(文眞堂，2006年)。

高橋由明編著『教育訓練の日・独・韓比較』(中央大学出版部，1996年)。

『労政時報』，3541号 (2002年6月7日)，3645号 (2005年1月14日)，3667号 (2005年12月9日)，3709号 (2007年9月14日)。

第 12 章

経営管理の誤りを克服するコーポレート・ガバナンス——ヨーロッパの視点

ヴォルフガング・ドロウ
(高 橋 由 明 訳)

1. コーポレート・ガバナンス
——定　義——

　コーポレート・ガバナンスの概念は，企業体制の規定に関係している。企業体制法の概念についての見解は，広く知られている。それは，企業体制の組織の見解に示されているが，その理解は，国家体制と類似し，企業体制では企業の種々の利害関係者の利益を考慮した役員会がどのように形成できるかが，中心的な問題である (Bleicher 1994)。

　アングロ・アメリカ圏では，コーポレート・ガバナンスの定義として，キャドベリー委員会の定義が知れわたっている。それによれば，コーポレート・ガバナンスとは，「会社が指揮し統制する制度」である。この制度の中心には，商法やその規定は，資本市場や株主を規律する内容が示されている。資本投資活動での利回りの観点が中心にあるので，コーポレート・ガバナンスは，次のように定義されている。「コーポレート・ガバナンスとは，会社への資本提供者が，その投資からの収益を保証する方法と関係する問題である」(Shleifer/Vishny 1997, p. 737)。

コーポレート・ガバナンスのメカニズムとして，会社の統制機関による内部的な監督とともに，資本市場や個人株主運動などの外部の監督機関も，確認されてきている。次の図は，重要なコーポレート・ガバナンスのメカニズムを示している。

図 12-1　コーポレート・ガバナンスのメカニズム

外部メカニズム	資本市場
	株主による監視
	M＆A（合併・買収）
	資本構成
内部メカニズム	会社の統制機関による監督

　コーポレート・ガバナンスは，企業の役員会をどのように組織的に形成するかと，どの企業の利害関係者を考慮するかと関係する。それゆえ，重要なのは，企業と利害代表者における経営指導機関と監督機関の組織が構造的にどうなっているかが中心的問題領域となるということである。コーポレート・ガナンスの構造的な局面は，次の4つの規制領域に基づいて把握される。

(1)　利害代表者の単数主義と複数主義

　コーポレート・ガバナンスの単数主義的理解は，企業において資本所有者が単独で代表するという考え方から出発する。その典型的なものとして，資本志向的企業体制でのアングロ・サクソンの取締役会（Board）体制が当てはまる。この株主の利益を単独に義務づけている体制に対して，ドイツの監査役会―執行役会（Aufsichtrat-Vorstand）体制は，資本と労働の二重の利益を反映している。すなわち，共同決定の法制化により，単一主義利益体制が

変更され，労働者の利益も考慮することになったのである。

(2) トップ・マネジメント会議組織における1層制と多段階制

株式会社の役員組織では，株主総会，監査役会，執行役会の3層体制のモデルと，株主総会，取締約会の2層構造に区別できる。ドイツモデルでは，執行役会が経営の日常業務を担い，監査役会が執行役会の業務を監督する。取締役会モデルでは取締役会が経営業務と監督機関を担うことになる。それゆえ，後者は1層制と特徴づけられるのに対して，ドイツモデルは，監督機能と経営者の執行業務機能が分離されるので，2層制モデルと特徴づけられる。

(3) 規制の強さ

規制の強さの問題は，その特殊性と強さに示されるが，それは，企業活動の自立性を制限する法的規制に関係している。ドイツの企業体制は，株式法と共同決定法による多面的な規制に基づいているため規制は強い。それに対して，アングロ・サクソンの企業体制は，規制の度合いは低く，それゆえ企業活動に大きな柔軟性を与えている。

(4) 合議原則か指揮原則か

合議原則か指揮原則かの問題は，企業の役員会が行う業務管理と監督職能の形態に関係する。合議の形式は，意思決定が単一決定原理か多数決原理によって行われるときに問題となる。それに対して，指揮原則の構造は，一人の人間に権力が集中する方式によって特徴づけられる。アングロ・サクソンの株式会社では，執行的権力はチーフ・エグゼキューティブ・オフィサー（CEO）が掌握している。監督機能と包括的業務管理を一人で行うという指揮原則の短所は，監督する力を弱くさせるということである。

コーポレート・ガバナンスに関して，上記の構造的問題の他に，経営者の責任ある行動と関連する倫理の基本問題がある。それは次のような問題である。

- マネジャーは，その意思決定や行動において企業の種々の利害関係者に対していかなる責任を負わなければならないのか→責任問題
- マネジャーが自己の個人的利益を追求することを防ぐことができるか→代理（agency）問題
- 優秀なマネジャーの成果を計測し正当な報酬を与えることができるか→誘因（Anreiz）問題

古典的な責任，代理，誘因の問題が，ドイツの2層制構造とアングロ・サクソンの1層制構造でどのように処理されるかについては，以下の章で説明される。

2. コーポレート・ガバナンス
―― 体 制 構 造 ――

ドイツとアングロ・サクソンの株式会社の体制構造に関して，上記のコーポレート・ガバナンスの規定の内容でその処理の仕方において，両モデルには基本的な違いがある。

（1）ドイツ型（Vorstand-Aufsichtrat）モデルの枠組みでのコーポレート・ガバナンスの構造的解決

ドイツの株式会社の体制構造は，執行職能と監督職能の2つの分離した組織によって行われる2層制モデルによって特徴づけられる。すなわち，執行役会が業務管理の職務を，監査役会が監督機能を担っているのである。株式

第12章　経営管理の誤りを克服するコーポレート・ガバナンス……　315

会社組織の権能構造は，法律により個別的に規定されている。執行役会は，株式法76条1項により，会社を自己の責任により，特に企業の業務管理組織を指導する。業務管理権限は，一定の方策の遂行に関しては定款または監査役会の要求に基づき監査役会の同意を得なければならない（いわゆる，株式法111条4項に規定された業務の同意）。

　執行役会の決議は，合議原則に照応して基本的に満場一致の原則に基づいている。執行役会の規定ないし業務執行秩序は，監査役会とは違い，その決議は満場一致か多数によることを規定している。株式法78条1項で，執行役会は外部に対して会社の代表機関であることを規定している。執行役会の監査役会への報告義務は株式法90条に規定されている。この条項は，「企業領域の統制と透明法」により拡大され，執行役会は，監査役会に対して意図する営業政策，将来の営業政策，会社と自己資本の収益性，業務の経過，特に会社の売り上げと状況だけでなく，企業計画の問題について報告しなければならない。少なくとも年に2回定期的に，執行役会は，財務計画，投資計画，人事計画を報告しなければならず，監査役会は予防的監督を行う権利を持つ。

　執行役会は，株式法91条2項で，会社の存続を脅かす展開を予測するための監督制度を確立することを義務づけている。それには，適切なリスク・マネジメントと適当な内部留保を確保するという義務がある。この規定は，誤ったマネジメントを回避することを保証する役割を果たすであろう。執行役会の業務管理を監督する職務は，株式法111条1項で，監査役会に義務づけている。監査役会は，株式所有者と被用者の諸代表から構成され，監督職能だけでなく利益代表の職務をも持つ（Bleicher 1994, 349頁）。利益代表については，ドイツのコーポレート・ガバナンスで，法律により2元的利益の規定がなされている。2元的利益は，共同決定立法に規定されている。

　ドイツ共同決定の法律的基礎は，1952年と1973年の経営体制法，1951

年の石炭・鉄鋼共同決定法（1956年補充法），1976年の共同決定法にある。資本会社の労働者共同決定は，多段階のレベルで行われる。すなわち，職場での個人労働者の共同決定，社会法と労働法的な諸問題が取り扱われる事業所レベルでの経営協議会での共同決定，そして特にコーポレート・ガバナンスの議論と関連する企業レベルでの監査役会と執行役会での共同決定である。監査役会での持分所有者の代表と労働者の代表による同権的共同決定が規定されている1976年の企業レベルでの労働者の共同決定法の規定こそが，企業レベルの労働者の共同にとって，最も意義のあるものである。労働者の代表は，企業の労働者代表と労働組合代表者代表から構成される。

　監査役会の労働者の共同決定のほかに，1976年共同決定法は，人事制度や社会的制度の規定に関連する労働者重役が執行役会の同等なメンバーとして規定されている[1]。

(2) アングロ・サクソン型モデルの枠組みでのコーポレート・ガバナンスの構造的解決

　アングロ・サクソンの取締役会体制は，相対的に規制の弱さによって特徴づけられる。資本会社組織の権能と企業活動の権力配分の多くは定款に基づいている。業務管理の職務は，基本的に総じて取締役会にあり，ひとつの委員会ないし一人の社長によって担われる。取締役会には内部取締役ないし外部取締役ないし非執行役が含まれる。前者は原則的に業務管理を行い，後者は監督職務を担い，それはドイツの監査役会に似ている。主に業務管理を行う取締役と業務を行わない取締役の違いは法律的には定められず，指導機関と監督機関としての取締役会の2重の職能に反映されているだけである。取締役会の職務の内容と取締役会の権力の配分は，現実的には，取締役構成員の内容に決定的に関係している。取締役会における監督職能と管理職能の職務配分と代行は，業務取締役と非業務取締役の比率により，変化するのであ

る。その場合，次の基本タイプが区別される。

- 「定款に基づく委員会」は，法律の最小限規定に基づき，その監督義務と指導義務の厳守に制限される。
- 「監査委員会」は，第一に監督職務を履行する。この監査委員会には多くは非執行取締役が属する。業務執行は，マネジメントの唯一の代表であり，取締役会からは純粋に外部にいるチーフ・エグゼキューティブ・オフィサー（CEO）にある。
- それに対して，「経営委員会（managing board）」は，積極的に業務執行に関与する。この執行役会の多くは，執行取締役によって構成される。
- 「相談役委員会（sounding board）」は，マネジメントとの協議に従事する。その構成については，執行取締役と非執行取締役の比率は均衡している。独立した取締役会内委員会（例えば「監査委員会」ないし「報酬委員会」）と指名委員会）の規模は，取締役会構成メンバーの大きさに決定的に依存する。

取締役会の仕組みを一定の方式で統一化することと関係して，アングロ・サクソンの領域で取締役会構成と職務について具体的な提言をしての種々のコーポレート・ガバナンス規則が作成されてきている。「ベスト・プラクティスの規則」により，誤ったマネジメントの回避に貢献できるかという問題と関連させて，以下検討しよう。

(3) ヨーロッパ型（Societas Europaea）のコーポレート・ガバナンスはヨーロッパで**構造的解決**となるか？

ヨーロッパの次元で，ヨーロッパ会社法において，調和傾向が生まれてきている。それは，EUの種々の構成国で問題となっている企業の活動の法律形態である。ヨーロッパ会社法での会社形態と関連して，ヨーロッパ資本会社での管理構造の調和化に貢献しようとする動きがある。ヨーロッパ会社法

の創設は，2004年10月8日以降，ヨーロッパ指令によって可能となった。ヨーロッパ会社法を用いるには種々の可能性が存在する。

- 買収か新設により，自国の会社が少なくともEU構成2カ国にわたり統合される場合。
- 株式会社法ないし有限会社法により，種々のEU構成国によりヨーロッパ持ち株会社が設立される場合。
- 株式会社法ないし有限会社法により，種々のEU構成国でヨーロッパ会社法に基づく支社の設立の場合。
- 自国の株式会社をヨーロッパ株式会社に転換して設立する場合。この設立はその株式会社が少なくとも2年以内に他のEU構成国に支社を設置するときにのみ可能となる。

ヨーロッパ会社法の管理システムの構造は，イギリスモデルに基づき1層制役員会の方式も，またドイツモデルに基づき指導機関と監督機関の2層制役員会の方式も採りうる。そのため，新しくドイツの株式会社が，ヨーロッパ株式会社の法的形態に基づき1層制管理構造を選択する可能性が生まれたことである。2層制システムを持つヨーロッパ株式会社は，執行役会と監査役会を持つドイツ株式会社のような構造を採用しうる。2層制管理構造を持つヨーロッパ株式会社の規則は，株式会社法の規定の主要部分とそれに応じた内容になる。1層制の管理役員会システムは，ドイツの株式法には規定されていない。管理役員会は業務管理組織と監督組織の役割を担うことになる。それはいわゆる執行役会と監査役会の2つの役割を担うことになる。この管理役員会には，他の外国では一般的にあるように業務執行取締役と非業務執行取締役が属する。

ヨーロッパ株式会社がドイツで活動し1層制の構造を採る場合は，この会社は共同決定法の規則を守らなければならない。いま共同決定の資本会社について考えると，ヨーロッパ株式会社の労働者代表は直ちに取締役会に属す

第 12 章　経営管理の誤りを克服するコーポレート・ガバナンス……　319

ることになる。管理役員会が1976年の共同決定法に基づき同権的にメンバーを構成すると，半数が労働者代表で構成されることになる。

「十分に妥当な理解によれば，2層制体制の監査役会におけると同様に取締役会での非執行役員にのみ同権的提案が当てはまる」(Marsch-Banner, 2005, 3頁)。

ヨーロッパ株式会社における企業の共同決定は，労働者と雇用者に対して選択は同一であることを規定している。これにより，いわゆる「折衝委員会」を労働者代表により組織し，雇用者はある解決をしなければならない。しかし一致にいたらないなら，いわゆる「猶予規定」となる。この規定は現存の共同決定権の確保に役立ち，関与している会社で共同決定権を持つ労働者は，ヨーロッパ会社の設立により，この権利を失うことはない。ヨーロッパ株式会社での共同決定における猶予規定の効果は，基本的にはその設立形態 (ヨーロッパ持ち株会社，ヨーロッパ子会社，統合，組織変更) と関係する。関与する従業員の割合に応じて増幅する若干の微妙さを目指して，ヨーロッパ株式会社の共同決定は猶予規定により関与する会社で最も高い水準の共同決定を志向しなければならない。

ヨーロッパ株式会社の長所として次のことがあげられる。

- ヨーロッパ的統合のシナジー効果：ヨーロッパ株式会社法により，まず株式会社をEU構成国間での統合の可能性が生まれた。
- ヨーロッパ会社の権利の利用
- 1層制管理システムと2層制管理システム間の競争
- ヨーロッパ内で多くの移動自由による競争力の改善：これまでに必要であった解散や新設をすること無しに，ヨーロッパ内へのヨーロッパ会社の移転が安易になった。
- 親会社と子会社間のコンフリクトは，違った管理システムを用いることにより軽減されることになる。コンチェルンにおける統一の可能性が広

がる。

　もちろん，ヨーロッパ株式会社法に基づく会社がすべてのヨーロッパの株式会社にとって成功モデルとなるかどうかは，疑問である。予測できることは次のことである。

- ヨーロッパ株式会社は，大規模会社においてのみ浸透する。
- ドイツの共同決定を保持することは，長所だけでなく短所をももたらす。
- 外国の資本会社は，ドイツの共同決定モデルが脅威となり，ヨーロッパ会社法による設立を回避する。

　ところで，コーポレート・ガバナンスが，構造的規則にしたがってどの点において誤ったマネジメントを克服することができるかという問題の総括的考察は結論に近づいているが，古典的な責任問題と代理問題に関しては，1層制の統合モデル対2層制分離モデルといった構造の違いによる接近では，マネジメントの誤りを避けることができない。両システムとも弱点を持っていることは，1990年代と2000年の初めに多くの企業スキャンダルや企業破産が生じたことで証明された（例えばエンロン，ワールド・コム，メタル・ゲゼルシャフト）。

　近年になってリスト・アップされているコーポレート・ガバナンス規則や，資本会社での良好で透明な管理に関する標準原則は，現実のグローバルな金融危機をもたらした無節制さを阻止することはできなかった。そのため，より倫理的に志向する接近方法がうみだされてきている。この方向の第一歩は，自己義務に基づいたコーポレート・ガバナンス・コードとベスト・プラクティスの構想を検討するということである。

3. コーポレート・ガバナンス綱領は経営管理の誤りを回避できるか？

　世界的にみると，一連のコーポレート・ガバナンス綱領がある。その先駆なものとして数えられるイギリスの主導的提案であるキャドベリー委員会の「ベスト・プラクティス・コード」（簡略的「キャドベリー報告」1972年といわれる），「ハンペル報告」（1998年），「コーポレート・ガバナンスに関する共同コード」（1998年），「マイナー（Myners）報告」（2001年）がある。これらのコードでの中心的な規制要素は，取締役会の職務配分，独立の「監査委員会」，「報酬委員会」，取締役会への非執行取締役（外部取締役）への導入，取締役の補充の公表である。コードの遵守は任意とされる。しかしながら，標準原則の遵守の範囲や様式についての解釈として，株式上場のイギリスの資本会社の年次報告書において公表する義務がある。
　ドイツでは，ドイツ・コーポレート・ガバナンス・コード（2002年）が作成されている。それは，ベスト・プラクティスの標準を要約したもので，そこには，遵守すべきは，成果をあげる企業指導と管理を可能にすべきことである。個別的には，執行役会（Vorstand）の管轄領域と職務，その情報・公開義務，執行役員の報酬さらに監査役会の構成と報酬，その職務と内部秩序が規定されている。立法者は，ドイツの株式上場会社に報告書を公表し，ドイツのコーポレート・ガバナンス・コードのコーポレート・ガバナンス綱領を適用するか否か，その根拠を文章で引き渡すことを義務づけている。執行役会と監査役会は，いわゆる適切な説明書において，どの範囲でドイツ・コーポレート・ガバナンス・コードの提言を守るか（株式法161条）を，毎年報告しなければならない。その場合，企業は先の適切な説明書の報告書により任意の規則を守るかどうか，将来どのようにするかを通知しなければならない。目下緊急なことは，コーポレート・ガバナンス規則を守るという通知さ

れた意図の変更は，企業により直ちに公表しなければならないという，連邦裁判所の判例である (Kuthe 2009, 21頁)。

ヨーロッパでは，ほかにコーポレート・ガバナンス・コードが作成されている。ここではその例として，フランスの「Vienot 報告」，ベルギーの「Cardon 報告」，オランダの「Peters 報告」，イタリア，スペイン，さらにスエーデンコーポレート・ガバナンス・コードの提案が挙げられる。ヨーロッパレヴェルでは，ヨーロッパ・証券取扱い協会 (European Association of Security Dealers) が独自のベスト・プラクティス・コードを作成している。

コーポレート・ガバナンス・コードとベスト・プラクティス構想が，株式上場の資本会社が良好で透明な管理に関する規則や標準原則を持っていることで，誤ったマネジメントを回避しうることに役立つかどうかという問題は，現実のグローバルな金融危機をもたらした無節制に直面し，より疑問となる。各コードは，国ごとに具体的には異なり形式化された単なる提言である。現実の危機に関して期待されることは，コーポレート・ガバナンスは将来，弱い提言や任意に遵守することで作成するのではなく，厳格な規則や統制とするよう強化されるであろう。

4．コーポレート・ガバナンス
―― マネジメント誘因の問題 ――

経営者の報酬は，現実の金融危機の過程でひとつの社会問題となった。
- 経営者の非倫理的行動と法外な報酬についての公然たる議論が強力に行われた。
- ドイツ証券市場に登録されている DAX30 企業の執行役会メンバーの報酬が比較不可能なほどの多額であることへの批判の増幅

第12章　経営管理の誤りを克服するコーポレート・ガバナンス……　323

　これらの社会問題が経営者の経済的倫理的正当化の問題を惹起させた。
　この問題は，公衆株式会社において所有と経営の分離が生まれた依頼人－代理人問題に帰属する：すなわち，自己資本提供者（株主）は資本を準備し，業務管理をする第3者（経営者）に委任する。そのことにより依頼人としての所有者と代理人としての経営者の間にエイジンシー関係が生まれる。所有者と経営者の関係は，誘引と給付の交換を通じて示される。株式会社における依頼人－代理人問題の理由として挙げられるのは，以下の諸点である。
- 経営者の側の機会主義的行動
- 情報の非対象性

ここから依頼人－代理人問題と関連して次の問題が導かれる。
- 統制システム
- 誘因システム

　株式法87条1項で，執行役会メンバーの報酬を発見し，測定し，統制する際の監査役会の任務について規定している。ドイツのコーポレート・ガバナンス・コード（4.2節）はこのことに関連し，執行役会の報酬は，監査役会により成果判断を基礎に適切な額を確定されると規定している。それによると，報酬の的確性の基準は，周辺環境の比較を考慮しての執行役会メンバーの職務，その成果，経済状況，企業の収益と将来の見込みである。ドイツのコーポレート・ガバナンス・コードは，さらに執行役会メンバーの報酬は固定部分と可変部分からなることを規定している。その場合長期的誘因効果を持つ可変的報酬部分の決定に際して，収益目標が後に変更する部分は除外されるべきである。さらに，固定部分にしたがったコンチェルンの決算付帯条項での執行役会の報酬，収益と関係する要素，長期の誘因効果を持つ構成部分が個人的に明らかにすべきことが規定されている。
　金融危機の時代に直面し，ドイツ政府は経営者の報酬の仕組みに関する規制を予定している。それは次のように計画されている（09年3月12日の包

括的 FAZ, 13 頁を参照)：
- 執行役会メンバーの報酬については，将来は監査役会の全体で決めるべきで，他の監査役会内委員会で決められるべきでない。
- 執行役会メンバーの全体報酬の確定に際しては，持続的企業発展のために行動誘因として設定されるべきである。報酬額の適切性については，執行役の成果や国ごとないし支社の報酬と比較し考慮すべきである。
- 行動のオプションは，最も早く 4 年後には解決され得る。執行役会メンバーの報酬の減額は，監査役会によって解決されるべきである。
- 監査役会メンバーの決定責任は，執行役会の報酬確定が不適切な場合は強められなければならない。
- 公表規則の強化
- 執行役会メンバーが，最初の 3 年間につき監査役会の監査委員会のメンバーになることを排除する排除規定を設けることにより，利害コンフリクトを回避すること。

経営者の報酬に関する規定を強化することにより，経営者報酬の経済的かつ倫理的正当化に関して社会的論争を起し影響をおよぼすべきである。

5. 結論的考察

金融危機の結果として明らかになったことは，法律的構造的規制だけでは，効率的な企業管理と企業統制を保障しえない。近年作成されている自己規制に基づく多くのコーポレート・ガバナンス・コードと，良好で透明な管理に関する標準原則が資本会社において確定されているが，これらは，現実のグローバルな金融危機をもたらした無節制に対して，誤ったマネジメントを回避することを保証できていない。期待されていることは，株式会社のコーポ

第12章　経営管理の誤りを克服するコーポレート・ガバナンス……　325

レート・ガバナンスに関して政治的圧力が高められ，経営者の報酬の処理とそれへの監査役会の統制と責任に関して，強力な統制と規則が確立されるべきということである。

　原題は，Corporate Governance zur Überwindung von Missmanagement: Eine europäische Perspektive

1) 1976年共同決定法は，従業員2000人以上の資本会社に適用される。企業の共同決定を規定しているもうひとつの法律は，1951年の石炭・鉄鋼共同決定法（補充法1956年）であり，それは少なくとも1000人以上の従業員を擁する石炭・鉄鋼産業の資本会社に適用され，監査役会での労使同権的メンバー構成と執行役会での労働者重役が規定されている。1952年と1972年の経営体制法は，従業員500人から2000人までの資本会社に適用され，労働者の代表権は資本側に対して3分の1と規定されている。

参 考 文 献

Bleicher, K. (1994): „Normatives Management: Politik, Verfassung und Philosophie des Unternehmens", Frankfurt am Main, New York 1994.

Claussen, C. P. (1998): „Wie ändert das KonTraG das Aktiengesetz?", in: Der betrieb, Nr. 51, 1998, S. 177 ff.

Hommelhoff, P./ Mattheus, D. (1998): „Corporate Governance nach dem KonTraG", in: Die Aktiengesellschaft, Nr. 43, 1998, S. 249 ff.

Industrie- und Handelskammer Frankfurt am Main: „Europäische Gesellschaftsform: Europa AG (SE)" in: http://www.frankfurt-main.ihk.de/cgi-bin/druck.pl?fie=/recht/themen/eu_recht/europa_ag/index.html

Kuthe, Thorsten (2009): „Veraltete Kodex-Erklärung muss umgehend korrigiert werden", in: Frankfurter Allgemeine Zeitung vom 8. April 2009, Nr. 83, S. 21.

Marsch-Barner, Reinhard (2005): „Europäische Aktiengesellschaft (SE) — Perspektiven für deutsche Unternehmen im europäischen Wettbewerb", in: http://www.frankfurt-main.ihk.de/cgi-bin/druck.pl?file=/recht/themen/eu_recht/europa_ag/index.html

o. V. (2009): „Regierung beschließt Regeln für Managergehälter", in: Frankfurter Allgemeine Zeitung vom 12. März 2009, S. 13.

Shleifer, Andrei/ Vishny, Robert W. (1997): „A survey of Corporate Governance", in: Journal of Finance, Volume 52, Nr. 2, 1997.

第 Ⅲ 部
会計からみた「失われた10年」

第 13 章

会計・監査業務の変容の本質と課題

川　北　　博

1. はじめに

　この論文の執筆に当って筆者に与えられた大きな命題は「失われた10年からの脱却と発展」について「検証」せよ，ということのようである。たしかに会計実務家や研究者等にとって，近年の企業会計や，内部統制報告を含む会計情報とその監査の制度や実務上の規制，あるいはそれらをとりまく経済環境の進展は，かつて私どもが経験したことがないほど，激しい革新的変容を含んできた。

　それらの過去のしがらみからの「脱却と発展」を史的展開の流れの中から検証するには，「失われた10年」（Lost a decade―米語では dekad）では足りず，私には少なくとも「失われた20年」（Lost a couple decade）を必要とする。その理由として次のような筆者の個人的経験や事情にも関連していることを率直に訴えなければ論述の説得力が稀薄となろう[1]。

　筆者は，戦後1949年公認会計士第2次試験に合格して会計専門家としての道を歩むことになったのだが，本稿執筆に先んじてその間の実体験を中心とした「私本」"会計・監査業務戦後史"（平20・7・22　日本公認会計士協会出版局発行，清文社発売）を世に出していただいた。しかしこの小著は，戦後史とはいっても，昭和史をもって擱筆し，平成史の記述については後日に

委ねた。その理由を簡単に述べれば次の4つである。

　その第1は，アメリカ経済をゆるがすエンロン・ワールドコム事件等が起き，SOX法が制定され，その影響が全世界に及び1913年創業以来，全世界に覇を唱えてきたBig 8のひとつAA（アーサー・サンダーセン）がその姿を消した。近代資本主義自由経済社会の形成とともに生れ，それを支えてきたビッグ・エイト（Big 8：8大会計事務所）は，前世紀末までに巨大化を志向する合併によってBig 6となり，更にPWとC&Lとの合併によってPW&Cに集約され，AAの崩壊によって半減してBig 4となり，国際資本市場に対する少数監査人支配体制が実現した。そのような新しい時代背景における会計職業専門家像の変貌は過去の延長路線上の出来事としては議論できなかった。

　第2の理由としては，山一證券等に次ぐカネボウ等の粉飾・倒産事件によって，監査法人中の名門とみられていた中央会計事務所が崩壊・解散したことを中途半端にしては，わが国の監査制度平成史のはじまりを語ることができない。しかしながら今でこそその後の裁判等を含む結着が明らかとなり，関係者の暴露本の出版等によって名門崩壊の事実が公知となっているが，未だ事件が生々しい前著執筆の当時，筆者が同じ公認会計士仲間の失敗や悲運を論述することは情誼として忍びなかった。それに加えてAAや中央会計崩壊を招いた責任者たちは余りにも筆者の身近な人たちであり，当時真実を求めて個人的意見を表明することは苛酷であった。だが監査人に求められる基本的姿勢として真摯な批判精神あるいは更に一歩を進めて懐疑主義（Skepticism）の存在が重要であることはいうまでもない。

　第3の理由として，それまでの過去の会計や監査の実務についての批判精神をたかめ，将来を展望するにしても，明快な解答を見出すことが甚だ難しかったからでもある。その原因としては，わが国の会計・監査制度は多分に戦後官庁指導によって発展してきたものであり，公認会計士等の自己革新的

努力によったり，経済社会の創造的注力によってきたものでないことがあげられる。49年商法改正後も，先進国では珍しい半期報告制度や中間財務諸表監査制度が当然のごとく長期間存在し，それが4半期報告書とそのレビュー制度に置き変わるまでに長期間を要したことなどでも与えられた制度の硬直性が理解できよう。

　上述のように混迷した会計・監査制度とその実務慣行の連鎖を断ち斬るように，平成17年7月に会社法が公布され，平成18年には新しい「証券取引法」と「金融商品取引法」が関係法令とともに成立・施行され，わが国の会計・監査制度の法規制の基本が大きく変わったといえる。したがって制度改正後の課題を検証するためには，この大きな制度改正を前提としなければならない。単純な過去の延長路線上の議論ではなく，新しく広い視点から検討すべきであると思われた。

　第4の理由は，その後筆者は更に大きな視野から日本経済あるいは会計や監査の実態にふれる立場を与えられ感得する幸運を得たが，それらはそれまでの経験をさらに止揚したものであった。そのひとつは，平成5年以降，同16年までお引受けした金融機関の不良債権処理のために共同設立された共同債権買取機構の価格判定委員（後に適正評価判定委員と改称）の仕事であり，もうひとつは，平成13年から同19年までお引受けした財団法人財務会計基準機構のテーマ協議会議長の仕事であった。

　前者は，日本経済のドン底状態の時期における担保不動産の価値下落や銀行をはじめとする金融機関の不良債権の買い取りや処分を眼のあたりにしたし，後者では，かつて企業会計審議会では全くみられなかった姿でのFASB（米国の企業会計基準設定機関）の姿を模したASBJの活動に関与した。またそれは，IASB（国際会計基準委員会）傘下機関でもあり，筆者はその間4年半にわたって国際会計基準（IAS）につき自らの勉強のためにも，と思ってその解説を雑誌（会計税務Q&A）に連載した。しかし，筆者の任期が了った

（1期2年，4選禁止）ときには，その全体が大きく変貌してそのまま出版するどころではなくなっていた。つまり，その間，国際会計基準（IAS）はIFRSへと規模・内容ともに変貌し，コンバージェンス（Convergence）からアドプション（Adoption）の時代へと全世界の会計基準の考え方が大きく進展したのである。08年末から09年にかけて，わが国の企業会計審議会・企画調整部会も，EUやSECの先行的状況をも認識しつつ，2015年ごろまでのIFRSの上場企業の連結財務諸表適用を目指して活動を強化している。

IFRS適用のメリットとしては，財務諸表の比較可能性の向上によって国際金融市場の情報伝達や資本調達が容易となり，その資本調達のコストや企業会計情報の伝達コストの低減・合理化が考えられる。わが国がそのような世界の潮流に乗り遅れることは許されない。それは脈々と動いている現在の課題であり，その検証をゆるがせにできないのである。

上述はわが国の会計・監査業務の戦後史につき，昭和史を超えて平成史を彩る大きな課題のいくつかをとりあげたものであるが，本論においてはそのひとつずつを詳述することは紙幅が許さない。そこで，現状理解のためこの20年間に起きた前著以降のできごとと持ち越してきたテーマとを略述し，わが国固有の問題点や課題に焦点をあてて検証を進めることとしたい。

わが国の会計・監査制度は，明治期以降の資本主義経済社会の進展とともに形成されてきた，といっても，その近代化の大きな波動は戦後の連合軍占領時代以降のものである。その本質的な制度の基本的な流れを考えて史観を深めなければ，日本社会独特のドグマに思考を混乱させられる。すなわち，明治以来わが国の制度は大陸法・制定法を継受してきたのに対し，戦後は英米法・コモンロー思考が逐次浸透した結果，わが国の諸制度は世界でも例をみない折中的思考に彩られ，あるいは「税理士法」のような海外とくに英米法系の国では例をみない個性的職業立法なども生まれてきたのである。こうして制定法思考・対・コモンロー思考という難解な課題にわが国の会計・監

査の職業専門家や研究者は戦後時を経るにしたがってとり組まざるをえないことが多くなってきた。

そういう視点からは，わが国の制度を創ってきた人たちや研究者等は，当初の制定法思考がとくに戦後コモンロー思考に洗われるという学術的思考において世界の先進国では珍しい深慮を要請されてきたのである。

筆者は縷々として上述のごとく前著において，その連続する時代相を捉えて「会計・監査業務史」平成篇を論述することを避けた理由を述べてきた。それでは現時点に至ってそれが可能か？　と問われれば甚だ心もとない。それは縷々述べてきたようにその変容が激しく，次に筆者がその課題を追究・検証して未来像を画くには，現在なお激しく続いている諸問題に対する研究が不確かであり，読者に役立つような意見を組み立てる自信が無いからである。

しかし前著のままでは無責任なようでもあり，また筆者が09年8月1日で84歳になることを思えば，あえて恥をかいて少しでも後進の学究や実務の充実に役立つことも存命中に必要ではないか，という神様のつぶやきが聞こえるような気もする。

もともとこの論文は，09年1月17日に「検証；失われた10年からの脱却と発展」と題する第22回中央大学学術シンポジウムにおいて発表した「会計監査制度の変容の本質と課題」と題する研究発表のレジュメを再度とりまとめたものであるが，必要な研究の追加や書き直しの不十分な点が多く汗顔の至りである。どうか寛容に全体の意図するところを汲んでいただければ感謝にたえない。

2. ビッグ・エイト (Big 8) 等の内外の再編と課題

(1) 1990年以後のBig 8等の変容

1980年代後半から1990年代にかけて，アメリカのBig 8を中心とする激しい国際会計事務所の離合集散があった。最終的にAAが破綻消滅するに及んで1800年代後半から世界の資本主義経済の発展を支えたBig 8はBig 4となった。

図13-1 Big Eight,s Japan connection

Japan (1990.1.1 以前)	Big Eight＋KPMG	(1990.1.1 以後)
Eiwa Audit Corp. ←	Arthur Andersen (AA)	
Aoyama kansa Hojin ←	Price Waterhouse	─ Merger (PW＆C)
Chuo Shinko Audit Corp. ⇠⇢	Coopers & Lybrand	
Syowa Ota & Co. ← ⇢	Ernst & Whinney	─ Merger (E＆Y)
Asahi Sinwa & Co. ← ⇢	Arthur Young	
Peat Marwick Minato ←	Klynveld Peat Marwick Goerdeler	⋯ (KPMG)
Mita Audit Corp. ← ⇢	Deloitte, Haskins & Sells	─ Merger (DTTI)
Tohmatsu Aoki & Sanwa ← ⇢	Touche Ross	

日本との関係 ── Subsidiary　または ⋯⋯ Tie-up

出所: Konosuke Kuwabara, Japan Economic Journal, Staff Writer による。原形を筆者の責任により補正。

Big 8離合集散 (上掲) の契機となった大きな要因は次のようである。

a. 1980年代末期のS＆L (貯蓄貸付組合) の倒産と損害賠償の影響が大きかった。EYに対する訴訟が提起され，連邦預金保険公社から5億6千万ドル，政府から2億5千万ドルの請求を受けたといわれる。他のBig Firmも同様に巨額の損害賠償債務を負い，単独での経営継続が難しくなった。

b. コンサルタント業務を含めての営業規模の競争により，収益力強化によるファームの体質強化が図られた。

　大手事務所の競争は益々激しくなり，M&Aコンサルティング業務で業界トップを誇ったKPMGは，1995年に系列下に投資銀行ベイマーク・キャピタルを創立するようになった。このような過熱を心配して1993年に前FASB委員長ドン・カークの委員会は，会計士業界に警戒を発するカーク報告書を提出している[2]。(BrewsterのUnAccountable マイク・ブルースター，監訳者　友岡賛『会計破綻―会計プロフェッションの背信―』税務経理協会，平16　272-275頁　pp. 186-277)

　このような傾向に関連して米国では1995年末に，民事証券訴訟法を成立させている。－Big6に有利なこの法案成立には，マイク・クックとジョン・マドレンナが協力した。(ibid, pp. 276)（マイケル・クックはDTTIのトップリーダーでもあった）

c. アーサー・レヴィット（SEC委員長）の監査人の独立性を巡る勇壮な闘いは1993年，彼がSECの責任者として宣誓して間もない頃から始まり，1997年PWCの独立性違反提訴に十分な結果を得られなかったあとも，その闘いは8年間にわたって続き，彼は2001年2月9日にSECを退任した。

　「しかしレヴィットの遺産は，彼がSECを去ったたった9カ月後，エンロンの破綻により永遠に輝きを放つことになった。このエネルギー商社の2001年の年次報告によれば，2000年，エンロンはアンダーセンに，コンサルティング報酬として2千7百万ドル，監査報酬として2千5百万ドルを支払っている。アンダーセンの経済的利害関係がエンロンのそれと驚くべきほどに絡み合っているという事実は，2000年11月，レヴィット率いるSECが，年次報告書に監査報酬と非監査報酬との情報開示を行なうことを義務付ける立法を行なったために初めて明るみに出たのだ。」と上掲書

は伝えている。(ibid, pp. 281〜282)

かくしてアーサー・レヴィットの生涯の闘いはその SEC 退任後に見事な終幕を迎えたのである。

(2) わが国の監査法人への影響

わが国の監査法人と国際会計事務所としての Big 8 との最近までの離合集散の経過を辿れば，概要次のとおりである。

<u>1990 年代初頭までの日本の監査法人と世界 Big 8 との関係</u>
(a) 日本の監査法人が世界組織の主要メンバーファームになっているもの
　　（契約順）
　　　　サンワ・等松青木　　　TR
　　　　中央新光　　　　　　　CL
　　　　太田昭和　　　　　　　EW
　　　　朝日新和　　　　　　　AY
(b) US big 8 の Branch が監査法人化し，世界組織のメンバーファームとなったもの
　　　　青　　山　　　　　　　PW
　　　　英　　和　　　　　　　AA
　　　　　港　　　　　　　　　KPMG
　　　　三　　田　　　　　　　DHS
(c) 日本の監査法人でアフリエイティッドの関係にあったもの
　　　　センチュリー　　　　　KPMG

またその後の監査法人の国際提携関係の最近までの推移を辿れば次のとおりである。

かくして全世界のビッグ・アカウンティング・ファームは上掲4ファームにまとまり，わが国においてもその影響のもと，4大監査法人が上掲のよう

第 13 章 会計・監査業務の変容の本質と課題 337

図 13-2 監査法人の国際提携関係の過去の推移

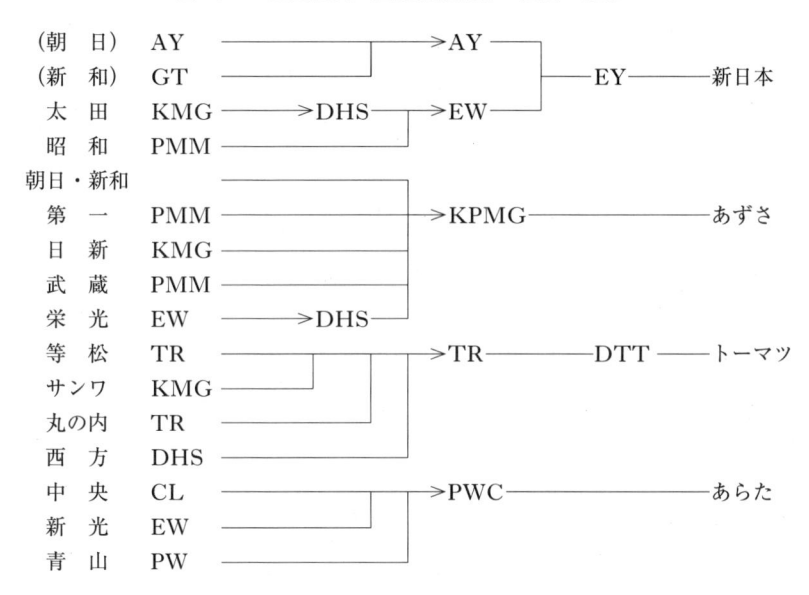

```
（朝  日）  AY ─────┬──→AY ──┐
（新  和）  GT ─────┘        ├── EY ──── 新日本
太   田    KMG ──→DHS──→EW ─┘
昭   和    PMM ──┘
朝日・新和
第   一    PMM ─────┐
日   新    KMG ─────┼──→KPMG ──────── あずさ
武   蔵    PMM ─────┘
栄   光    EW ──→DHS─┘
等   松    TR ─────┬──→TR ──── DTT ──── トーマツ
サンワ     KMG ────┘
丸の内     TR ─────┐
西   方    DHS ────┘
中   央    CL ─────┐
新   光    EW ─────┼──→PWC ──────── あらた
青   山    PW ─────┘
```

に1980年代末から1990年直後にかけてそれぞれ提携し，とくにボーダーレスな資本交流のある企業あるいは国際的な経済活動のある大会社のほとんどの監査業務は，これら Big 4 の傘下に入った。もちろんそれは大企業の一部の例外や，いわゆる Big 20 といわれるような次のランクに属する経営が合理化されたファームの活躍も見逃せないが，世界の大勢は上掲の説明をもって足りよう。

(3) 監査法人の独立性に関する問題

A. 監査法人の周辺業務

① 株式公開支援業務

1980年代末から 90 年代にかけて，株式公開の気運が盛り上がり，中堅企業の育成を政府や証券会社が支援する気運も強まって，とくに合併再編後の

トーマツでは株式公開支援業務が最優良成長部門となった。「中堅企業のための株式公開セミナー」が開催され，株式公開のノウハウを教える図書の出版やビデオの発売も次々と行なわれた。またそれに必要な人的資源の開発にも注力した。とくに若いパートナーやCPAスタッフの教育訓練は徹底して行なわれた。

やがて株式公開に対する社会的関心が高まってきたころには，他の大監査法人も参入してきたのだが，とくに初期トーマツがその先頭を走った理由は2つある。ひとつは，他の大監査法人は，業界名士の持ち寄りの有名大会社をクライアントにもっており，弱小中小会社の公開支援を業務開発する意欲がもともとなかったのである。ところがトーマツには他の大法人に比して持ち寄りの有名大会社が少なく，かつパートナーの年齢も比較的若く，株式公開業務のような教育育成業務に向いていた。そしてまた公開支援業務は，若いCPAや士補の勉強を重ねながらの絶好の働き場所となったとともに，伸び盛りの新規公開志向会社は，その支援業務から，新規法定監査業務へと進展する間の報酬の出し惜しみが無かった。さらに，トーマツでは公開支援業務から法定監査業務に切り換えるときの業務部門の区分や監査業務のレビュー部門が各々独立して運営されていた。とくに法定監査移行後の監査人の独立性に関する懸念は無かったといえる。

② MS（コンサルティング）業務

当時コンピューターの開発・普及が急速に進み，監査業務や管理業務に利用される一方，コンサルティング・マネージメント・サービス（以下MS業務と総称する）の対象にもなり，それらを統括する法人のMS部門は多忙を極めることになった。

また90年代以降，地球規模の環境保護のための「国際標準化機構（ISO）」による国際規格が設定され，アカウンティング・ファームがその一翼を担うことになった[3]。

第 13 章　会計・監査業務の変容の本質と課題　339

　その頃まで MS 業務において世界の最先端を走っていたのは AA とされ，シカゴに本部をおき，Big 8 では最も遅い 1913 年の創業ながら，MS 業務における先駆者的活動は，他のビッグ・ファームの目標にもなっていた。
　しかしその頃，華やかに見えた AA の監査以外の広い守備範囲の MS 業務に関し，監査人の独立性を巡るアーサー・レヴィット（米国 SEC 委員長）の「勇壮な闘い」については序文でもふれたが，2000 年代になり，「エンロン」そしてアンダーセンの崩壊に結びつくとは 90 年代には未だ予想もされていなかった。
　1990 年 11 月 13 日には，世界各国の DRTI 加盟国の代表者が 150 人（参加国は当時 DRTI　104 カ国のうち 80 数カ国）がパリのジョルジュ・サンク・ホテルに集まって第 1 回 DRT 代表者会議が開催され，投票の結果，筆者が議長（会長）に選出され，DRTI が始動した[4]。
　もちろん DRTI のコンサルティング業務は，全世界の加盟ファームが，協力して開発することになるが，わが国の監査法人の業務は公認会計士法第 2 条 2 項に定められる監査業務と会計業務に限られるから，その枠組みに入らないコンサルティング業務は，すべて傘下に別個のコンサルティング会社等を設立して事業を遂行することになった。結果的には監査業務の独立性が守られることになるのだが，国際的にはチグハグな点もあった。
　後に組織化されていく日本のトーマツ・コンサルティング・グループ（TCG）は，1990 年時点でコンサルタント数が 400 名，1996 年には構成員数 500 名を超え，わが国の Big 6 の中でも AA コンサルティングに次ぐ規模をもった，といわれた[5],[6]。
③　4 フロントの推進など
　1990 年代にはトーマツ全体のトーマツ・コンサルティング・グループ（TCG）の編成強化が図られ，若干の紆余曲折を経て TCC（トーマツ・コンサルティング（株））が 1993（平 5）年に設立・発足し，1997 年には野村総研

やマッキンゼーなどに比する存在となったと伝えられている。(1997年11月　週刊ダイヤモンド)

トーマツ30年史は，その頃の「4フロント」の推進について次のように述べている。

「1990年(平成2)にはDRTIの「4 FRONT」を導入することを決定した。「4 FRONT」とは，情報技術(IT = Information Technology)分野での戦略的情報システム構築方法であり，同分野におけるDRTIの標準方式である。

導入が決定されると本部TCGでは「4 FRONT推進委員会」を設置し，た。1992年7月を目標に「4 FRONT」の日本への移植を推進したが，導入は，ほぼ予定どおり行われた。一方，TCGにおけるIT分野のコンサルタント全員が「4 FRONT」を駆使してコンサルティング活動が可能となるように教育研修が実施された。」[7]

このような「4 FRONT」の推進業務などに関連して，1992年5月にはBig 6の「戦略情報システム構築方法論」というユニークな著作が「戦略情報システム研究会」によって刊行されたている[8]。

この本の発行の動機は，今にして思えば興味深い。その頃のとくに国際型の企業は，いずれもITシステムをバックとする情報化を進めてきたが，これをさらに戦略情報システム(SIS: Strategic Information System)に進めることに関心が移ってきた。その方法論(Methodology)はBig 6の共通の関心事であったが，そのような各系列コンサルティング会社のノウハウの集積を公開したことは画期的であった。この本は92年5月にトーマツのシステム監査部の小浜健二氏から筆者に届けられたが，「コンペテイターズが仲良く出版したのは"異常——米国にも無いから英文出版を"とかの声が聞

第13章　会計・監査業務の変容の本質と課題　341

こえてきます」との添え書きがあった。「さもあらん」と思ったが，当時，前向きのわが国のファームの若い専門家たちの意欲が，このような企画の実行を可能にしたのであろう。

　その方法論の Big 6 の命名は，各々次のように示され説明されている。（括弧内は開発時期）

(1)　アンダーセン・コンサルティング
　　　METHOD／1　（1979年以降）
(2)　中央クーパース・アンド・ライブランド・コンサルティング
　　　SUMMIT-S　SUMMITD．　（1987年）
(3)　デロイト・トウシュ・トーマツ・インタナショナル
　　　4FRONT　（1989年4月）
(4)　朝日昭和アーンスト・アンド・ヤング・コンサルティング
　　　ナビゲータ　（1991年6月）
(5)　KPMG ピート・マーウィック・コンサルティング
　　　ノーラン・ノートン　（1973年会社設立）
(6)　プライス・ウォーターハウス
　　　SMM　（1986年）
　　　（但し，本書においては PW は原稿が間に合わなかったそうで掲載されていない。）

　このように，わが国の MS 業務は，成長路線を歩みつつあったものの，ひとつには監査法人の監査意見の独立性に影響があるほどの収益源にはなっておらず，また前述のとおり公認会計士法第2条の定め（法34-5，34-11）によって監査法人そのものとしては監査業務等以外の MS 業務を行なうことが許されておらず，独立性を損なわない程度の系列会社での活動に制限されるから，わが国においては米国ほどの大きな問題にはならなかった。（しかし後述するような粉飾事件等には関連をもつことはあった。）

④ 税理士業務とのかかわり

公認会計士業務と税理士業務とのかかわりについては，前著において屡々ふれてきた[9]。

先ず基本的には，公認会計士の特定の事項についての業務の制限につき，「著しい利害関係」の特定を政令委任しており，公認会計士法施行令第7条に「公認会計士に係る著しい利害関係」を列挙しているが，その第9項第6号で次の場合をあげている。

> 6　公認会計士又はその配偶者が，被監査会社等から税理士業務（税理士法（昭和26年法律第237号）第2条に規定する税理士業務をいう。以下同じ。）その他法第2条第1項及び第2項の業務以外の業務により継続的な報酬を受けている場合

ところで比較制度論的に税理士制度をみる場合，

『業務の独立性および国家監督の強弱（または自律性の程度）というこの2つの基準を相互に組み合わせて，主要な国のタックス・プロフェションを類型的に分類するならば，次の4つに区分することができる。

1つは，税理士の業務独占性が強く，かつその自律性が強い国である。ドイツ，オーストリアがこれに当たる。

2つは，税理士（厳密にいえば，日本の税理士に対応するものはないので，租税にかかわる専門職というべきであろう）の業務独占性はなく（自由競争に委ねられている），かつその自律性が強い国である。イギリス，フランス，イタリア，カナダがこれに当たる。

3つは，税理士の業務独占性が強く，かつその自律性が弱い（国家監督の程度が強い）国である。日本，韓国，台湾などがこれに当たる。

4つは，税理士（または租税にかかわる専門職）の業務独占性はなく（自由競争に委ねられている），かつその自律性が弱い（租税行政庁による代理資格の認定などを通して，国家監督が強まりつつある）国である。登録代理人（enrolled agent）の制度をもつアメリカ，税務代理人（tax agent）の制度をもつオーストラリアがこれに当たる。』[10]

わが国の税理士制度（これに倣った韓国，台湾を含め）は上掲の3つ目に当たるとされているが，全世界の制度に較べて極めて特殊である。わが国同様に法律をもって税理士制度を明記しているドイツの場合でも，次のとおり無制限税務援助の資格を与えている[11]。

(1) 無制限税務援助の資格（法3条1項1号）
　税　理　士　　　（Steuerberater）
　税務代理士　　　（Steuerbevollmächtigte）
　税理会社　（Steuerberatungsgesellschaften）

(2) 同上（法3条1項2号）
　弁　護　士　　　（Rechtsanwälte）
　公認会計士　　　（Wirtschaftsprüfer）
　監査会社　（Wirtschaftsprüfungsgesellschaften）
　公認帳簿検査士　（verteidigte Buchprüfer）
　帳簿検査会社　（Buchprüfungsgesellschaften）

わが国の公認会計士は，ドイツの場合と異なり，その有資格者はすべて税理士会の会員となり税理士登録をしなければ税理士業務ができない。

税務を租税法律主義，資本主義自由経済市場を前提として，適法適正な税務の実施又は援助を広く認めている先進国，とくに英米法系の人たちにわが国の特殊な事情を説明することは難しい。

監査法人は，上述のような環境・条件によって傘下に税理士法人を設立・

運営しているが，海外の事務所に較べて非常に特殊である。しかし，官庁の窓口統制にも便利なように，監査業務のための監査法人，税務のための税理士法人と区分されていることによって，監査人としての独立性が極く自然に守られてきたということはできる。しかし無意味な社会的コストがかかっていることも事実である。専門的職業はすべて社会の必要に応じて存在するものであり，その職業の職域の利益のためにその職業の制度的基盤は作られるべきではない。そのような考え方の上で結論だけをいえば，税理士や税理士法人は，優れた独立の租税法専門家あるいはその集団であるべきではなかろうか。

B. 大監査法人へのMOF天下り

　昭和60年代から平成初期にかけて大規模監査法人の合併等の再編成が進むに連れて，また会計粉飾に係る監査不祥事件にも関連して，監督省庁である大蔵省のエリート官僚が天下りして監査法人の会長や理事長等に就任する例が多くなった。立派な人たちであったが，その人たちにはCPAの資格はなかった。それはMOFに対する諸手続に便宜なだけでなく，金融機関や上場会社の監査契約の獲得に有効な人事でもあった。しかしそのような甘い手口の監査法人管理手法が後に大きな禍根を残すことを憂慮する人は当時少なかった。SECの監督下にあるBig 8や他の先進国のアカウンティングファームでは，およそ考えられなかった監督官庁であるMOFから監査法人への天下り管理が平然と長期にわたって行なわれ続けたのは少なくとも国際的な視点からは異常であった。

C. JICPAの組織や運営は，筆者の会長退任後（昭和60年7月後）著しく変貌し，筆者の常識を超える状況となった。筆者の会長在任中は，MOF出身の事務長は居たが，誠実な人で協会役員のリーダーシップも強く，JICPA

の自主的運営は保たれていた。しかし，筆者が会長職から離れるに及んで，正に"直ちに"というタイミングで元 MOF 高官が事務総長に発令され，海外業務を含む協会のすべての事務管理は大蔵省指導のもとにおかれるようになった。かかる MOF 管理型 JICPA の形態は，AICPA はもちろん日弁連等でも例がなく，税理士会でも MOF 出身専務理事が存在したのはただ 1 期のみという。独立した職業専門家の団体が，監督省庁からその職業専門家の資格無き事務統括責任者をおくこと自体，他に例をみない。もともと監督省庁とその傘下にある職業専門家団体とのそのような関係は，一種の社会的内部統制の崩壊を意味し，社会的公正のためにも許されることではなかった。しかし後記のような大会社の会計粉飾に係る監査人の責任が問われる事例が多発するに及んで，天下り人事に甘んじていた賢明な MOF 元高官たちは，一斉に業界から姿を消した。

　トーマツの場合，筆者が 1986 (昭 61) 年 10 月から 88 (昭 63) 年 5 月までトーマツ会長職につき 88 (昭 63) 年 5 月から 1993 (平 5) 年 5 月まで包括代表社員 (CEO) 兼会長 (Chairman) の任にあったのは，自らがデロイト・トウシュ・トーマツ・インタナショナル (DTTI) の代表的立場にもあり，1990 (平 2) 年 2 月から 1992 (平 4) 10 月までは代表者会議議長 (会長) をも兼ねていたからである。国際的な CPA の専門職業的常識から，MOF 出身者にお願いして安易な経営モデルを真似るという「甘え」は最初から国際的専門家の常識として許されず，その間筆者は個人的能力を超える厳しい試練の立場に耐えなければならなかった。

(4) 監査法人の当面の課題

　近代資本主義経済社会を支えてきた会計・監査制度とその運用の実態は，この 20 年間，序曲から 21 世紀初頭のクライマックスへ一挙に激しく変貌してきた。

『どのような信頼にせよ，作り出すよりも壊すほうが容易で，「信頼の風潮」は消滅した後で初めて気づかれるということは広く認められている [Bair 1994]』，また『信頼のあるところには常にリスクがある』[12]

この20年間，マイケル・パワーのいうように監査社会は急激に変り，そして「検証の儀式化」が進んできたといえる。

歴史的な社会的信頼関係の当事者であったBig 8の一角は脆くも崩れ去りBig 6となり，マーク・スティーブンスをしていわしむれば，Big 6もまたS＆Lスキャンダルの渦に巻きこまれ，次々と「地震のようなショックはビッグ・シックスをも襲った。」[13] さらに巻末においてマーク・スティーブンスは次のように締めくくっている。

『独立監査人による現在の監査システムがいかに不完全であっても，大多数のケースでは信頼できる検証システムとなっており，虚偽の財務報告を思い止まらせることにも役立っているのだ。こうした役割を正しく発揮して行くためには，監査事務所は，公認会計士としての自らの役割に内在する制約を十分認識しておかなければならないであろう。プロフェッショナルとしての要件を具備することに再び努力を傾け，顧客獲得能力より専門的手腕を第一義に考えるようにすれば，監査の質と信頼性が高まり，監査上の失敗が減り，監査人に対する訴訟も減り，ビジネス社会で必要不可欠な正直さと誠実さ，守護神としての名声を取り戻すことができるのだ。

これを成し遂げるためには，ビッグ・シックスは，過去二十年間の経営を支配してきたやみくもな成長志向に別れを告げる必要がある。そうすれば，今では有名なロバート・ブラウニングの「ブラウグラム司教の謝罪」と題する詩の中に，英知を見い出すであろう。「小さいほど，よ

い」。』[14]

　マーク・スティーブンスは，もともと『The Big Eight — An Inside View of America's Eight Most Powerful And Influential Accounting Firms —』Macmilam Publishing Co., Inc. NY 1981.[15]の筆者である。Big 8 が Big 6 になり，遂には Big 4 になることなど，1981 年には M. スティーブンスでも予想できなかったであろう。
　Bob ブラウニングの詩にあるように「小さいほどよい」という状態にならず「やみくもな成長志向」を続けてきた Big 4 は単にリーダー的な米国のみの存在ではなく，今や全世界の証券市場の「保証人」的立場にある。わが国のトップ 4 大監査法人は，もちろん日本の公認会計士法による法人格をもつが，そのまま世界の Big 4 の日本の出先機関ないし支社的な機能をも兼ね備えているともみられる。1800 年代後半以来イギリスからアメリカへと，独立会計士がその機能を拡げ，ボーダレスな資本主義証券市場の保証人的役割を果してきた CA や CPA 等は，その組織競争が進むにしたがって職業専門家としての使命感や独立性は逐次稀薄になったかに見える。それはマックス・ウェーバーが「資本主義の精神」に関し解放説に対する禁欲説をとり，近代西欧における資本主義（市民社会）の歴史的性格は，「資本主義」の完成とともに「資本主義の精神」が消失して，或るものはその亡霊 Caputmotuum のみ，といっていることを大塚久雄先生は伝えておられる[16]。1800 年代末から 1 世紀も経過すると，Big 8 生成期の資本主義経済社会に対する会計職業専門家の志は成熟し終えて，制度草創の精神が萎えていったということであろうか。
　いずれにしても，中小の組織が合併集合して大きくなることに比し，大きくなったものが分解して小さくなることは困難である。ましてや，国際的に連繋した組織については不可能に近い。

また Big 4 のような大組織の業務コストは相対的に管理費が割高になる。それにコスト軽減のため，中小会社や特殊な業態の企業についての監査を忌避する傾向も出てくる。ましてや収益性の悪い企業の切り捨てなども無神経に行なわれ監査契約社会の不安定をもたらし「監査難民」ということばさえ出てくるようになる[17]。

　しかも会計基準にしても IFRS のコンバージェンスからアドプションの時代へと進み（それが非英語圏の国における母国語への翻訳的適用であるにしても ...），公開企業財務情報についての監査が国境を越えてその責務をもつ今，現在の Big 4 主流の構造が簡単に変わっていくとは考えられない。

　ただ，Big 4 のような大組織に対する公的な監督や指導体制は強化されていくであろうが，他方運営に対する政治的介入が無いという保証はない。そういう観点からは，Big 4 をはじめとする組織の独立性の保持はより重視されなければならない。また Big 4 等の大組織存在自体になんらかの危険が無いとはいえない。将来大きな地殻変動が起こらないという保証は地球上の歴史にはありえないのである。

3. 公認会計士協会会員の直面する課題

(1) 日本公認会計士協会の特殊性

　昭和 23 年 6 月に公認会計士法が公布され，一見米国の CPA に倣って発足したかに見えたわが国の公認会計士制度が曲りなりにも形を整え，昭和 41 年に至り，それまでの社団法人日本公認会計士協会は，全国単一会の（すなわち弁護士における日弁連や，税理士における日税連のような各単位会の連合会方式でない）組織として再出発した。この改正によって監査法人制度が創られ，国際対応も進展したかに見えた。そして昭和 40 年代から逐次大小

の監査法人が設立され,時の経過とともに合併・再編が進み,Big 8 等との提携関係も図られ,現在の国際的な Big 4 体制に対応するわが国の 4 大監査法人体制が創られるに至った。

いかにもわが国の公認会計士制度・監査法人制度は,先進国としての証券市場等に対応できる姿を整えてきたように錯覚している人たちも多いが,実は大きな未解決問題を抱えており,抜本的な解決への道程を切実に憂慮している人が案外少ないように思われる。

現在まで筆者は,前著において,またいろいろな機会に説き続けてきた個人的見解を今またここで声高に主張するのは,いささか逡巡するが,問題解決への道が一向に開けていないことは事実であるし,事柄を問わず当面する課題の本質に迫らず,現実的対応を先送りするのが,わが国の過去にみられる通弊であるから,光明ある未来への公認会計士制度の道程を期待して,くどいようだが,要約して筆者の主張を繰り返すことにしたい。

先ず論旨を簡明にするために,日 (JICPA) 米 (AICPA) の公認会計士団

表13-1 米国公認会計士協会 (AICPA)

Membership Figures: Compiled as of August 2008	2008年8月における会員構成		
		(2000年)	2008年
Members in Consulting:	コンサルティング	(5,967)	8,911
Members in Education:	教　育	(7,701)	7,625
Members in Government:	政府 (公務員)	(13,863)	11,915
Members in Business & Industry:	産　業	(142,981)	140,981
Members in Law:	法　曹	(2,014)	2,170
Members in Public Accounting:	会計事務所	(132,008)	142,249
Retired Members:	非活動会員	(20,540)	21,825
Other:	その他	(9,670)	3,011
Total Regular Members:	一般会員合計	(334,744)	**338,687**
Total Associate, Student Affiliate, And International Members:	その他の準会員,特別研究員国際会員		**15,944**

350　第Ⅲ部　会計からみた「失われた10年」

表13-2　日本公認会計士協会（JICPA）の会員及び準会員数
2009.5月現在種別

種別 地域会	会員 公認会計士	会員 外国公認会計士	会員 監査法人	会員 計	準会員 一号準会員	準会員 二号準会員	準会員 三号準会員	準会員 四号準会員	準会員 五号準会員	準会員 計	合計
北海道	237	0	5	242	0	14	0	55	—	69	311
東　北	238	0	2	240	0	11	0	59	—	70	310
東　京	12,777	4	123	12,904	8	2,047	0	4,504	—	6,559	19,463
東　海	1,311	0	10	1,321	1	156	1	400	—	558	1,879
北　陸	188	0	2	190	0	13	0	31	—	44	234
京　滋	336	0	4	340	0	53	0	101	—	154	494
近　畿	2,373	0	27	2,400	2	339	0	1,031	—	1,373	3,773
兵　庫	434	0	2	436	0	36	0	75	—	112	548
中　国	260	0	3	263	0	33	0	65	—	98	361
四　国	151	0	3	154	0	14	0	16	—	30	184
北部九州	455	0	4	459	0	54	0	144	—	198	657
南九州	146	0	3	149	0	5	0	11	—	16	165
沖　縄	45	0	1	46	0	5	0	1	—	6	52
—	—	—	—	—	—	—	—	—	90	90	90
合　計	18,951	4	189	19,144	15	2,780	1	6,493	90	9,377	28,521

注：1. 一号準会員は，公認会計士及び外国公認会計士となる資格を有する者
　　2. 二号準会員は，会計士補
　　3. 三号準会員は，会計士補となる資格を有する者
　　4. 四号準会員は，公認会計士試験に合格した者（一号準会員に該当する者を除く．）
　　5. 五号準会員は，特定社員（地域会には所属しない）

体の公開されている構成を比較しながら俯瞰（bird's eye view）してみよう。（括弧書きは2000年状態と対比）

　これら日米あるいはドイツ等との会計士制度とその運用実態の比較は旧著[18]第3章をご覧願いたい。ここでは，依然として実質的に変わっていないわが国の会員登録制度のみに絞って述べる。

　JICPAの平成21年4月末登録者数は公認会計士18,951　監査法人189が主たる会員であるが，その他に準会員9,377（内　公認会計士試験合格者

6,493 公認会計士・外国公認会計士有資格者13名を含む）が存在する。わが国の場合，公認会計士は法第2条第1項に定める監査業務，同第2項に定める会計業務を業として行なう者であり，その資格を得て開業登録をし，協会会員となっている者である。

一方，米国のAICPA登録CPAは合計338,687名で，そのうちわが国のCPAに相当する者は，132,008名であり，全会員の42%である。AICPAの会計事務所以外の職場での公務員や大学教授，事業従事者等として働く会計専門家は48%を占める。

わが国の場合でも，公認会計士登録をしている協会会員が，公務員や会社役員や従業員として働いている場合，それは有資格者がたまたま雇用契約等の当事者であるにすぎず，公認会計士として働いているわけではない。例えば公務員等として働いている公認会計士有資格者が，「他人の求めに応じ報酬を得て，監査・証明業務を業とし（法第2条第1項）「公認会計士の名称を用いて」「他人の求めに応じ報酬を得て」財務書類調整，財務調査・立案，財務相談に応ずることを業とする（法第2条第2項）者である筈が無く，雇用契約あるいは請負契約等の当事者にすぎない。

筆者等の意見を汲んで下さったか，どうかは解らないが，公認会計士有資格者に対して上掲表のごとく準会員制度を設けたが，名刺に「日本公認会計士協会準会員」と記載する者は居ないし，準会員登録の利益はほとんど無い。このようなわが国の公認会計士登録を「開業登録」，米国のAICPAの場合の登録を「資格登録」と呼んでおくことにする。

(2) 資格登録・開業登録両制度の得失

全体観からAICPA型の資格登録制度が開業登録制度よりも数段優れている。現在まで世界の職業会計専門家をリードしてきたのは，英国とその系列の勅許会計士（CA: Chartered Accountant）と米国とその系列のCPA

(Certified Public Accountant) であり，それら英米系各国の会員構成はAICPAの例に倣っているといってよい。例えばオーストラリアの場合，人口比を考慮に入れなくてもAICA（オーストラリア勅許会計士協会）の会員数は，JICPAを遥かに陵駕している。その各会員の従事業務は，登録名簿（コンピューター・ソフト）に明示されており，AICAの完全な登録管理下にある。

その社会的利点は，先ず産業界をはじめとする社会の各界で会計専門家である会員が働いており，それらが会計や監査に関する情報や，それらの制度に関する発言力を共有している点にある。会計や監査制度に関するそのような利益は，正に公益といえる。

また多数の会員が，その職業団体（AICPAなど）の会員になることは，会員に対する情報伝達や教育・研修のコストを低廉にするということもできる。

さらに会計や監査の制度を社会的インフラと考えるとき，その公正を保持し，その実務従事者の倫理を高揚保持することは，正に公益につながるのである。

一方，開業登録制度は，公認会計士等を業とする者の集団として職業上の利益をはかることに直結することとともに，例えば監査業務に関する行政監督を容易にすることがあげられる。しかし，それらは，狭い職業上の利益追求や，官庁の監督業務を容易にするだけで，資格登録制度でも，運営の仕方によって十分に目的を達成することができる。

わが国の公認会計士監査の主流が従来の証取法（金商法）監査に片寄り，地方公共団体に対する外部監査などが先進国に較べて著しく遅れていることなども，正にこの登録制度にも関連するのではないか，と筆者は感じている。いずれにしても，わが国の公認会計士登録制度をなるべく早く資格登録制度とし，JICPAの強力化を図り，国際的な会計士団体としてバランスの正常化を図るべきである。

第13章　会計・監査業務の変容の本質と課題　353

また最近，公認会計士試験合格者の増加と，その就職や教育・研修が，社会的課題となっているが，そもそも前提として登録制度の是正を図らなければ，そのような課題の解決を図ることも叶わない，と思われる。

4. 日本経済破綻の重なりと粉飾決算

(1) 1990年代の企業倒産多発

先ず，平成年代の日本経済の概況と企業倒産等の概況をみてみよう。

平成4 (1992) 年には景気先行不安で東証平均株価終値は6年5カ月ぶりの低水準，バブル景気の終焉が告げられた。平成6 (1994) 年 (6.2) NY外国為替市場では，1ドル99.98銭，戦後初の100円割れを記録した。

平成7 (1995) 年4月の完全失業率3.2%過去最悪，87年5月円高不況の3.19%を更新，9月には大和銀行NY支店の11億ドル (1100億円) の損失が発覚して，11月2日に米国から全面撤退を命ぜられた。さらにこの1995年には，第2地銀最大手の兵庫銀行が不良債権1兆5千億円 (内回収不能7500億) を抱えて破綻し，「みどり銀行」として再出発した。

平成8 (1996) 年には，住宅金融専門会社 (住専) 全社が問題の先延ばしの限界がきて破綻処理のやむなきに至り，日住金ほか住専7社が解散し，住宅金融債権管理機構へ営業譲渡されることになった。

平成9 (1997) 年には，北海道拓殖銀行が都銀初の経営破綻，営業権を北洋銀行に譲渡 (11.17)，行きづまった山一證券が，自主廃業を決定 (11.24) するなど，異常ともいえる上場会社の倒産が続いた。上掲のほか京樽 (すしチェーン)，東食 (統合食品会社)，ヤオハン (スーパー)，雅叙園観光 (ホテル・不動産)，東海興業，多田建設，大都工業 (ゼネコン)，三洋証券，徳陽シティ銀行などがそれである。上場会社以外でも日産生命相互会社に業務停

止命令が出され，戦後初の生保破綻を記録している。

　翌年3月までの97年度の企業倒産は17,439件，負債総額は前年度を65%上回る15兆1203億円で戦後最悪を記録した。

　平成10 (1998) 年には日本長期信用銀行（長銀）と日本債権信用銀行（日債銀）が特別公的管理（一部国有化）に移行し，さらに平成11 (1999) 年にかけて，国民銀行（非上場），幸福銀行（同），東京相和銀行，なみはや銀行（旧福徳，旧なにわの合併銀行）などが金融整理管財人によって破綻処理された。また9月には長銀系のノンバンク「日本リース」が負債総額2兆49億円という最大の企業倒産を記録し，国有化（特別公的管理）されている。

　平成10年には，6月に日本版ビッグバンを具体化する「金融システム改革法」が参院本会議で可決成立，同年MOF本体から「金融監督庁」（後の金融庁）が分離・独立した。そして10月には金融再生関連法，金融機能早期健全化緊急措置法が成立している。

　平成11 (1999) 年2月には，それらの法律による金融再生委員会が大手15行等に総額7兆4500億円の公的資金の注入を内定し，危機からの脱出を図った。

(2)　会社役員と監査人の責任

　上掲の倒産会社等のうち会計粉飾を伴ったものが多かった。そしてそれらの監査人は，いずれも大監査法人の関与が大部分であったから当然のごとくその監査報告書に対する批判も相次いだ。森岡孝二氏の「粉飾決算」（岩波ブックレット　NO. 498　pp. 46-47）では，証取法における有証虚偽記載についての会社役員と監査人たる公認会計士または監査法人の損害賠償責任につき次のように述べておられる。

　『これらの責任をあいまいにしたまま，金融健全化の名のもとに1銀行

に数兆円もの公的資金を投入してすませるというのでは株主の気持ちもおさまらない。そのことを示すように，粉飾決算がらみの長銀の破綻で被害を受けた株主34人が，株主オンブズマンの支援を受けて，同行の役員10人と太田昭和監査法人を相手に，99年12月1日，大阪地裁に集団提訴した。日債銀についても2000年2月には同様の訴訟が提訴される。なお，国有化中の長銀は，99年12月16日，旧経営陣15人に対し，総額63億円の損害賠償を求める訴訟を東京地裁に起こした。しかし，同行の決算の監査を担当した太田昭和監査法人に対する責任追及は見送られた（『朝日新聞』1999年12月16日）。

　長銀破綻では国家もまた粉飾の被害者である。しかし，他方で国家は粉飾を見逃し，あるいは容認した点で責任を有する。...違法配当と貸倒引当金の過少計上があったとされる98年3月期の長銀決算について，太田昭和監査法人が作成した監査報告書は「当監査法人は，上記の財務諸表が株式会社日本長期信用銀行の平成10年3月31日現在の財政状態及び同日をもって終了する事業年度の経営成績を適正に表示しているものと認める」と証明していた。』

　JICPAは，99年4月から品質管理委員会を設け，監査業務につき「品質管理レビュー制度」を導入した。
　またJICPAは，大和銀行ニューヨーク支店における巨額損失事件に絡んで，1999年11月9日の理事会において，担当した太田昭和監査法人の責任につき賛成多数で処分を見送ることを決定し，結局，会則33条にもとづく「厳重注意」だけとした。当時のJICPAはそのように自浄努力をしようとしていない。また当時会社と取引銀行間では，相互持ち合いが常識であったが，銀行が株主として粉飾決算につき追及することはなかった。しかし，やがて個人株主たちが株主オンブズマンなどの損害賠償の提訴が逐次多くなってき

た。粉飾決算を追求した株主が，会社役員と監査法人を提訴した損害賠償請求訴訟は，1996年の日住金のケースから始まり，その後，山一證券やヤオハンに対し，長銀に対しては1999年の12月1日に提訴された。上掲はCPA業界でもリーダー的存在である大監査法人担当の監査に関する事件である。正にわが国の財務諸表監査と，それを担当する独立監査人たちの社会的信頼が著しく低下したこと，そしてJICPAの自浄努力も発揮されなかったことを物語っているのである。

(3) 平成17年以降の末期的事件

平成17 (2005) 年以降，20 (2008) 年に至る国内事情は，正に眼を蓋いたくなるような末期的症状を示していた。

まず第一に，平成17年3月3日には，西武鉄道による大株主保有比率の虚偽記載問題で，東京地検がコクドの堤義明前会長を証券取引法違反容疑で逮捕して公訴，10月27日には東京地裁で有罪の判決があった。この事件は直接会計と監査には関係しないが，企業の情報開示と経営者をとりまく内部統制問題の根幹に問いかけるものであった。

第二に，6月13日には旧経営陣による巨額の粉飾決算を理由に，東京・大阪証券取引所がカネボウ株の上場を廃止した。7月29日には証券取引法違反容疑で帆足隆・カネボウ元社長らが逮捕され，9月13日中央青山監査法人の公認会計士4人も逮捕された。そして山一證券やヤオハン等の事件の不始末もあり業界の名門と目されていた中央青山監査法人は，一気にその存続を危ぶまれる状態に追い込まれていった。

第三に，平成18年1月16日証券取引法違反容疑で東京地検特捜部がライブドアを強制捜査した。18日には東京証券取引所に売り注文が殺到，売買取引を全面停止した。2月16日永田寿康衆議院議員が衆議院予算委員会で，ライブドアの堀江貴文前社長が05年8月，社内の関係者にメールで，自民党

幹部の次男に3千万円を資金提供するよう指示したと追及したが，一転して28日に民主党は「本物ではない」と謝罪した。3月2日民主党，送金メール問題で野田佳彦国会対策委員長が辞任。31日前原誠司代表が辞任，執行部総退陣。4月4日永田衆院議員が辞職するに至ってこの一連の事件は終熄した。

第四に，6月5日東京地検特捜部はニッポン放送株の売買を巡るインサイダー取引容疑で，村上ファンド代表・村上世彰容疑者を逮捕した。かくしてライブドアを巡るマネーゲームは終熄した。

［ライブドア事件］については，平成20（2008）年7月25日日経夕刊は，「堀江被告二審も実刑」「ライブドア事件，懲役2年6月」「違法性を認識」東京高裁判決の骨子と事案の説明を先ず次のようにまとめている。

『ライブドア事件で証券取引法違反（有価証券報告書の虚偽記載，偽計・風説の流布）の罪に問われた元社長，堀江貴文被告（35）の控訴審判決公判が25日，東京高裁であり「ディスクロージャー制度を根底から揺るがしかねない犯行で強い非難に値する」として懲役2年6月（求刑同4年）の実刑とした1審・東京地裁判決を支持し，被告側控訴を棄却した。堀江被告側は同日，上告した。』

また，「東京高裁判決の骨子は次のとおり」として別枠にまとめている。

『・堀江被告は粉飾決算の違法性を認識し，部下と共謀した
・自社株売却に用いた投資事業組合（ファンド）は脱法目的でつくられたもので，許されない利益計上がされた
・「成長仮装型」の粉飾は多額でなくても犯行結果は大きい
・被告に反省の情はうかがわれず，実刑が重すぎるとはいえない』

358 第Ⅲ部 会計からみた「失われた10年」

表13-3 ライブドア事件の経過

1996年	・堀江貴文被告がライブドアの前身オン・ザ・エッヂ設立
2000年4月	・東京証券取引所マザーズ上場
06年 1月16日	・東京地検特捜部と証券取引等監視委員会がライブドア本社などを家宅捜索
23日	・特捜部が堀江被告や元取締役,宮内亮治被告ら逮捕
2月13日	・堀江,宮内両被告ら起訴
22日	・堀江,宮内両被告や熊谷史人元代表取締役ら再逮捕・逮捕
3月14日	・堀江,宮内両被告ら5人追起訴・起訴
31日	・公認会計士2人を在宅起訴
4月14日	・ライブドア株が上場廃止
9月4日	・東京地裁での初公判で堀江被告が無罪主張
07年 3月16日	・東京地裁が堀江被告に懲役2年6月の実刑判決
08年 2月22日	・控訴審初公判で堀江被告側が無罪主張。本人は出廷せず
7月25日	・東京高裁が堀江被告に実刑判決

なお上掲夕刊の別面説明では,次に示す「事件の経過」表を掲げ,「株主へ巨額賠償も—ライブドア株急落で損失—投資家提訴—1審は責任認定」という見出しの詳細な説明を記事としている。

田中慎一氏（注：当時CPA，72年生れ，港陽監査法人ベンチャーサポート部パートナー）の執筆された「ライブドア監査人の告白—私はなぜ粉飾を止められなかったのか—」（ダイヤモンド社）がある。

田中慎一氏は，ライブドアの会計監査人であった港陽監査法人の担当パートナーの1人であった。他の担当CPAは，粉飾関与の故をもって起訴されたが，田中氏は粉飾事業年度に関与していなかったとして起訴されなかった。しかし同氏は，事件を未然に防げなかった責任を感じてCPAの開業登録を抹消するという。上掲書を読んで感じたことは多いが，「あとがき」の次の一文をみて，同氏に対する同情の念とともに，あらためてCPAの基礎教育の重要性を思った。公認会計士とくに監査人たるCPAは，独立性の尊厳が限

りなく身についていなければ，業務遂行上どこにあるかわからぬ陥穽を避けることができないと思われるからである。

　「国家試験に合格してからは，大手監査法人に入り，そこでは公認会計士としての可能性と限界を目の当たりにしました。そして，M&Aの世界に対する憧れを抑えきれなくなると投資銀行へ転職し，資格がまったく役に立たない弱肉強食の厳しい世界でビジネスパーソンとしてのスキル・セットをそれなりに武装できたと思っています。
　その後，ベンチャー企業の育成という使命を持って臨んだ最後の職場では，ライブドア事件で公認会計士としての"突然死"を迎えることになったわけです。」

東京地裁平19.4.1判決「ライブドア事件判決の検討」については，「商事法務」（上）1810（07.9.15）（下）1811（07.9.25）の大杉謙一中央大学教授論文を参照されたい[19]。

（4）エンロン・ワールドコム事件とSOX法の制定

IASBは2001年より活動を開始してIFRS（国際財務報告基準）の支持の国際的拡大を図った。そのような背景の中で，エンロン事件が発生したのは2001年9月である。テキサス・ヒューストン本拠地の大手エネルギー卸業者でITビジネスも行なうエンロン社が，12月に連邦破産法第11条の規定の適用を申請し，その経営は破綻した。このエンロン社等の経営方式や監査人の独立性に関しては，かねてからSECのアーサー・レビット委員長の危機感と憂慮（ザ・ナンバース・ゲーム）があり，長期にわたって闘いにも似た提言が行なわれてきた。

AICPAは，2000年に公共監視委員会（POB）の大幅な権限の拡大を図っ

たものの2002年3月に自主的に解散し，アメリカ監査制度の自主規制の終焉が告げられた。

さらに2002年7月にアメリカ史上最大規模の破綻となる，ワールドコム社の会計粉飾が発覚し，サーベインズ上院議員（民主党）とそれまでエンロン事件の後始末を担当していたオックスリー下院議員（共和党）とが協力し，2002年7月にサーベインズ・オックスリー法（SOX法）が成立した。

正式名称は「証券諸法に準拠し，かつ，その他の目的のために行なわれる企業のディスクロージャーの正確性と信頼性の向上により投資家を保護するための法」であるが，わが国ではこれを「企業改革法」と呼んでいる。

この事件及びSOX法については，内容が多岐にわたり，かつ国際的影響も大きいので，その論述には紙幅が許さず，筆者が参照した資料を注記に示すにとどめる[20]。

（参考）

　　　アーサー・レビット（小川敏子訳）『ウォール街の大罪』日本経済新聞社　2003.3

5. わが国の会計・監査に残された他の課題

(1) IFRSのアドプションを巡るわが国の会計戦略

1. 会計・監査業務国際化への着手

連結財務諸表の制度化に関する意見書が公開され，連結財務諸表原則，同注解が企業会計審議会によって定められたのが昭和50年6月24日，平成9年6月6日には連結財務諸表制度の見直しに関する意見書が公開され，資本連結手続に関する実務指針（平10.5.11），株式の間接所有に係る資本連結手

続に関する実務指針（平11.3.17），親子会社間の会計処理の統一に関する当面の監査上の取扱い（平9.12.8　最終改正平18.9.7），連結財務諸表等におけるキャッシュフロー計算書の作成に関する実務指針（平10.6.　最終改正平19.9.4），連結財務諸表における税効果会計に関する実務指針（平10.5.12　最終改正平20.3.25）等が，JICPA会計制度委員会によって公開され，税効果会計に係る会計基準（平10.10.30）も企業会計審議会によって定められている。こうして平成11（1999）年4月以降開始事業年度から有価証券報告書提出会社（上場会社）の連結決算制度が始まった。また平成12（2000）年4月以降開始事業年度から，金融商品会計は原価基準から時価基準に改められ，会社間の持ち合い関係による利益調整もできにくくなった。さらに同事業年度以降，企業年金調達の会計基準も導入され，退職給付債務を明示する退職給付会計の実施が強制されることになった。わが国の連結財務諸表とその監査はこうして始まったが，ひと握りの海外上場会社を除いて，国際化への道のりはなお遠かった。

　眼を転じて，IOSCO（証券監督者国際機構）のIAS支持についてみてみよう。

　IOSCOは，昨年11月末現在で，世界109の国や地域の証券取引所等の監督者によって構成される機関である。このIOSCOの00年5月にシドニーにおいて開催された総会で「IASC基準に関する代表委員会決議」が採択された。その決議というのは，国境を越えて証券市場を利用する多国籍企業に対し「IASC 2000基準書」と呼ばれるIAS（国際会計基準）に準拠した財務諸表の活用を勧告するものであった。この決議によって国際的に権威のあるIOSCOの後ろ盾を得て，IASへのグローバルな支持が明らかとなり，IFRS（国際財務報告基準）がグローバル・スタンダードとして認められることになった。

　他方EU（欧州連合）の証券市場の国際化は，かねてから先進的であり，00

年から活動を始め，05年1月からのIFRSの強制適用の準備を進めていた。それまでとかく会計先進国を自認していた米国のFASB（財務会計審議会）は，EUの情勢にも呼応するかのように02年10月にIASB（国際会計基準審議会）とFASBの本拠地のコネティカット州のノーウォークで，いわゆる「ノーウォーク合意」の覚書を交換し，06年2月に同年から08年までのコンバージェンスのロードマップの覚書（MOU）を交換し，08年9月にはそれを実現している。

そのような国際環境の中で，07年8月に至りASBJの西川郁生委員長とIASBのトゥイーディ議長とのいわゆる「東京合意」によって，わが国の会計基準のコンバージェンスの加速化に向けた取り組みへの「合意」が宣明された。それはASBJ創立以来任期2年3期（限定）通算6年の任期を完うして斉藤静樹委員長から西川委員長に交替されてから間もないときの話であり，（斉藤委員長時代，筆者はテーマ協議会議長でありその任は八木良樹基準諮問会議議長に変わっていたが...）筆者は事態の急変が時勢の赴くところとの想定はあったものの，西川委員長等の決断に敬意を表していた。

そのような東京合意後の活動やIASB等の動きについては，多くの研究者等の発表があるからここではそれらの著書・論文等にその解説を譲るとして[21]，なお一点だけ私見を明らかにしておきたい。

ASBJのFASBへの直接対応は，ながく山田辰巳公認会計士がその任にあって全力を尽してこられた。筆者はいつも山田氏の労を多としつつも，御本人もかねがね言っておられるように，少なくとも2～3人の日本代表がIASBで活躍してもらえないものかと思ってきた。

最近これに関連する平松一夫教授の貴重な意見が次のように述べられていた。「日本人の価値観や文化といったものでも，国際的な普遍性を持たせる」ことを可能にするために，「国際語である英語で，日本人としての意見を，堂々と発言していくべきではないでしょうか」というのである。学者ですら，

国際語である英語で堂々と意思疎通を図り，わが国を代表する意見を述べていく意欲的な人が少ないという。IFRS のアドプションが要求される現在，広く公認会計士にも極めて有用なご意見である[22]。

(2) 会社法・金融商品取引法と内部統制問題

A. 会社法について

とくに 06 年以降会社法をはじめとする会計・監査に関連する法律の制定・改正が目立った。先ず会社法について概説する。筆者は前著の Column 欄に「商法は明治以来どのように作られてきた」について，元木伸さんの昭和 57 年の著書「改正商法解説」の冒頭「過去の改正の過程」(pp. 3-4) を引用させていただき，最初にドイツ人のお雇い学者レースレルによって明治 23 年に起草され，いったん施行された商法と，その後の成行について述べ「ドイツ法を継受したかに見えるわが国の商法が，逐次米法を取り入れて平成 17 年の画期的大改正に至る。経済社会の進展とともに変貌する実定法の姿をないがしろにはできない」と結んでいる。(前著 p. 81)

世界の法制を比較法的に観察すると，大別して大陸法 (独法，仏法等) 系と英米法 (アングロアメリカン) 系とに分別でき，大陸法は制定法 (成文法主義) に，英米法はコモンロー (判例法主義) に結びつくこと，そしてそのような初歩的かつ基礎的な理解が，世界の法制史の視野における社会の仕組みの進化についての史観を養うために役立つことを折にふれ説いてきた。わが国の会社法制変遷の流れを理解し，また今後を展望するためには，そのような思考の原点に帰ることが必要なように思われる。

この会社法制の改正に長期にわたって尽力された稲葉威雄教授 (元法務省担当審議官等) は，その古稀をお祝する編著書の序章 (現代化立法としての会社法の位置づけ) 第 2 節「日本の会社法制変遷の系譜 - 平成 17 年会社法の意味」の項のはじめに次のように述べておられる。(p. 4)

「平成17年会社法は，昭和49年（1974年）から始まった会社法制の根本（全面）改正作業の一応の到達点とみることができる（私は，その初期の十余年の間その作業に従事した）。つまり，現代の経済社会の中に現実に存在する会社の実態に即した法規則の実現すなわち会社法制の現代化（法典の現代語化を含む）が，その作業の目標であった。昭和56年（1981年）以降，その作業の中でも部分改正が積み重ねられてきたが，少なくとも初期の改正は，それを目指したものであった。これが，たんなる部分改正と異なるのは，つねにその全体像を意識しつつ，その平仄を検討してきたことである。

会社法は，その作業の成果を集大成したというものであるはずだが，実際には制定の際の変容も大きい。もちろん，これは，経済社会の実態の変化に対応した面も大きいが，改正の理念の変化もうかがわれる。この会社法の内容が，この全面見直し作業の最終的な成果として誇れるものかどうかについては，疑問もある。温故知新ということばもある。現実の要請との関わりの中で，会社法制改正（変革）の系譜をたどることが，会社法をよりよく理解するための筋道と考えられる。」[23]

また会社法の現代化の理念について稲葉教授御自身の著書の序章第3節（理念の問題）の冒頭（p. 5）に次のように述べておられる。

「およそ，会社法を現代化するというだけでは，その実質的な理念は明らかにならない（日本の社会経済風土に即した，世界に通用する整合的で明快な説明倫理をもつ必要があり，それはご都合主義であってはならない）。たとえば，つねに忘れてはならない理念，たとえば公正（対立する利害調整のバランスの確保）という理念にかなうかどうかという基本的な視点が，性急な結論を得るために忘れられはしなかったか。つまり，

その立法の目的として主張されるニーズの実現が正当なものか，その実現の手段が相当か（現実の日本において，その適正な運用が期待できるか），全体としての体系的な整合性があるか等の視点を踏まえて検討する必要がある。」

そして，

「さらに例をあげれば，企業金融の柔軟化は，先進各国の趨勢であるといわれるが，それでもアメリカとEU諸国との間には顕著な差がある。さらに英米法と大陸法とが対比されることもあるが，企業買収についての扱いなど英米での違いは対蹠的といってもよい。安易にアメリカの行き方に追随すればよいというものでないことはいうまでもない。アメリカに学んだ研究者，実務家が多く，これを批判的にみることが難しい風潮があるのではないかという疑いも禁じえないところである。」

と疑問を呈し，

「会社法を含め，それ以前の会社法（商法）改正についてもそうであるが，最近の企業法制に関しては，ハウツー的な観点からの議論・論述が横行し過ぎているという感想をもつ。これは，それらの立法自体において基本的なニーズの評価，保護すべき法益についての十分な検討の背景が感じられないことの反映であるかもしれない。たとえば，株主平等原則の扱いなど会社民主主義（1票の格差の問題と類似する）についてどう考えるのかという基本的視点が感じられない。」

と厳しく批判されている。

このような実定法上の本質的な問題点に発して，会社法には，会社や監査に関する概念，とくに「資本」や「剰余金」に関する理解を根本的に洗い直す必要があり，さらに簡単な会社計算規則の形式的問題点[24]にまで及ぶ議論は，また機会を改めて詳述したい。

　上掲の稲葉教授は，筆者の公務等現役時代にお世話になった最も尊敬する方である。公益的視点からも会社法改正に対して情熱を傾けて取り組まれた方であり，敬意を払ってその御著書，編著書等を再読し，三読し，改めてとくに会社法と会計・監査の関連の検討の必要を感じた次第である。

　正直のはなし，現行会社法等は，複雑で難解な構成だけが目立ち，考え方の基本が解りづらい。理解に苦労し，とくに会計学的思考との調整に困っているのは，不敏な筆者だけにとどまっていないように思われる。(会社法あるいは同時期改正の金融商品取引法の改正の年月等については，注記[25]をご覧願いたい。)

B.　金融商品取引法について

　会社法の制定に約半年先んじて平成 18 年 6 月 7 日に証券取引法等の改正法が成立し，同月 14 日に施行された。その中核は，昭和 23 年制定以来の旧証券取引法を改組した「金融商品取引法」が施行されたことである。その改正前後の両法の目的を比較して示せば各々第 1 条に次のとおり明示している。

(改正前)「証券取引法」第 1 条
　「国民経済の適切な運営及び投資者の保護に資するため，有価証券の発行及び売買その他の取引を公正ならしめ，且つ，有価証券の流通を円滑ならしめることを目的とする」

(新)「金融商品取引法」第 1 条
　「企業内容等の開示の制度を整備するとともに，金融商品取引業を行う者

に関し必要な事項を定め，金融商品取引所の適切な運営を確保すること等により，有価証券の発行及び金融商品等の取引等を公正にし，有価証券の流通を円滑にするほか，資本市場の機能の十全な発揮による金融商品等の公正な価格形成等を図り，もって国民経済の健全な発展及び投資者の保護に資することを目的とする」

そもそもこの金融商品取引法（以下「金商法」という）は，1990年代後半から「金融システム改革」（日本版ビッグバン）の実施の時代に入って検討を重ねられており，「投資サービス法」という仮称における立法の研究等を経て，次の目的により新法が出来上ったのである。
① 投資者保護のため横断的法制として制定（従来の金融先物取引法，投資顧問業法，外国証券業者に関する法律などを廃止して金商法（旧証取法）に統合）
② 利用者保護ルールの徹底と利用者利便の向上
③ 「貯蓄から投資」に向けての市場機能の確保
④ 金融・資本市場の国際化への対応を図る

C. 金商法と会社法の内部統制の取扱い
a. 先ず，金融商品取引法における内部統制報告書制度（法24の4の4）をみてみよう。
　有価証券報告書の提出が義務付けられた会社のうち，上場企業その他政令で定める会社は，事業年度ごとに，当該会社の属する企業集団および当該会社にかかる財務計算に関する書類その他の情報の適正性を確保するために必要なものとして内閣府令で定める体制について，内閣府令で定めるところにより評価した報告書（内部統制報告書）を，有価証券報告書と併せて内閣総理大臣に提出しなければならない（法24の4の4）。

また内部統制報告書は，対象会社と特別の利害関係のない公認会計士または監査法人の監査証明を受ける必要がある（法193の2②）。

b.　一方会社法では，内部統制やその報告制度という用語を法令上発見できない。しかし，実質的に内部統制の組織や運用を要求する規定は存在する。

　先ず取締役が2人以上ある場合には，次の事項等の決定を各取締役に委任することができないとしている（会社法348条2項，3項，同4号，362条4項6号，同5項）。

　「取締役の職務の執行が法令及び定款に適合することを確保するための体制その他株式会社の業務の適正を確保するために必要なものとして法務省令で定める体制の整備」

　上掲の「業務の適正を確保するための体制」とは，取締役の職務の執行にかかる情報の保存および管理に関する体制，損失の危険の管理に関する規程その他の体制，取締役の職務の執行が効率的に行われることを確保するための体制，使用人の職務の執行が法令および定款に適合することを確保するための体制，対象株式会社ならびにその親会社および子会社から成る企業集団における業務の適正を確保するための体制などをその内容とする，と規定されている（会社規100①等）。

　なるほど会社法では，内部統制という用語を用いていないが，「業務の適正を確保するための体制」はことばを代えれば「内部統制」に外ならず，それは，内部監査，監査役監査，会計監査人監査の対象にもなる。金商法における「内部統制」と，この会社法所定の体制とはいずれが広いか，深いか，については広狭，浅深2説あるだろうが[26]，いずれとも考えられるし，少なくとも外部監査人の監査の実務的視点からはその特定の利益はない。いづれ，会社法が「内部統制」という法律概念を採用する日が来るであろう。

(3) 金融商品会計基準と時価問題

A. 米欧日の対応

1) アメリカの場合

　2008年秋の米国の住宅バブル金融の崩壊による究極の大危機に際して，10月3日には米国の「緊急経済安定化法」が制定され，「時価会計の停止権限がSECにあることを確認する規定等が盛り込まれ，公正価値測定に関する指針が示された」といわれている[27]。

　上掲スクランブル記事もその前提として述べているように，そのような緊急措置は，「究極の大危機(The mother of all crisis)」と称されている2007年半ば以降に起こった金融と経済の混乱に対応するものであった。

　アメリカの比較的小規模なサブプライム・モーゲージの混乱として始まった経済の異常は，驚くほど急激に国境を越えて金融業界をはじめとする企業にダメージを与えた。08年秋までの著名な事件を取り上げてみればダメージの現実が解ろうというものである。

① 08年9月15日　米証券大手のリーマンブラザーズが経営破綻。米連邦破産法第11条の適用申請，同社に対する邦銀の与信は1700億円といわれる。

② 同月　Bank of Americaが，証券大手のメリルリンチを5兆2千億円で買収して救済。

③ 同月　FRBは大手証券ゴールドマンサックス社と大手銀行JPモルガンチェース2社に対し，米保険大手のAIG(アメリカン・インタナショナル・グループ)支援のため700〜750億ドルの民間融資枠設定を要請。

④ 9月18日　米政府・FRBは，AIG救済に踏みきる。

⑤ 9月22日　英Financial Timesは，日本の野村ホールディングスがリーマンブラザーズ・アジア部門買収を報ず。

370　第Ⅲ部　会計からみた「失われた10年」

⑥　9月25日　米国のS&L最大手ワシントン・ミューチュアル（ワシントン）経営破綻して業務停止（6月末の総資産3097億ドル——32兆8千億円），銀行業務は大手銀行のモルガンチェースが19億ドルで買収。

⑦　9月29日　米政府は，邦貨換算75兆円を住宅金融専門会社に対し不良債権買い取りのため分割投入することを，議会と大筋合意した。（1980年代後半以来，S&L（セイビング・アンド・ローン）会社の倒産相次ぎ，AAなどのビッグ・エイト等も関連する損害賠償に困っていたという長期的前提があったと思われる）。

　上掲事例のような経済環境激変の経過を辿って遂に10月3日に緊急経済安定法が制定され「時価会計の停止権限がSEC（米国証券取引委員会）にあることを確認する規定等が盛り込まれ，公正価値測定に関する指針が示された。」[28]というのである。

　米会計士協会（AIA）のCAP（1936–1959：会計手続委員会），AICPAのAPB（1959–1973：会計原則審議会）が民間団体としてそれぞれ会計職業専門家団体の傘下にあって，会計基準設定機関としての役割を果してきたが，1972年にFAF（財務会計財団）が，AICPAやAAA（アメリカ会計学会）等全8団体によって創立され，独立性のある完全中立の民間団体としてFASBがコネチカット・ノーウォークで会計基準設定機関として機能してきたのである。しかし1970年代半ば頃から，逐次会計基準設定に対する政治の介入が目立ち，とくに1970年代後半から資本主義市場の信頼性に欠くことのできない会計基準設定に政治力の陰が見えるようになってきた。今回の時価会計についての公正価値測定に関する指針による会計実務は，アメリカの企業会計や監査の歴史に，永く会計基準の政治力の介入による「ねじれ現象」として理解され，アメリカはノーウォーク合意のあとのリーダー国としての責任もあり，将来なんらかの軌道修正が行なわれていくことを期待した

い。

2) 欧州の場合

EC首脳部等も,欧州各国の会計基準設定者たちの意を受けて従来の国際会計基準(「IAS32」＝金融商品：表示,「IAS39」＝金融商品：認識と測定,「IARS」＝金融商品：開示)のIFRS(国際財務報告基準)への国際的最終統合(コンバージェンスからアドプション)への動きにもかこつけて,この時価会計基準のIFASへの適用除外(カーブ・アウト)をちらつかせてロンドンのIASBに基準改訂を迫り,IASBは,デュー・プロセスを省略してFAS(米国会計基準)との整合性に配慮した基準改訂を行なった。

3) 日本の場合

世界的な金融危機をも考慮して10月3日に制定された米国の「緊急経済安定化法」やこれにデュー・プロセスなしで追随したECの影響はわが国に及び,「時価会計」ルールの見直しが行なわれ,それは「時価会計凍結」への動き,つまり次の①及び②の処理につながった。

① 現行金融商品会計基準における時価の算定方法の「確認」であり,パニックに陥った投売りの価格を時価としてよいのかといった疑問に対する回答である。08年10月28日公表の企業会計基準委員会(ASBJ)による実務対応報告第25号「金融資産の時価の算定に関する実務上の取扱い」が指針となる。

② 債券の保有目的区分の変更に関する取扱いが見直されている。現行基準では認められていない売買目的有価証券から満期保有目的の債券への振替等を「稀な場合(rare circumstances)」(想定し得なかった市場環境の著しい変化によって流動性が極端に低下したことなどから,保有する有価証券を公正な評価額である時価で売却することが困難な期間が相当程度生じているような稀な場合とされている)に認めるのである。こ

れにより，売るに売れなくなった売買目的の債券の測定方法の変更が可能となる。ただし，この取扱いは恒久的措置ではなく当面のものとして容認される。

B. この時価問題をどう考えるべきか

　上述のような金融商品会計における時価問題をどのように考えるべきか，について筆者は日経ビジネスからのインタビューを受け，所信を語った。その時は商事法務（08.11.25 商事法務 1849 号）スクランブルの御高説を拝見しておらず，参考にはできなかったが，要するに ① 問題の先延ばしは絶対に後に弊害を招く。② 会計基準は「一般に公正妥当と認められる企業会計の慣行であって，成文法的に法令等の何処に書いてあるから，あるいは書いてないから，許されたり，許されないものではない（会計基準には制定法主義よりもコモンロー思考がなじむ）。③ もちろん基準は認識・測定の対象や環境の変化によって基準自体も改正されていかなければならないが，収益力の有無や増減などによって考え方を変えることはありえない。その測定基礎は本来不変であるべきであり，変更されるときは慎重かつ明確な根拠により改正される基準へのデュープロセスがなければならない。

　「小手先での糊塗は命取り，ルールの本質を見極めよ」という表題の「有訓無訓」の記事はそのようなことなどを取材に対して述べたつもりだが，省略されたり過激な表現になっているところも多少あるかも知れない。

　しかし同じ日経ビジネス 09 年 2 月 16 日号（pp. 6–7）の田村賢司編集委員の「時流超流」欄の「金融庁の"救済策"で深まる地銀の危機――不良債権，見せかけの急減の罪」という記事は，例えば銀行の「要管理債権」のかなりの部分が「正常債権」に移行したとみられ，それが見せかけの自己資本比率の上昇や保有リスクの現象につながっていること，さらに貸倒引当金の戻し入れまでが行なわれている実態を鋭く分析している。その小見出しにい

第13章　会計・監査業務の変容の本質と課題　373

う「要管理先，大幅減を喜べず」「数字繕っても実体変わらず」そのままの事例が紹介されている。

　しかし乍ら，国際会計基準 (IAS32, IAS39, IFRS7) のうち IAS39 だけをとりあげ，日本基準との相違点を指摘して，検討しても，多くの課題があることを忘れてはならず，今後検討を重ねなければならない[29],[30]。

6. おわりに

　アラン・グリーンスパンの「波乱の時代」の訳者山岡洋一氏は「特別版への訳者あとがき」で次のように書き始められている。

　「本書は，2007年11月に日本語版が出版されたアラン・グリーンスパン著『波乱の時代』の特別版であり，2008年9月9日出版の原著ペーパーバック版に追加されたエピローグを訳出したものである。
　考えてみると，『波乱の時代』という書名は予言的であったように思える。原著が当初，ハードカバー版で出版されたのは2007年9月17日だが，原稿は6月に完成して印刷にまわされている。この3か月間に，いわゆるサブプライム問題が起こり，「21世紀はじめての全面的な金融危機」(特別版9ページ) に発展していた。まさに波乱の時代になっていたのだ。このため特別版では，2007年8月以降に何が起こり，どう考えるべきかが詳しく論じられている。原著ペーパーバック版が出版された2008年9月9日には，波乱がさらに大きくなっていた。2日前の7日 (日曜日) にアメリカ政府がフレディマックとファニーメイを公的管理下に置き，5日後の14日 (日曜日) にはリーマン・ブラザーズの倒産とメリルリンチの救済合併が決まっているのだから。」[31]

正に息づまる毎日であり毎月であった。この稿を仕上げている最中09年5月12日の日経は「GM再建，混迷深まる―交渉期限あと20日―労組など反発 CEO 破産法・強まる」と伝え，6月1日から2日にかけて「GM破綻 国有化―米政府，破産法申請を発表・再建へ株6割を取得，追加支援2.8兆円」同日夕刊では GM3.8 兆円追加支援，政府の株保有 米60％，カナダ12％。早期再建へ一時国有化」と伝えている。世界をリードしてきたアメリカ資本主義はいったいどうなったのだろうか。国や政治がこれだけ企業（ひいては産業全体）に入りこんでは，アメリカも国家主導型資本主義化しているように見える。

また金子勝・アンドリュー・デウィット共著の「世界金融危機」[32]や『脱「世界同時不況」』[33]をみても，正に生々しい世界経済の直面した諸問題が語られている。

そのような危機的情況の中で，関係者の懸命の努力によってIFRSのアドプションを巡るわが国の会計戦略（第4章・第1節）は，その積極的な展開が図られている。

しかし，第1章から第3章に述べたわが国の会計専門家の実情や，経済社会の構成に対する一般的理解をもって，この激変の時代に対応していけるのか，どうか，筆者は憂慮せざるをえない。

事なかれ主義，課題の先送り，行政をはじめ縦割り主義による社会構造の近代化の遅れ，等々過去の失敗のくり返しが気になる。どうか多くの方々にこれらのわが国の遅れや弱さをいっしょに感じていただき，積極的な次の時代を確立するために協力し，努力していただきたいものである。そしてそれを可能にする経済社会の根底には，社会的正義すなわち「公正」の通念がなければならないことを，経済社会を構成する人たちは忘れてはならない。

第 13 章　会計・監査業務の変容の本質と課題　375

1) 原田泰『日本の失われた十年―失敗の本質・復活への戦略』日本経済新聞社，1999年。この本の結章（p. 229 第 8 章「欺瞞との決別」）には明示的な約束さえ守れない，先送り思想の蔓延，本質論を遠ざける気概の喪失などが論じられているが，その後の 10 年の少なくとも前半は，そのような事情に変りはなかった。
2) MIKE BREWSTER『UNACCOUNTABLE — How the Accounting Profession Forfeited a Public Trust —』John Wiley & Sons, Inc, 2003. マイク・ブルースター著，友岡賛（監訳）山内あゆ子（訳）『会計破綻―会計プロフェッションの背信―』税務経理協会，平成 16 年　第 7 章（279–338 頁）第 8 章（339–385 頁）参照。
3) トーマツは 1992（平成 4 年 6 月の「地球環境サミット」のあと，環境コンサルティングに着目し，1996 年 11 月に環境事業の強化を目的に，既設のデロイトトーマツ コンサルティング（株）の 100％ 子会社として（株）トーマツ環境研究所（後に 1998 年 1 月に（株）トーマツ環境品質研究所と社名変更）を設立し，各地での企業ニーズへの対応を強化したことが伝えられている。（トーマツ 30 年史・「環境コンサルティング」pp. 303–305 に詳細の記述がある）
4) 第 1 回 DRTI 代表者会議については，ibid, 262–263 頁。
5) Ibid, 316 頁。
6) 監査法人のコンサルティングが監査意見の独立性に影響して会計粉飾につながるケースとしては，次のような生々しい記録がのこっている。監査人の責務は営業的センスで自由になるものではありえないことが理解できると思われる。
   ① 早房長治『企業スキャンダルと監査法人』彩流社　2006 年。
   ② 田中慎一『ライブドア監査人の告白』ダイヤモンド社　2006 年。
   ③ 細野祐二『公認会計士 VS 特捜検察』日経 BP 社，2007 年。
   ④ 細野康弘『小説・会計監査』東洋経済新報社，2007 年 8 月。
   ⑤ 細野祐二『司法に経済犯罪は裁けるか』講談社，2008 年。
   ⑥ 細野祐二『法廷会計学 VS 粉飾決算』日経 BP 社，2008 年。
7) Ibid, 316–318 頁。
8) 戦略情報システム研究会『ビッグ 6 の戦略構築方法論―広範な経験と事例の一般化による体系的方法論―』ダイヤモンド社，1992 年。
9) 拙著『会計・監査業務戦後史』第 2 章第 5 節，82– 頁　第 4 章第 6 節，222– 頁。
10) 田中治『諸外国の税理士制度』新日本法規出版株式会社，平成 6 年 8 月 11 日。
11) Ibid, 144 頁。
12) 原典　Michael Power『The Audit Society: Rituals of Verification』Oxford

Univ.

マイケル・パワー,『監査社会：検証の儀式化』国部克彦・堀口真司（訳） 東洋経済新報社, 2003 年, 185 頁, 191 頁.

13) Mark Stevens,『The Big Six — The Selling Out of America's Top Accounting Firms』.
マーク・スティーブンス『ビッグ・シックス―会計帝国の苦悩―』明日山俊秀・長沢彰彦（訳） 日本経済新聞社, 1992 年, 283 頁.

14) Ibid pp. 284–5.

15) マーク・スティーブンス『ビッグ・エイト―知られざる会計帝国―』明日山俊秀・信達郎（共訳） 日本経済新聞社, 1983 年.

16) 大塚久雄『近代資本主義の系譜』学生書房, 1947 年, 251–252 頁.

17) 種村大基『監査難民』講談社, 2007 年.

18) 川北博『会計情報監査制度の研究―日本型監査の転換―』有斐閣, 2001 年 第 9 章公認会計士・監査法人等の問題点, 249–284 頁.

19) 田中慎一（当時 CPA, 72 年生れ, 港陽監査法人ベンチャーサポート部パートナー）著,『ライブドア監査人の告白―私はなぜ粉飾を止められなかったのか―』ダイヤモンド社, 2006 年, 232 頁（東京地裁平 19.4.1 判決「ライブドア事件判決の検討」については,「商事法務」（上）1810（07.9.15）の大杉謙一中央大学教授論文を参照されたい）.

20) Arthur Levitt『Take on The Street What Wall Street and Corporate America Don't Want You To Know — What You Can Do To Fight Back —』Random House, Inc. 2002. 小川敏子訳『ウォール街の大罪―投資家を欺く者は許せない―』2003 年 3 月.
訳者あとがき冒頭にレビットは紹介されている.
「本書の著者アーサー・レビットは, 1993 年から 2001 年までクリントン政権下で米証券取引委員会（SEC）委員長を務めた. 8 年という歴代最長の在任期間中, 持ち前の強力なリーダーシップを発揮して数々の改革を推し進めた. その硬骨漢ぶりでも知られる人物だ.」
次にエンロン事件に関して参考とした本をあげるが, 法的見地からこの事件を詳細に分析した研究としては, その冒頭にあげる, 高柳一男教授の著書が際立った研究書である.
高柳一男『エンロン事件とアメリカ企業法務――その実態と教訓』中央大学出版部, 2007 年 8 月.
橋本尚『2009 年国際会計基準の衝撃 第 6 章』日本経済出版社.

第 13 章　会計・監査業務の変容の本質と課題　377

　　Loren Fox『ENRON — The Rise And Fall』John Wiley & Sons, Inc. 2003.
　　Peter C. Fusaro and Ross M. Miller『WHAT WENT WRONG AT ENRON Everyone's Guide to the Largest Bankruptcy in U.S. History』John Wiley & Sons, Inc. 2002.
　　橋本碩也訳『エンロン崩壊の真実』税務経理協会，平成 14 年 11 月 20 日。
　　奥村宏『粉飾資本主義　エンロンとライブドア』東洋経済新報社，2006 年 6 月。
21）IFRS については橋本尚教授の著書が要約されていて初心者には読み易い。
　　橋本尚『2009 年国際会計基準の衝撃』日本経済新聞社，2007 年。
　　橋本尚編著『IFRS 国際会計基準入門』銀行研修社，2009 年。
22）日経ビジネス，2009.4.27 号　「有訓無訓」。
　　平松一夫（前・関西学院大学学長）「海外で影薄い日本人学者の"開国"が急務」1 頁。
23）稲葉威雄『会社法の基本を問う』中央経済社，2006 年 9 月。
　　Ibid, 175 頁（会社計算規則 37・74 など）。
24）稲葉威雄・尾崎安央『改正史から読み解く会社法の論点』中央経済社，2006 年 12 月。
25）06 年以降次のような企業関係法制の改正案があった。
　　1）会社法　平 17.7.26　　　　最終改正　平 18.12.15
　　　　会社法施行規制　平 17.2.7　最終改正　平 18.12.22
　　　　会社計算規則　平 17.2.7　　最終改正　平 18.12.22
　　2）金融商品取引法　平 18.6.14（公布）
　　　　開示書類の虚偽記載・不公正取引規制の罰則強化　平 18.7.4 施行
　　　　公開買付制度，大量保有報告制度見直し　平 18.12.13 施行
　　　　四半期報告制度（連結ベースのものだけ）
　　　　内部統制報告制度（日本版 SOX 法）　　　　｜　平 20.4.1 以降
　　　　確認書制度の導入　　　　　　　　　　　　｜　開始事業年度適用
　　　　（米・年次報告書・宣誓書に相当　平 18 証取法）｜
　　　　金融商品取引法施行令　公布　平 19.8.3
　　　　内部統制府令　公布　平 19.8.10
　　　　改正開示府令　公布　平 19.8.15
　　3）公認会計士法の改正　平 19.6.20 成立
　　　　公認会計士・監査審査会の設置（平 15　CPA 法改正）（日本版 PCAOB）
26）町田祥弘『内部統制の知識』日本経済新聞社，2007 年 3 月，218–219 頁（会社

法と金融商品取引法の並立について)。
27) 商事法務スクランブル,『商事法務』, No. 1849, 2008年11月25日, 50頁。
28) Ibid.
29) 佐藤信彦編著『国際会計基準制度化論(第2版)』白桃書房, 2008年11月26日, 4—46頁, 金融資産会計(明治大学大学院　渡辺雅雄著)。
30) 2009年4月3日日経は「米時価会計を一部緩和―証券化商品など適用除外拡大―金融機関に裁量―市場に不信増す懸念も―」という記事で比較的わかり易く次のような図を示して解説している。

米国の金融資産の会計処理(現行ルール)

保有目的	市場動向	会計処理
売買目的	活発	時価評価
	取引が活発でない	取引枯渇が証明できれば時価評価の適用除外
満期保有	市場価格が大幅に下落	減損処理
	市場価格の下落は小幅	時価評価は不要

FASBが見直しを決定

米国の会計基準　保有する金融資産の会計処理の方法は保有目的で分かれる。満期前に売る可能性がある「売買目的」の資産は原則として時価評価するが, 市場取引が活発でない場合は金融機関が独自の見積もりで評価額を決めることができる。満期まで売買しない「満期保有」の場合は原則として時価評価は不要だが, 市場価格が大幅に下落した場合は損失を計上する減損処理が必要になる。

31) アラン・グリーンスパン著　山岡洋一訳『波乱の時代〔特別版〕サブプライム問題を語る』日本経済新聞出版社, 2008年10月7日。
　アラン・グリーンスパン(Alan Greenspan)の『波乱の時代』(The Age of Adventures in a New World)は山岡洋一氏によってその〔特別版〕―「サブプライム問題を語る」が, 2008年10月7日に訳出され, 日経によって発行されている。
32) 金子勝・アンドリュー・デウィット『世界金融危機』岩波書店, 2008年10月7日。
33) 金子勝・アンドリュー・デウィット『脱「世界同時不況」―オバマは金融危機を克服できるか』岩波書店, 2009年6月26日。

第 14 章
不良債権処理の会計・監査と金融行政

児 嶋　　隆

1. はじめに

　1980年代後半における銀行の不動産担保融資は90年代に入り多額の不良債権を生じさせたことは，周知の事実である。

　1992年4月，大蔵省は，銀行の不良債権の概数として主要21行の「破綻・延滞債権」の金額を初めて発表した。その金額は，1992年3月末で約8兆円であった(内藤 (2004, p. 82))。他方，金融庁が毎年発行する『金融庁の1年』には，1993年3月期からの不良債権の推移が記載されている。

　本来，銀行の貸倒償却・貸倒引当金の会計基準及びその適用は金融行政から中立であるはずであるが，大蔵省の時代だけでなく，金融監督庁の時代を経て金融庁の時代になった今日においても，監督当局の関与を免れないのではないだろうか。

　以下では，不良債権処理の議論が本格化した1992年 (2 (4) 参照) から現在に至るまで，銀行の貸倒償却・貸倒引当金の会計基準及び会計処理の変遷並びにそれらに影響を及ぼした金融行政について考察することとする。

2. 不良債権償却証明制度
——1997年3月期まで——

(1) 通達「決算経理基準」

1992年当時の銀行経理を規定していたのは、1982年4月1日付けの普通銀行業務全般の取扱いを定めた「普通銀行の業務運営に関する基本事項等について」と題する銀行局長通達（昭57.4.1蔵銀第901号）の中の第五（経理関係）の一「決算経理基準」であった。

表14–1は、貸出金の償却及び貸倒引当金の規定を抜粋して示している。

表14–1　1982年4月1日付け通達「決算経理基準」

(3) 資産の評価及び償却
イ　貸出金の償却
　　回収不能と判定される貸出金及び最終の回収に重大な懸念があり損失の発生が見込まれる貸出金については、これに相当する額を償却するものとする。
　　なお、有税償却する貸出金については、その内容をあらかじめ当局に提出するものとする。
(4) 諸引当金及び諸準備金の繰入れ
イ　貸倒引当金
　(イ)　貸倒引当金（債権償却特別勘定及び特定海外債権引当金を除く。）は税法で容認される限度額を必ず繰り入れるものとし、（以下省略）
　　なお、上記により算出される繰入れ限度額が昭和50年3月末現在の既繰入れ残高を上回るまでは、当該既繰入れ残高をもって繰入れ額とする。
　(ロ)　債権償却特別勘定への繰入れは、税法基準のほか、有税による繰入れができるものとする。
　　なお、有税繰入れするものについては、その内容をあらかじめ当局に提出するものとする。（以下省略）

(2) 資産査定

資産査定とは、金融機関の保有する全資産を個別に検討して、確実性の度合いに従って分類することである。大蔵省検査においては、確実性の度合い

に応じて全資産を以下のⅠ,Ⅱ,Ⅲ,Ⅳの4段階に分類する(大蔵省銀行局検査部 (1976, pp. 46–47))。

Ⅰ： 確実で全然問題のない優良資産
Ⅱ： 債権確保上の諸条件が満足に満たされていないため,或いは信用上疑義が存する等の理由により,その回収について通常の度合いを超える危険を含むと認められる債権,及び,銀行資産として好ましくないと判定されるその他の資産
Ⅲ： 最終の回収又は価値について重大な危険があり,従って損失の発生が見込まれるが,現在はその損失額が確定しえない資産
Ⅳ： 回収不能又は無価値な資産

(3) 不良債権償却証明制度

谷川 (1983, p. 23) によれば,不良債権償却証明制度は以下の制度である。

「金融機関の不良債権の償却については,昭和25年以来,大蔵省銀行局と国税庁との取決めにより,金融検査官が『回収不可能又は無価値と判定した債権,もしくはこれに準ずる債権』[1] として証明した額は,原則として税法上も損金として容認されることとなっている。この制度を不良債権償却証明制度といい,金融機関は,一部の例外を除き,金融検査官の証明を得なければ,無税による債権の償却を認められないものとされている。」

「決算経理基準」の貸倒償却及び債権償却特別勘定への繰入れに関して,法人税基本通達のうち解釈が関わる事項について,金融検査官の証明を必要とした。公認会計士監査においては,金融検査官の証明に依拠し,実質的に監査が行われていなかった[2]。

(4) 通達「不良債権償却証明制度等実施要領について」

1992年6月25日に発出された通達「不良債権償却証明制度等実施要領について」には、「有税償却については、『決算経理基準』等によりその内容を当局に提出することとなっているが、この届出の受理にあたっては、金融機関の自己認定により行われるものであることに留意する。」が新たに加えられた。

さらに、「有税償却の届出書の受理にあたっては、『決算経理基準』等に規定されている要件に該当するか否か、無税償却の適用がないかどうか、償却の計算根拠に合理性・客観性があるかどうか等について個別に聴取する。」とされ、「有税償却は、金融機関の自己認定により行われるものであることにかんがみ、担保評価は算出根拠が妥当なものであれば自行（庫、社）評価を認め、保証人についても、回収が明らかに認められる場合を除き、考慮しなくても差し支えない。」ものとされた。これは、不良債権問題を背景として、有税償却の増加に備えたものであると考えられる。

(5) 法人税法基本通達の運用通達

1992年8月18日、大蔵省は「金融行政の当面の運営方針」を公表した。「方針」では、「不良債権の処理が円滑に促進されることが、金融システムの安定性確保のために極めて重要であり、ひいては国民経済の発展に資するとの観点から、税務上の取り扱いも含め、必要な環境整備に努める。」とされた。

同月28日に公表された政府の「総合経済対策」では、「金融をとりまく環境の変化を踏まえ、金融機関の不良資産の迅速かつ的確な処理が図れるよう、税務上の取扱いについて実態に即した運用を行う」こととされた。

同年9月18日、「総合経済対策」を受けて、国税庁より法人税基本通達9-6-4《認定による債権償却特別勘定の設定》の不良債権の実態に応じた運用

をするための運用通達「認定による債権償却特別勘定の設定に関する運用上の留意点について」が発出された。これは，無税償却を容易にすることを目的とした。

(6) 通達「不良債権償却証明制度等実施要領について」の改正
① 有税償却の取扱い

1993年11月,「不良債権償却証明制度等実施要領について」9. 有税償却(1) ロ「有税償却の届出書の受理にあたっては，『決算経理基準』等に規定されている要件に該当するか否か，無税償却の適用がないかどうか，償却の計算根拠に合理性・客観性があるかどうか等について個別に聴取する。」に,「なお，有税償却は,『決算経理基準』等に基づき金融機関等の自己認定により行われるものであるところから，原則として否認することはしないものとする(下線は筆者)。」が加わった。これは，有税償却の促進を意図しているものと考えられる。

② 有税償却の範囲の拡大

1994年2月8日，大蔵省は，政府が発表した「総合経済対策」に合わせ，「金融機関の不良債権問題についての行政上の指針」を公表した。これを受けて，同日付けで，金融検査部長通達「不良債権償却証明制度等実施要領について」を一部改正した。

注目すべき変更点としては，(6) に示した「9. 有税償却(1) ロ」が「回収不能と認められる債権，最終の回収に重大な懸念があり損失の発生が見込まれる債権及び回収に危険のあると認められる債権にかかる損失見込み額について有税で債権償却特別勘定に繰り入れる処理である (下線は筆者)。」と改められ，下線部が追加されたことである。

高橋(1994, p. 49)よれば，本改訂の趣旨は,「金融機関の健全性を確保す

る観点から，最近における不良債権の実態に鑑み，貸倒れ等に至っていないものの回収に危険のある債権についても，そのリスクに応じた引当（＝債権償却特別勘定への繰入れ）が自主判断により円滑に行われるようにし，引当制度の活用を図るものである。」

(7) 政府による不良債権処理の諸施策

1995年6月8日付けで大蔵省から公表された「金融システムの機能回復について」は，「健全で活力ある金融システムは，我が国経済の安定的発展のため必要不可欠な前提である。我が国経済が今後21世紀に向けて，豊かで創造的な経済社会を築いていくために，残された概ね5年の間に，金利減免等を行っている債権をも含め，従来の発想にとらわれることなく金融機関の不良債権問題に解決の目処をつけることとする（下線は筆者）。」と述べた。「概ね5年の間に」という表現によって不良債権処理の先送りがなされたと批判されている。

同年12月22日，「金融制度調査会・金融システム安定化委員会」は「金融システム安定化のための諸施策―市場規律に基づく新しい金融システムの構築―」を答申した。その中で，「不良債権問題の早期処理は現下の喫緊の課題であり，今後5年以内のできる限り早期にその処理に目処をつける必要がある（下線は筆者）。」と述べ，「各金融機関は先ず自助による最大限の合理化努力や早期の引当，償却等の実施により，迅速にその処理を行っていく必要がある。」とされた。

また答申では，「金融機関経営の健全性確保のための新しい監督手法として，自己資本比率等の客観的な指標に基づき業務改善命令等の措置を適時に講じていく早期是正措置の導入が適当であり」と述べられ，「早期是正措置の導入に当たっては，不良債権を勘案した，自己資本比率等の正確な把握が前提となる。このため，検査・モニタリング体制の整備・充実が必要であるが，

金融機関の自己責任原則の徹底等の観点からは，資産査定は先ず各金融機関自らが厳正に行うことが必要である。」とされた。

答申は，不良債権処理の必要性は認めつつも，先送りを示唆している。

(8) 不良債権処理の進捗

1997年3月期までに無税・有税を問わず不良債権処理は進んだのだろうか。それについて，細田 (1998, p. 180) は，「これまで，わが国では，IV分類債権については無税償却基準に合致する場合が多いのでおおむね償却されてきたといわれる。II・III分類については，それぞれの金融機関の判断により引き当てが行われてきたものであり[3]，金融機関の取扱いは必ずしも一律でなかったようである。新しい償却基準による場合には追加引当が必要となる場合もあるかもしれない。」と述べている。

つまり，不良債権の償却・引当の促進は，以下に述べる早期是正措置と自己査定制度の導入を待たなければならなかったのである。

3. 自己査定制度の導入
――1998年3月期――

1996年8月の「金融機関等の経営の健全化確保のための関係法律の整備に関する法律（健全化確保法）」，「金融機関等の更生手続の特例に関する法律」，「預金保険法の一部を改正する法律」（金融三法）の成立によって銀行法第26条改正が改正され，1998年4月1日以降，早期是正措置が導入されることになった。これに先立ち，資産の自己査定制度及び銀行自らの責任による償却・引当の制度が導入された。

(1)「早期是正措置に関する検討会」による「中間とりまとめ」

1996年9月，金融三法の成立を受け，大蔵省銀行局長の私的研究会として「早期是正措置に関する検討会」が発足した。

同年12月26日に同検討会が公表した「中間とりまとめ」は，「早期是正措置の導入に当たっては，まず金融機関の自らの責任において企業会計原則等に基づき適正な償却・引当を行うことにより，資産内容の実態を出来る限り客観的に反映した財務諸表を作成することが前提となる。(中略)また，会計監査人においては，財務諸表の適正性についての深度ある監査を行うことが求められる。」と述べ，「各金融機関が更に適正かつ客観的に償却・引当を行いうるよう，日本公認会計士協会より償却・引当についての明確な考え方が実務上の指針（ガイドライン）として示されることが望ましい。」とした上で，同協会において検討されている「貸倒償却及び貸倒引当金の計上基準の基本的な考え方として，金融機関の貸出金を「正常先債権」，「要注意先債権」，「破綻懸念先債権」，「実質破綻先債権」及び「破綻先債権」に分類した上で適正な償却・引当を実施することが示された。

また，「資産の自己査定は，(中略)適度な統制の確保と言う観点からは，各金融機関においてできる限り共通の基本的考え方が確保されていることが望ましい。当局がこれまでの検査（資産査定：Ⅰ～Ⅳ分類）における実務をもとに，(中略)，自己査定のガイドラインを作成することが適当である。」と述べ，「正常先債権」，「要注意先債権」，「破綻懸念先債権」，「実質破綻先債権」及び「破綻先債権」の各区分ごとにⅠ分類からⅣ分類に分類すべき内容を明示した。

(2)「資産査定通達」

1997年3月5日，大蔵省大臣官房金融検査部長は，上記「早期是正措置に関する検討会」における検討結果を踏まえて，「早期是正措置制度導入後の

金融検査における資産査定通達について」(「資産査定通達」)を発出した。

「資産査定通達」は，債務者の財務状況，資金繰り，収益力等による返済能力に基づき，債務者を「正常先」,「要注意先」,「破綻懸念先」,「実質破綻先」,「破綻先」に区分し，定義した上で，担保等による回収可能性を考慮し，債務者ごとに貸出金を I 分類，II 分類，III 分類及び IV 分類に区分している

「資産査定通達」によれば，債務者分類と債権分類との関係は次のようになる。

① 「正常先」に対する貸出金については，原則非分類とする。

② 「要注意先」に対する貸出金のうち，貸出条件に問題のある貸出金，元本返済若しくは利息支払が事実上延滞しているなど履行状況に問題のある貸出金及び今後問題を生ずる可能性が高いと認められる貸出金，債務者の財務内容等の状況から回収について通常を上回る危険性があると認められる貸出金で，優良担保及び優良保証等により保全措置が講じられていない部分を原則 II 分類とする。

③ 「破綻懸念先」に対する貸出金については，優良担保の処分可能見込額及び優良保証等により保全されている貸出金以外のすべての貸出金を分類し，一般担保の処分可能見込額及び一般保証による回収が認められる部分を II 分類，それ以外の部分を III 分類とする。

④ 「実質破綻先」に対する貸出金については，優良担保の処分見込額及び優良保証等により保全されている貸出金以外のすべての貸出金を分類し，一般担保の処分可能見込額及び一般保証による回収が認められる部分を II 分類，それ以外の部分を III 分類，これ以外の回収の見込がない部分を IV 分類とする。

⑤ 「破綻先」に対する貸出金については，優良担保の処分見込額及び優良保証等により保全されている貸出金以外のすべての貸出金を分類し，一般担保の処分可能見込額及び一般保証による回収が認められる部分を II

分類，それ以外の部分をIII分類，これ以外の回収の見込がない部分をIV分類とする。

(3) 日本公認会計士協会「4号実務指針」

1997年4月15日，日本公認会計士協会は，銀行等監査特別委員会報告第4号「金融機関の自己査定に係る内部統制の検証並びに貸倒償却及び貸倒引当金の監査に関する実務指針」(「4号実務指針」)を作成し公表した。「4号実務指針」は，1999年4月30日及び2008年3月25日に改訂され，2009年11月5日に微修正されている。

「4号実務指針」は，「早期是正措置に伴って導入される自己査定制度の整備状況の妥当性及び査定作業の査定基準への準拠性を確かめるための実務指針を示すとともに，貸倒償却及び貸倒引当金の計上に関する監査上の取扱いを明らかに」するものである。貸倒償却及び貸倒引当金は，以下の監査上の取扱いに準拠して計上されている場合には，監査上妥当なものとして取り扱われる。なお，各債権の定義は「資産査定通達」と平仄を合わせたものである。

① 正常先債権：債権額で貸借対照表に計上し，貸倒実績率に基づき貸倒引当金を計上する。

② 要注意先債権：債権額で貸借対照表に計上し，貸倒実績率に基づき貸倒引当金を計上する。

③ 破綻懸念先債権：債権額から担保の処分可能見込額及び保証による回収が可能と認められる額を減算し，残額のうち必要額を貸借対照表に貸倒引当金として貸借対照表に計上する。

④ 実質破綻先債権：債権額から担保の処分可能見込額及び保証による回収が可能と認められる額を減算し，残額を貸倒償却するか又は貸倒引当金として貸借対照表に計上する。

⑤ 「破綻先債権」：債権額から担保の処分可能見込額及び保証による回収

第 14 章　不良債権処理の会計・監査と金融行政　389

が可能と認められる額を減算し，残額を貸倒償却するか又は貸倒引当金として貸借対照表に計上する。

また，「4 号実務指針」は「意見形成に当たっての留意事項」として「貸倒引当金の監査は，貸倒引当金が決算日現在の債権に内包されている損失額を<u>十分カバーするだけの適切なレベル</u>にあるかについて合理的な基礎を入手することを目標として実施する（下線は筆者）。」と述べ，「十分性」に重点を置いた。

（4）「決算経理基準」の改正

1997 年 7 月に改正された「決算経理基準」のうち，貸出金の貸倒償却および貸倒引当金の繰入れについて示すと，表 14-2 のようになる。

通達「決算経理基準」は，「4 号実務指針」の公表を受けて改正されたものである。税法基準からの離脱を反映して「有税償却」と「有税繰入」の規定は削除されたのであるから，「債権償却特別勘定」は「個別引当金」の規定とすべきであった。また，償却は「ものとする」から「する」に変わったが，

表 14-2　1997 年 7 月改正「決算経理基準」

（3）　資産の評価及び償却
　イ　貸出金及び貸出金に準ずるその他の債権の評価
（イ）　貸出金の償却
　　回収不能と判定される貸出金については，債権額から担保の処分可能見込額及び保証による回収が可能と認められる額を減算した残額のうち必要額（以下「回収不能額」という。）を償却<u>する</u>。（以下省略）
（ロ）　債権償却特別勘定への繰入れは，回収不能と判定される貸出金等のうち上記（イ）により償却するもの以外の貸出金等については回収不能額を，最終の回収に重大な懸念があり損失の発生が見込まれる貸出金等については債権額から担保の処分可能見込額及び保証による回収が可能と認められる額を減算した残額のうち必要額を，それぞれ繰り入れる<u>ものとする</u>。
（ハ）　貸倒引当金（中略）は，貸出金等のうち，上記（イ）により償却するもの及び上記（ロ）により債権償却特別勘定へ繰り入れるもの以外の貸出金等について，合理的な方法により算出された貸倒実績率に基づき算定した貸倒見込額を繰り入れる<u>ものとする</u>。（下線は筆者）

債権償却特別勘定及び貸倒引当金の繰入については、依然として「ものとする」のままであったばかりでなく、規定の内容は抽象的で、これだけでは会計基準たり得なかった。

(5) 主要17行（長銀・日債銀以外）に対する検査・考査結果

金融監督庁は、銀行法第24条などに基づき金融機関から1998年3月期決算における自己査定結果の報告を受け、日本銀行と提携しつつ、主要行に対して1998年7月より一斉検査を実施し、結果を12月25日に公表した（金融監督庁 (1999, pp. 65, 510)）。日本長期信用銀行（長銀）と日本債券信用銀行（日債銀）を除く主要17行の償却・引当の適切性（1998年3月末）に関する検査結果は表14-3に示すとおりである。

表3は、監査法人の監査を受けた主要行の自己査定に基づく償却・引当額を、金融監督庁は大幅に不足していると判断したことを示している。つまり、自己査定制度が導入されたにも関わらず、不良債権処理は進まなかったのである。また、このことは、銀行の自己査定及び公認会計士監査の有効性が当局によって否定されたともいえよう。

表14-3 主要行（17行）－償却・引当の適切性（1998年3月末）

(単位：億円)

当局査定に基づく償却・引当額 ①	自己査定に基づく償却・引当額 ②	要追加償却・引当額 ①－②
86,060	75,647	10,413

出所：金融監督庁 (1999, p. 510)。

(6) 長銀・日債銀事件

主要17行の検査結果の「参考」として、1998年10月、12月に相次いで金融再生法第36条に基づく特別公的管理となった長銀と日債銀の検査結果も公表されている（表14-4）。

第14章　不良債権処理の会計・監査と金融行政　391

表14−4　長銀・日債銀−償却・引当の適切性（1998年3月末）

(単位：億円)

当局査定に基づく償却・引当額 ①	自己査定に基づく償却・引当額 ②	要追加償却・引当額 ①−②
16,387	8,064	8,323

出所：金融監督庁（1999, p. 510）。

　長銀・日債銀の要追加償却・引当額は，それ以外の主要17行合計に近い金額である。長銀の経営陣は，証券取引法違反（有価証券報告書の虚偽記載）と商法違反（違法配当）の罪に問われ，日債銀の経営陣は証券取引法違反の罪に問われた。

　2008年7月18日，最高裁第二小法廷は，証券取引法違反と商法違反の罪に問われた元頭取ら旧経営陣3人を執行猶予付きの有罪とした一, 二審判決を破棄し，逆転無罪を言渡した。

　最高裁の判断は以下の通りである。

① 　改正後の「決算経理基準」は，それ自体は具体的かつ定量的な基準とはなっていなかった。「資産査定通達」はガイドライン的なものであった。「4号実務指針」は資産査定に当たって定量的な償却・引当金の基準として機能し得るものではなかった。

② 　関連ノンバンク等に対する貸出金についての資産査定に関してまで「資産査定通達」の趣旨を徹底させるものか否かが不明確であった。（中略）現に大手行18行のうち14行は，関連ノンバンク等に対する将来の支援予定額について引当金を計上していなかった。

③ 　長銀及び日債銀の2行は特に大きかったが，他の大手行17行に関しても総額1兆円以上であったから，「資産査定通達」等によって補充される改正後の「決算経理基準」は，その解釈，適用に相当の幅が生じるものであった。

④ 　有税による償却・引当を実施すると，自己資本比率（BIS比率）の低下

に直結して市場の信任を失い，銀行経営が危たいにひんする可能性が多分にあった。

　最高裁判決は，④ は別として，1998 年 3 月期の貸出金の償却・引当の基準は不完全であったと判断したのである。日債銀の旧経営陣の上告審では，最高裁第二小法廷は 2009 年 7 月 9 日までに，弁論期日を 11 月 9 日に指定した。二審の結論変更に必要な弁論が開かれることになることから，被告を執行猶予付き有罪とした一，二審判決が見直され，逆転無罪となる可能性が出てきた，と報道されている（「日本経済新聞」2009 年 7 月 10 日）。

4．1999 年 3 月期の状況

　1999 年 3 月期は，銀行の貸出金の償却・引当の基準に関しては，一種のエアポケットともいうべき状況あった。

(1)　通達「決算経理基準」の廃止

　1998 年 10 年 6 月，大蔵省は金融関連通達を廃止した。それには，通達「決算経理基準」の廃止が含まれる。その廃止を受けて，全国銀行協会連合会（以下「全銀協」という。）は「銀行業における決算経理基準について」（以下，「全銀協『決算経理基準』」という。）を作成した。

　しかし，全銀協「決算経理基準」は通達「決算経理基準」と同様包括的な規定に留まっていたことから，銀行は償却・引当の具体的な会計基準として「資産査定通達」と「4 号実務指針」に拠っていた。内藤（2004, pp. 220–221）は，この状況について，「98 年 6 月，大蔵省から金融監督庁へ金融行政が移管された際に上記通達が廃止されたことをもって，この決算経理基準もなくなった。その後は，原則として一般的な企業会計基準（時価法などを含む）に

より，また，必要に応じて政省令，事務ガイドラインなどを定める体制に移行した。」と述べている。

(2) 金融再生法
1998年10月16日に成立した金融機能の再生のための緊急措置に関する法律（金融機能再生緊急措置法（又は金融再生法））第6条では，資産査定結果の内閣総理大臣への報告と外部への公表が規定された。

(3) 早期健全化法
1998年10月22日に成立した金融機能の早期健全化のための緊急措置に関する法律（早期健全化法）は，金融機関に対して，金融再生法第6条に従った資産の査定の結果に基づき適切な引当等を行うことを義務づけた。

(4) 「金融商品会計基準」の公表
1999年1月22日，貸倒引当金の会計基準として，「企業会計原則」に加え「金融商品に関する会計基準」（以下「金融商品会計基準」という。）が公表された。

その「貸倒見積高の算定」は，債権を「一般債権」，「貸倒懸念債権」，「破産更生債権等」に区分し (27項)，その区分ごとに算定方法を規定している (28項)。その区分は，後述の「金融検査マニュアル」と平仄を合わせたものとなっている。しかし，設定の要件は依然として企業会計原則注解18に定められている。

「貸倒見積高の算定」の趣旨の一つは，債務者の経営状態が悪化していても，法的な経営破綻に至るまで十分な貸倒引当金の引当が行われていないことへ対処するためである（大塚 (1999, pp. 98-99)）。

(5) 金融再生委員会のガイドライン —— 1999年1月

1999年1月25日，金融再生委員会は「資本増強に当たっての償却・引当についての考え方」を公表し，① 担保・保証で保全されていない破綻懸念先債権は70％を目安，② 担保・保証で保全されていない要管理先債権は15％を目安，③ その他の要注意先債権はその平均残存期間を勘案して算出された適正な貸倒引実績率で引当てることを示した。

当該ガイドラインには「今回の資本増強を契機として，大手行の不良債権処理を前倒しで進めるとともに今後の不確実な金融環境に備えることにより」との記述がある。

(6) 税効果会計の導入

1998年10月に企業会計審議会が公表した「税効果会計に係る会計基準」は1999年4月1日以後開始する事業年度から実施されたが，銀行には1年早く，1998年4月1日に開始する事業年度から適用された。税効果会計の導入が急がれた理由は，「税務会計に引きずられ，損金算入が認められる場合にのみ貸倒引当金を計上していたのでは，金融機関や企業による会計処理は実態を反映せず，結果的に不良債権処理の先送りとなる虞があった」ことである（内藤（2004, p. 105））。

(7) 決算の概要（主要17行の速報（決算短信）ベース）

金融監督庁（1999, pp. 65-66）によれば，主要17行の速報（決算短信）ベースでは，「本業の利益を示す業務純益は，引き続き低下が続く中，ほぼ前年度並みの約3兆5,867億円（一般貸倒引当金繰入前の実質ベース）を確保したが，上記償却・引当基準（1999年1月の金融再生委員会のガイドラインを指す—筆者注）等を踏まえ10兆円にのぼる不良債権処理が行われたことから，経常利益は，17行全行で赤字となり，合計で約5兆9,903億円の赤字（前年

比約1兆7,404億円の赤字幅拡大)となった。」

　1999年3月期より適用可能となった税効果会計については17行全体で採用された(金融監督庁(1999, p. 65))。全国銀行協会・全国財務諸表分析では17行合計で6兆6,482億円にのぼっている。不良債権処理の促進は税効果会計による効果もあるが,同年3月30日付けの早期健全化法に基づく主要15行に対する7兆4,593億円の資本増強の効果も大きいと考えられる。それは,「各行の自己資本比率は,単体ベースで8.18%〜15.64%,連結ベース8.18%〜15.40%と,国内基準行も含め各行とも国際統一基準の8%を上回った。」の記述(金融監督庁(1999, p. 66))からも窺える。すなわち,資本増強がなかったらならば,自己資本比率が8%を下回る銀行もあったであろう[4]。

5.「金融検査マニュアル」の時代
―― 2000年3月期から ――

(1)「金融検査マニュアル」

　1999年7月1日に公表された「預金等受入金融機関に係る検査マニュアル」(「金融検査マニュアル」)は,その後数次に亘る改訂を経て現在に至っている。「金融検査マニュアル」は検査官が金融検査をする際の手引書であるが,銀行は「金融検査マニュアル」に従って,債権を分類し貸倒引当金の算定を行っている。

　「金融検査マニュアル」においては,債務者をまず正常先,要注意先,破綻懸念先,実質破綻先及び破綻先の5段階に区分することとしている(債務者区分)。そして当該債務者区分と担保保全の状態に応じてI分類(非分類),II分類,III分類及びIV分類の4段階に債権を分類し,貸倒引当の方法につ

いて検査のためのガイドラインを示している。

「金融商品会計基準」における債権の区分と「金融検査マニュアル」の債権区分との対応関係は，一般債権が正常先・要注意先に，貸倒懸念先債権が破綻懸念先に，破産更生債権等が実質破綻先・破綻先に概ね相当するとされている（「金融商品に関する実務指針」295項）。

「信用リスク検査用マニュアル」の（別表）「1．貸倒引当金」に関する「償却・引当結果の適切性の検証」（別表）は以下のように述べている。

> 「次に，検査金融機関の信用リスクの程度に鑑み，貸倒引当金の総額が<u>十分な水準</u>となっているかを検証する。なお，合理的で適切な内部モデルにより信用リスクの計量化が行われている場合には，貸倒引当金の総額が，信用リスクの計量化により導き出された予想貸倒損失額を<u>上回った水準</u>となっているかどうかを検証する（下線は筆者）。」

このように，貸倒引当金の「十分性」に重点が置かれている。

また，「貸倒引当金以外の引当金」の項目の中に，関連ノンバンク等支援先についての翌期以降支援予定額について引当金を計上する取扱いとして，「特定債務者支援引当金」が設けられた。その内容は，「経済的困難に陥った債務者の再建・支援を図るため，債権放棄，現金贈与等の方法による支援を行っている場合は，原則として，当該支援に伴い発生が見込まれる損失見込額を算定し，当該損失見込額に相当する額を特定債務者支援引当金として計上する。」となっている。長銀裁判の最高裁判決では，「現に大手行18行のうち14行は，関連ノンバンク等に対する将来の支援予定額について引当金を計上していなかった。」（2.(6)参照。）と述べられ，無罪判決の理由となっていた。

(2) 「4号実務指針」の改訂

1999年4月30日に改訂された「4号実務指針」の主な改訂事項には以下が挙げられる。いずれも,「金融検査マニュアル」と平仄を合わせることを目的としている。

① 内部統制の有効性の評価に当たっての留意事項

信用格付制度を採用している場合,その適切性と当該信用格付と自己査定基準上の債務者区分との整合性の検証が加わった。

② 監査手続の適用

金融機関等の支援を前提として経営改善計画等が策定されている債務者の自己査定において,再建計画の実現可能性を判断基準として5年程度の期間と計画終了時の実質債務超過の解消の必要性が加わった。

それまで,再建計画の合理性を判断する基準として具体的な計画年数は存在せず,「元本回収が完了するのが何年以内でなければ合理性があるとは言えない」などの考えは一般的にはなかったため,「線引き」を意図したものと考えられる。

③ 貸倒償却及び貸倒引当金の計上に関する監査上の取扱い

正常先債権:倒産確率の使用と損失率の将来見込等による修正が加わった。
要注意先債権: 定義に要管理債権が含まれ,倒産確率の使用が加わった。

要注意先債権のうち,債権の元本の回収及び利息の受取りに係るキャッシュ・フローを合理的に見積もることができる債権(貸出条件緩和債権等)については,ディスカウント・キャッシュフロー(DCF)法が妥当とされた。

破綻懸念先債権: 定義に「経営改善計画等の進捗状況が芳しくなく」が加わり,要注意債権と同様,DCF法が規定された。

④ 貸倒実績率及び倒産確率

改正前は，グルーピング別の貸倒実績率を利用する方法も認める規定があり，貸倒実績率の算定方法として過去3年間が例示されていたが，「貸倒実績率又は倒産確率による貸倒引当金の計上方法とは，過去の貸倒実績又は倒産実績に基づき，今後の一定期間における予想損失額を見込む方法である。」と定義し，一定期間は「貸出金等の平均残存期間が妥当と考えられる。」とした上で，「当面の間は，例えば，正常先債権については今後1年間を，要注意先債権のうち要管理先債権については今後3年間を，その他の要注意先債権については今後1年間を見込んでいる場合には妥当なものと認める。」と規定された。

⑤ 破綻懸念先債権の回収可能性

回収見込額の算出において差し引く項目として清算配当が加わるとともに，「破綻懸念先債権に対する引当てに関してキャッシュ・フローを見込む場合の期間に関しては債務者の状況により異なるが，破綻懸念先であり，経営破綻に陥る可能性が大きいことを前提とすると，再建計画に基づきキャッシュ・フローを合理的に見積もることが可能な場合には5年程度，それ以外の場合は3年程度が目安となる。」とされた。

⑥ 関連ノンバンクに対する債権

現金贈与等の方法により支援を行う場合，特定債務者支援引当金として貸借対照表に計上することが規定された。長銀裁判の最高裁判決については，(1)で述べたとおりである。

6. 金融再生プログラムの時代
――2003年3月期から2005年3月期まで――

(1) 金融再生プログラム
2002年10月30日,金融庁は金融再生プログラムを公表した。前文には「平成16年度には,主要行の不良債権比率を現状の半分程度に低下させ」ることが謳われ,「資産査定の厳格化」として「引当に関するDCF的手法の採用」,「引当金算定における期間の見直し」,「大口債務者に対する銀行間の債務者区分の統一」を挙げ,「自己資本の充実」として「繰延税金資産に関する算入の見直し」と「繰延税金資産の合理性の確認」を挙げている。

(2) 日本公認会計士協会の公表物
日本公認会計士協会は,金融再生プログラムを受けて,2003年2月24日付けで,会長通牒及び以下の報告書を公表した。

① 会長通牒「主要行の監査に対する監査人の厳正な対応について」
　会長通牒は,主要行の監査を行うために,繰延税金資産の回収可能性の判断の諸要素についての留意事項を述べ,さらに,「主要行の監査人は,<u>検査当局とより緊密な連携を確保する</u>とともに,資産査定の厳格化の諸施策に対応した,<u>より厳正な監査</u>を行わなければならない(下線は筆者)。」としている。
　当時の日本公認会計士協会会長・奥山章雄氏は,会長通牒を出す前に竹中平蔵金融担当大臣との話があったことを否定し,全く協会の判断であると述べているが(山口(2003, p. 177)),竹中氏は,奥山氏に「会長通達としてきちんとやってくれというサインを送りました」と述べている(竹森

(2009, p. 404))。

② 報告書「銀行等金融機関において貸倒引当金の計上方法としてキャッシュ・フロー見積法 (DCF法) が採用されている場合の監査上の留意事項」

「報告書」は,「将来キャッシュ・フローの見積り並びにその基礎となった前提,仮定及びシナリオは,決算の都度見直されているかどうか」留意するとし,「また,貸倒引当金は,決算日現在の債権に内包されている貸倒損失額を十分カバーするだけの水準でなければならない (下線は筆者)。」と述べている。

③ 報告書「銀行等金融機関の正常先債権及び要注意先債権の貸倒実績率又は倒産確率に基づく貸倒引当金の計上における一定期間に関する検討」

報告書は,「本来,貸倒引当金は,決算日現在の債権に内包されている損失額を十分カバーする水準でなければならないが,正常先債権及びその他要注意先債権の予想損失については,個別債権ごとに損失の見積りが困難であるため,ポートフォリオに内包された損失を見積もることが必要となる (下線は筆者)。」と述べている。

以上の公表物の問題点——は,第一に,銀行の貸倒引当金は「過小である」という政府の決め付けをそのまま無批判に受け入れたために貸倒引当金が「過大」になる危険性がみられること,第二に,③は会計基準であるのか,監査の基準であるのか等,位置付けが不明であること,第三に,会長通牒の位置付けが不明であることである (児嶋 (2009, p. 97))。

(3) 「金融検査マニュアル」の改訂

2003年2月25日,金融再生プログラムを受けて,「金融検査マニュアル」が改訂された。以下はその改訂の概要である (金融庁ホームページ)。

1. 金融再生プログラム関連
(1) 引当に関するDCF的手法の採用
　要管理先及び破綻懸念先の引当手法について，DCF法を選択肢として書き加えたうえで，「与信額が100億円以上の大口債務者」については，「DCF法の適用が望ましい」と記載した。
(2) 引当金算定における期間の見直し
　要管理先(3年基準)及びその他要注意先(1年基準)の引当金算定期間について，以下の方法を書き加えたうえで，「与信額が100億円以上の大口債務者」については，「その適用が望ましい」と記載した。
○　要管理先に対して，やむを得ずDCF法を適用できない場合には，個別的な残存期間による引当を適用する。
○　その他要注意先のうち，要管理先以下から上位遷移した大口債務者については，要管理先に準じた引当手法を適用する(DCF法，又は，現行の要管理先の引当手法)。
(備考)　大口債務者に対するDCF法及び引当金算定期間の適用については，監督局より，主要行に対し15年3月期から適用するよう要請する予定。

　本改訂からは，日本公認会計士協会の公表物が「金融検査マニュアル」と一体となって用いられることが意図されていることが読み取れる。これらは，金融再生プログラムが目指した「平成16年度に主要行の不良債権比率を現状の半分程度に低下」の達成(金融庁(2005, p. 431))に寄与したと考えられる。

7. 金融再生プログラムの影響

（1）りそな銀行

2003年4月30日，りそな銀行の共同監査を行っていた朝日監査法人は監査を辞退した[5]。それは，期末に繰延税金資産がなければ債務超過のため，日本公認会計士協会・監査委員会報告第66号「繰延税金資産の回収可能性の判断に関する監査上の取扱い」5.⑤の「繰延税金資産を計上できない場合」に相当するとの判断をしたためであるとされている（山口（2003, p. 39, pp. 140–141））。

2003年5月17日，りそな銀行は，自己資本不足により（りそなホールディングス・2003年有価証券報告書），預金保険法第102条第1項の第1号措置「金融機関の自己資本の充実のために行う預金保険機構による株式等の引受け等」の必要性の認定を受けた。

これは，新日本監査法人が監査委員会報告書第66号5.④但し書きの適用において，銀行側が主張する見積り課税所得の5年分ではなく，3年分しか認めなかったためである。新日本監査法人元理事長・竹山健二氏は，「今の状況まで資本が欠けますと，やはり5年というのはしんどいんじゃなかろうかということで今回は3年になった」と述べている（2003年6月13日参議院・財政金融委員会議事録）。

新日本監査法人は，自己資本比率4％を維持するために見積り課税所得の5年分，少なくとも4年分を計上するよう金融庁関係者からの圧力があったにも関わらず（山口（2003, pp. 148–150，竹中（2006, p. 110）），3年分しか認めなかったのであれば，評価できる。

しかし，りそな銀行の繰延税金資産の監査における問題点は，① 回収可能性について監査法人で判断が異なったこと，② いずれの監査法人も収益性の

見積りではなく，資産状態で判断しているため，第66号に反しているのではないか，ということである．

(2) 足利銀行

2003年11月29日，足利銀行は，金融庁に対して，2003年9月期決算において1,023億円の債務超過となる旨の報告を行い，併せて，預金保険法第74条第5項に基づき，「その財産を持って債務を完済することができず，その業務若しくは財産の状況に照らし預金等の払戻しを停止するおそれがある」旨の申出を行った（金融庁（2004, p. 106, p. 412））．

「日本経済新聞」（2004年1月18日）によれば，足利銀行は，3月期決算で監査法人が認めた繰延税金資産の計上を全額否認され，その判断の背景に同じ3月期決算を債務超過とした金融庁の検査結果があった．金融庁の検査結果は，要追加・償却引当額950億円，2003年3月末の債務超過233億円であった（金融庁（2004, p. 106））．

他方，監査法人が繰延税金資産を全額認めなかった理由は，検査の結果を反映した中間決算案によると，自己資本比率が著しく低下し，継続企業の前提に重要な疑義が存在すること，及びその自己資本の水準は，繰延税金資産を算定する上でわずかな見積りの変更によって債務超過に陥るほどの脆弱な状態となっていたこと等である（2004年1月14日衆議院・財政金融委員会議事録）．

本件の監査上の問題点は，金融検査と会計監査の乖離の問題[6]に加え，りそな銀行と同様，繰延税金資産の回収可能性を収益性ではなく，資産状態により判断していることである．

(3) 旧UFJホールディングス

2006年3月期の三菱UFJフィナンシャル・グループでは，6,982億円の

貸倒引当金の戻入益が発生した。これについて「ダイエーなど経営不振の大口貸出先を抱えていた旧UFJホールディングス（UFJHD——筆者略記）が，金融庁から多額の引当金の積み増しを求められた『負の遺産』の裏返しだ。」と報道された（「読売新聞」2006年5月23日）。

旧UFJHDは2004年3月期決算で不良債権処理を迫られ，連結当期純損失が4,028億円になり，旧三菱東京との経営統合へと追い込まれた経緯がある。不良債権処理額は1兆3,912億円であり（『金融財政事情』2004. 7. 12, p. 39），そのうち，金融庁に追加処理を迫られたのは6,900億円とされている（小野 (2005, pp. 173-174））。旧UFJHDの連結損益計算書の「その他経常費用」には「貸倒引当金繰入額　8,383億円」が表示されている。

しかし，わずか2年後に追加処理額に近い金額が戻入となるのは，旧UFJHDの2004年3月期の貸倒引当金は過大計上であり，連結財務諸表に重要な虚偽表示があったといわざるを得ない[7]。

日本経済新聞社（2004, pp. 135-141）及び小野（2005, pp. 168-183）によれば，金融庁が旧UFJHDの2004年3月期決算を強制したことは明らかである。他方で，監査法人は金融庁に従ったのであり，監査法人自らの判断・立場で監査が行われたものではない。

8. 貸倒引当金計上における「十分性」の強調

(1) 「金融検査マニュアル」の改訂

2007年2月16日の改訂により，上記引用部分（4 (1)）は以下のように改訂された。

「次に，被検査金融機関の信用リスクの程度に鑑み，貸倒引当金の総額が十分な水準となっているかを検証する。なお，合理的で適切な内部モデルにより信用リスクの計量化が行われて**を行っている場合には，**貸倒引当金の総額が，~~と信用リスクの計量化等により~~って導き出された**ポートフォリオ全体の**予想貸倒損失額を~~上回った~~水準となっているかどうか**比較し，その特性を踏まえた上で貸倒引当金総額の水準の十分性を確認しているかを検証する**（取消線，太字は改訂部分）。」

改訂により「十分性」が以前より強調されている。

(2) 「4号実務指針」の改正

2008年3月25日,「4号実務指針」が改正された。改訂後では,「貸倒引当金の計上に関する監査実施に当たっての留意事項」の表題の下に「貸倒引当金は経営者の判断に基づいて計上されるものであるが，監査人は経営者の判断が妥当なものであるかどうかにつき，個々の債権ごとではなく個々の債権ごとではなく総体として比較する~~手法で~~**貸出債権全体として十分な貸倒引当金が計上されているか**について検証する（取消線，太字は改訂部分）。」と述べている。

改正では,「金融検査マニュアル」と平仄を合せる意図が読み取れるが，改正前より「十分性」がより前面に出たと解釈できる。

9. 結びに代えて

本稿で明らかにしたことは，① 1997年3月期までは大蔵省が貸倒償却・貸倒引当金を決定し，公認会計士・監査法人はその決定を受け入れていたの

であり，不良債権処理は進まなかった，② 1998年3月期より自己査定制度が導入されたが，主要19行の貸倒償却・貸倒引当金は金融当局より大幅に不足とされ，公認会計士監査の有効性も否定された，③ 1999年3月期は，税効果会計採用と資本注入により不良債権処理が進んだ，④ 2000年3月期より適用された「金融検査マニュアル」は，「4号実務指針」と同様に貸倒引当金の「十分性」に重点が置かれた，⑤ 2002年に公表された金融再生プログラムは，旧UFJHにおける貸倒引当金過大計上をもたらした，⑥ 足利銀行では金融検査と会計監査の乖離があった，⑦ りそな銀行及び足利銀行の繰延税金資産の回収可能性について，監査法人は収益性でなく，資産状態により判断した，⑧ 本稿で取り上げた3行とも決算において金融庁の介入があった，⑨ 2007年改訂の「金融検査マニュアル」及び2008年3月改正の「4号実務指針」では，貸倒引当金の「十分性」はさらに強調されている，である。

　以上から得られる知見は，銀行の貸倒償却・貸倒引当金については，会計基準及び会計処理並びに監査法人の監査が金融行政の影響を免れないことである。

　さらに，最近の動向を踏まえて，付け加えるべき問題点を以下に述べておきたい。

　「金融検査マニュアル」は，1999年の公表以来「償却・引当とは，自己査定結果に基づき，貸倒等の実態を踏まえ債権等の将来の予想損失額等を適時かつ適正に見積もることである（下線は筆者）。」との記述は変わっていない。

　他方，「4号実務指針」もまた，1997年の公表以来「貸倒実績率又は倒産確率による貸倒引当金の計上方法とは，過去の貸倒実績又は倒産実績に基づき，今後の一定期間における予想損失額を見込む方法である（下線は筆者）。」との記述は変わっていない。

　2009年6月25日，国際会計基準審議会は，金融商品の減損に関する「予想損失モデル」の実行可能性に関する情報を求めるペーパーを公表した

(IASB (2009))[8]。IAS39 の「発生損失モデル」は景気循環を増幅させる，つまり，好景気時の貸倒引当金が過小となる可能性があるため再検討が必要であるとした G20 の要請によるものである (G20 (2009))。わが国においても，「金融検査マニュアル」，「4 号実務指針」の「将来の予想損失額」という表現を含め，今後，規制上及び会計・監査上の議論となるであろう。

1) IV 分類のすべてに加え，III 分類も対象となり得た (谷川 (1983, p. 7))。
2) 日本公認会計士協会『銀行監査手続一覧表』1975 年の「証拠資料」欄による。
3) II 分類は法人税法の貸倒引当金の対象となったので，誤りだと考えられる。
4) 東京三菱銀行，安田信託，日本信託は早期健全化法に基づく資本増強は行わなかった (金融監督庁 (1999, p. 65))。
5) 朝日監査法人元理事長・岩本繁氏は，3 月 1 日に発足したりそな銀行の共同監査人としての監査を受嘱しなかったと発言している (2003 年 6 月 11 日衆議院・財務金委員会議事録)。
6) 詳しくは，児嶋 (2006) を参照のこと。
7) 詳しくは，児嶋 (2009) を参照のこと。
8) 本稿脱稿後の 2009 年 11 月 5 日，IAS39 を改正するための公開草案「金融商品：償却原価と減損」が公表された。

参 考 文 献

G20 (2009), Working Group 1, *Enhancing Sound Regulation and Strengthening Transparency: Final Report*, March 25, 2009.
IASB (2009), *Request for Information*, June 2009.
大蔵省銀行局検査部内金融検査研究会編 (1976)『金融検査の要領』大蔵財務協会。
大塚宗春編著 (1999)『逐条解説金融商品会計基準』中央経済社。
小野展克 (2005)『竹中平蔵の戦争：金融再生に挑んだ 730 日』PHP 研究所。
金融監督庁 (1999)『金融監督庁の 1 年』。
金融庁 (2004)『金融庁の 1 年 (平成 15 事業年度版)』。
金融庁 (2005)『金融庁の 1 年 (平成 16 事業年度版)』。
児嶋隆 (2006)「金融検査と監査—足利銀行のケースに関して」『経理研究』中央大学経理研究所，第 49 号。
児嶋隆 (2009)「銀行の貸倒引当金の「十分性」について—旧 UFJ ホールディングス

のケースを中心として―」『商学論纂』中央大学商学研究会，第50巻3・4号。
高橋洋一（1994）『ケース・スタディによる金融機関の債権償却〔第二版〕』金融財政事情。
竹森俊平（2009）『経済危機は9つの顔を持つ』日経BP社。
谷川浩道（1983）『ケース・スタディによる金融機関の債権償却』金融財政事情研究会。
内藤純一（2004）『戦略的金融システムの構造』中央公論社。
日本経済新聞社編（2004）『UFJ三菱東京統合』日本経済新聞社。
細田隆（1998）『転換期の金融システム』金融財政事情研究会。
山口敦雄（2003）『りそなの会計士はなぜ死んだのか』毎日新聞社。

第 15 章

金融商品会計と公正価値概念

上 野 清 貴

1. は じ め に

　国際会計基準審議会 (IASB) と米国財務会計基準審議会 (FASB) は，2002年9月の合同会議後，国内および国際的な財務報告に使用しうる高品質で比較可能な会計基準の開発を目的として，ノーウォーク合意を公表した。これに基づき，IASBとFASBは両会計基準のコンバージェンスに向けて，2006年2月に覚書 (Memorandum of Understanding, MOU) を公表し，2008年4月に2011年6月までのプロジェクトの完成を目指してそれを更新した。

　このプロジェクトにおいて重要な項目が，金融商品および公正価値測定である。まず，金融商品に関して，IASBは2008年3月にディスカッション・ペーパー「金融商品の報告における複雑性の低減」[1]を公表した。そしてその後，いくつかの意見書を公表し，現行の金融商品会計基準の改定を目指している。

　また，公正価値測定に関して，FASBはまず2006年9月に財務会計基準書第157号「公正価値測定」[2]を公表した。これを受けて，IASBは2006年11月にディスカッション・ペーパー「公正価値測定」[3]を公表し，さらに2009年第2四半期初めの公開草案の公表および2010年中の国際財務報告基準 (IFRS) の完成を目指している。

一方，わが国の企業会計基準委員会（ASBJ）とIASBは，2007年8月に，日本基準と現行のIFRSとの重要な差異について2008年までに解消し，両者で識別された残りの差異を2011年6月までに取り除くことを目的として，東京合意を公表した。これに基づき，企業会計基準委員会は両会計基準のコンバージェンスに向けて，2007年12月にプロジェクト計画表を公表し，2008年9月にこれを更新した。その中の重要な項目がやはり金融商品および公正価値測定であり，企業会計基準委員会は2009年3月頃にそれに関する論点整理の公表を目指している。

このような一連の流れの中で，本章は，金融商品会計とその測定基準としての公正価値に焦点を当て，金融商品会計基準が各国において現在どのように規定されており，公正価値の概念と測定に関してFASBおよびIASBにおいてどのような議論が行われ，そこにおける公正価値概念の本質がどこにあるのかを理論的に考察することを目的としている。

2. 各国の金融商品会計基準

金融商品会計基準のコンバージェンスを議論するためには，まず，金融商品会計基準が各国において現在どのように規定されているのかを理解する必要がある。そのために本節では，FASB，IASBおよびわが国の企業会計基準委員会で規定されている金融商品会計基準を解説する。その場合，それぞれの基準における金融商品の定義をまず明らかにし，次に金融商品のうち，主として有価証券およびデリバティブの会計処理を説明する。これらが金融商品会計の中心となると思われるからである。

（1） 米国財務会計基準審議会（FASB）

FASBでは，金融商品は，現金，ある実体における持分証書，または次の双方を満たす契約と定義される（SFAS107, para. 3）[4]。

(1) 一方の実体に，① 現金または他の金融商品を他方の実体に引き渡し，または ② 潜在的に不利な条件で他の金融商品を他方の実体と交換する，契約による義務を課すこと

(2) 当該他方の実体に，① 現金または他の金融商品を一方の実体から受け取り，または ② 潜在的に有利な条件で他の金融商品を一方の実体と交換する，契約による権利を交付すること

この定義は抽象的で分かりにくいが，具体的には，後述するわが国の企業会計基準委員会の金融商品会計基準において規定されている次のような項目が含まれると解される。

(1) 現金預金
(2) 受取手形，売掛金，貸付金等の金銭債権および支払手形，買掛金，借入金等の金銭債務
(3) 株式，公社債等の有価証券
(4) デリバティブ取引により生じる正味の債権および債務等

ここで，デリバティブ取引とは具体的に先物取引，先渡取引，オプション取引，スワップ取引等であるが，FASBはこのデリバティブも抽象的に定義しており，それは，次の3つの特徴をすべて有する金融商品または他の契約をいうとしている（SFAS133, para. 6）[5]。

(1) ① 1つ以上の基礎数値（underlying），および ② 1つ以上の想定量（notional amounts）もしくは支払条項（payment provisions）またはその双方を有する。これらの条件は，決済の金額を決定し，場合によっては，決済を要求するか否かを決定する[6]。

(2) 当初に純投資を要求しないか，または市場の要因の変動に対し同様

の反応をすると予想されるような他の形態の契約について必要とされる金額に比べて，当初の純投資が少額である。

(3) その条件は，純額決済を要求または容認し，契約外の方法により容易に純額決済をすることができ，または受取人を実質的に純額決済と異ならないような地位におく資産の引渡しを規定している。

このようにして定義された金融商品のうち，有価証券は次のように分類され，会計処理される（SFAS115, paras. 7, 12, 13）[7]。

(1) 当該企業が満期まで保有する積極的な意思および能力をもつ負債証券は，「満期保有目的有価証券」として分類し，償却原価で報告する。

(2) 主として近い将来に売却することを目的として購入し，保有する負債証券および持分証券は，「売買目的有価証券」として分類し，公正価値で報告するとともに，未実現損益は当期の損益に計上する。

(3) 満期保有目的有価証券および売買目的有価証券のいずれにも分類されない負債証券および持分証券は，「売却可能有価証券」として分類し，公正価値で報告するとともに，未実現損益は損益から除外し，実現するまでその他の包括利益として報告する。

また，デリバティブはすべて公正価値で測定され，そこにおいて生じる利得または損失は，即時に損益として認識される（SFAS133, paras. 17, 18）。

いま，以上のことを一表にまとめると，表15-1のようになる。

表15-1 有価証券およびデリバティブの会計処理（FASB）

種　　類	評　価　基　準	評価差額の処理
満期保有目的有価証券	償却原価	
売買目的有価証券	公正価値	当期の損益
売却可能有価証券	公正価値	その他の包括利益
デリバティブ	公正価値	当期の損益

(2) 国際会計基準審議会 (IASB)

IASB では，金融商品は，一方の企業にとっての金融資産と他方の企業にとっての金融負債または持分金融商品の双方を生ぜしめるあらゆる契約と定義される (IAS32, para. 11)[8]。

そしてこの場合，金融資産とは，次のような資産をいうとされる。
(1) 現金
(2) 他の企業の持分金融商品
(3) 次のような契約上の権利
　① 他の企業から現金もしくは他の金融資産を受け取る契約上の権利
　② 金融資産または金融負債を当該企業にとって潜在的に有利な条件で他の企業と交換する契約上の権利
(4) 企業自身の持分金融商品で決済されるか，もしくは決済される可能性のある契約のうち，次のもの
　① デリバティブ以外で，企業が企業自身の可変数の持分金融商品を受け取る義務があるか，もしくはその可能性があるもの
　② デリバティブで，固定額の現金または他の金融資産と企業自身の固定数の持分金融商品との交換以外の方法で決済されるか，もしくはその可能性があるもの。この目的上，企業自身の持分金融商品には，それ自体が企業自身の持分金融商品の将来の受取りまたは引渡しである金融商品は含まない。

また，金融負債とは，次のような負債をいうとされる。
(1) 次のような契約上の義務
　① 他の企業に現金もしくは他の金融資産を支払う契約上の義務
　② 金融資産または金融負債を当該企業にとって潜在的に不利な条件で他の企業と交換する契約上の権利
(2) 企業自身の持分金融商品で決済されるか，もしくは決済される可能

性のある契約のうち，次のもの

① デリバティブ以外で，企業が企業自身の可変数の持分金融商品を引き渡す義務があるか，もしくはその可能性があるもの

② デリバティブで，固定額の現金または他の金融資産と企業自身の固定数の持分金融商品との交換以外の方法で決済されるか，もしくはその可能性があるもの。この目的上，企業自身の持分金融商品には，それ自体が企業自身の持分金融商品の将来の受取りまたは引渡しである金融商品は含まない。

このような金融商品には，具体的に，受取債権，支払債務および持分証券のような基本的な金融商品と，金融オプション，先物および先渡，金利スワップおよび通貨スワップのようなデリバティブが含まれる。ここで，デリバティブとは，金融商品またはその他の契約のうち，次の3つの特徴のすべてを有するものをいうとされる (IAS39, para. 9)[9]。

(1) その価値が，特定の金利，金融商品価格，コモディティ価格，外国為替レート，価格もしくはレートの指数，信用格付けまたは信用指数もしくは類似の変数（基礎数値）で，非金融変数の場合には当該変数が契約当事企業に特有ではないものの変動に応じて変動すること

(2) 当初の純投資をまったく要しないか，または市場要因の変動に対する反応が類似する他の種類の契約について必要な当初の純投資よりも小さいこと

(3) 将来のある日に決済されること

このようにして定義された金融商品は，4つの範疇に分類される。それは，(1) 損益計算書を通じて公正価値で測定される金融資産または金融負債，(2) 満期保有投資，(3) 貸付金および債権，および (4) 売却可能金融資産である。これらは以下のように定義される (IAS39, para. 9)。

(1) 損益計算書を通じて公正価値で測定される金融資産または金融負債

とは，次のいずれかに該当する金融資産または金融負債をいう。
① 売買目的保有に分類されるもの。金融資産または金融負債は，次のいずれかである場合には売買目的保有に分類される。
　i 主として短期間に売却または買戻しを行う目的で取得または発生させたもの
　ii まとめて管理され，かつ，最近における実際の短期的な利益獲得のパターンの証拠があるポートフォリオの一部であるもの
　iii デリバティブ（金融保証契約もしくは指定されかつ有効なヘッジ手段であるデリバティブを除く）
② 当初認識時において，損益計算書を通じて公正価値で測定するものとして企業が指定したもの
(2) 満期保有投資とは，固定または決定可能な支払金額と固定の満期を有する，デリバティブ以外の金融資産のうち，企業が満期まで保有する明確な意図と能力を有するもので，次に該当する以外のものをいう。
① 企業が当初認識時に，損益計算書を通じて公正価値で測定するものとして指定したもの
② 企業が売却可能として指定したもの
③ 貸付金および債権の定義に該当するもの
(3) 貸付金および債権とは，支払額が固定または決定可能な，デリバティブ以外の金融資産のうち，活発な市場での公表価格がないもので，次に該当する以外のものをいう。
① 企業がただちにまたは短期間に売却することを意図しているもの，および企業が当初認識時に損益計算書を通じて公正価値で測定するものとして指定したもの
② 企業が当初認識時に売却可能として指定したもの
③ 信用悪化以外の理由によって，保有者が当初の投資のほとんどすべ

てを回収することにならない可能性があり，売却可能と分類されるべきもの

(4) 売却可能金融資産とは，デリバティブ以外の金融資産のうち，売却可能に指定されたもの，ならびに，① 貸付金および債権，② 満期保有投資，または ③ 損益計算書を通じて公正価値で測定する金融資産のいずれにも分類されないものをいう。

これらの金融資産および金融負債の測定は，当初測定と当初認識後の測定に分けられる。前者の当初測定に関して，金融資産または金融負債が当初認識される時点で，企業はそれを公正価値で測定しなければならず，金融資産または金融負債が損益計算書を通じて公正価値で測定されない場合には，金融資産または金融負債の取得または発行に直接帰属する取引費用を加算して測定しなければならない (IAS39, para. 43)。

当初認識後，企業は，資産であるデリバティブを含む金融資産を，売却その他の処分の際に生じる取引費用を控除せずに，公正価値で測定しなければならない。ただし，次の金融資産は除かれる (IAS39, para. 46)。

(1) 貸付金および債権。これは，実効金利法により償却原価で測定しなければならない。

(2) 満期保有投資。これは，実効金利法により償却原価で測定しなければならない。

(3) 持分金融商品に対する投資のうち，活発な市場における公表市場価格がなく，公正価値を信頼性をもって測定できないもの，およびこのような公表価格のない持分金融商品に連動しており，その引渡しにより決済しなければならないデリバティブ。これらは，取得原価で測定しなければならない。

また，金融負債に関して，当初認識後，企業は，すべての金融負債を，実効金利法を用いて償却原価で測定しなければならない。ただし，次の金融負

債は除かれる (IAS39, para. 47)。
(1) 損益計算書を通じて公正価値で測定する金融負債。このような負債（負債であるデリバティブを含む）は，公正価値で測定しなければならない。ただし，公正価値を信頼性をもって測定できない公表価格のない持分金融商品に連動しており，その引渡しにより決済しなければならないデリバティブは除く。そのようなデリバティブは取得原価で測定しなければならない。
(2) 金融資産の譲渡が認識の中止の要件を満たさない場合または継続的関与アプローチが適用される場合に生じる金融負債。このような金融負債は，企業が保持した権利および義務を反映する基準で測定しなければならない。

金融資産または金融負債の公正価値の変動により生じた利得または損失は，次のように認識しなければならない (IAS39, para. 55)。
(1) 損益計算書を通じて公正価値で測定するものとして分類された金融資産または金融負債にかかる利得または損失は，損益計算書に認識しなければならない。
(2) 売却可能金融資産にかかる利得または損失は，減損損失および為替差損益を除き，当該金融資産の認識の中止が行われる時まで，持分変動計算書を通じて資本の部に直接認識しなければならない。当該金融資産の認識の中止が行われる時には，それまで資本の部に認識されていた利得または損失の累積額は，損益計算書に認識しなければならない。ただし，実効金利法により計算される利息は，損益計算書に認識しなければならない。売却可能の持分金融商品にかかる配当は，企業が支払いを受ける権利が確定した時に損益計算書に認識される。

また，償却原価で計上されている金融資産および金融負債については，利得または損失は，当該金融資産または金融負債の認識の中止または減損の時，

表 15-2　金融商品の会計処理 (IASB)

種　　類	評　価　基　準	評価差額の処理
損益計算書を通じて公正価値で測定される金融資産または金融負債	公正価値	当期の損益
満期保有投資	償却原価または原価	償却計算を通じて損益認識
貸付金および債権	償却原価または原価	償却計算を通じて損益認識
売却可能金融資産	公正価値	資本の部に直接計上
売買目的で保有する負債以外の金融負債	償却原価または原価	償却計算を通じて損益認識

および償却の過程を通じて，損益計算書に認識される (IAS39, para. 56)。

いま，以上のことを一表にまとめると，表 15-2 のようになる。

(3)　企業会計基準委員会

企業会計基準委員会では，FASB や IASB のように金融商品を一般的かつ抽象的に定義するのではなく，具体的に金融資産および金融負債の範囲を規定している。これは，金融資産と金融負債の適用範囲をはじめから明確化する趣旨であり，デリバティブ取引をも含め，金融資産および金融負債を総称して，金融商品ということになる。

企業会計基準委員会では，金融資産とは，現金預金，受取手形，売掛金および貸付金等の金銭債権，株式その他の出資証券および公社債等の有価証券，ならびに先物取引，先渡取引，オプション取引，スワップ取引等のデリバティブ取引により生じる正味の債権等をいう。また，金融負債とは，支払手形，買掛金，借入金および社債等の金銭債務，ならびにデリバティブ取引により生じる正味の債務等をいう（金融商品会計基準，4, 5 項）[10]。

これらを要約すると，表 15-3 のようになる。

表15-3 金融資産および金融負債の範囲（企業会計基準委員会）

金 融 資 産	金 融 負 債
・現金預金 ・金銭債権（受取手形，売掛金，貸付金等） ・有価証券（株式，公社債等） ・デリバティブ取引（先物取引，先渡取引，オプション取引，スワップ取引等）により生じる正味の債権等	・金銭債務（支払手形，買掛金，借入金，社債等） ・デリバティブ取引により生じる正味の債務等

　これらのうち，有価証券は，保有目的に応じて，(1) 売買目的有価証券，(2) 満期保有目的の債券，(3) 子会社株式および関連会社株式，および (4) その他有価証券の4つに分類され，以下のように定義され，処理される（金融商品会計基準，15-18項）。

(1) 売買目的有価証券とは，時価の変動により利益を得ることを目的として保有する有価証券であり，これは時価をもって貸借対照表価額とし，評価差額は当期の損益として処理する。

(2) 満期保有目的の債券とは，満期まで所有する意図をもって保有する社債，その他の債券であり，これは取得原価をもって貸借対照表価額とする。ただし，債券を債券金額より低い価額または高い価額で取得した場合において，取得価額と債券金額との差額の性格が金利の調整と認められる時は，償却原価法に基づいて算定された価額をもって貸借対照表価額としなければならない。

(3) 子会社株式および関連会社株式は，取得原価をもって貸借対照表価額とする。

(4) その他有価証券とは，売買目的有価証券，満期保有目的の債券，子会社株式および関連会社株式以外の有価証券であり，これは時価をもって貸借対照表価額とし，評価差額は洗い替え方式に基づき，次のいずれ

表 15-4 有価証券およびデリバティブの会計処理（企業会計基準委員会）

種類	評価基準	評価差額の処理
売買目的有価証券	時価	当期の損益
満期保有目的の債券	取得原価または償却原価法	
子会社株式・関連会社株式	取得原価	
その他有価証券	時価	・評価差額の合計額を純資産直入 ・銘柄ごとに評価益を純資産直入し，評価損を当期の損失として計上 ・洗い替え方式
デリバティブ	時価	当期の損益

かの方法により処理する。

① 評価差額の合計額を純資産の部に計上する。

② 時価が取得原価を上回る銘柄にかかる評価差額は純資産の部に計上し，時価が取得原価を下回る銘柄にかかる評価差額は当期の損失として処理する。なお，前者の方法を全部純資産直入法といい，後者の方法を部分純資産直入法という。

また，デリバティブ取引により生じる正味の債権および債務は，時価をもって貸借対照表価額とし，評価差額は，原則として当期の損益として処理する（金融商品会計基準，25項）。

いま，以上のことを一表にまとめると，表 15-4 のようになる。

3 公正価値概念

前節において，FASB，IASB および企業会計基準委員会における金融商品会計基準を見てきた。そこにおいて明らかなように，金融商品会計では，

公正価値（および時価）が非常に重要な評価基準である。そこで本節では，この公正価値に焦点を当て，公正価値の概念と測定に関してFASBおよびIASBにおいてどのような議論が行われ，公正価値概念がどのように収斂されてきたのかを見ていくことにしよう。

既述のように，FASBは2006年9月に財務会計基準書第157号「公正価値測定」を公表した。これを受けて，IASBは2006年11月にディスカッション・ペーパー「公正価値測定」を公表し，さらにその後，2009年第2四半期初めの公開草案の公表に向けて，公正価値に関する暫定的決定を行っている。以下では，それらを説明することにする。

(1) FASBの財務会計基準書第157号（SFAS157）

A. 公正価値の概念

SFAS157は公正価値を次のように定義している。「公正価値とは，測定日において市場参加者間の秩序ある取引により資産を売却して受け取り，または負債を移転するために支払うであろう価格である。」(para. 5) この定義は，(1) 出口価格の測定目的，(2) 市場参加者の観点および (3) 負債の移転という3つの点に特徴がある。

(1) 出口価格の測定目的

資産または負債の公正価値として，一般に出口価格（売却時価）と入口価格（購入時価）が考えられる。これらのうち，FASBは次の理由により出口価格を選択した。すなわち，資産を売却しまたは負債を移転する取引は，資産を保有しまたは負債を負う市場参加者の観点から考えた，測定日における仮定に基づいた取引である。したがって，公正価値による測定の目的は，測定日において資産について受け取りまたは負債を移転するために支払う価格，すなわち出口価格を決定することにある。

出口価格はさらに，FASBの財務会計概念書第6号「財務諸表の構成要

素」[11]における資産および負債の定義と整合している。そこでは，資産を将来の経済的便益（インフロー）と定義し，負債を将来の経済的便益の犠牲（アウトフロー）と定義しているが，出口価格は，市場参加者の観点から，資産に関連する将来のインフローおよび負債に関連する将来のアウトフローに関する現在の予測を組み込んでいるからである (para. C26)。

(2) 市場参加者の観点

資産または負債の公正価値は，市場参加者が資産または負債の価格決定に当たり使用するであろう仮定を基礎にして決定しなければならない (para. 11)。すなわち，公正価値の測定は市場を基礎にした測定であり，企業に特有の測定ではない。

さらに，市場活動が限定されているかまたは観察可能な市場活動がない場合でさえ，公正価値測定の目的は同じである。つまり，測定日に資産を売却しまたは負債を移転することに関する企業の意図または能力にかかわりなく，その日において市場参加者間の秩序ある取引により資産を売却して受け取り，または負債を移転するために支払うであろう価格を決定するという公正価値測定の目的は，同じなのである。

(3) 負債の移転

負債の公正価値は，市場参加者間の秩序ある取引により負債を移転するために支払うであろう価格である。FASBが「移転」(transfer) という用語を用いた理由は，負債は市場参加者に移転されるため，負債は継続し，取引相手は決済しないということである。確かに，企業は負債を第三者に移転する意図をもたない場合がある。例えば企業は，それ自体の内部資金を使用して負債を返済し，または他の方法により決済することが企業にとってより有利かもしれない。しかし，企業が負債を決済する意図を有しているか否かにかかわらず，市場参加者の観点からの負債の公正価値は，同じなのである (para. C40)。

第15章　金融商品会計と公正価値概念　423

B.　公正価値の測定
(1)　当初認識時の損益
　取引価格とは，資産または負債の交換取引に当たり資産を取得し，または負債を引き受けた時に，資産を取得するために支払った価格または負債を引き受けるために受け取った価格（入口価格）である。これに対して，公正価値とは，資産を売却して受け取りまたは負債を移転するために支払うであろう価格（出口価格）である。概念上，入口価格と出口価格は異なる（para. 16）。
　多くの場合，取引価格は出口価格に等しく，したがって，当初認識時における資産または負債の公正価値を表す。しかし，取引価格が当初認識時における資産または負債の公正価値を表すかどうかを決定するに当たり，企業は，取引や資産または負債に特有の要因を考慮しなければならない（para. 17）。そして，取引価格と公正価値が異なる場合，それらの差額は当初認識時に損益として認識されることになる。この場合，公正価値は観察可能な市場のインプットに基づいているか否かにかかわらない。
(2)　主要な（または最も有利な）市場
　公正価値の測定は，資産を売却しまたは負債を移転するための取引が，資産または負債に関する主要な市場で生じ，主要な市場が存在しない場合には資産または負債にとって最も有利な市場で生じることを仮定している。
　ここで，主要な市場とは，企業が資産または負債を最も大量にまた大きな活動水準をもって資産を売却しまたは負債を移転する市場である。最も有利な市場とは，それぞれの市場における取引費用を考慮して，資産に関して受け取る金額を最大限にし，または負債を移転するために支払う金額を最小限にする金額により，企業が資産を売却しまたは負債を移転する市場である。
　いずれの場合にも，主要な（または最も有利な）市場は，企業の観点から考慮し，それによって異なる企業間の差異を許容すべきである。測定日において，異なる市場における価格が潜在的により有利であっても，資産または負

債にとって主要な市場が存在するならば，公正価値の測定はその市場における価格を表示しなければならない (para. 8)。

(3) 資産または負債に特有の属性

公正価値の測定は特定の資産または負債について行われる。したがって，測定は資産または負債に特有の属性を考慮しなければならない。例えば，測定日における資産の売却または使用に関する，当該資産または負債の状態ないし所在地および制約を考慮しなければならない (para. 6)。

これに関連して，公正価値の測定は取引費用を含めてはならない。取引費用は資産または負債の属性ではなく，取引に特有のものであり，企業がどのように取引するかによって異なるからである (para. 9)。

(4) 負債の評価

公正価値の測定は，負債は測定日において市場参加者に移転され，負債に関連する不履行リスクはその移転の前後で同一であると仮定する。不履行リスクとは，債務が履行されず，移転される負債の価値に影響を及ぼすリスクである。したがって，負債の公正価値は，その負債に関連する不履行リスクを反映しなければならない。

不履行リスクは企業自体の信用リスクを含むが，それのみに限定されない。企業は，負債を公正価値で測定するすべての期間において，負債の公正価値に及ぼす信用リスクの影響を考慮しなければならない。その影響は負債によって異なりうる (para. 15)。

(5) 使用による評価の前提

公正価値の測定は，測定日において，物理的に可能で，法的に許容され，財務的に実行可能な資産の利用を考慮して，市場参加者による最有効利用 (highest and best use) を仮定する。広い意味で，最有効利用とは，利用される資産または資産グループの価値を最大にする市場参加者による資産の利用である。最有効利用は，企業が意図した資産の利用とは異なっていても，

市場参加者による資産の利用を基礎にして決定される (para. 12)。

最有効利用は，資産の公正価値を測定するために用いる評価の前提を設定する。資産が主として単独で市場参加者に最大の価値を提供する場合，資産の最有効利用は交換にある。資産が主として他の資産と結合してグループとして利用することによって市場参加者に最大の価値を提供する場合，資産の最有効利用は使用にある。

資産の最有効利用が使用にあるならば，資産の公正価値は使用による評価の前提を用いて測定しなければならない。使用による評価の前提を用いる場合，資産の公正価値は，資産が他の資産とともにグループとして利用され，それらの資産を市場参加者が利用できると仮定して，資産を売却するための現在の取引において受け取るであろう価格を基礎にして決定される。一般に，資産の最有効利用の仮定は，利用されるすべての資産グループに整合しなければならない (para. 13)。

(6) 公正価値の階層

公正価値の測定および関連する開示の整合性および比較可能性を増進するために，FASBは公正価値を階層化し，公正価値を測定するために使用する評価技法に適用されるインプットを次の3つのレベルに順位付けする。そして，公正価値の階層はレベル1に最も高い優先度を与え，レベル3に最も低い優先度を与える (paras. 22, 24, 28, 30)。

① レベル1：企業が測定日において入手しうる同一の資産または負債の活発な市場における公表価格

② レベル2：活発な市場における類似資産または負債の公表価格など，資産または負債について直接的または間接的に観察可能な，レベル1に含まれる公表価格以外の価格

③ レベル3：予測キャッシュ・フローの割引現在価値や価格決定モデルなど，資産または負債の観察不能なインプットを用いた価

格

(7) 大量保有要因

　企業が単一の金融商品についてあるポジションを保有し，その商品が活発な市場において取引されているならば，そのポジションの公正価値は，レベル1内で，個々の商品の公表価格と保有数量の積として測定しなければならない。公表価格は，取引量（大量保有要因（blockage factor））に関連したポジションの規模により修正してはならない。市場の通常の1日当たり取引量が保有数量を十分吸収せず，またそのポジションを単一の取引で売却するために注文すると公表価格に影響しうる場合にも，大量保有要因の使用は禁止される（para. 27）。

(8) 買値と売値のスプレッド内にある公正価値の測定

　公正価値を測定するために使用するインプットが（例えばディーラー市場における）買値と売値を基礎にするならば，そのインプットが公正価値の階層のどこに入るかにかかわりなく，諸状況において公正価値の最も代表的な買値と売値のスプレッド内にある価格を公正価値の測定に使用しなければならない。FASBは，買値と売値のスプレッド内にある公正価値の測定の実務的な便法として，中値または他の価格決定の慣行の使用を認めている（para. 31）。

(2) IASBのディスカッション・ペーパー（DP）

　IASBのDPは，IFRSにおいてこれまで分散していた公正価値に関する指針を統一し，整合的な単一の基準を制定することを目的として策定された。そこにおいて，DPはSFAS157を出発点とし，その主要な論点に対する予備的見解を公表している。本款ではそれらを，前款で説明したSFAS157の見解と対比させるという形式で，論じることにする。なお，以下の番号はDPにおける論点の番号である。

A. 公正価値の概念 (論点2)

　前述したように,SFAS157は公正価値を「測定日において市場参加者間の秩序ある取引により資産を売却して受け取り,または負債を移転するために支払うであろう価格」と定義している。これに対して,IFRSは公正価値を一般に次のように定義する。「公正価値とは,独立第三者間取引において,取引の知識がある自発的な当事者間で,資産が交換されうるまたは負債が決済されうる金額である。」(例えばIAS39, para. 9)

　SFAS157の定義は,次の3つの点でIFRSの定義と異なっている (para. 10)。

(1) SFAS157の定義は明らかに出口価格である。IFRSの定義は出口価格なのか入口価格なのか明らかではない。

(2) SFAS157の定義は明確に市場参加者に言及している。IFRSの定義は,独立第三者間取引において取引の知識がある自発的な当事者に言及している。

(3) 負債に関して,SFAS157における公正価値の定義は,負債が移転するという考えによっている。IFRSの定義は,負債が決済されうる金額に言及している。

(1) 出口価格の測定目的 (論点2A)

　IASBの大多数のメンバーは,出口価格の目的による公正価値の測定がIASBの「財務諸表の作成および表示に関するフレームワーク」の定義に整合しており,それが,企業へまたは企業からの経済的便益のフローに関する,現在の市場に基礎をおいた期待を反映するゆえに,適切であると考えている。IASBの他のメンバーはこの観点に合意するが,彼らの観点では,入口価格もその期待を反映する。したがって,彼らは,「現在入口価格」または「現在出口価格」のような,測定属性をよりよく表現した用語に「公正価値」を替えることを提案する (paras. 13, 14)。

(2) 市場参加者の観点 (論点 2B)

IASBの予備的見解では，市場参加者の観点は，IFRSに現在含まれている，独立第三者間取引において取引の知識がある自発的な当事者の概念と一般的に整合する。ただし，IASBの見解では，SFAS157の定義の方が，IFRSにおける市場に基礎をおいた公正価値の測定目的をより明確に表現している (para. 21)。

(3) 負債の移転対決済 (論点 2C)

IASBは公正価値の定義において「決済」という用語を使用しているけれども，IASBの予備的見解では，「移転」という用語の方が，IFRSにおける公正価値の測定目的をより的確に表している。この予備的見解は，負債の公正価値を測定するために市場に基礎をおいた目的に言及している，IFRSにおける現在の指針に基づいているが，そのような目的は移転の概念と整合しているということである (para. 23)。

B. 公正価値の測定

(1) 当初認識時の損益 (論点 3)

IAS39において，公正価値のモデルに基づいた見積りがすべて観察可能な市場のインプットに基づいている場合にのみ，企業は，公正価値のモデルに基づいた見積りと当初認識時の取引価格との差異 (当初の利得または損失) を認識することができる。この条件が満たされないならば，当初認識後の期間における金融資産または金融負債の損益は，モデルに基づいた価値の変動と，諸要素の変動のために後で認識される未認識の当初損益の部分とを含むことになる (para. 27)。

これはFASBの見解と若干異なっているが，これに関して，IASBは予備的見解を出していない。

(2) 主要な（または最も有利な）市場（論点 4）

複数の市場が存在する場合に，公正価値を測定するための基準としてどの市場を用いるべきかについて，IFRS は首尾一貫した指針をもっていない。しかし，IASB の予備的見解は，SFAS157 の指針に合意している。ほとんどの場合において資産または負債の主要な市場が最も有利な市場であり，測定日においてどの市場が最も有利な市場であるかを決定するために，企業は絶えず多数の市場を観察する必要がないことを認めたので，IASB はこの予備的見解に到達した（para. 35）。

(3) 資産または負債に特有の属性（論点 5）

これに関して，IFRS はほとんど指針を提示していない。しかし，IASB は，資産または負債を価格決定する場合に，市場参加者が考慮する資産または負債に特有の属性を考慮することは適切であるという予備的見解に到達した。また，IASB は，取引費用は資産または負債の属性ではなく，取引の属性であり，それゆえ公正価値とは別に考慮すべきであるということに合意している（para. 38）。

(4) 負債の評価（論点 6）

IAS39 は，公正価値が金融商品の信用の質を反映するとしており（para. AG69），IASB は金融負債に関して SFAS157 と整合すると考えている。他方，IFRS は，非金融負債の公正価値を測定する場合に，不履行リスクを考慮すべきかどうかに関する指針を設けていない。

しかし，負債の公正価値を測定する場合に，不履行リスクを考慮することの必要性は，すべての負債の公正価値測定に拡大していることを IASB は認めており，その原則はすでに IAS39 において金融負債に関して確立している。また IASB は，不履行リスクが移転される債務の価値に影響を及ぼすという SFAS157 の主張に合意する。したがって，IASB は，負債の公正価値は不履行リスクを反映すべきであるという予備的見解に到達した（para. 41）。

(5) 「使用による評価の前提」対「使用価値」(論点7)

SFAS157は「使用による評価の前提」(in-use valuation premise) という用語を用いているのに対して, IAS36「資産の減損」[12]は, 資産または現金生成単位の減損を評価し測定することに関連して,「使用価値」(value in use) という用語を用いている。

IAS36における「使用価値」は, 企業が資産 (または資産グループ) から得られると期待する将来キャッシュ・フローの見積りを含んでおり, それらのキャッシュ・フローは市場参加者の期待を反映するために修正することが要求されていない。したがって, その結果生じる価値は企業に固有の価値である。これに対して, 使用による評価の前提を用いて決定される公正価値の測定は, 市場に基礎をおいた測定であり, 企業に固有の測定ではない (para. 45)。

これに関しては, IASBは予備的見解を出していない。

(6) 公正価値の階層 (論点8)

IFRSは, すべての公正価値測定に適用する首尾一貫した階層を有していない。その代わりに, 公正価値を測定する場合に, 情報に優先順位を与える指針を個々のIFRSが提供している。首尾一貫した指針の欠如は, IFRSに複雑性を加え, 比較可能性を減じている。これらの理由により, IASBはSFAS157のような単一の階層化に賛同する (para. 47)。

(7) 大量保有要因 (論点9)

SFAS157では, 大量保有要因の使用はレベル1内で禁止される。IASBは基本的に, 公正価値の測定において大量保有要因の使用の禁止に合意する。IAS39において, SFAS157と類似の表現があり, そこでは, 活発な市場における公表価格は公正価値の最良の見積りであり, 金融商品のポートフォリオの公正価値は保有している金融商品の単位数とその公表市場価格との積であることが述べられている (paras. AG71, 72)。

大量保有要因が個々の金融商品に関する非流動性の修正をしばしば意味す

ることを，IASBは認めている。しかし，個々の金融商品の非流動性は，企業によって保有されているポジションの規模によって影響されない。したがって，IASBは，大量保有要因の修正を階層のすべてのレベルにおいて禁止すべきであると結論した (para. 49)。

(8) 買値と売値のスプレッド内にある公正価値の測定 (論点10)

IFRSは一般に，資産および負債を公正価値で測定する場合，資産を買値で測定し，負債を売値で測定することを要求している。さらに，金融資産および負債のみに中値市場価格の使用が認められている (IAS39, para. AG72)。買値と売値の指針は，IFRSにおいて観察可能な市場価格に関してのみ論じられている。活発な市場がない場合の評価技法に関して，買値と売値のスプレッドの指針は示されていない。

IASBは，SFAS157で規定されているように，諸状況において公正価値の最も代表的な買値と売値のスプレッド内にある価格を用いて公正価値の測定を決定すべきであるという予備的見解に到達した。しかし，買値と売値のスプレッド内にある公正価値の測定の実務的な便法として，中値または他の価格決定の慣行を使用することが適切かどうかに関して，IASBは予備的見解に到達していない (paras, 52, 53)。

以上のSFAS157とIFRSの相違およびIASBの予備的見解をまとめると，表15-5のようになる。

(3) 公正価値に関するIASBの暫定的決定

IASBはその後，2009年第2四半期初めの公開草案の公表に向けて，前款で説明した各論点に関して暫定的な決定を下している。そこで本款では，それらの内容を紹介し，IASBの公正価値に関する暫定的決定を確認することにする[13]。なお，これらがその後公表された公開草案[14]の基となっている。

表 15-5　SFAS157 と IFRS の相違および IASB の予備的見解

論　点	SFAS157	IFRS	予備的見解
2 公正価値の定義			
2A 出口・入口価格	出口価格	出口価格か入口価格か不明	出口価格が優勢
2B 市場参加者	市場参加者	自発的な当事者	市場参加者
2C 負債の移転	負債の移転	負債の決済	負債の移転
3 当初認識時の損益	すべての場合に当初損益を認識	観察可能な市場の場合にのみ当初損益を認識	予備的見解なし
4 主要な市場	主要な（最も有利な）市場	首尾一貫した指針なし	主要な（最も有利な）市場
5 資産・負債に特有の属性	資産・負債に特有の属性　取引費用を含めない	指針ほとんどなし	資産・負債に特有の属性　取引費用を含めない
6 負債の評価	すべての負債に不履行リスクを考慮	金融負債にのみ不履行リスクを考慮	すべての負債に不履行リスクを考慮
7 評価の前提	使用による評価の前提	使用価値	予備的見解なし
8 公正価値の階層	公正価値の階層化	首尾一貫した階層なし	公正価値の階層化
9 大量保有要因	レベル1内で禁止	類似の表現あり	すべてのレベルで禁止
10 買値と売値のスプレッド内にある公正価値	買値と売値のスプレッド内にある価格で測定　中値の容認	資産を買値・負債を売値で測定　金融商品のみ中値の容認	買値と売値のスプレッド内にある価格で測定　中値の予備的見解なし

A.　公正価値の概念

　IASB は公正価値を暫定的に次のように定義している。「公正価値とは，測定日において市場参加者間の秩序ある取引により資産を売却して受け取り，または負債を移転するために支払うであろう価格である。」　これは，SFAS157 の公正価値の定義とまったく同じであり，その考え方を完全に引

き継いでいる。したがって，この定義は，SFAS157と同様に，(1) 出口価格の測定目的，(2) 市場参加者の観点および (3) 負債の移転という3つの特徴を有している。

このうち，市場参加者の観点に関して，IASBは，市場参加者の観点は，IFRSに現在含まれている，独立第三者間取引において取引の知識がある自発的な当事者の概念と一般的に整合しているという予備的見解を再確認している。そして，市場参加者は，資産または負債に関して最も有利な市場における次のような買手および売手であるとする。

(1) 報告企業から独立している。つまり，彼らは関係のある当事者ではない。
(2) 有用で慣例的な相当の注意努力を通じて獲得しうる情報を含む，すべての利用可能な情報に基づいた資産または負債および取引について知識があり，合理的な理解を有している。
(3) 資産または負債を取引できる。
(4) 資産または負債を自発的に取引する。つまり，彼らは取引することを動機付けられているが，強要または強制されていない。

B. 公正価値の測定
(1) 当初認識時の損益

資産または負債の公正価値の最善の証拠は，次の場合を除いて，取引価格である。
① 取引が関係する当事者間のものである。
② 取引が強制のもとでなされるか，または売手が取引において当該価格を受け入れることを強制されている。
③ 取引価格によって表される勘定の単位が，公正価値で測定される資産または負債の勘定の単位とは異なる。

④ 取引が行われる市場が，報告企業が資産を売却しまたは負債を移転する市場とは異なる。

当初認識時において取引価格と公正価値との間で生じうる差額は，他のIFRSに従って認識される。企業が当初認識時の損益を認識する場合，企業は次のものを開示しなければならない。

① 期首に認識された損益の金額および公正価値測定が基礎をおく公正価値階層におけるレベル
② 取引価格が公正価値の最善の証拠ではないことを企業が決定した理由
③ それらの統制環境を含む，企業の価格検証手続およびレビュー過程に関する情報

(2) 最も有利な（または主要な）市場

　公正価値の測定は，資産を売却し負債を移転するための取引が，当該資産または負債に関して最も有利な市場で生じることを仮定している。最も有利な市場とは，それぞれの市場における取引費用および輸送費を考慮して，資産を売却して受け取る金額を最大にし，または負債を移転するために支払う金額を最小にする価格により，報告企業が資産を売却しまたは負債を移転する市場である。

　企業は，最も有利な市場を確認する場合に，すべての可能な市場の徹底的な調査を行う必要はない。最も有利な市場は，企業が通常取引する市場であると仮定されている。最も有利な市場が存在するという証拠がないならば，企業は資産または負債に関する主要な市場を用いることができる。主要な市場とは，企業がその市場で資産を売却しまたは負債を移転するならば，当該資産または負債に関して最大の取引量のある市場である。主要な市場は最も有利な市場であるという確証しうる前提がある。

　観察可能な市場がない場合，企業が資産を売却しまたは負債を移転するために取引する，市場参加者の特質を考慮しなければならない。

第15章　金融商品会計と公正価値概念　435

　このIASBの暫定的決定は，SFAS157および予備的見解とは異なり，主要な市場よりも最も有利な市場に重点をおいていることに注意する必要がある。

(3)　資産または負債の特有の属性

　IASBは，資産または負債を価格決定する場合に市場参加者が考慮する資産または負債に特有の属性を考慮することは適切であるという予備的見解を再確認している。資産または負債の属性が場所であるならば，最も有利な市場における価格は，その現在の場所から最も有利な市場に資産または負債を輸送または移転するために生じる費用を調整しなければならない。

　資産の使用または売却に関する制約が市場参加者に移転するならば，当該属性は資産の属性であり，当該資産の公正価値に影響を及ぼす。資産に関する制約が買手に移転しないならば，それは当該資産の公正価値に影響を及ぼさない。制約の存在は，市場参加者の買手が受け取り，したがって支払う資産の属性に依存しており，現在の所有者のもとにおける資産の属性に依存しない。

　負債の移転に関する制約は，当該負債の公正価値に影響を及ぼさない。負債の公正価値は，資産とは異なり，市場性の関数ではなく，履行の関数である。市場参加者の引受人は履行を義務付けられており，負債を引き受けるために要求される金額を考慮する場合，履行を考慮に入れることになる。

　IASBはまた，取引費用は資産または負債の属性ではなく，取引の属性であるという予備的見解を再確認している。したがって，取引費用は公正価値とは別に考慮しなければならない。これは，現在のIFRSに整合しているということである。

(4)　負債の評価

　IASBは，負債の公正価値は(信用リスクを含む)不履行リスクを反映すべきであるという予備的見解を再認識している。

IASBはまた，負債に関する観察可能な市場価格がない場合，負債の公正価値をどのように測定するかを議論し，負債の公正価値はすべての場合において相手方の資産の公正価値に等しいことを暫定的に決定している。

(5) 使用による評価の前提

資産の公正価値は，その最有効利用 (highest and best use) を反映すべきである。最有効利用とは，利用される資産または資産グループの価値を最大にする市場参加者による利用である。それは，測定日において，物理的に可能で，法的に許容され，財務的に実行可能な資産の利用を考慮している。

資産の現在の利用がその最有効利用ではないことを示唆する証拠がないならば，企業は，評価の基礎とする他の潜在的な利用を見出すための徹底的な調査を行う必要がない。

他の資産とともに利用されている資産の最有効利用が当該資産の現在の利用とは異なる場合，企業は資産グループの公正価値を次の構成要素に分ける必要がある。

① 現在の利用を仮定した資産グループにおける資産の価値
② 現在の利用における資産の価値と資産グループの価値との差額を反映した増分価値

この差額は，償却資産と非償却資産から構成される資産グループに関して生じうる。現在の利用を仮定した資産の価値は，現在の利用価値が当該資産の最有効利用を反映しない資産の公正価値とは異なる。

さらに，公正価値の測定は，市場参加者が主として他の資産と結合してグループとして利用することによって資産の価値を最大にするのか（使用），それとも単独で資産の価値を最大にするのか（交換）を考慮しなければならない。

評価の前提および最有効利用の概念は，負債および金融資産に関係しない。また，出口価格は資産を利用しまたはそれを第三者に売却することによって

経済的便益を生み出す市場参加者の能力を考慮するという事実を，強調しなければならない。さらに，「使用」および「交換」の用語を取り替えるべきではない。

(6) 公正価値の階層

IASBは，複雑性を減じ比較可能性を増進するために，SFAS157におけるような単一の階層を導入することを暫定的に決定している。すなわち，公正価値を階層化し，公正価値を測定するために使用する評価技法に適用されるインプットを次の3つのレベルに順位付けする。

① 報告企業が測定日において入手しうる同一の資産または負債の活発な市場における（調整されない）公表価格

② 資産または負債について直接的に（例えば価格の形式で）または間接的に（例えば価格から導出される）観察可能な，レベル1に含まれる公表価格以外のインプット

③ 観察可能な市場データに基づかない資産または負債のインプット（観察不能なインプット）

(7) 大量保有要因

IASBは，測定の目的は個々の金融商品レベルにおける公正価値を測定することであるという予備的見解を再確認している。そして，次のことを暫定的に決定している。

① 公正価値階層のすべてのレベルにおいて，大量保有要因を公正価値の測定から除外する。

② 公正価値の測定は，金融商品の保有に適用し個々の金融商品には適用しない，その他の割引およびプレミアムを除外すべきである。

(8) 買値と売値のスプレッド内にある公正価値の測定

IASBは，公正価値の測定は諸状況において公正価値の最も代表的な買値と売値のスプレッド内にある価格を用いて決定すべきであるという予備的見

解を再確認している。そして，次のことも暫定的に決定している。
① 買値と売値のスプレッド内にある公正価値の測定の実務的な便法として，中値または他の価格決定の慣行を使用することを排除しない。
② ポジションの相殺を指針に含めない。これは，買値と売値に関する価格決定の指針が，諸状況において公正価値の最も代表的な買値と売値のスプレッド内にある価格を，各ポジションに関して企業に決定させるためである。

4. むすびに代えて

　以上，本章では，現代会計基準の国際的動向の流れの中で，金融商品会計とその測定基準としての公正価値に焦点を当て，金融商品会計基準が各国において現在どのように規定されており，公正価値の概念と測定に関してFASBおよびIASBにおいてどのような議論が行われているのかについて述べてきた。そこにおいて，金融商品会計の最も重要な評価基準は公正価値であり，その概念は市場参加者の観点に基づく現在出口価格であった。そこで最後に，むすびに代えて，この概念の理論的根拠を改めて考察するとともに，筆者の考える公正価値の一般概念について述べてみたい。

　上述したように，資産または負債の公正価値は，市場参加者が資産または負債の価格決定に当たり使用するであろう仮定を基礎にして決定しなければならない。すなわち，公正価値の測定は市場を基礎にした測定であり，企業に特有の測定ではない。これは，公正価値が文字通り公平で正しい価値を目指しており，それは企業独自の主観的な価値ではなく，市場という公の場で決定された客観的な価値を概念の基礎においているからにほかならない。

　このようにして，市場参加者と公正価値が結びつくのであるが，市場参加

者の観点に基づく公正価値として，一般に入口価格（購入時価）と出口価格（売却時価）が考えられる。これらのうち，FASBおよびIASBは上述したように出口価格を選択する。その理由は，出口価格が，資産を利用しまたは第三者に売却することによって，経済的便益を生み出す市場参加者の能力を考慮するものであるということであった。

　これは経済的便益という資産の概念と整合するものであるが，そこでは，入口価格に内在する会計固有の問題点を見逃しているように思われる。企業会計において，資産とは企業が現に所有しているものを指示しており，入口価格は企業が所有していないものの測定額であるので，資産の測定として入口価格を用いることは，測定の論理矛盾に陥ることになるのである。

　このことをスターリングは次のように述べている。「…所有資産の入口価値はそれらの売却に適合せず（というのは，それらを出口価値で売却しなければならないから），それらの購入にも適合しない（というのは，それらはすでに所有されているから）。」[15] したがって，所有資産の入口価格は資産の測定に論理的に適合しないのである。

　これに対して，出口価格は所有資産の測定額であり，経済的便益を生み出す市場参加者の能力を考慮するものとして，資産の測定に論理的に適合するのである。このことは，負債の測定についても妥当する。

　それでは，出口価格が公正価値の一般概念であるかというと，必ずしもそうではない。出口価格が公正価値でありうるのは，資産または負債に対する観察可能な価格を市場で入手することができる場合に限られる。この場合には，現在価値による測定を行う必要がなく，市場における現在価値に対する評価が，そのような価格の中にすでに織り込まれているからである。すなわち，この場合には，出口価格と現在価値が一致するので，現在価値で測定する必要がないのである。

　しかし，上述した公正価値の階層におけるレベル3の場合のように，観察

可能な価格を入手することができない場合には,価格をいくらに見積もるかを決めるうえで,現在価値による測定が利用可能な最適方法となる。この場合には,市場価格を利用することはできず,現在価値が唯一の利用可能な測定基準となるからである。すなわち,この場合,現在価値が唯一の公正価値となるのである。

このように見てくると,公正価値の一般概念が現在価値であり,出口価格は特殊概念であることが明らかとなる。資産または負債の観察可能な市場価格が存在する場合にも存在しない場合にも,現在価値が測定基準として共通に適用されるからである。市場価格が存在しない場合はもちろんのこと,市場価格が存在する場合には,出口価格に現在価値が内在しているのである[16]。

1) IASB, Discussion Paper: *Reducing Complexity in Reporting Financial Instruments*, IASB, 2008.
2) FASB, Statement of Financial Standards No. 157: *Fair Value Measurements*, FASB, 2006.
3) IASB, Discussion Paper: *Fair Value Measurements*, IASB, 2006.
4) FASB, Statement of Financial Standards No. 107: *Disclosures about Fair Value of Financial Instruments*, FASB, 1991.
5) FASB, Statement of Financial Standards No. 133: *Accounting for Derivative Instruments and Hedging Activities*, FASB, 1998.
6) ここで,基礎数値とは,特定の利率,証券価格,市況商品価格,外国為替レート,価格もしくは比率の指数または他の変数をいう。基礎数値は,ある資産または負債の価格または比率でありうるが,それ自体,資産または負債ではない。想定量とは,通貨単位,株,体積単位,重量単位または他の単位で,契約で特定された数をいう。デリバティブの想定量による決済は,想定量と基礎数値の相互作用により決定される。当該相互作用は単純な掛け算の場合もあるし,または,レバレッジ要素または他の定数の付いた算定式を伴う場合もある。支払条項とは,基礎数値が特定の動きをした場合に行うべき一定のまたは算定可能な決済を明示している(SFAS133, para. 7)。
7) FASB, Statement of Financial Standards No. 115: *Accounting for Certain*

第15章　金融商品会計と公正価値概念　441

  Instruments in Debt and Equity Securities, FASB, 1993.
8) IASB, International Accounting Standard 32: *Financial Instruments: Presentation*, IASB, 2003.
9) IASB, International Accounting Standard 39: *Financial Instruments: Recognition and Measurement*, IASB, 2003.
10) 企業会計基準委員会「金融商品に関する会計基準」(企業会計基準第10号)，2008年。
11) FASB, Statement of Financial Accounting Concepts No. 6: *Elements of Financial Statements*, FASB, 1985.
12) IASB, International Accounting Standard 36: *Impairment of Assets*, IASB, 2004.
13) IASB, IASB Projects: *Fair Value Measurement, Tentative Decisions To-date*, IASB, 2009.
14) IASB, Exposure Draft: *Fair Value Measurement*, IASB, 2009.
15) Sterling, R. S., *Toward a Science of Accounting*, Scholars Book Co., 1979, p. 124. ローゼンフィールドも同じ趣旨のことを次のように述べている。「企業が以前にそれらの資産を購入したならば，現在取替価格（入口価格—筆者）は，企業がその資産を購入するためにいま招来しなければならない原価を表す。しかし，それは事実に反する仮定によっている。貸借対照表は，定義によって事実に反する仮定に依存する額を提示すべきではない。」(Rosenfield, P., Current Replacement Value Accounting — a Dead End, *The Journal of Accountancy*, September 1975, p. 68)
16) 現在価値は一般に $CF/(1+r)^t$ で表される。ここで，CF はキャッシュ・フローであり，r は割引率であり，t は期間である。出口価格は測定時点が現在であるので，貨幣の時間価値を考慮する必要がなく，この式における分母の t がゼロの値であると解することができる。したがって，出口価格にも上の式が妥当し，この意味でも，出口価格は特殊概念であり，現在価値が一般概念であることが明らかである。

参　考　文　献

FASB, Statement of Financial Accounting Concepts No. 6: *Elements of Financial Statements*, FASB, 1985.
FASB, Statement of Financial Standards No. 107: *Disclosures about Fair Value of Financial Instruments*, FASB, 1991.

FASB, Statement of Financial Standards No. 115: *Accounting for Certain Instruments in Debt and Equity Securities*, FASB, 1993.

FASB, Statement of Financial Standards No. 133: *Accounting for Derivative Instruments and Hedging Activities*, FASB, 1998.

FASB, Statement of Financial Standards No. 157: *Fair Value Measurements*, FASB, 2006.

IASB, International Accounting Standard 32: *Financial Instruments: Presentation*, IASB, 2003.

IASB, International Accounting Standard 39: *Financial Instruments: Recognition and Measurement*, IASB, 2003.

IASB, International Accounting Standard 36: *Impairment of Assets*, IASB, 2004.

IASB, Discussion Paper: *Fair Value Measurements*, IASB, 2006.

IASB, Discussion Paper: *Reducing Complexity in Reporting Financial Instruments*, IASB, 2008.

IASB, IASB Projects: *Fair Value Measurement, Tentative Decisions To-date*, IASB, 2009.

IASB, Exposure Draft: *Fair Value Measurement*, IASB, 2009.

Rosenfield, P., Current Replacement Value Accounting — a Dead End, *The Journal of Accountancy*, September 1975.

Sterling, R. S., *Toward a Science of Accounting*, Scholars Book Co., 1979.

企業会計基準委員会「金融商品に関する会計基準」(企業会計基準第10号), 2008年。

第 16 章

費用性資産の評価損をめぐる論点
――日本基準の変遷を題材として――

梅 原 秀 継

1. 問題の所在

　わが国会計制度の根幹とされてきた「企業会計原則」は，費用配分の原則ないし原価配分原理（cost allocation principle）を基本的な枠組みとしてきた。しかし，国際的収斂を視野に入れた「会計ビッグバン」以降の日本基準では，費用性資産に対して低価法（lower of cost or market rule）や減損テスト（impairment test）といった回収可能性テスト（recoverability test）を強制しており，従来の枠組みが揺らいでいるという指摘もある[1]。本稿では，原価配分原理の適用対象となってきた棚卸資産と固定資産の処理規定を題材として，「会計ビッグバン」以降の日本基準の課題を明らかにしたい。

2. 棚 卸 資 産

　棚卸資産の基本的な会計手続では，たとえば材料費や売上原価の計算にみられるように，取得単価に物理的に確定できる消費量（販売個数や重量など）を乗じることによって，発生費用や対応費用を把握し，未消費の在庫品の原

価を期末帳簿価額とする。そして期末帳簿価額が確定した後は，原価法あるいは低価法の適用が考えられる。

(a) 原価法：期末在庫品の取得原価を貸借対照表価額とし，時価の変動をいっさい考慮しない方法
(b) 低価法：期末帳簿価額と時価を比較して，いずれか低い方の金額を貸借対照表価額とする方法

まずは［設例1］によって，両者の共通点と相違点を明らかにしよう。

［設例1］

甲社は商品売買業を営む株式会社である。
(1) 第1期におけるA商品の取引は次のとおりである。
　　6月3日：原価90,000円（@360円×250個）で仕入れた。
　　9月30日：原価76,000円（@380円×200個）で仕入れた。
　　10月4日：売価100,000円（@400円×250個）で売り上げた。
(2) 期末帳簿価額は先入先出法で計算する。また第1期の決算日（20X2年3月31日）におけるA商品の時価は，60,000円（@300円×200個）であった。
(3) 第2期の取引状況は次のとおりである。この取引によりA商品の在庫はすべてなくなった。
　　7月12日：商品250個を売価78,000円（@390円×200個）で販売した。

A商品の取得原価すなわち第1期と第2期を通算した総費用額166,000円（＝90,000＋76,000）は，原価法と低価法で変わることはない。また低価法は，時価が帳簿価額を下回る場合には評価損を計上するが，時価が帳簿価額を上回る場合には取得原価で据え置く。つまり低価法は，時価の変動を忠実に捉えるものではなく，時価評価益を計上しないという点で原価法と同じで

ある。しかし，期間損益や貸借対照表価額は明らかに異なっている。表16-1 をみればわかるように[2]，原価法では第 1 期で期末在庫となった商品原価のすべてを実際に販売した第 2 期の期間費用とするのに対し，低価法では第 1 期末の在庫品に生じた評価損 16,000 円を第 1 期の期間費用とする。つまり，両者の相違点は時価を基礎とした評価損の期間帰属にある。

それでは，原価配分原理と棚卸資産の会計手続との関係を検討しよう。まず「連続意見書第四」（第一の二の1）では，取得単価に消費量を乗じて算定される売上原価の計上が原価配分原理の適用にほかならず，時価主義ないし価値評価思考とは対立するものであることを端的に示していた。

「...未販売の棚卸資産に配分された支出額はこれを将来の期間として繰り越すのである。このような資産原価の期間配分手続をささえる根本思考を費用配分の原則と称する。費用配分の原則にしたがい，棚卸資産の取得に要した支出額が当期の費用たる部分と将来の期間の費用となる部

表 16-1　売上原価と低価法

	原価法	低価法
[第 1 期]		
売 上 原 価	90,000	90,000
低価法評価損	0	16,000 *1
期 間 費 用 額	90,000	106,000
[第 2 期]		
売 上 原 価	76,000	60,000
低価法評価損	0	0 *2
期 間 費 用 額	76,000	60,000

*1　$(380-300) \times 200 = 16,000$
*2　$300 \times 200 = 60,000$

分とに配分され，後者が決算貸借対照表に棚卸資産として記載されるのである。...時価主義は，財産貸借対照表の概念から導き出された評価思考であって，適正な期間損益算定を目的とする決算貸借対照表には適用され得ない。」

さらに，「企業会計原則」(1949, 貸借対照表原則五) は，原価配分原理を前提としながら，原価法を原則とした。原価法であれば，時価を全く反映せずに，売上原価などの費用計算から自動的に誘導される金額を貸借対照表価額とするからである。一方，低価法は，原価配分原理ではなく，保守主義などの会計慣行から認められるにすぎないとした (「連続意見書第四」，第一の三の1)。

「低価主義は，期間損益計算の見地からすると合理性をもたないが，しかしそれは広く各国において古くから行なわれてきた慣行的評価思考であり，現在でも実務界から広く支持されている。...したがって原価基準の例外として低価基準を採用することも容認される。」

こうして「企業会計原則」では，単なる時価の下落があった場合の評価損の計上は，強制ではなく容認規定とした[3]。しかし，わが国の企業会計基準委員会は，後述するIAS 2との国際的収斂という観点から，2006年に企業会計基準第9号 (7項) を公表し，低価法を強制することにした。

「通常の販売目的 (販売するための製造目的を含む。) で保有する棚卸資産は，取得原価をもって貸借対照表価額とし，期末における正味売却価額が取得原価よりも下落している場合には，当該正味売却価額をもって貸借対照表価額とする。この場合において，取得原価と当該正味売却価額との差額は当期の費用として処理する。」

低価法に関する日本基準の変遷をまとめると，表16–2のようになる。企業会計基準第9号（2006）の特徴は，低価法の強制に加えて，正味売却価額による評価損の計上を原則とした点にある。ここで正味売却価額が，購入市場で成立する取得原価や再調達原価（replacement cost）といった「入口価値」（entry value）とは性格が異なる点に留意されたい。正味売却価額は，売却市場で成立する「出口価値」（exit value）系統の測定属性であり，当該棚卸資産がどの程度の金額で回収できるかを示している。つまり日本基準でも，棚卸資産の貸借対照表価額を回収可能価額まで切り下げることを強制することになった。

この回収可能価額を基礎とした低価法が原価配分原理の枠内とみなせるか否かについては，わが国でも長い間議論されており，おおよそ二つの解釈に大別できる[4]。一つは，先述の「企業会計原則」や「連続意見書第四」のように，原価配分原理を，すべての時価評価を排除するルールとみなす考え方である。一般に原価配分手続は，(a) 取得原価の測定と (b) その取得原価の各会計期間への配分というプロセスからなる。この考え方では，取得単価と消費量に基礎を置いた費用計算のみが，(b) の期間配分手続とみなされる。それゆえ，低価法は，原価配分原理の枠外とみなされ，原則適用はできないということになる。もう一つは，低価法も棚卸資産の原価配分手続の一つとみなす考え方である。この考え方によると，(b) の期間配分プロセスには，取得単価×消費量による費用計算に加えて，時価による評価損の計上も含ま

表 16–2　日本基準における低価法

	「企業会計原則」	企業会計基準第9号
低価法の可否	△	○
測定属性	再調達原価あるいは正味実現可能価額	正味売却価額

○：強制，△：容認

れる。結局，この考え方での原価配分原理は，時価評価益の計上を禁止する取得原価以下主義と同義ということになる。

このように従来の議論は，いずれも「企業会計原則」が基盤としていた原価配分原理との整合性を意識したものであった。これに対して，最近の会計基準では原価配分原理を必ずしも前提とはしていない。たとえば，IAS 2 (par. 9) では，原価と比較されるべき時価として，やはり売却市場を前提とする正味実現可能価額 (net realizable value) を用いた低価法を強制した。IAS 2 (par. 28) は低価法を強制する論拠を次のように示している。

> 「...売却価格が下落するならば，当該棚卸資産の原価は回収できないかもしれない。...棚卸資産を原価から正味実現可能価額まで評価減する実務は，資産はその販売または利用によって実現すると見込まれる額を超えて評価されるべきではないという見方と整合する。」

つまり，IAS 2 では，原価配分原理との整合性というよりも，「貸借対照表価額を回収可能価額以上では繰り越さない」という回収可能性テストの直接的適用形態として低価法を位置づけている。しかし，この回収可能性テストそれ自体がどのような前提から根拠づけられるのかについては，必ずしも明らかにはされていない[5]。今後の課題といえよう。

3. 固定資産

わが国の「企業会計原則」は，取得原価の各会計期間への配分プロセスとして，有形固定資産に対して減価償却費の計上を要請していた。無形固定資産も同様である（「企業会計原則」，1974，貸借対照表原則五）。

「資産の取得原価は，資産の種類に応じた費用配分の原則によって，各事業年度に配分しなければならない。有形固定資産は，当該資産の耐用期間にわたり，定額法，定率法等の一定の減価償却の方法によって，その取得原価を各事業年度に配分し，無形固定資産は，当該資産の有効期間にわたり，一定の減価償却の方法によって，その取得原価を各事業年度に配分しなければならない。」

また，減価償却費の計上には規則性を保つことが求められていた[6]（「連続意見書第三」，第一の二）。

「減価償却の最も重要な目的は，適正な費用配分を行なうことによって，毎期の損益計算を正確ならしめることである。このためには，減価償却は所定の減価償却方法に従い，計画的，規則的に実施されねばならない。利益におよぼす影響を顧慮して減価償却費を任意に増減することは，右に述べた正規の減価償却に反するとともに，損益計算をゆがめるものであり，是認し得ないところである。」

ここでいう正規の減価償却とは，たとえば定額法や定率法を指しており，期間配分の基準となる用役消費量を主に時間を単位として計算する[7]。つまり，会計上の減価償却概念に評価損などの価値評価思考が含まれないことは，わが国に限らず国際的にみても通説であった。たとえば，同様の記述は，AICPA (1953, par. 56) にもみられる。

「減価償却会計は，有形固定資産の原価その他の基礎的な金額から，（もしあれば）残存価額を控除した金額を減価償却単位（この単位は資産グループとなることもある）に係る見積耐用年数にわたって，体系的かつ合理的な方法 (systematic and rational manner) によって配分するこ

とを目的とする会計手続である。これは配分 (allocation) の手続であって，価値評価 (valuation) の手続ではない。」

このように，固定資産の主要な会計手続は原価配分としての減価償却であって，少なくとも会計基準においては，時価評価ないし減損テストを明文で要請することはなかった。ところが，1980年代のアメリカでは，巨額の費用を計上した後で劇的に収益が改善する'Big Bath' などを目的として，減価償却後の帳簿価額を切り下げるという減損実務が広く行われるようになった[8]。その後，減損テストは，1995年のFASBによるSFAS121の公表を皮切りに会計基準として定着し，IAS36やわが国の「減損基準」でも規定が設けられるようになった。この減損テストの本質も，やはり「貸借対照表価額の回収可能性」にある。たとえば，アングロサクソン諸国を中心とするG4+1 (1997, par. 1.1.1) では，以下のように定義されていた。

「回収可能性テスト（あるときには資産の減損テストといわれる）は，単独で，もしくは他の資産と結合して創出が期待される正味キャッシュ・インフローにより，資産の繰越価額が回収可能であるかどうかをテストするものである。その目的は，資産が，創出されることを期待される将来の経済的便益以上の価額で繰り越されないことを確認し，定期的に将来の経済的便益から生じる損失（減損）を認識することである。」

固定資産の場合には，棚卸資産と異なり，売却の他に使用によって回収する方法もある。そこで，減損テストにおける回収可能価額については，二通りの測定方法が考えられる[9]。一つは，わが国の「減損基準」（前文，四の2の(3)）にみられるように，使用価値と正味売却価額のいずれか高い方で測定する方法である。

「減損損失を認識すべきであると判定された資産又は資産グループについては，帳簿価額を回収可能価額まで減額し，当該減少額を減損損失として当期の損失とすることとした．．．企業は，資産又は資産グループに対する投資を売却と使用のいずれかの手段によって回収するため，売却による回収額である正味売却価額（資産又は資産グループの時価から処分費用見込額を控除して算定される金額）と，使用による回収額である使用価値（資産又は資産グループの継続的使用と使用後の処分によって生ずると見込まれる将来キャッシュ・フローの現在価値）のいずれか高い方の金額が固定資産の回収可能価額になる。」

IAS36（par. 6）も同様に，使用価値と売却費用控除後の公正価値（net fair value）のいずれか高い方を回収可能価額とする[10]。その根拠として，当該資産を保有する企業が行う合理的な見積もりを反映した使用価値は，市場で成立した価格よりも優れた情報を提供できること，合理的な経営者は使用価値と公正価値（売却市場価格）を比較して意思決定を行うという事実を減損の測定に反映できること，などを挙げている。

もう一つは，アメリカのSFAS144にみられるように，使用価値を考慮せずに公正価値のみで減損損失を測定する方法である。この処理の根拠としては，企業の使用価値の見積もりと比較して，公正価値すなわち市場の判断を反映する観察可能な価格は信頼できる測定値なので，経営者の判断が介入する余地を減少させるという点を指摘できる。今後は，公正価値会計の広がりに応じて，減損会計でも使用価値の適用を継続するかどうかが注目されよう。

以上のように，測定方法の選択という問題が残るものの，固定資産会計における減損テストは，従来の主要な配分手続である規則的償却とは異質の回収可能性テストの適用と位置づけられている[11]。そこで，次に問題となるのが，減損テストは規則的償却の代替となりうるかという論点である。現行の

表16–3　固定資産の会計基準

	「企業会計原則」	日本基準 (2009)	IFRS (2009)
有形固定資産 (土地等を除く)			
規則的償却	○	○	○
減損テスト	×	○	○
無形固定資産 (耐用年数が不確定な場合)			
規則的償却	○	○	×
減損テスト	×	○	○

○：強制，△：禁止（規定なし）

日本基準およびIFRSは，有形固定資産について減価償却と減損の両方を強制している（表16–3）。しかし，耐用年数が確定しない無形固定資産については，無理に耐用年数を定めると，むしろ経営者の恣意性が高まるという批判がなされてきた[12]。2004年に改訂となったIAS38では，耐用年数を確定できない無形固定資産について規則的償却を禁止し，代わりに減損テストの適用を規定している（表16–3）。減損テスト強制前の「企業会計原則」も合わせて，三者の相違点を［設例2］によって確認しよう。

［設例2］

乙社は，サービス業を営む株式会社である。

(1) 第1期末日に，特殊な営業設備とノウハウを保有する丙社を1,000,000円で買収した。営業設備の公正価値は400,000円であったので，のれん600,000円を認識した。当該資産グループの耐用年数は10年，残存価額は0円と予測された。

(2) 第3期末日に，減損の兆候がみられた。営業設備とのれんから構成される資産グループの回収可能価額を測定したところ，500,000円と見積もられた。

表 16–4　規則的償却と減損

	「企業会計原則」	日本基準 (2009)	IFRS (2009)
[第 2 期]			
減 価 償 却 費	40,000 * 1	40,000	40,000
の れ ん 償 却	60,000 * 2	60,000	
期 間 費 用 額	100,000	100,000	40,000
[第 3 期]			
減 価 償 却 費	40,000	40,000	40,000
の れ ん 償 却	60,000	60,000	0
減 損 損 失	0	300,000 * 3	420,000 * 4
期 間 費 用 額	100,000	400,000	460,000

* 1　400,000 ÷ 10 = 40,000
* 2　600,000 ÷ 10 = 60,000
* 3　(1,000,000 − 40,000 − 60,000 − 40,000 − 60,000) − 500,000 = 300,000
* 4　(1,000,000 − 40,000 − 40,000) − 500,000 = 420,000

　まず原価配分原理を基盤とした「企業会計原則」によると，営業設備およびのれんともに，回収可能性テストが適用されることはなく，規則的償却のみが強制される。たとえば定額法を採用すると，毎期 100,000 円の償却費が計上され，その未償却残高がそのまま貸借対照表価額となる。さらに，現行の日本基準 (2009) では，これに第 3 期に生じた減損損失 300,000 円が追加計上される。この減損損失の計上によって，当該資産グループの貸借対照表価額は，回収可能価額 500,000 円まで切り下げられる。

　一方，IFRS (2009) でも，固定資産の帳簿価額を回収可能価額まで切り下げる点は同じである。そして，のれんの耐用年数を不確定とみなし規則的償却を禁止するので，将来の経済的便益ないし回収可能価額の変動を忠実に反映した費用計算が可能となる。しかし，第 2 期に 40,000 円，第 3 期に

460,000円といったように，期間費用額には著しい「変動性」(volatility) がもたらされてしまう。こうした変動性の高い期間損益が，従来の規則的償却を中心とした処理と比べて，企業業績を的確に示すといえるかどうかについては，検討の余地があろう[13]。

4. 小　　括

「企業会計原則」の時代には，費用性資産に関する評価損の計上は，容認規定か実質的な禁止規定にとどまっていた。しかし，現行のIFRSや日本基準では，回収可能価額を基礎とした評価損の計上が強制されている。一方，金融資産会計などで規定されてきた公正価値は，IASB (2009) にみられるように，売却市場を想定した出口価値として位置づけられている。費用性資産の回収可能性テストにおいても同様に，使用価値を排除して，この公正価値測定へと収束するのかどうかが注目される。

また，IFRSにおいては，耐用年数が確定しない無形資産の規則的償却を禁止するといったように，すでに一部の費用化は回収可能性テストのみで行われている。確かに回収可能性テストによって費用を認識した方が，経済的便益の減少を忠実に捉えることができる。しかし，この考え方を棚卸資産や有形固定資産にまで拡張すると，従来の売上原価や減価償却のような配分手続に代って回収可能性テストのみの費用化が主張される可能性もある。果たして，こうした拡張を会計基準として認めることは可能であろうか。財務報告の主要課題である業績測定の観点から，回収可能性テストの位置づけを問うとともに，規則的償却に代表される原価配分原理の再検討が必要である。

1) 近年の動向を考察したものとして，たとえば，Hitz (2007)，Dichev (2008) および井上 (2008, 23-36頁) などがある。

2) 本稿の「売上原価」は，低価法評価損を含まずに，取得原価のみで計算されたものであることに留意されたい。
3) ただし，棚卸資産自体に欠陥がある場合や著しい市場価格の下落であり回復の可能性がないか不明な場合には，評価損の計上が強制されていた。
4) 原価配分原理と低価法をめぐる解釈については，たとえば，吉田 (1984, 76-77頁)，平敷 (1990, 377-390頁) および醍醐 (1995) などを参照。
5) たとえば，企業会計基準第9号 (37項) は，「... 棚卸資産の収益性が当初の予想よりも低下した場合において，回収可能な額まで帳簿価額を切り下げることにより，財務諸表利用者に的確な情報を提供することができるものと考えられる」と述べている。しかし，的確な情報となりうるかどうかは，依然として理論的・実証的に明らかにはされていない。
6) 他に IAS16 (par. 50) でも，規則性 (systematic basis) による配分が求められている。
7) 「企業会計原則」(1974, 注20) を参照。他に物量を単位とする生産高比例法などがある。
8) アメリカにおける減損会計の動向については，須田 (1998) などを参照。
9) IAS36 (pars. BCZ 9-BCZ27) などを参照。
10) 最近では，公正価値が売却価格を指すことが定着しつつある。たとえば，IASB (2009, par. A) では，「測定日において市場参加者間で秩序ある取引が行われた場合に，資産の売却によって受け取る価格」とされている。
11) 減損会計の位置づけについては，たとえば，菱山 (2000)，高瀬 (2003) および米山 (2008, 177-218頁) などを参照。
12) IAS38 (pars. BC74-BC75) などを参照。
13) 利益概念をめぐる検討については，たとえば，FASB (1976, pars. 26-70) などを参照。

参 考 文 献

AICPA (1953), *Accounting Terminology Bulletin No. 1, Review and Resume.* AICPA.

Dichev, I. D. (2008), "On the Balance Sheet-Based Model of Financial Reporting," *Accounting Horizons*, Vol. 22, No. 4, pp. 453-470.

FASB (1976), *Discussion Memorandum, An Analysis of Issues Related to Conceptual Framework for Financial Accounting and Reporting: Elements of Financial Statements and Their Measurement.* FASB. 津守常弘監訳 (1997)

『FASB 財務会計の概念フレームワーク』中央経済社.

FASB (1995), *Statement of Financial Accounting Standards 121, Accounting for the Impairment of Long-Lived Assets and for Long-Lived Assets to Be Disposed Of*. FASB.-SFAS121

FASB (2001), *Statement of Financial Accounting Standards 142, Goodwill and Other Intangible Assets*. FASB. -SFAS142

FASB (2001), *Statement of Financial Accounting Standards 144, Accounting for the Impairment or Disposal of Long-Lived Assets*. FASB. -SFAS144

G4+1 (1997), *International Review of Accounting Standards Specifying a Recoverable Amount Test for Long Lived Assets*. IASC.

Hitz, J. M. (2007), "The Decision Usefulness of Fair Value Accounting — A Theoretical Perspective," *European Accounting Review*, Vol. 16, No. 2, pp. 323–362.

IASB (2003), *Revised International Accounting Standard 2, Inventories*. IASB. -IAS2

IASB (2003), *Revised International Accounting Standard 16, Property, Plant and Equipment*. IASB. -IAS16

IASB (2004), *Revised International Accounting Standard 36, Impairment of Assets*. IASB. -IAS36

IASB (2004), *Revised International Accounting Standard 38, Intangible Assets*. IASB. -IAS38 (2004)

IASB (2009), *Exposure Draft, Fair Value Measurement*. IASB.

IASC (1998), *International Accounting Standard 38, Intangible Assets*. IASC. -IAS38 (1998)

Paton, W. A. and A. C. Littleton. (1940), *An Introduction to Corporate Accounting Standards*, AAA. 中嶋省吾訳 (1958)『会社会計基準序説 改訳版』森山書店.

井上良二 (2008)『新版 財務会計論』税務経理協会.

梅原秀継 (2001)『減損会計と公正価値会計』中央経済社.

企業会計基準委員会 (2006)『企業会計基準第 9 号 棚卸資産の評価に関する会計基準』企業会計基準委員会.—企業会計基準第 9 号 (2006)

企業会計基準委員会 (2008)『改正企業会計基準第 9 号 棚卸資産の評価に関する会計基準』企業会計基準委員会.—企業会計基準第 9 号 (2008)

企業会計審議会 (1949)『企業会計原則』企業会計審議会.—「企業会計原則」(1949)

企業会計審議会（1960）『企業会計原則と関係諸法令との調整に関する連続意見書　第三　有形固定資産の減価償却について』企業会計審議会。—「連続意見書第三」

企業会計審議会（1962）『企業会計原則と関係諸法令との調整に関する連続意見書　第四　棚卸資産の評価について』企業会計審議会。—「連続意見書第四」

企業会計審議会（1974）『企業会計原則』企業会計審議会。—「企業会計原則」（1974）

企業会計審議会（2002）『固定資産の減損に係る会計基準の設定に関する意見書』金融庁。—「減損基準」

企業財務制度研究会（1998）『減損会計をめぐる論点』企業財務制度研究会。

嶌村剛雄（1985）『会計制度資料訳解』白桃書房。

須田一幸（1998）「減損会計の実務と理論」『関西大学商学論集』第43号第4号，745–780頁。

醍醐　聰（1995）「原価配分原則で低価基準を合理化できるか」『会計』第146巻第6号，1–13頁。

高瀬　央（2003）「『減価償却』と『減損』と—その基本思考としての『配分』と『評価』と—」『税経通信』第58巻第4号，164–173頁。

辻山栄子編（2004）『逐条解説　減損会計基準　第2版』中央経済社。

菱山　淳（2000）「固定資産の減損損失の認識に関する一考察—二つの利益観を手掛かりとして—」『産業経理』第60巻第3号，70–77頁。

平敷慶武（1990）『動的低価基準論』森山書店。

平敷慶武（2003）『棚卸資産会計研究』税務経理協会。

吉田　寛（1984）『改訂制度会計論』税務経理協会。

米山正樹（2008）『会計基準の整合性分析—実証研究との接点を求めて—』中央経済社。

第 17 章
連結資本——少数株主持分をめぐる論点

川　本　　　淳

1. はじめに

　少数株主持分をどう扱うかは，連結の範囲をどう定めるかと並んで，連結決算をめぐる主要な論点である。具体的には，「少数株主持分は資本なのか，負債なのか，あるいは，そのいずれでもないのか？」について，多くの論者が自身の見解を主張してきた。そして会計基準のうえでは，負債として表示から資本として表示へという大まかな流れがあると言えるかもしれない。そうだとしても，ローゼンフィールドらは，少数株主持分の表示をめぐる多様性を示す例として，1908年という初期の文献でありながら，少数株主持分をequityの一部として表示するという実務書もあれば，1981年という比較的最近のものであるにもかかわらず，少数株主持分は負債の最後尾に表示されるという実務書などを挙げている[1]。ちなみに，「少数株主持分はequityの一部である」と明記した米国の概念基準書（SFAC）3号は1980年に発行されている[2]。

　少数株主持分の性質をどう捉えるかの意義は，当然ながら，連結利益の測定に直接関わってくることにある。資本取引以外から生じた，一定期間における資本の増減が利益であることを前提とすれば，少数株主持分を資本とみることによって，その増減が利益の構成要素となるわけである。反対に，少

数株主持分を資本とみないのであれば，基本的に親会社の株主持分の増減で連結利益が測られることになる。さらに，少数株主持分を資本の範囲に含めた場合と含めなかった場合とで，連結上の資本取引の範囲も違ってくる。例えば，親会社が少数株主と子会社株式を売買したとき，これが資本取引なのか，それとも損益取引なのかは，少数株主持分を資本と考えるか否かで決まってくる。それもまた，連結利益の測定に直結する。

少数株主持分については，それをどこに表示したらよいのかだけでなく，いくらで表示したらよいのか，つまり測定方法も議論される。とくに「全部のれん方式」の構想が現実味を帯びるようになった最近では，この論点に注目が集まるようになってきた。そこで本稿では，少数株主持分の性質と測定の問題について，それらを解くための手がかりを探っていくことにする。

なお，本稿は，第22回中央大学学術シンポジウム「検証：失われた10年からの脱却と発展」シリーズIV『資本会計の動向と課題：理論と実証の観点から』（2008年7月26日開催）における筆者の報告に，その後の制度動向を踏まえて，加筆修正したものである。

2. 会計基準における少数株主持分の現状

2009年8月の時点では，わが国の連結決算書において，少数株主持分は純資産の部において株主資本とは区別されて表示されることになっている。純資産の部に含められているので資本の一部として扱われているのだと解釈することも，また株主資本ではないので資本から除かれていると解釈することも，ともに可能であろう。ただし，連結決算書の当期純利益には少数株主の利益は含められないことになっている。なお，2008年12月に公表された企業会計基準委員会（ASBJ）による企業会計基準22号40項により，2010

第17章　連結資本——少数株主持分をめぐる論点　461

年4月より開始される事業年度以降は，少数株主利益を控除する前の利益を少数株主損益調整前当期純利益として表示することが求められるようになる。

　欧州連合（EU）で採用されている国際会計基準では，2003年に改訂された国際会計基準（IAS）27号により，少数株主持分は（親会社の株主資本とは区別されて）株主資本として表示されることになっている[3]。また，連結損益計算書では，親会社および少数株主に帰属する利益が別個に表示されなくてはならないが，いずれも利益の構成要素として扱われなくてはならない[4]。これは従来，株主持分には含めないまま，負債および親会社の株主資本とは別に連結貸借対照表に表示されることが要求されていた少数株主持分の扱いが変更されたものである[5]。

　つぎに米国基準では，2007年12月に財務会計基準書（SFAS）160号が公表され，改訂IAS27号と同様に少数株主持分および少数株主利益が扱われるようになった。SFAS160号は，1959年にはじめて公表された会計調査広報（ARB）51号の内容のうち，少数株主持分に関わる部分を改訂ないし明確化したものである。SFAS160号のSummaryによれば，従来，少数株主持分をどこに表示するかといったことについて明確な規定がなかったため，米国では少数株主持分を負債として，もしくは，負債と資本の中間に，そのどちらでもないもの（メザニン）として表示するような実務が行われてきたとされる。

　少数株主持分の測定に関しては，日本では従来，部分時価評価法と全面時価評価法との選択が認められてきたところであるが，企業会計審議会によって制定された「企業結合に係る会計基準」を改定した企業会計基準21号が2008年12月にASBJから公表され，それにより2010年より全面時価評価法が一律適用されることになった。これには基準改定の作業を開始した時点における米国基準ならびに国際会計基準と少数株主持分の測定についての規定を合わせる趣旨があった。しかしながら，その作業が進められている間に，

米国では2007年にSFAS141号「企業結合」改訂版が、そして国際会計基準では2008年にIFRS3号「企業結合」改訂版が公表される。そこには、子会社取得時に、少数株主持分を公正価値で測定するという方法が取り入れられていた。これがいわゆる「全部のれん方式」であり、無償のれんを資産計上するものとして、従来の制度では否定されてきた方法である。ただし、IFRS3号改訂版改では、従来からの全面時価評価法も容認されている。

以上のように、わが国と欧米の会計基準とでは、① 欧米では連結利益に少数株主の持分を含められるが、わが国では含められない、② 欧米では少数株主の持分にみあう、のれんを認識することが強制ないし容認されているが、わが国では容認されない、という点に大きな差異がある。2009年8月現在、わが国のASBJは、この差異を解消するのかしないのかについて、2010年に結論を得るように作業を進めている。

3. 少数株主持分の性質をめぐる議論へのアプローチ

少数株主持分は資本なのか、そうではないのかという問題に対しては、複数の考察アプローチが考えられる。この節では例として、以下に掲げる4つを取り上げる。ただし、少数株主持分を負債もしくはメザニンとして扱うことを積極的に主張するためのアプローチは以下には含まれていない。

(1) 少数株主持分の本質から考える。
(2) 連結基礎概念（連結主体論）を用いる。
(3) 論点整理方式で逐次的に問題の解決を図る。
(4) 実証研究を参照する。

(1) 少数株主持分の本質

　少数株主持分の本質が明らかになれば，その会計上の取り扱いも自ずと明らかになるのではないか，というのは誰もが真っ先に思いつくシンプルな発想である。では，少数株主持分とは何であろうか？ 少数株主は親会社以外の子会社株主であり，彼らは ① 子会社に対してのみ，② 残余財産請求権を持っている。この残余財産請求権が連結会計上の少数株主持分に対応している[6]。

　ここからまず言えそうなのは，ともに子会社の株主である少数株主と親会社は，当該子会社に対して，同等の残余財産請求権を有するということである。したがって，子会社の決算書においては区別される必要がないし，実際にも区別されることなく，一括して資本計上されてきた[7]。それに対して，連結レベルでみると，両者の残余財産請求権は同等ではない。それは，少数株主が親会社の残余財産に対して請求権を有していないことから明らかである。したがって，連結決算書において，両者は区別されるのが当然であり，実際にも区別されてきた。ただし，その区別のされ方が問題になるので，従来から複数の主張がなされてきたわけである。

　典型的な主張は，例えば米国基準[8]にみられるような「資本は残余財産請求権の持分を表す。少数株主は残余財産請求権者である。そうである以上，少数株主持分は資本である。したがって，親会社株主持分との区別は資本の内訳でやればいい」と言うものである。資本を残余財産請求権と定義してしまえば，このような結論になるほかないだろう。

　もっとも，残余財産請求権者といっても，少数株主が一部の債権者よりも先に分配を受けることが連結ベースではありうる。ある会社に対する債権者の請求権は，基本的に，同じ企業グループに属していたとしても，他の会社には及ばないからである。例えば，米国基準と同じ主張をしている国際会計基準でも，少数株主持分を資本に含める根拠のひとつとして，「持分は企業の

すべての債務を控除した後の企業の資産の残余持分である」(傍点筆者)という国際会計基準委員会 (IASC) が作成した概念フレームワークの文章が引用されている[9]。しかし，上述の理由により，少数株主持分は，この定義にぴたりと当てはまるわけではない。もしかしたら，連結について，法的な意味合いが強い残余財産請求権を当てはめて考えることを疑ってみる必要があるかもしれない。

(2) 連結基礎概念

連結基礎概念(連結主体論)は，大ざっぱに言うと，バクスターら[10]によって体系化されたものが，FASB が 1991 年に公表した論点整理「連結の方針ならびに手続きに関する論点の分析」に修正されて引き継がれた議論である。その内容を，やはりごく大ざっぱに言うと，連結の目的として複数の考え方が存在するが，そのいずれを選択するかによって連結決算の内容が体系的に規定されると言うものである。少数株主持分の性質については，これまた大ざっぱに言えば，① 親会社株主にとっての利益を測定するのが連結の目的だと考える親会社概念を採用すれば，少数株主持分は資本に含められないし，② 企業グループそれ自体の業績を明らかにするのが連結の目的だと考える経済的単一体概念を採用すれば，少数株主持分は企業グループに対する出資者の持分として，連結資本を構成する，という話になる。このように，連結の目的をはっきりさせることで，問題の解決が図られるという仕掛けになっている。

連結基礎概念のアプローチで少数株主持分の性格を議論することは最近でも少なくない[11]。ところが，連結基礎概念を少し丁寧に検討してみると，親会社概念ないし経済的単一体概念からすればこうなるはずだと主張されていることのなかには，理屈として成立していないところが少なからず見受けられる。そのため，筆者自身は連結基礎概念は有効な議論ではないと結論づけ

ている[12]。なお，上記論点整理を公表した FASB であるが，その後の基準設定に連結基礎概念を生かしているようには見受けられない。

表 17-1 は連結基礎概念における主要な主張を整理したものである。網掛けが施してある部分は，理屈として成立していると認められている部分である。とくに，親会社概念に立てばこうなるはずだという主張に疑問となる点が多い。なお，現行基準の欄は，2009 年 8 月現在のわが国会計基準が採用している方法を表している。A と B とが散らばって存在しているので，現行基準が連結基礎概念に照らして，首尾一貫していないことは問題であるとしばしば指摘される[14]。

表 17-1 連結基礎概念にもとづく論点の整理[13]

	A 親会社説	B 経済的単一体説	現行基準
1. 連結資本	親会社株主持分に限るが，少数株主持分を認識する	少数株主持分を含める。	A
2. 連結決算書の性格	親会社決算書の拡張	企業グループの決算書	
3. 会計主体論との対応	所有主理論	企業実体理論	
4. 連結の範囲	持株基準	支配力基準	A&B
5. 認識可能子会社資産	全部連結（部分時価評価法）	全部連結（全面時価評価法）	B
6. 段階取得での資本と投資の相殺消去	段階法	一括法	A&B
7. 子会社のれん	部分のれん方式	全部のれん方式	A
8. 未実現利益（アップストリーム）の繰り延べ	親会社持分控除方式	全額控除方式	B

(3) 論点整理方式

FASBやIASBが基準を制定する際，イエスかノーかで答えるような特定の質問が列挙された論点整理を公表することが多い。その質問に関係者が答えることによって，彼らの意見を基準に集約していこうとするのである。このようなアプローチを論点整理方式と便宜上，ここでは呼ぶことにする。この方式の特徴は，どういう質問を設定するかが，最終的な結論に決定的な影響を与えうることである。例えば，まず，① 連結の方式として全部連結と比例連結のどちらを採択すべきか？ という質問をおく。ここで，連結会計制度に一度も取り入れられたことのない比例連結をいきなり支持する者はまずいない。その論拠を挙げれば，資産を支配で定義すれば，支配は0か100%なので，親会社の持分比率で子会社資産を按分するのは理屈に合わないといったことになる。つぎに，② 全部連結を採択するとすれば少数株主持分が認識されることになるが，その性格をどう考えたらよいか？ という質問をおく。そこに，財務諸表の諸要素についての既存の定義に当てはめてみれば，少数株主持分は資本に該当するという結論が得られる。

論点整理方式では，先の質問への回答が，以降の設問における前提となる。したがって，例えば質問 ① で，親会社の持分比率で子会社資産を按分するのは理屈に合わないと言う話になれば，「子会社の認識可能な資産・負債をどう評価すべきか？」という質問に対しても，親会社の持分比率にかかわらず，100%を公正価値で評価するという結論になるわけである。さらには，連結のれんについても，質問 ① での話から，他の資産同様，親会社の持分比率にかかわらず100%を公正価値で評価する（全部のれん方式になる）という結論にまで行き着く。そこでは，「自家創設のれんの認識が許されるのか」という重要な議論がバイパスされてしまっている。この議論については，第4節で改めて取り上げる。

さて，論点整理方式では，設問次第で，まったく逆の結論を得ることも難

しくない。例えば，まずは ① 親会社株主に帰属する企業業績を測定する利益と，少数株主に帰属する分が含まれた利益とで，一般投資家にとってより意味があるのはどちらか？ という設問からスタートすれば，後述するように，親会社株主の持分だけを資本とする考え方が採択される可能性がずいぶんあるだろう。そのうえで，② 連結資本から除かれた少数株主持分はどこに収容すべきか？ という論点を設定すれば，負債とする，メザニンとする，という選択肢以外に，他の諸要素についての既存の定義のどれにも合致しないので認識しない，つまり比例連結が妥当という結論にすらなるかもしれない。理屈ばかりが先走り，既存の実務を尊重しない乱暴な話に聞こえるが，全部のれん方式の提唱も似たようなものである。比例連結については，節を改めて検討することにする。

(4) 実証研究

　財務諸表利用者が少数株主の持分を資本ないし利益に含めて理解しているのかどうか，証券市場で得られるデータを解析して，実際に確かめてみようという研究がある。その結果によって，少数株主持分の扱いを決めようとするのはひとつの方法であろう。ただし，実証研究には，モデルの限界やサンプルの限界がどれだけ実証結果を左右しているかを見極める必要があったり，得られた実証結果に対する解釈が難しく，かりにＡとＢとの間に関連性が認められたとして，それが何を意味するのかまでは検証できないといった困難がある。このような一般的な難点に加えて，とくに少数株主持分については区分が問題とされている。合理的な情報利用者を前提とすれば，少数株主持分それ自体の金額が違ってくるわけではない以上，資本の部に載せるかどうかの表示場所によって，情報の価値が変わることもないだろうと想像することができる。
　しかしながら，わが国の証券市場において，少数株主持分や少数株主利益

が親会社の株価に対して追加的な説明力を有しているという実証結果も報告されている[15]。少数株主持分が親会社株主に対する分配の源泉にはならないことを考えると，これはとても意外な結果だと言える。どうしてこのようなことが起こりうるのか，その解析ならびに追加の実証が期待される。

4. 比例連結の再検討

(1) 比例連結とは

　一般投資家への情報提供という開示制度の目的からシンプルに考えれば，少数株主持分を資本として扱うのは適当ではないと言えよう。なぜなら，現行の証券取引制度では，企業グループではなく，親会社に対する株主持分が売買されている。そのような証券取引に役立つ開示制度としては，親会社株主にとって投資の成果を表すような連結決算書が公表されるのが自然であろう。そこでは，たとえ企業グループがあげたとみなされる成果であっても，少数株主に帰属する分は，親会社株主の直接的な関心事にはならないはずである。それに対して，企業グループ全体としての業績が親会社株式の価値に重要な影響を与えるので，少数株主に帰属する分を含めた利益の開示も必要であるという主張も可能であろう。しかし，そうなると連結は補足情報（参考資料）と位置づけることになってしまうが，これは連結を中心的な情報に位置づける現行開示制度の建前とは異なる。

　もっとも，この考え方にも重要な弱点がある。というのも，従来から優先株主持分までが資本に含まれていることを説明できないのである。証券市場においては，普通株式と優先株式が組み合わされて流通しているわけではない。もし上述のように，証券取引制度と開示制度との整合性を強調するのであれば，親会社の資本や利益は優先株主の持分を除いて測定されていなけれ

ばならない。また，現行の開示制度に対しても，親会社株主を情報提供先として殊更重視する必要はないという議論がFASBやIASBから最近提示されているようである[16]。他方，資本と負債との区分が決定的に重要な，もうひとつの領域である金融商品会計では，基準の策定にあたり，普通株主持分を資本と定義し，それに該当しない科目を負債として扱うという資本確定アプローチが採用されるという動きもある[17]。

それはともかく，一般投資家への情報提供という観点から，少数株主の持分を利益測定に関わらせるのは適当ではないとすれば，比例連結がもっと注目されてよい。少数株主持分に対する多様な扱いを紹介した，前出のローゼンフィールドらの論文では，著者のひとりであるルービンが「唯一の健全な解決法」(the only sound solution) として比例連結を提唱している[18]。比例連結では，100％未満子会社について，その資産・負債の価額に親会社の持分比率を乗じた額だけが連結される。費用・収益についても同様に，子会社が個別決算書に計上している額に持分比率を乗じて連結する。それに対して，持分比率に関わりなく，子会社の資産・負債の100％で連結をするのが全部連結である。

全部連結では，連結ベースの資産から連結ベースの負債を差し引いた純資産には，親会社の持分に相当しない，少数株主持分が含まれることになる。そのため，この少数株主持分が連結上の資本あるいは負債のいずれに該当するのか，あるいは，どちらでもないのか考えなくてはならない。それに対して，比例連結では，連結ベースの資産・負債が親会社持株比率相当額で計上されるため，少数株主持分は出てこない。同様に連結利益を計算する場合も，全部連結であれば少数株主に帰属する利益が出てきてしまうので，これをどうみるか考えなくてはならないが，比例連結ではその必要がない。

米国では，ある種のジョイントベンチャーへの投資を比例連結で記録する実務が存在していた[19]。しかし，連結の会計基準に採用されたことは一度も

ない。日本でも同様である。つまり，日米の連結会計基準では，一貫して全部連結が採用されてきた。それにもかかわらず，代替的なアイディアとしては，比例連結はそれなりに尊重されてきた。例えば，FASBが1991年に公表した討議資料『連結の会計方針と手続き』では，連結には基本的な考え方が3つあるとして，そのひとつに比例連結が挙げられ，検討の対象となっている。この討議資料は日本でもよく紹介されている[20]。最近では，2005年にFASBが公表した公開草案『連結財務諸表：子会社における非支配株主持分の処理および表示を含む』に寄せられたコメント・レターのなかに「比例連結を採用すべきである」という意見が1件あったようである。

(2) 全部連結の根拠と問題点

ともあれ，少なくとも会計基準では，全部連結が当初から確立されている。では，なぜ全部連結でなくてはならないのか？ この質問に対して，典型的な答え方がふたつある。ひとつは親会社の持分比率いかんにかかわらず，子会社が有している資産はすべて企業グループの活動に役立てられているという主張である。企業グループ全体でどれだけの資産・負債を有しているか，また，企業グループ全体でどれだけの売上や利益を稼いでいるか，これを明らかにするのが連結決算書の役割であるという発想に，それは基づいている。もうひとつの答え方は，資産とは企業が支配している経済的な資源であるという定義に基づく主張である。すなわち，親会社は自分が法的に所有している資産を支配するとともに，株式の保有を通じて，子会社が法的に所有している資産をも支配している。かりに持分比率が60％だとしても，親会社の指揮下にあるのは，子会社資産の60％ではなく，100％である。したがって，全部連結が正しいと考えられている。

前者の主張には反論の余地がかなりある。すなわち，連結決算書で従来，当期純利益として計算されてきたものは，少数株主持分を控除した後の金額

である。これは連結決算書が明らかにしようとしてきたのは，企業グループが稼いだ利益全体ではなく，最終的に親会社株主に帰属する利益であったことを意味している。それに対して，持分比率にかかわらず，支配は子会社資産全体に及んでいるという主張は，それ自体，疑義を呈する余地がほとんどないように思われる。こちらを論拠にされると，全部連結を否定するのは，とても苦しくなる。部分的な支配もあるのだという考え方を耳にすることはまずないからである。

　このようにして全部連結しか選択の余地がなくなると，必然的に少数株主持分の問題に直面することになる。現行の証券市場を前提すれば，例えばトヨタ自動車の連結決算書であれば，トヨタ自動車（株）に投資している，もしくは，投資しようとしている人たちが意思決定するための資料として公表される。したがって，そこで測定される利益や資本はトヨタ自動車（株）の利益や資本でないと不自然である。この場合，少数株主持分を資本と扱うことはできない。その一方で，少数株主持分は現行の概念基準書等で規定されている負債の定義を満たしていない。そのため，負債でなければ，資本でしかないだろうという考え方も支配的になりつつある。いずれにせよ，こうした議論は，比例連結ではなく全部連結を採用することから生じている。

　さらに，全部連結は「全部のれん説 vs 買入のれん説」という議論を生じさせる。従来の連結では，のれんの計上は親会社が支払った対価の範囲に限られていた。そのため，例えば70%子会社を取得した場合，その子会社にどれだけ超過収益力があろうと，取得されなかった30%分については，のれんが認識されることがなかったのである。しかし，親会社の支配が及ぶ資産には違いないといった論拠で，その30%分も連結で認識すべきだという考え方が全部のれん説である。それに対して，従来のやり方は買入のれん説と呼ばれている。

　「全部のれん説 vs 買入のれん説」は今に始まった議論ではないが，すでに

述べたように，米国基準や国際会計基準では，すでに全部のれん説が採用されている。しかし，子会社全体の公正価値をどう定義するのか，あるいは，支配プレミアムと呼ばれるものを考慮する必要があるのか，といった問題があって，測定をめぐる議論はまだ尽きていない。のれんの問題以外にも，「部分時価評価法 vs 全面時価評価法」の議論や，子会社株式一部売却や子会社増資第三者割当に関わる損益認識をめぐる議論などが全部連結からもたらされる。

(3) 比例連結の利点

前出のルービンが主張する比例連結の最大の利点は，少数株主持分を扱わなくてもよくなることである。少数株主持分が資本なのか，負債なのかについて，頭を悩ませる必要がないわけである。それも含め，上に述べた全部連結の問題はすべて，比例連結を採用することで解消することができる。もっとも，それだけだと，面倒な問題を回避できるという消極的な根拠しか，比例連結にはないかと思われるかもしれない。そこで，投資からの損失という観点から比例連結の正当性を述べることにする[21]。

子会社に全額出資するのと，100％未満を出資することの違いは何か？ それは，投資に関わるリスクを他の投資家とシェアするかどうかである。例えば，全部連結によって作成された貸借対照表で，工場が100円の金額で表示されていたとする。もし，この工場が親会社によって保有されているのであれば，この100円は親会社が工場に投資した金額を表す。もし，この投資が完全に失敗して，1円も回収できなければ100円の損失を被ることになる。他方，この工場が60％子会社によって保有されていれば，投資に完全に失敗したとしても，親会社が負担する損失は60円で済む。しかし，この違いが全部連結のバランスシートには表現されない。

つぎに，いくらか卑怯な感じもするが，持分法との関係で比例連結の利点

第 17 章　連結資本——少数株主持分をめぐる論点　473

を指摘しておきたい。持分法は他企業に対する投資を記録する方法として，原価法と連結との間に位置するが，それだけに収まりが悪いとも言える。支配しているとまでは言えなくても，発行済株式の相当割合（20%以上）を押さえていれば，その会社に対して重要な影響力を行使することが可能である。そう考えて，主に関連会社に適用されるのが持分法である。持分法を適用すれば，計算される利益は基本的には連結するのと変わらない。持分法は収まりが悪いというのは，「支配している」と「重要な影響力を行使できる」との違いが，どういう理屈でもって，連結と持分法との違いに表れるのかが明確でないことである。

　子会社や関連会社が個別で計上した利益を連結利益に含めるのは，それが親会社自身による事業投資からの成果だと捉えられているからであろう。しかし，関連会社について，親会社が支配しているわけではないことを強調すると，そこでの利益がなぜ親会社の業績とみなせるかについてがしっくりこない。かりに「重要な影響力」も支配の一種だとすれば，連結するのが筋となる。もちろん，関連会社は言わば準子会社なのであって，したがって，フル規格の連結の代わりに，準連結に相当する持分法を適用するんだと素朴に理解するのが正解なのかもしれない。しかし，それは理屈としてはスッキリしていない。

　それはおくとしても，基本的には，50%を境目にして，資産・負債や収益・費用がごっそり落ちてしまうので，最終的な資本・利益計算に影響がなくても，どうも落ち着かない気になる。だからといって，持分比率20%の関連会社の売上高も，その全額を連結売上高に計上するとなれば，それはそれで売上高のかさ上げになるのではないかという躊躇いがある。そこで，子会社および関連会社の双方に比例連結を適用すれば，持分比率50%を境目にした非連続性は生じない。もちろん，20%のところで非連続が生じるが，そこは事業投資と金融投資が切り替わる境目だと考えられるので，理屈の上で不

都合はない。

　それから，持分法の不都合な点をもうひとつ挙げると，関連会社の当期利益に多額の特別損益が含まれていても，持分法だとそれが分からないことがある。例えば，持分法投資損益は営業外収益または費用に表示されるので，関連会社が計上している減損損失は連結決算書では経常利益に反映されることになる。同様に，関連会社の取得から生じた負ののれんも，連結ベースの経常利益に即時に算入されることになる。それに対して，関連会社に比例連結を適用していれば，減損損失や負ののれんの償却額も連結ベースの特別損益に含められることになる。もっとも，この問題に対しては，持分法投資損益を，経常損益と特別損益とに区分するという解決策も考えられる。ただし，それならば営業損益と営業外損益との区分も必要ではないのか，さらに，売上総利益の区分も設けたらどうだろうか，と考えていくと，持分法がどんどん比例連結に近づいていくことになる。

5. 少数株主持分の測定

　現実には比例連結が採用されない以上，少数株主持分を連結決算書に表示するしかない。しかしながら，連結決算書は少数株主の持分についての情報をほとんど伝えない。一番分かりやすい話としては，親会社が100%未満子会社を複数抱えていれば，連結決算書に出てくる少数株主持分は，異なる子会社のものがごっちゃにされた金額でしかない。ともあれ，少数株主たちが自分たちの持分に関する情報を得たいのであれば，子会社の決算書を見るのが適切かつ確実であろう。では，なぜ少数株主持分という科目が連結に出ているかと言えば，全部連結のもとでは，少数株主持分（それが資本であるにせよ，負債であるにせよ）を控除しないと親会社株主の持分や利益が求めら

第17章　連結資本——少数株主持分をめぐる論点　475

れないからである。つまり，少数株主持分という科目自体には，とくに意味がない。そして，もともと意味がなければ，それをどう記録すれば一番意味があるのかも決めることはできないという話になる。

　さて，米国基準と国際会計基準には，子会社取得時において，少数株主持分はその時点の公正価値で測定されるという方法が導入されたわけである。これは少数株主持分をリアリティのある金額で測定しようという話ではなくて，連結のれんを他の資産同様，少数株主の持分に見合う分も含めて，企業結合時の公正価値で評価したい，そのために少数株主持分を公正価値で測定することが必要になるという話である。これに対して，従来は，親会社が提供した対価に見合う分だけをのれんに計上するという，買入のれん方式だけが認められていた。そこでは，少数株主持分は，のれんを除いた識別可能資産負債の公正価値によって評価されることになる。

　全部のれん方式が従来，認められてこなかった理由でもっとも大きいのは，のれんは有償で取得したものに限って認識することができるという，会計上の原則に反しているからであろう。それにもかかわらず，少数株主持分を公正価値で測定するメリットのひとつとして，IFRS 3号改訂版では，親会社の株式の価値を見積る際に役に立つと述べられている[22]。詳しくは説明されていないが，その意味は以下のように推察できる。

　株式の価値をファンダメンタル分析によって推定しようとするとき，おおまかに言ってふたつのやり方がある。ひとつは最終的に株主の持分に帰属するキャッシュフローについて将来予測を行い，それを株主資本のコストを用いて現在価値に割り引く。もうひとつの方法は，まず企業に流入するキャッシュフローについて将来予測を行い，それをWACCと呼ばれる資本コストを用いて現在価値に割り引く。そうやって求められた企業の事業価値から，負債の価値を差し引くことによって，株式の時価総額を推定する。そして，後者のアプローチでは，少数株主持分をどう扱うかが問題になる。もちろん，

少数株主持分は株主資本価値を構成しないのであるから，負債同様，事業価値から差し引く必要があるわけだが，その差し引く額をどう決めたらいいのかが難しい。このとき，少数株主持分の公正価値が分かっていれば話は簡単になる。

　しかしながら，IFRS 3号改訂版が求めているのは，子会社取得時に少数株主持分を公正価値で評価することでしかない。その後，少数株主持分は，会計ルールにしたがって測定される子会社の利益に応じて増減することになる。そうなれば，連結決算書に示される少数株主持分の額と，その公正価値とは乖離してしまうので，株式価値の推定に直接役に立つことはない。もちろん，子会社取得時にいったんでも公正価値で評価しておいた方が，そうしなかった場合に比べ，株式価値の推定精度があがるという主張なのであろうが，こうなると理屈というよりは程度の話である。

　もし，投資家にとって有用な情報をもたらすのだから，子会社取得時には少数株主持分を公正価値で評価するのが望ましいと主張するのであれば，少数株主持分について継続的な公正価値評価を求めるのが首尾一貫している。さらに言えば，少数株主持分を公正価値で測定する能力を経営者が有しており，かつ，その能力を決算書作成に行使するのが情報利用者のためになるというのであれば，親会社株主の持分についても，経営者はそれを測定することが可能であろうし，また，その能力を行使するのが情報利用者のためになるという結論になるのではないだろうか。

　もっとも，少数主持分を公正価値で測定するといっても，それは ① 少数株主が市場で持分を処分したときに得られるであろう価額なのか，② 持分を親会社に引き取ってもらう場合の価額なのか，あるいは，③ このままの状態で保有しているときに少数株主が得られるであろう，将来配当の現在価値なのか，よく分からない。もし，① であれば，当該子会社が上場されていて，株価がついていれば数値自体は簡単に求められる。しかし，子会社株式の株

価が親会社にとっての価値を意味しないのと同様に，そこでの株価は企業の価値とはあまり関係ないように思われる。だからといって，② もしくは ③ にどれだけの意味があるのかも分からない。

　他方，のれんを実際の対価に基づいて測定する意味は明確である。それは，子会社取得という投資からどれだけの資金が回収されたか，すなわち成果を測るために，投資の対価を（どういう形であれ）利益計算に反映させることにある。では，少数株主持分に見合うのれんを認識することは，たとえ連結企業集団レベルであっても，投資の成果を捉まえることに貢献するのだろうか？ これについては，対価が発生していない以上，投資の成果を把握するという話とは関係がないと思われる。何らかの形で対価を擬制するにしても，わざわざ擬制するに値するリアリティがそこにあるのだろうか？ そういった議論がないまま，企業結合に際して，少数株主持分を公正価値で評価するのは有用であるとは一方的な主張である。IFRS 3 号改訂版には，審議会委員の一部が，少数株主持分を公正価値で評価することが追加的なベネフィットをもたらすことの十分の証拠がないとして，その方法しか認めないことに反対したことが記されている[23]。

6．おわりに

　第3節の (1)～(4) は，少数株主持分の問題を解くためのアプローチを示したものにすぎない。どのアプローチをとるかで結論が変わってくるだろうし，なかには，そのアプローチではいつまで経っても結論は得られないものもあるだろう。もちろん，どのアプローチを採用するかは，社会から権威を認められた基準設定者が選択することである。そして，会計研究のひとつの意義は，基準設定者が主張する結論が，そのアプローチから本当に導かれて

いるのか検証することである。

それから，少数株主持分の性格を明らかにすることが，企業会計の他の領域での「利益と資本の区別」や「負債と資本の区別」に影響を及ぼすかもしれない。例えば，金融商品の会計では，負債と資本の区分をめぐる議論がさかんである。そこで主張されているロジックと少数株主持分の扱いについてのロジックとが整合性がとれているのか，気にしておく必要はあろう。

1) Rosenfield, P. vs S. Rubin, "Minority Interest: Opposing Views," *Journal of Accountancy*, March 1986, p. 79.
2) SFAC 3 号は 1985 年に SFSC 6 号に置換された。
3) IAS27 号 33 項。なお，国際会計基準ならびに米国会計基準では現在，従来からの少数株主持分 (minority interest) という用語の代わりに，非支配株主持分 (non-controlling interest) が用いられている。
4) IAS27 号 33-34 項。
5) IAS27 号 BC23 項。
6) 少数株主持分の本質を論じることを目的としているわけではないが，梅原秀継「会計主体と株主持分：一般理論および連結基礎概念の適用をめぐって」(『会計』169 巻 4 号 2006 年) は子会社に対する残余財産請求権に注目した論考の例である。
7) 例えば，SFAS160 号 B. 29 項。
8) SFAS160 号 B. 34 項。
9) IAS27 号改訂版 BC26 項。
10) Baxter G. C. and J. C. Spinney, "A Closer Look at Consolidated Financial Statement Theory (part 1)," *CA Magazine*, Jan. 1975.
11) 例えば，梅原前掲論文，小栗崇資「連結会計の変容と概念フレームワーク」(『産業経理』68 巻 2 号 2008 年)，桜井久勝「連結会計基準の国際化をめぐる論点」(『企業会計』60 巻 1 号 2008 年)，佐藤信彦「少数株主持分の性格：会計主体との関連を中心にして」(『会計』55 巻 7 号 2003 年)，山地範明「会計基準の国際的統合と連結基礎概念」(『企業会計』61 巻 2 号 2009 年) などを挙げることができる。
12) 川本　淳『連結会計基準論』森山書店，2002 年，17-18 頁。

13) 前掲書18頁の表に修正を加えて作成している。
14) 注11) の文献を参照のこと。
15) 例えば，石川博行「少数株主持分に対する株式市場の評価」(『会計』170巻3号，2006年) を参照。
16) 小栗前掲論文，32–35頁。
17) 斎藤静樹『会計基準の研究』中央経済社2009年，302–303頁を参照。
18) Rosenfield, P. vs S. Rubin, op. cit., p. 88.
19) American Institution of Certified Public Accountant, *The Equity Method of Accounting for Investments in Common Stock: Accounting Interpretations of Opinion No. 18: Investments in Partnership and Ventures,* 1971 を参照。
20) FASB, Discussion Memorandum, *Consolidation Policy and Procedures,* 1991. この討議資料を取り上げている研究書として，例えば，黒川行治『連結会計』新世社，1998年がある。
21) 黒川前掲書，55–67頁では，本稿で挙げていない比例連結の論拠が述べられている。
22) IFRS 3号改訂版のBC207項。
23) IFRS 3号改訂版のBC213項。

第 IV 部
地球環境からみた「失われた10年」

第 18 章

環境政策における持続可能なマネジメントとボランタリー・アプローチの役割

田 中 廣 滋

1. はじめに

　1980年代における経済活動の拡大を牽引した，規制緩和，経済の自由化，グローバリズム，小さな政府などの一連の潮流は，多国籍企業による世界規模での環境破壊の加速という深刻な問題を明らかにした。1990年代に環境破壊や企業の反社会的な行動などの一連の活動を防止するための反グローバル化の社会運動が活発化した。1992年，地球温暖化防止の取組の枠組を決める「気候変動に関する国際連合枠組条約（気候変動枠組条約）United Nations Framework Convention on Climate Change / **UNFCCC, FCCC**）」が通常地球サミットとよばれる「環境と開発に関する国連会議」において採択された。反グローバル化の運動の象徴的な出来事は，世界各国から多数の非政府組織（NGO; Non Government Organizations）がこの地球サミットに参加して，この会議にその影響力を発揮したことであった。この地球サミットは，グローバル化を推進する先進国の企業や政府にとっても，深刻化する地球環境問題への対応にとって，重大な契機となった。1992年，地球サミットに先立ち，先進国の経済界も，持続可能な開発のための世界経済人会議（WSCSD; The World Business Council for Sustainable Development)を開催して，経済発展と環境あるいは社会問題の調和を実現するための国際的な企業行動規範の策定に取組んだ。

　地球サミットにおいて，アジェンダ21が採択され，そのなかで，地域レベルで環境問題の解決のために計画と実施が連動するマネジメントプログラムの必要性が確認された。日本においても，国レベルで，環境基本法が制定され，1994年12月に環境基本条例，1995年に環境基本計画が定められた。1995年の容器包装リサイクル法を始めとして，家電，建設，食品，自動車のリサイクル法が制定され，2000年には，循環型社会形成基本法，再生資源の利用に関する法律が整備された。また，気候変動枠組条約では，大気中の温室効果ガスの濃度が気候的に危険な水準にならない範囲で安定化させることが目標とされた。1995年にドイツのベルリンで第1回の気候変動枠組条約が開催されたが，1997年京都で開催された第3回会議で定められた京都議定書では，2008年から20012年の目標期間内に，6種類の温室効果ガスが1990年との比較で，先進国全体で5.2%削減することが決められた。1990年代から始まる「失われた10年」の期間において，産業の空洞化などが懸念されるような製造業の本格的な海外進出が進んだ。この時期の日本の環境問題は，ダイオキシン，リサイクル法の整備など国内の個別に発生する環境問題の解決という課題だけでなく，経済社会のグローバル化に対応する地球規模で展開される環境に関する持続可能なマネジメントにおいて政府だけでなく，個別の企業も実施する責務を負うことになった。

2. 日本の環境マネジメント機能

(1) 「失われた10年」の環境マネジメントの評価

　「失われた10年」において，わが国は，地域社会や企業活動に関してグ

第 18 章　環境政策における持続可能なマネジメントとボランタリー・アプローチの役割　485

表 18-1　日本国内の温室効果ガス排出量

単位）100 万トン　CO_2 換算

年　度	1990	1995	2004	2005	2006	2007
日本国内温室効果ガス排出量	1,210	1,344	1,358	1,359	1,341	1,374

出所：環境省地球環境局「我が国の温室ガス排出量」より作成　http://www.env.go.jp/earth/ondanka/ghg/index.html

表 18-2　廃棄物の排出量とリサイクル率

年　度	1995	2000	2001	2002	2003	2004	2005
産業廃棄物排出量 (1000t)	393,821	406,037	400,243	393,234	411,623	417,156	421,677
一般廃棄物排出量 (1000t)	52,224	54,834	54,199	54,271	53,376	52,730	52,036
一般廃棄物リサイクル率 (%)	9.8	14.3	15.9	16.8	17.6	19.0	19.6

出所：環境省大臣官房廃棄物・リサイクル対策部産業廃棄物課「産業廃棄物排出・処理状況調査」，同部廃棄物対策課「一般産業廃棄物排出・処理状況調査」より作成　総務省統計局　編集総務省統計研修所『日本の統計 2009』351 頁。

ローバルな視点から持続可能性な環境マネジメントの導入と推進が開始されたが，以下で紹介される 4 つの項目に関する数値からみても，その政策評価がある程度明確になるであろう。

　第 1 に，温室効果ガスの排出量の削減は「失われた 10 年」以降，地球的な視野で取組まれるべき重要な課題である。このテーマに関して幅広い分野で対策が進められているにも係わらず，表 18-1 において明らかなように 1990 年以降温室効果ガスの排出量は増加傾向にあり，地球温暖化への日本の対応は十分成果が上がっているとはいえないのが現状である。

　第 2 に，資源循環型社会の構築は，「失われた 10 年」の環境政策における重点課題であった。前述のとおり，国内においてリサイクルの対策などは進

められ，社会的にもその成果は確認できるが，廃棄物の減量という観点から見れば，総排出量の削減は実現されていない。日本の資源循環型社会の構築を目標に掲げる再資源化政策は廃棄物の排出量を削減する社会全体の資源循環のマネジメントに関する有効な手段を有しているとはいえない。

　第3に，環境政策に関する政府の取組は支出額の推移に反映されている。ダイオキシンやごみの減量化などその時期の緊急対策課題が現れたときには，予算額は増額されるが，その課題が達成されると支出は削減される。表18-3で示される予算額の推移はその時期における優先度が高い政策課題の存在を明確にしており，政府が環境の長期的な課題に関して戦略的に取組む体制が確立されていないことを意味する。「失われた10年」の時期には，環境マネジメントのシステムを機能させるために，ごみ再資源，大気，水，緑化などの分野において，種々の重点政策が推進され，このことが予算額の増加に反映されている。2001年に最高額を記録した後には，予算額が逓減傾向にある。このことは，環境の分野も財政赤字の削減を達成するための対象分野に含められて，第1および第2などの長期的な取組が必要な課題に対する対応が十分に機能する仕組みが構築されていなかったということができる。

　第4に，政府の政策は課題達成型の体系となっているといえるが，環境規制の分野において，大気汚染の推移の例などを見ると課題が達成されていく過程が明らかである。表18-4は，浮遊粒子物質に関する大気汚染の改善は進んでいるが，そのほかの物質に関する改善は大きく前進していないことが確かめられる。大気汚染の分野においても，汚染が改善に向かって進行するプログラムが現状では設計あるいは実施されていないということができる。

　以上の4つの論点は，持続可能な社会を実現するための動学的なマネジメントを実施して，政策の評価にしたがって，マネジメントの枠組みを改革する取組が積極的に展開されない現状を反映していると考えられる。表面上目立つ当面の課題を解決しても，短期的あるいは即効性がある対応で効果が現

第18章 環境政策における持続可能なマネジメントとボランタリー・アプローチの役割　487

表18-3　国の環境保全経費の予算

(単位　億円)

年　度	予　算　額	年　度	予　算　額
1971	1,114	1990	13,402
1972	1,693	1991	14,513
1973	2,737	1992	15,514
1974	3,421	1993	17,148
1975	3,751	1994	a) 25,124
1976	4,856	1995	25,987
1977	6,267	1996	27,441
1978	8,682	1997	28,211
1979	11,253	1998	27,222
1980	11,664	1999	30,213
1981	12,030	2000	b) 30,420
1982	11,923	2001	30,484
1983	11,769	2002	29,099
1984	11,469	2003	27,423
1985	11,172	2004	25,772
1986	10,944	2005	23,654
1987	10,879	2006	c) 21,342
1988	12,848	2007	c) 22,141
1989	13,295	2008	c) 21,168

a) 環境基本法に基づき平成6年に策定された環境基本計画に対応して対象範囲が拡充されたものを組替えた予算額。
b) 平成13年度からの独立行政法人化に伴う減額見合分を組み替えた予算額。
c) 予算案の額。
出所：環境省総合環境政策局環境計画課「環境統計集」を基に作成。
http://www.stat.go.jp/data/chouki/zuhyou/30-2.xls

表18-4 大気汚染の状況

年	二酸化窒素 (ppm) 一般局	二酸化窒素 (ppm) 自排局	二酸化窒素・法の対象地域 (ppm) 一般局	二酸化窒素・法の対象地域 (ppm) 自排局	浮遊粒子状物質 (mg/m^3) 一般局	浮遊粒子状物質 (mg/m^3) 自排局	光化学オキシダント (ppm) 一般局	光化学オキシダント (ppm) 自排局
1970	0.035	0.042						
1980	0.016	0.033			0.042	0.053	0.036	0.027
1990	0.016	0.032	0.024	0.037	0.037	0.050	0.042	0.035
2000	0.017	0.030	0.024	0.036	0.031	0.040	0.044	0.034
2004	0.015	0.028	0.021	0.032	0.025	0.031	0.046	0.037
2005	0.015	0.027	0.021	0.032	0.027	0.031	0.047	0.038
2006	0.015	0.027	0.021	0.031	0.026	0.030	0.046	0.037

出所: 環境省「大気汚染状況調」, 日本国勢図会 2008/09, 491 頁。

れないマネジメントシステムの改善のためには, 環境対策に関して統一的で個々の政策間の整合性が確認される有効な指標が開発される必要がある[1]。本節における統計的な論点整理から, 自然環境の保全に関して個々の政策を評価することは比較的に容易であるが, 日本全体の自然環境の保全というテーマが分析されるときには, 有効な分析方法が確立されていないという重要な課題が明確であり, 以下においてこの課題に関する推論が展開される。

(2) ボランタリー・アプローチの評価項目

前節の議論を通じて,「失われた10年」以降の時期において, 環境マネジメントが十分に機能していない事実が確認された。本節において, 自動車の排気ガス規制に関して採用されたトップランナー方式では, 自動車による排気ガス基準の達成度に応じて, 自動車税の軽減措置が定められるインセンティブ・メカニズムが採用されている。「失われた10年」における環境政策とその後の日本の環境政策の特徴は, ボランタリー・アプローチと補助金を組み

合わせた仕組みであるといえる。このような枠組は政策的な目標に経済活動を誘導する仕組みを有してはいたが，政策成果の評価では日本はそれほど高い成果を上げてはいない。その理由として，表3で指摘されるように，その政策が縦割りで実施されたことや誘因を設定するのには十分な予算が投入されなかった点などが挙げられるが，以下のような，理論的な推論が可能である。

　田中（2005c）と（2006b）は，この地域ガバナンスの仕組みを解明するためには，地方政府だけでなくステークホルダーの役割を明確にする必要があることを主張する。各地域が地域社会の持続可能なガバナンスを実現するためには，計画・実施・評価・見直しの仕組みが一貫して，円滑に機能するように社会システム全体が整備される必要がある。温暖化防止の政策を例にとっても，政府および自治体は計画や実施段階における監督などで重要な役割を演じることが期待されているとしても，温室効果ガスを排出する主要な主体ではない。個人や異なる性質を有する生産主体が排出の責任を有する関係が存在することから，製造業の投入物と生産物の関係のような明確な関係が存在することはなく，補助金・課税および罰金などの経済的な手段が用いられたとしても，政策効果としてどの程度実効性があるのかは事前に予測可能ではない。しかも，企業や消費者などの個人は，政府の経済的な誘導が及びにくい理由に基づき行動することも多い。政府による経済的なインセンティブに基づく誘導が困難なプロジェクトの計画と実施段階において，各主体の行動の分析と評価に基づく計画の修正が不可欠である。言いかえると，持続可能なプロジェクトの実施に当たって，中央政府あるいは地方政府だけでなく，住民，企業，NPOなどすべてのステークホルダーのプロジェクトに対する参加や貢献の役割が明確にされなければならない。

　ボランタリー・アプローチによる環境対策の特徴は政府が持続可能な社会の設計と運営に責任を持つシステムであるというよりも，民間による積極的

な取組を誘導することにあった。このタイプの政策の有効性は、その政策が実施される時代背景あるいは世界情勢と無縁ではない。マスコミなどで繰り返し指摘される日本の優れた環境技術の蓄積などで代表されるボランタリーな環境対策を推進する有効な手段と枠組に関する幅広い角度からの検証が必要である。以下において、ボランタリーな環境政策の枠組において持続可能な社会が実現されるための条件として5つの命題の成立が議論される。

命題1. 経済のグローバル化は世界規模におけるボランタリーな行動を推進する。

1980年代から規制緩和や民営化などによって、世界の経済社会はグローバル化の潮流に乗って変遷を遂げてきた。1989年のベルリンの壁の崩壊に象徴される東欧の旧社会主義諸国の自由主義経済社会への編入は資本主義経済社会の大きな再編成をもたらすことになった。失われた10年の日本経済もこの大きな世界経済の流れと無関係ではいられなかった。国境を越えた経済活動が、日常的な社会的活動と市場経済のネットワークが絡み合いながら展開される。その活力の源泉は政府の直接的な規制によって制御されない自律的で自発的行動である。言いかえると、国際的な経済活動に関する高い倫理的な理念に裏打ちされた規範が共有される必要がある。ボランタリーな活動に関する、地球規模における行動規範の確立が模索される。この必要性を認識する世界的な多国籍企業群が積極的にCSRを展開しようとするのに対して、中国・インド・ロシアなどグローバル化の波に遅れて登場することになった企業群が国際的なボランタリー・アプローチの規範をどのような形で受け入れることが可能なのかが検証されなければならない[2]。各国の対応で足並みが揃わなければ、一つの大きな市場経済のネットワークは歪みあるいは軋みを生じながら働くことになり、このグローバル化による成果は地球全体に公正に及ぶことはなくなる。

第 18 章 環境政策における持続可能なマネジメントとボランタリー・アプローチの役割　491

　命題 1 の成立は適正な意味においてグローバル化の可能性に関する歴史的な検証過程を経て解答が得られるであろう。理論的には，各国が独自路線を追求する反グローバル化の流れが主流を占める可能性がある。世界が反グローバル化の潮流に転じた場合には，環境問題解決の方向性はますます混迷する。経済社会のグローバル化と環境問題に関する分析において，競争と持続可能な企業行動，国際標準の役割，WTO と各国の独自の経済開発，国際援助の課題とその達成方法などの課題に関する総合的な分析が必要になる。命題 1 が経済社会のグローバル化とボランタリー・アプローチの関係を論じたものであるのに対して，次の命題 2 は環境問題に関するボランタリー・アプローチの役割と課題を述べる。

命題 2.　企業が自らに課された公的な責任を適正に理解して，果たすことが可能であれば，環境問題は解決に向かって進む。

　この命題は，ボランタリー・アプローチが社会の持続可能性の役割を果たすための条件に関するものであり，ボランタリーな政策の基盤を形成する理論あるいは理念となっている。たとえば，市場経済の枠組みを超えて，個々の企業が公的な責任を適正に認識して，誠実に対応することが社会的な問題解決のための不可欠なプロセスである。企業行動の活動によってもたらされる社会的な問題発生の防止装置として考案された，CSR や SRI などで開発された概念や手法がどの程度有効に機能するかが日本経済に関しても検証すべきテーマである。以下の命題 3，4，5 は，地球規模における市場の失敗を補正するための，資源配分の機構形成に関する議論を提供する[3)]。

命題 3.　これまでより以上に資金の流れを環境あるいは社会問題の解決のために使用可能な仕組みはボランタリー・アプローチを支援する

　地球温暖化による被害対策と防止のための技術開発と社会制度の改革には，

莫大な費用が必要であると予想される。環境問題の解決のためには，資金の流れが環境問題の解決に繋がるように改善することが必要である。温暖化防止技術の開発や経済開発による環境破壊の解決には，社会的な基盤の整備を含めて，多額の資金がこれまで以上に環境問題のために投入されなければならない。環境税・補助金・排出量市場・SRIはどのように機能すべきであるのかを考えて，有効な枠組を提示する必要がある。その前提として，市場機構における価格の機能のように各政策手段の有効性を統一的に評価する指標の開発が不可欠である[4]。

命題4. 分権化社会のもとで地域の環境政策において持続可能な地域マネジメントの枠組が必要である。

中央集権の政策決定の経験が現在も主流であり続けている現状のなかで，地方分権的な意思決定をどのように社会に根付かせることができるのかが重要なテーマとなる。各地域における課題に有効に対応可能な仕組みが開発されなければならない（田中 (2005b), (2006a)）。地域を基盤とする取組の持続可能性を実現するためには，環境税，補助金，事業の評価，住民参加などの手段が有効に活用されるべきである。

命題5. 環境政策を推進するために公民連携が機能すべきである。

現状では，公民連携の議論は市場機構の機能の活用とそのための手法の検討が前面に出てきているが，市場化が困難な分野での協働体制は確立には向かわずに先細りすることが懸念される。市場機構の機能を補完あるいは代替する仕組みの構築が進められなければならない。

市場機構の活用とともに住民参加やCSRの推進が重要な課題となる。

3. 環境政策のインセンティブ分析

　田中 (2000) のモデルを用いると政府によって実施されるインセンティブ分析の役割が明確にされる。このモデルの概要は，以下のように要約される。企業は，その組織の活動にとって主たる経済活動と当面の利益に繋がらない環境への経営資源の配分を行おうとする。経済活動の水準が y でその価格が p, その生産活動で用いられる投入物の水準と価格が x_1 と r_1, 経営努力が e_1 で表示される。これに対して，環境活動の成果とその価格評価は z, t, そのための投入物の数量と価格が x_2, r_2, そのための経営活動の努力水準が e_2 で示される。これらの活動は生産関数，

$$y = f(x_1, e_1) \tag{1}$$
$$z = g(x_2, e_2) \tag{2}$$

で表現される。努力の総額 E は定数で定められている。等式 $E = e_1 + e_2$ が成立する。企業が環境への取組を通じて得られる新規の技術開発の成功などからの企業価値の向上や企業の社会的責任活動による企業リスク管理などが t に含まれるが，t は環境活動からの企業の成果であり，環境収益率とよばれる[5]。環境収益率は，企業が環境や社会への活動性を金額表示する係数であり，その値は，環境技術開発を評価する企業価値の上昇，政府の補助金，炭素市場の価格，住民からの企業活動の告発や訴訟リスクの軽減などを総計する指標である。企業にとって環境への支出 $r_2 x_2$ は環境基準の達成などの外部からの要請で決まる値であり，一種の必要経費あるいは埋没費用として処理されると考えられる。基準を超過する自発的な取組の費用は e_2 で表示される。企業は自発的な取組の費用に関して，費用と便益の基準を設定して環境への効率的な対応を進める[6]。環境活動に関する効率性の制約条件は

$$tz - e_2 \geq 0 \tag{3}$$

で表示される。企業活動の純便益は

$$\Pi = py + tz - r_1 x_1 - r_2 x_2 - E \tag{4}$$

で与えられる。企業の最適活動に関する Lagrange 式は

$$L \equiv pf(x_1, e_1) + tg(x_2, e_2) - r_1 x_1 - r_2 x_2 - E + \alpha(tz - e_2) \tag{5}$$

で示される。ただし，α は Lagrange 乗数である。ここで環境への支出が規制当局などの外部の意思決定に依存すると想定されると，変数 x_1, e_1, e_2, α に関して (5) 式を偏微分してゼロに等しく置くことによって一階の最適条件は求められる[7]。自発的な取組が進むための条件を解明するために，e_2 に非負の変数の条件が課される。このとき，e_2 に関して

$$\frac{\partial L}{\partial e_2} = (t \frac{\partial g}{\partial e_2} - 1)(1 + \alpha) \leq 0 \tag{6}$$

$$e_2 \frac{\partial L}{\partial e_2} = e_2 (t \frac{\partial g}{\partial e_2} - 1)(1 + \alpha) = 0 \tag{7}$$

が得られる。$(1+\alpha)>0$ であると想定すれば，(7) で t がゼロであるとき，e_2 もゼロでなければならない。e_2 がゼロでないときには，(6) と (7) 式から

$$t = \frac{1}{\frac{\partial g}{\partial e_2}} \tag{8}$$

が成立するが，分母にある e_2 の限界生産力は有限の値をとると想定されることから，a と b が定数であるとすれば，t は $0 < a \leq t \leq b$ を満たす範囲に存在する。企業の自発的な取組を引き出すためには，ある正数 a の水準以上の環境収益率が企業にとって獲得可能な条件が整備されなければならない。本節におけるモデル分析は 2 節の命題 1, 3, 4 の成立の根拠を以下のように理論的に補強する。

以上の推論から，企業の自発的な環境対策が持続可能であるためには，環境収益率をある水準以上に保つことが必要である。ところで，無条件で環境

収益率が a の水準以上に保たれることは困難であり，ボランタリー・アプローチを機能させるためには，環境収益率を高く保つ社会的な基盤が整備されなければならない。命題3は環境収益率の改善に関する方策を提示する。環境政策において，ボランタリー・アプローチを推進するためには，これまで以上に企業の環境収益率を高めるために有効な政策が実施されなければならない。しかしながら，財政の赤字などの制約のため，政府による対応能力には限界がある。政府の財政力を駆使して温暖化対策の技術開発や輸送の仕組みを改善させようとしても，民間の取組が進まなければ，日本に課せられた地球温暖化防止のための温暖化ガスの排出削減目標は実現されないであろう。命題5は公民連携が確立すれば，公的な部門および民間部門において，その活動の効率性が高まることに注意して，その効果が指標として政策の目標に定められることを論じる。命題4は環境収益率が持続可能な政策指標の役割を有することを述べる。政府による取組は，環境問題が顕在化して，国民の目から見ても必要性が認識された課題に関して，その効果が発揮される傾向がある。このことは，持続的に環境を改善させる政府が公共財の供給サイドとして責任を持たなければならない。持続可能性は社会全体が潜在的には膨大な需要に対して適性に対応することを前提とする。政府がこの潜在的な需要を明確に評価分析することは容易ではなく，しかも，政府による単独の供給（政策対応）では，限界が存在する[8]。この限界が2節の事例でも確認される。

　命題1に関する議論は以下のように整理される。地球規模での問題の代表的な例として，地球環境問題などの事例がある。この問題を解決するためには，地球規模での問題解決が不可欠であるが，地球規模で展開される市場経済と環境の両立を目指す持続可能な取組も一つの重要な論点であるということができる。このように，グローバル化した経済・社会活動に対応するためには，単独の国家で対応することは困難である。このような国境を越えて展開される社会経済活動の持続可能性を保証するルールや制度を整備すること

が必要になる。たとえば，地球温暖化問題においては，排出権市場の創設が世界各地で実施されているが，政府機関だけではなく，地方政府，企業，民間の団体など様々な主体がこの排出権市場に参加することを通じて，マルチ・ステークホルダーの間の連携が進展することは排出権市場が機能するための必要条件となっている[9]。

4. 企業の環境指標とボランタリー・アプローチ

　企業の環境行動への対応の指針としての環境収益率の有効性は，田中他（2003）などの実証研究が継続された。田中・長谷川（2006e）は，2005年に東証一部上場企業1653社に関して，2004年度の環境報告書など環境情報に関する情報が収集可能な資料を対象に調査された，一連の実証研究の成果に関する理論的な整理を与える。本節において，本書のテーマである「失われた10年」における企業の環境行動が田中・長谷川（2006e）における分析から推論される。企業のボランタリーな行動は，企業の自発的な取組を尊重する仕組みであるので，自らの行動の合理性あるいは効率性を常に確認することが要請される。ボランタリーな行動は，企業が置かれている状況に応じて程度の差はあるものの，1990年代以降に加速する経済社会のグローバル化と連動することになった。企業別あるいは産業別の対応に差が見られるが，一連の企業行動は前節のモデル分析における (3) あるいは (8) 式において表現される。(3) は企業が自発的な取組に関しても収支の均衡を図ろうとする行動の基準を示す。自発的な取組といっても，業界などでガイドラインが設けられることがあり，企業にとって半ば強制的な性質を持っている場合がある。本章のモデルでは，この半強制的な対応から生じる費用は $r_2 x_2$ に含められる。業界などでの協調行動が要請されることから，x_2 がゼロでないと想定

される。このことから，その活動の成果である z はゼロではないと仮定される。企業にとって変化する自発的な取組への人的あるいは物的な投入は e_2 で表示される。(3) が不等号と等号で成立する場合に関して，種々の可能性が想定される。企業の環境へのボランタリーな行動は公表される指標から分析される。まず第1に，等号で成立する場合，(3) は自発的な取組の投入水準が自発的な活動の成果で除された比率 $t = \frac{e_2}{z}$ と変形される。企業は，自発的な環境への取組を進めるに際して，指標として採用される $\frac{e_2}{z}$ または $\frac{z}{e_2}$ は費用効果比率と名づけられる。効果 z は汚染物質などの削減量，e_2 はそれを達成するための投入物，研究，設備投資の費用が計算される。いずれも，外部から評価されることのない，内部での経営効率の改善のための数値である。

第2に，田中他 (2003) は最適条件 (8) を満たす企業行動を推測可能な指標の実証研究を進めた。この研究は企業が財務および環境会計で公開している数値を用いるとき，潜在価格の分析を通じて，環境収益率の指標として次の2つの指標

$$\frac{時価総額}{環境保全経済効果}$$

$$\frac{売上高}{環境保全経済効果}$$

が利用可能であると結論する。この指標を企業経営に反映されているかどうかが調査の対象とされる。環境収益率の計算可能な数値を公表している企業が第2分類の企業として集計された。

第3に，第1分類の費用効果比率と類似の観念であるが，企業は企業活動の各工程で，環境の改善に役立つ物的な数量単位をベースとした効率性の指標を用いていることが明らかである。たとえば，環境保全効果を CO_2 の排出量などの物的な数量を用いる指標が用いられる。これらの指標は環境効率指

標として第3分類に集計される。この物的な数量単位で測られた環境効果比率を公表する企業は第3分類に集計される。以上の3つの分類に入らない指標が第4の分類に集計された。この分類には，売上高などに対する環境負荷物質の数量などがある。

環境会計が公表されて，環境収益率の計算が可能な経営環境が整っている状況は表18–5で示される。表18–5において，環境会計の普及率が50%以

表18–5 環境収益率と環境指標

産　業	指標発表企業数 (A)	環境会計公表企業数 (B)	環境会計の普及率 (B／A)	グループ
電気・ガス業	17	14	82.4%	1
ゴム製品	11	7	63.6%	1
化　学	113	64	56.6%	1
輸送用機器	59	30	50.8%	1
石油・石炭製品	10	5	50.0%	1
電気機器	163	80	49.1%	2
医薬品	37	18	48.6%	2
食料品	73	31	42.5%	2
ガラス・土石製品	26	11	42.3%	2
精密機器	23	9	39.1%	2
海運業	10	3	30.0%	2
その他製品	45	13	28.9%	2
陸運業	32	8	25.0%	2
建設業	105	25	23.8%	3
鉄　鋼	34	8	23.5%	3
機　械	119	24	20.2%	3
小売業	136	13	9.6%	3
卸売業	136	12	8.8%	3
サービス業	75	1	1.3%	3
合　計	1224	376	30.7%	—

出所: 田中・長谷川 (2006e)。

第 18 章　環境政策における持続可能なマネジメントとボランタリー・アプローチの役割　499

表 18–6　分類 2 以外のグループ別 1 社当たり平均公表指標数

グループ 1	グループ 2	グループ 3	全　産　業
0.408	0.570	0.692	0.548

出所：田中・長谷川（2006e）に基づき作成。

上，25%～50% 未満，25% 未満に 3 つのグループに産業が分類される。指標発表企業数，環境会計公表企業数が最大の電気機器を加えるとグループ 1 の企業は，国内消費者の監視が厳しい電気・ガスを除いて，企業活動と環境への取組を外部に公開する体制が比較的に整っており，命題 1 および命題 2 で表現される市場のグローバル化に対応する活動がそのなかには含まれていると考えられる。グループ 3 に分類される企業は市場が比較的に国内比重が高く，グループ 2 は市場における国内比率と海外比率が高い企業が混在するといえる。企業活動は経営の効率化を追求することが求められており，グループ 2 と 3 は，経営の効率化の努力の対象に内部の効率性を用いて環境に自発的に取組んでいるということができる。このことは，各グループに関して，表 18–6 で示される分類 1，分類 3，分類 4 の指標の 1 社当たりの数字からも確認される。表 18–6 で示される公表指標数の平均から，国内市場に重点を置くグループ 3 の企業の方が，海外展開するグループ 1 の企業より多くの指標を用いていることが明らかである。このことから，次の 2 つの帰結が導出される。第 1 に，ボランタリーな取組には，市場のグローバル化に係わらず，細かい指標を持って経営実践することが必要である。第 2 に，「失われた 10 年」からの傾向として，企業活動内容の外部への公開が企業テーマとして意識されてきているが，この傾向は，消費者からの監視が厳しい企業やグローバルな市場で活動する企業において見られる。企業活動の内容を公開するとき，個別の活動の種類だけではなく，他社の活動との比較可能であることが求められており，逆に指標の統一が進むと考えられる。

5. 企業のリスクマネジメントの評価

命題4の企業の社会的責任に関する議論の基礎は田中（2004）で展開された理論分析の実証研究（田中・長谷川（2007c））に基づく。企業の環境活動がどの程度進んでいるのか把握することは必ずしも容易ではないが，企業によって公表される数値を分析することからその実態が解明される。企業がその経営戦略において環境の問題をどのように位置づけているかを明確にするために，田中・長谷川（2007c）は2006年の8月の時点で東京証券取引所一部上場企業1698社に対して，環境報告書やサステナビリティー報告書などで公表されたデータに基づき，企業の社会的責任行動を分析する。この研究は調査対象企業のうち，GRI（Global Reporting Initiatives）の対照表掲載企業44社に関して，項目に関する記載があるかどうかを調査する。

表18–7は，GRIにおける分野および項目ごとに設定されている指標数と実際に企業が開示している平均指標数が対照されて，その達成率と分散が計算される。表18–8は，表18–7の数値を基にして特徴を明確にするために，指標分野別に平均達成率が示されている。表18–6から次の推論が可能である。ビジョンと戦略，報告組織の概要，統治構造とマネジメントシステム，に関する平均達成率は0.94から0.72と比較的に高い値を維持している。これに対してパフォーマンス総合指標，経済的パフォーマンス必須指標，環境パフォーマンス必須指標はそれぞれ0.25，0.3，0.23の平均達成率である。これらの低い達成率の指標分野がガバナンスを統括するマネジメント部門とは独立の権限を持つ部門によって実施されている組織構造を考慮すれば，企業統治をおこなうマネジメント部門は，企業統治の仕組みづくりや指標の整備には熱心であっても，企業は経済活動と社会と環境との調和を図りながら持続可能性を実現するマネジメントの仕組みを有効に機能させていな

第18章 環境政策における持続可能なマネジメントとボランタリー・アプローチの役割　501

表18-7　GRIガイドラインによる企業の社会的責任行動

指標分野		指標数	開示指標数平均	達成率平均	分散
1 ビジョンと戦略		2	1.89	0.94	0.1
2 報告組織の概要	小　計	22	17	0.77	12.14
	組織概要	9	8	0.89	0.66
	報告書の範囲	7	4.75	0.68	2.73
	報告書の概要	6	3.75	0.63	2.41
3 統治構造とマネジメントシステム	小　計	20	14.43	0.72	11.52
	構造と統治	8	5.59	0.7	1.74
	ステークホルダーの参画	4	3.3	0.82	1.07
	包括的方針およびマネジメントシステム	8	5.55	0.69	3.7
4 GRIガイドライン対照表		1	0.82	0.82	0.15
5 パフォーマンス指標					
統合指標		2	0.5	0.25	0.61
経済的パフォーマンス指標		13	3.02	0.23	3.11
	必須指標(小計)	10	3	0.3	3.18
	顧　客	2	1.45	0.73	0.29
	供給業者	2	0.2	0.1	0.16
	従業員	1	0.14	0.14	0.12
	投資家	2	0.59	0.3	0.56
	公共部門	3	0.61	0.2	0.56
環境パフォーマンス指標		35	11.27	0.23	38.38
	必須指標(小計)	16	8.3	0.52	18.94
	原材料	2	0.84	0.41	0.69
	エネルギー	2	1.23	0.61	0.41
	水	1	0.8	0.8	0.16
	生物多様性	2	0.32	0.16	0.31
	放出物，排出物および廃棄物	6	3.64	0.61	3.5
	製品とサービス	2	1.09	0.55	0.58
	法の遵守	1	0.41	0.41	0.24

（次ページに続く）

(前ページの続き)

社会的パフォーマンス指標	49	18.86	0.38	59
必須指標(小計)	24	12.14	0.51	28.71
労働慣行と公正な労働条件	11	4.84	0.44	6.72
人　　権	7	3.61	0.52	4.92
社　　会	3	1.64	0.55	0.96
製品責任	3	2.05	0.68	1.04

出所: 田中・長谷川 (2007c) の表 1–7〜11 に基づき作成。

表 18–8　指標分野と平均達成率

指標分野	平均達成率
ビジョンと戦略	0.94
報告組織の概要	0.77
統治構造とマネジメントシステム	0.72
GRI ガイドライン対照表	0.82
パフォーマンス統合指標	0.25
経済的パフォーマンス必須指標	0.3
環境パフォーマンス必須指標	0.23
社会的パフォーマンス必須指標	0.51

出所: 田中・長谷川 (2007c) の表 1–7〜11 に基づき作成。

いということができる。これに対して，社会的パフォーマンスの必須指標の平均達成率は 0.51 で，中間的な位置づけとなっている。この理由は，製品の不正表示など消費者の信頼を失うような社会的事件が繰り返されて，この分野の指標に係わる問題で企業の存続にとって重大な影響を与える責任の追及を企業が社会からたびたび受けることによって，その対応を学習する機会が多いことによると考えられる。図 18–1 は表 18–6 のレーダーチャートであるが，ビジョンと戦略，報告組織の概要，統治構造とマネジメントシステ

図18–1　指標分野別の平均達成率

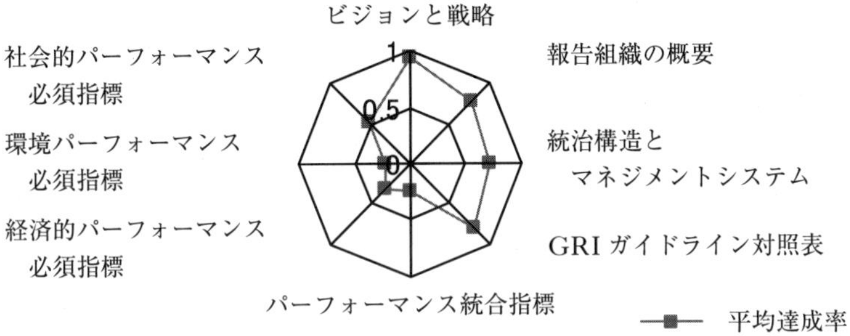

(社会的パーフォーマンス必須指標／環境パーフォーマンス必須指標／経済的パーフォーマンス必須指標／パーフォーマンス統合指標／GRIガイドライン対照表／統治構造とマネジメントシステム／報告組織の概要／ビジョンと戦略　― 平均達成率)

出所：筆者作成。

ム，GRIガイドライン対照表と比較して，環境パーフォーマンス必須指標，環境パーフォーマンス必須指標が極端に少なくなっており，企業の持続可能なマネジメントという観点から見て，GRIなどのマネジメントの指標は導入されているが，実際のリスク管理に役立つように，このマネジメントシステムは有効に活用されていないということができる。2006年の時点での企業の持続可能な企業行動が分析されたが，この分析結果は，2007年のサブプライムローン問題から2008年のリーマンショックへと展開する世界金融危機において明確になったグローバル化された経済社会における企業のリスク管理システムの未整備の現状を映し出す鏡の役割を果たしているということができる。

6. 政府と民間の役割分担

　環境の分野で展開される新技術の開発は各国にとって産業の競争力を左右する重要な要因であると考えられている。本節は補助金の政策に関して命題

5で述べられる公民の連携に関するモデル分析を行う。$\overline{Z}$ が環境の現状を示す汚染水準，z が汚染物質の削減量であるとする。社会的厚生関数が $W(\overline{Z}-z)$，汚染物質の削減量 z を実現させるための費用関数が $C(z)$ で表示される。純便益が

$$NB(z) = W(\overline{Z}-z) - C(z) \tag{9}$$

で表示されることから，純便益最大化の一階の必要条件は

$$限界便益 = \frac{dW}{dz} = \frac{dC}{dz} = 限界費用 \tag{10}$$

と書き表される。社会的な削減量 z は政府部門の直接的な努力によって実現される数量 z_1 と民間部門の削減量 z_2 によって実現される数量によって構成される。政府と民間の2つの部門は異なるタイプの費用関数 $C_1(z_1)$ と $C_2(z_2)$ を持つと想定される。まずはじめに，最適な削減の解を考察してみよう。

$$z = z_1 + z_2 \tag{11}$$
$$C(z) = C_1(z_1) + C_2(z_2) \tag{12}$$

で示される条件に注意しながら，(9)式を独立変数 z_1 と z_2 に関して微分すれば，一階の条件

$$\frac{dW(z)}{dz} = \frac{dC_1(z_1)}{dz_1} = \frac{dC_2(z_2)}{dz_2} \tag{13}$$

が導出される。規制などによる強制的な政策が実施されなければ，民間部門においては(13)式の条件は満たされないと予想される。政策の実施段階において，政府部門の限界費用 $\frac{dC_1}{dz_1}$ は入手可能な情報であり，この条件が満たされるように政府が行動すると想定することは可能であるが，民間の企業が(13)が満たされるように行動する可能性は低いと考えられる。政府部門においては費用の削減額には財政上，民間部門にも経済的な合理性の面からの制約が各々存在すると考えられる。政府は，社会全体での汚染物質の削減

第18章 環境政策における持続可能なマネジメントとボランタリー・アプローチの役割　505

に取組んでおり，民間部門の削減に関して，汚染物質の単位当たり t の補助金を支出する。環境対策に設定された予算の上限が B であるとすれば，政府部門の環境政策の制約条件は

$$C_1(z_1) + tz_2 \leq B \tag{14}$$

と書かれる。民間の企業が環境対策から期待する環境リスクの低下から生じる費用の減少額および環境に関する新たな事業展開から生み出される収益の増額が $\Pi(z_2)$ で示されるとき，民間企業は環境対策の期待収益

$$\Pi(z_2) + tz_2 - C_2(z_2) \tag{15}$$

を最大化すると仮定される。民間の企業にとっての最適な $z_2{}^*$ は

$$\frac{d\Pi(z_2{}^*)}{dz_2} + t - \frac{dC_2(z_2{}^*)}{dz_2} = 0 \tag{16}$$

を満たす。(16) の左辺の第1項は，環境ビジネスの財のように排出量の削減とともにビジネス機会が拡大することによる売上の増加額に対応する。環境関連の予算が B に定められており，(14) 式が等式で成立すると仮定しよう。(9) 式が

$$NB(z) = W(\overline{Z} - z) - \{B - tz_2\} - C_2(z_2) \tag{17}$$

と変形されることに注意すれば，(16) 式を用いることによって，z_2 に関する最適条件式は，

$$-\frac{\partial W}{\partial z_1}\frac{t}{\frac{dC_1}{dz_1}} + \frac{\partial W}{\partial z_2} = \frac{dC_2}{dz_2} - t = \frac{d\Pi}{dz_2} \tag{18}$$

が導出される。左辺は，政府による直接的な削減計画に代替して実施される民間の削減量に関する純便益である。その額が削減の限界費用から補助金を控除した額に等しくなるだけでなく，環境ビジネスの限界売上に均等することを要請する。後者の2つの値の均衡条件は，民間企業の市場での活動を保証するものである。政府は，民間での自発的な取組の限界便益から政府の活

動の代替される額を控除した値と民間での削減の限界費用に政府の補助が控除された値に等しくなるように民間への補助額を決定する。その値は，民間企業の限界利潤に等しくなるときに市場は政府の介入を受け入れる。(18) は t と z_2 の同時決定式である。補助金の効果が，ボランタリーの経済活動も効果を持つが，財政面と環境面の効果，企業経営の3つの側面からの条件設定が必要である。この関係は図18–2で表示される。政府の補助をすることによって，民間の削減の限界費用曲線は0EからCGに低下して，民間の限界利潤曲線AIとの交点が点Dから点Fにシフトして民間の自発的な取組が拡大する。この政府の補助政策により限界費用曲線CGは直線AIと社会的限界便益曲線BHとの交点Fと交わることが必要条件として満たされなければならない。「失われた10年」に対応する期間においては財政的な赤字の累

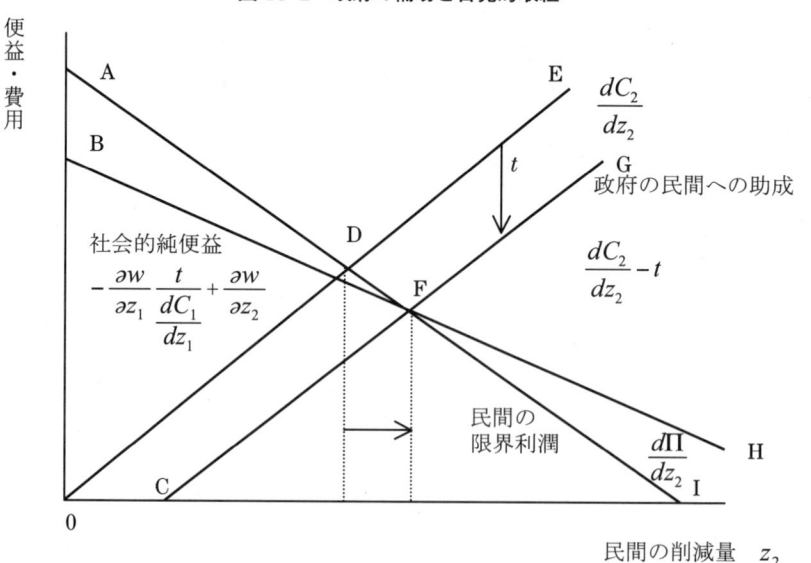

図18–2 政府の補助と自発的取組

出所：筆者作成。

積あるいは景気低迷から生じる税収の落ち込みのために，大幅な政府補助 t を実現することは困難であっただけでなく，政府と民間の限界便益あるいは限界利潤の評価が自発的な取組に関して大きく低下して，AI 曲線から BH 曲線へと傾きが大きくなる。この期間，$C(z)$ の最適解である3つの曲線の交点 F が存在せず混迷状態が出現するか，あるいは点 F が相対的に大幅に右方にシフトすることが困難になり，事態が明確に改善しない状況にあったと考えられる。

7. おわりに

「失われた10年」における日本の環境問題は，この間，進んだ経済と社会のグローバリズムと無関係には論じられない。このグローバリズムは，地球温暖化の防止という世界共通の象徴的課題をわれわれに認識させる。それとともに原油などの資源と食料の確保という世界的な配分が困難な問題の存在が資源の価格高騰という形で出現する可能性も明らかになった。経済社会のグローバル化とともに製品や原料の移動のグローバル化が資源・食料循環のグローバル化をもたらしており，政府の単独行動によって解決困難である課題の存在が明らかになり，国境を越えた問題解決という点から貢献できる主体による協力体制の構築が不可欠である。この体制には国際的な視野からの円滑に進む仕組みの設計と運営方法の開発が課題となる。

国内においても，政府単独では問題の解決が困難な状況が現れて，民間との経済的および社会的責任を共有する体制の確立が必要であることが認識された。持続可能な社会建設のためのマネジメントの体制を確立することが重要である。マルチ・ステークホルダーによる協働作業では，ステークホルダーの間での目標の共有と実施過程の検証が必要である。そのためには，各ステー

クホルダーにとって持続可能な行動の指針となる規範と指標の構築が避けられない。最終的な目標に対して各主体がどのように貢献すべきなのか絶えず見直して，合理的で効率的な活動を展開しなければならない。この過程は動態的に展開される必要がある。この取組は企業や組織がその社会的責任行動を果たすことであると考えることもできる。住民による積極的な貢献だけでなく，各企業や組織がどのような社会的責任をどのようにして果たしていくのか明確にすることが重要になる[10]。「失われた10年」の検証は，この期間におけるわが国が直面する環境への対応と国際的な視野から再評価を繰り返しながら対策を見直す持続可能な仕組みが体系的に確立していなかったことを確かめることになった。このことから，「失われた10年」の意味は，社会全体としての持続可能な仕組みが本格的に構築されずに，この課題の解決が現在にまで先延ばしになっていることにあるといえる。

1) 地域の環境指標に関する理論と実証分析の有効性と課題は田中（2005b），（2006a），（2006d），（2009a），（2009c）および田中・坂本（2007b），（2009b）で整理される。
2) Napoleoni（2008）は1990年代に旧社会主義諸国の参入による資本主義経済圏の拡大の影響を分析して，現代の資本主義が有する課題に対応する新しい社会の仕組みを提案する。
3) 田中（2009c）はグローバル経済における市場失敗に関する統一的なモデル研究に関する基礎的な分析を行う。
4) Tanaka（2009）はモデル分析を用いてこれらの関係を整理する。
5) 長谷川・田中（2005a）は環境への取組と企業価値の関係を理論と実証の両面から考察する。
6) 企業の環境行動の費用便益行動の実証研究は田中（2006c）の第5章「持続可能な経営と評価指標」において企業行動が産業別に分類してその共通点が抽出されている。
7) 田中（2000）において，x_2は最適条件を求める変数であるが，本稿では変数ではない。田中（2000）の158頁の（8）を除外して，以下の考察は進められる。
8) GazierとTouffut（2006）は公共財に求められる性質に関する考察を行う。

9) 市場の失敗の解決のために市場機構の活性化と連動する環境ネットワークの役割は田中 (2001) のエピローグで説明される。
10) 企業の社会的責任を含む企業の自発的な貢献と整合する公共政策の役割を Lyon と Maxell (2004) は法律によって要求される訳ではないが，企業や組織による環境保護に貢献する活動 (かれらは Corporate Environmentalism と名づける) に焦点を当てて論じている。

参 考 文 献

Gazier, B. and J-P Touffut (2006) "Introduction: Public Goods, Social Enactions," in Touffut, J-P, (ed.) (2006), *Advancing Public Goods*, The Cournot Centre for Econimic Studies Series, Edward Elgar.

Lyon, T. P. and J. W. Maxwell (2004), *Corporate Environmentalism and Public Policy*, Cambridge University Press.

Naopleoni, L. (2008), *Rogue Economics*, Seven Stories Press, 田村源二訳『ならずものの経済学』徳間書店, 2008 年.

Tanaka, H. (2009) "A Theoretical Analysis of Sustainable Framework for the Climate Change: In the Case of London Mechanism,"『経済学論纂 (中央大学)』49 巻 5・6 号, 1–12 頁.

Wheller, S. M. (2004), *Planning for Sustainability: Creating Livable, Equitable, and Ecological Communities*, Routhlege.

田中廣滋 (2000)「環境政策と企業の主体的な貢献」, 宇沢弘文・田中廣滋編著『地球環境政策』中央大学出版部, 153–168 頁.

田中廣滋編著 (2001)『環境ネットワークの再構築—環境経済学の新展開』中央大学出版部.

田中廣滋他 (2003)「環境会計と費用便益分析」『地球環境レポート』8 号, 9–32 頁.

田中廣滋 (2004)「企業の社会的責任の経済理論」『地球環境レポート』9 号, 1–10 頁.

田中廣滋, 長谷川智之 (2005a)「企業の環境経営指標と株主価値—環境会計のモニタリング機能の理論的・実証的分析—」『地球環境レポート』10 号, 1–34 頁.

田中廣滋 (2005b)「地域社会計画における不確実性と期待」『中央大学経済学部創立 100 周年記念論文集』, 235–246 頁.

田中廣滋 (2005c)『地域ガバナンスの公共経済学アプローチ』中央大学出版部.
http://c-faculty.chuo-u.ac.jp/~hiroshig/approach-content

田中廣滋 (2006a)「持続可能な地域環境計画と地域環境評価—八王子市における地域

環境評価分析をベースとして―」『経済論纂（中央大学）』第 46 巻，第 3・4 号，299–322 頁．

田中廣滋（2006b）「持続可能な地域社会の基本モデル」田中廣滋編著『持続可能な地域社会実現への計画と戦略』中央大学出版部，1–14 頁．

田中廣滋編著（2006c）『持続可能な地域社会実現への計画と戦略』中央大学出版部．
http://c-faculty.chuo-u.ac.jp/~hiroshig/sus000

田中廣滋（2006d）「地域環境総合診断の可能性と診断項目の特性分析」『地球環境レポート』11 号，1–19 頁．

田中廣滋，長谷川智之（2006e）「持続可能な経営と評価指標」田中廣滋編著『持続可能な地域社会実現への計画と戦略』中央大学出版部，89–143 頁．

田中廣滋編著（2007a）『環境ガバナンスとコミュニケーション機能』中央大学現代 GP．
http://c-faculty.chuo-u.ac.jp/~hiroshig/governance.pdf

田中廣滋，坂本純一（2007b）「環境基本計画を用いた地域ガバナンスの評価」田中廣滋編著『環境ガバナンスとコミュニケーション機能』中央大学現代 GP，77–103 頁．

田中廣滋，長谷川智之（2007c）「持続可能な企業統治におけるコミュニケーションの役割」田中廣滋編著『環境ガバナンスとコミュニケーション機能』中央大学現代 GP，7–75 頁．

田中廣滋（2009a）「地域診断における指標の改良と地域間比較のモード分析」『地球環境レポート』12 号，24–63 頁．
http://www2.chuo-u.ac.jp/econ/gp/img/publish/Report-12.pdf

田中廣滋，坂本純一（2009b）「環境基本計画と動態的な評価の枠組み」『地球環境レポート』12 号 66–81 頁．
http://www2.chuo-u.ac.jp/econ/gp/img/publish/Report-12.pdf

田中廣滋（2009c）「経済社会のグローバル化と地域診断」『グローバルな地域連携の枠組みと経営』中央大学教育 GP．
http://www2.chuo-u.ac.jp/econ/gp/img/publish/book-j.pdf

第 19 章

地域政策の展開と評価——環境配慮型の観光開発を中心に

薮 田 雅 弘

1. はじめに

　人類が，今世紀の環境問題や貧困問題，平和・安全といった問題に直面したのは，1990年以降に限ったことではない。古くて新しいこれらの課題に対して，未だに十分な解決の糸口を摑んでいるとは言えない。しかし，発展が常に人々の厚生水準の拡大を求めているならば，「失われた10年」に対する様々な課題からの分析は，新たな発展に向けた方向性を示唆するものでなければならない。

　本章では，とくに「観光発展」をめぐる最近の展開から，失われたものは何か，その原因はどこにあるのかを検証するとともに，将来の発展の方向性を探ることにしたい。1992年のリオデジャネイロでの地球サミット以降，2002年のヨハネスバーグでの会議を経て，地球規模での環境問題を考える方向性とその実現に向けた仕組みづくりが展開されている。観光開発についても，貧困問題の解決と併せて，自然環境や文化財保護など観光資源を保全し，同時に経済的な便益が得られるような仕組みづくりがWTO（世界観光機関）などで模索されている。2002年の国際エコツーリズム年を契機として，持続可能な観光開発への期待は一層高まっている。一方，わが国では，近年

インバウンドとアウトバウンドの観光ギャップの解消を目指すという、マクロ経済的目標が示され、観光関連の法的整備と施策の展開が図られている。さらに、1980年代のバブル期やリゾートブームに乗った不適切な観光開発の見直しと、持続可能な観光開発への方向転換が求められている。観光政策の展開に限って言えば、「失われた10年」は将来への「可能性を秘めた10年」と言える。

　ところで、近年、所得水準の向上、余暇時間の拡大など、人々が、レクリエーションや観光といった時間消費型のサービスを享受する傾向が強まっている。経済のサービス化やソフト化が言われて久しいが、それに併せて、従来の生産をめぐる公害などの環境破壊から、もの・サービスを含めた消費過程がもたらす様々な環境問題が生じている。観光についても、一方で関連する財やサービスの生産に直接かかわるものの他に、まさに、その消費過程から生み出される環境問題の重要性が認知され、それに対峙するための施策が模索されている。現代では、観光が地域に及ぼす経済的なプラス面と環境へのマイナス面の相克が次第に明らかになってきており、環境保全型の観光発展なしには、持続可能な発展はないとさえ思われる。「エコツーリズム」や「グリーン・ツーリズム」などの用語法は、こうした動きを反映したものである[1]。本章の目的は、観光と環境問題の関係性を法律や計画制度の側面から概観解説し、わが国の置かれた状況と課題を明らかにすることである。しかし、このような課題について検討するための理論的枠組みについては、従来の観光経済学の枠内で必ずしも整合的に分析がなされてきたわけではない。観光関連の環境問題を解決するための公共政策の論拠付けについて、環境経済学の視点から検討を加えることも併せて本章の課題になる。

　わが国にあっては、これまでも国の地域政策の一環として、衰退する地域経済社会を活性化させる牽引策として観光開発が登場した事例があった。戦後、観光開発を促す数々の法整備とともに、多くの地域が観光主導の地域発

展に望みを託したという事実がある。しかし，残念ながら多くの自治体では，観光開発の失敗とともに一層の地域経済の疲弊化，衰退化が進んでいる現状がある。もちろん，こうした政策誘導的な観光開発とは別に，膨大な地域観光資源をもち高度成長経済とともに人々の消費行動が余暇志向的になるのに伴って，多くの観光客を集める地域があったことも事実である。しかし，少なくとも国内では，多くの地域が自己の地域観光資源を再認識しその付加価値を求めて観光開発を希求する中で，地域間競争の激化，マクロ的な成長要因の弱体化といった厳しい環境の中に置かれている。こうして，近年のエコツーリズムなどの新たな観光展開は，地域開発の理念的なあり方を示す一方で，地域の厚生水準を高めるための優れて現実的な経営様式の中に内包されていく。「開発と保全」や「開発と地域厚生の向上」といった，古くてしかし現代的な課題が「エコツーリズム」には残されている。本章では，これらの問題を考えるために，制度や法律の整備に関する歴史的側面と，観光と環境問題を考えるための基礎となる環境経済学的側面について検討を加える。

　本章の構成は，次のようである。2節では，観光サービスの展開を観光政策および観光法の観点から概観する。3節では，観光開発と環境保全の展開をめぐって，とくに自然公園の保全に注目して概観する。4節では，わが国のリゾート法のもとでの開発実態とその問題点を検討する。5節では，持続可能な観光開発の出発点としてのエコツーリズム推進法の可能性を論じる。6節においては，以上のような，持続可能な観光開発の思考的基礎を与えるべき理論的な枠組みについて検討したうえで，とくに観光開発におけるコモンプールの考え方の重要性を指摘する。

2. 観光と観光政策の展開
――観光開発と観光の基本法――

　わが国では，平成19（2007）年6月に『エコツーリズム推進法』が成立し，平成20（2008）年4月から施行されている。基本理念として，自然環境への配慮，観光振興および地域振興への寄与，環境教育への活用，が掲げられ，政府によるエコツーリズムの基本方針策定のもとで，市町村ベースでのエコツーリズム推進母体と構想の策定，必要に応じた環境保全などができる仕組みが形成された。その背景には，1992年の地球サミットとそれを受けた2002年における国連の「エコツーリズム年」以降の活動など，国際的な視点から，各国の自然環境に配慮し自然資源保護を目指すツーリズムの展開の必要性が高まったことが指摘できる。とかく，開発イメージの高い地域の観光開発から，環境配慮型の観光発展へと移行せざるを得なくなった背景には，将来世代へ向けた持続可能な観光開発の必要性と，地域の過疎化や衰退など地域保全の必要性がある。

　その開発イメージとは別に，観光や旅行（あるいは旅）は，大抵の場合，地域固有の自然環境や文化ならびに信仰と密接に関連しあってきた。「東海道中膝栗毛」で有名な弥次さん喜多さんの伊勢参りの旅は，庶民の旅として有名であるが，道中の観光や体験に思いを馳せる人々の心を反映していた。人口三千万人ほどの日本で，江戸時代の最盛期には年間五百万人ほどの参詣者があったとされている。旅は同時に，地域に多大な経済的恩恵を与えてきた。宿場町として，交通要所として人々の交流が生まれ，地域活性化の源になってきたことは，今も変わらない。明治期以降，国内観光のみならず国際観光面でも進展が見られ，鉄道の時刻表に英語表記が付記されたり，大正期や昭和初期には，交通網の発達と観光地の整備によって観光ブームが起こったり

した。大正元年（1912年）には，ジャパン・ツーリスト・ビューロー（現JTB）が設立され，日本紹介映画である「Beautiful Japan」の製作（大正8 (1919) 年）による海外への情報発信が行われ，また専門誌である雑誌「旅」が創刊（1924年）されるなど，大戦間の平和を背景に，人々の観光に対する関心が高まった。その象徴は，昭和2 (1927) 年に新聞社が行った日本新八景を初めとする景勝地の選定である。国民的規模で行われた投票と当時の文壇を代表する文人などによる紀行文は，否が応でも人々の観光への思いを誘った[2]。

観光は平和の中にあってこそ意味を持つ。第二次大戦後，比較的早く外国人旅客に関する法整備が進み，昭和24 (1949) 年には，国際観光事業の助成に関する法律，国際観光ホテル整備法などが施行され，戦後の都市復興を観光温泉資源や国際的な文化資源や住宅の開発によって推進しようとした様々な個別特別法（別府，伊東，熱海などの『国際観光温泉文化都市建設法』（昭和25 (1950) 年）や京都などの『国際文化観光都市建設法』（同年）など）での対応が行われた。

高度成長が持続する中，昭和38 (1963) 年に『観光基本法』が制定された。『観光基本法』は，観光政策の基本目標として，国際収支改善などの経済面ならびに文化交流促進などにある点を明確にし，目標実現へ向けた施策として「来訪の促進，安全の確保，観光資源保護，育成及び開発，観光に関する施設の整備」などを掲げた。その後，平成18 (2006) 年には，観光立国の実現がわが国の主たる戦略であることを明確化させるとの方針から，「地域における創意工夫」と「地域の主体的な取組みの尊重」，「活力に満ちた地域社会の持続可能な発展を通じて国内外からの観光旅行を促進すること」を軸に観光政策の立案を行うべきであるとして，新たに『観光立国推進基本法』が施行された。そのために，国は，国際競争力の高い魅力ある観光地の形成，観光産業の国際競争力の強化および観光の振興に寄与する人材の育成，国際観光の

振興，観光旅行の促進のための環境の整備に必要な施策を講ずることが明記されている。地域発展と持続可能性が掲げられているものの，基本的な方向性は，選択的な地域開発と観光開発による観光促進であって，持続可能性や自然資源や文化保全といった視点は必ずしも明確ではない[3]。先に言及した『エコツーリズム推進法』は，このような地域の自然環境や文化および歴史などの保全面を補完するものとして重要な役割がある。

3. 観光開発と自然環境の保全

ところで，観光開発の必要性を認めたとしても，エコツーリズム推進基本法の制定の背景として，明らかに環境保全や持続可能な観光開発が必要となってきたのには，どのような事情があったのであろうか。この問題を，自然公園法とリゾート法（総合保養地域整備法）をキーワードにそれぞれ検討しよう。

まず，世界で国立公園が最初に制定されたアメリカのケースをみてみよう。アメリカのイエローストーン国立公園は，1872年制定の世界初の国立公園であったが，19世紀末のヨセミテ国立公園の指定などと併せて，これら自然公園についての具体的な管理・運営を行う国立公園局（NPS＝National Park Service）とその基本法（NPS Organic Act）の制定は1916年とおよそ半世紀後のことであった。NPSは「景観，自然や史跡および野生生物を保存し，それらを子孫に損なうことなく伝えること」を目的に，基本的には原生の自然環境保全，利用者の自然への理解，景観に配慮した施設の公平な利用，を具体的な任務の原則として運営されている。こうした組織や法整備の要請は，例えば，19世紀後半のヨセミテにおいて，多くの長期滞在する観光客が押し寄せ，ホテルが林立し，観光向けのアトラクションや観光客が持

ち込む動物などによってかなり自然環境が悪化した背景を考えれば当然であったと思われる[4]。さらに，東部での工業開発，西部へ向かう農業開拓の進展とともに，アメリカにおける真のフロンティアは消滅し，それに対して失われつつある自然や動植物などの保全が謳われ，ジョン・ミューアによって創設されたシエラ・クラブ（Sierra Club，創立 1892 年）など，多くの市民環境団体が活躍することになる。1913 年のヨセミテ国立公園のヘッチヘッチー渓谷（Hetch Hetchy Valley）におけるダム建設（O'Shaughnessy Dam）は，開発（保全）か自然保護かをめぐる好例である。当時は，サンフランシスコへの水と電力供給の必要があり，結局ダム建設が進められた。しかし，これに関しては以下の点に着目する必要がある。まず，ヘッチヘッチーにおける経験は，50–60 年代アメリカにおけるダム（とくに，コロラド州とユタ州の州境にある国立恐竜博物館やグランドキャニオン国立公園における）建設中止に大きな影響を与えた点である。また，現在行われているヘッチヘッチー渓谷回復運動[5]（Restore Hetch Hetchy）では，ダムに代わる代替的な水・エネルギー供給手段の提示，回復費用と回復後の自然公園がもたらす環境的便益と観光増大などによる経済効果の費用便益の提示，といった合理的な手法による問題解決の方向性が示されている。

　結局，自然との関わりの中で，自然を大きく破壊する水・エネルギー産業を選択するか，その影響を最小限度に抑えつつ自然環境を保全する観光へシフトするかの選択になっている。こうした経験は，保護すべき地域は完全に保護しながらも，観光を通じての体験や学習によって，自然から学び自然を理解することで，経済的便益や地域の人々の厚生に寄与する施策がありえることを示したと言える。ここに，エコツーリズムを考える場合の原点があるように思われる。

　このようなアメリカの自然保護とリクリエーションを目的とした国立公園の制度化の動きはスウェーデン（1909 年）やスイス（1914 年）などの欧州各

国に広がり，20世紀には，自然保護の国際的な運動へと発展していく。わが国の場合，前項で述べた大正期の観光ブームを反映して，急速な近代化のなかで失われていく史跡や名勝などの保存の必要が叫ばれ，大正8 (1919) 年に一定の開発制限を含む『史跡名勝天然記念物法』が制定されている（後に『国宝保存法』と併せて『文化財保護法』（昭和25 (1950) 年）へと引き継がれている）。

この流れのなかで昭和6 (1931) 年には，『国立公園法』が施行され，昭和9 (1934) 年には雲仙や日光など8か所の国立公園が指定され，さらに戦後になって昭和24 (1949) 年には，国定公園制度が創設されとくに生態系の維持を目指すために特別保護地区が制定されている。その後，統一的な公園管理と実効性ある開発規制を促すために，これらの法律は，昭和32 (1957) 年に制定された『自然公園法』へと改正され受け継がれている。その第1条では「優れた自然の風景地を保護するとともに，その利用の増進を図り，もって国民の保健，休養及び教化に資することを目的とする」とある。その文言のと

表 19-1 自然公園面積総括表

平成21年3月31日現在

種別	公園数	公園面積 (ha)	国土面積に対する (%)	特別地域 特別保護地区 面積 (ha)	比率 (%)	特別地域 面積 (ha)	比率 (%)	普通地域 面積 (ha)	比率 (%)
国立公園	29	2,086,945	5.522	275,909	13.2	1,502,027	72.0	584,918	28.0
国定公園	56	1,362,030	3.604	66,488	4.9	1,267,737	93.1	93,293	6.9
都道府県立自然公園	309	1,961,030	5.189	—	0.0	709,796	36.2	1,251,234	63.8
合計	394	5,410,005	14.314	342,397	6.3	3,479,560	64.3	1,930,445	35.7

注：都道府県立自然公園には特別保護地区がない。
出所：環境省HP (http://www.env.go.jp/park/doc/data/natural/naturalpark_1.pdf, accessed 25 / NOV / 2009) による。

おり，わが国の場合には，概念上，初めからレクリエーションや観光利用という自然環境保全あるいは自然の賢い利用（wise-use）が念頭にあり，対象指定地域の規制の程度に応じて特別保護地域（同第 14 条）や特別地域（同第 13 条），普通地域（同第 26 条）（ほかに海中公園地区）に分類されている。自然公園の保護と利用を適正に行うために，規制と施設に関する保護計画と利用計画がある。自然公園は都道府県ごとに差はあるものの，平成 21 (2009) 年には全体で国土面積の約 14.3％ を占め（表 19-1 参照）ており，年間の利用者は 10 億人を超えている。

戦後の高度成長とレジャーおよび観光ブームのなかで，自然公園法は，初めから，様々な開発行為に基づく自然破壊との対峙を余儀なくされてきた。もともと，保全すべき対象公園ごとに規制の差を設けてきたわけであるが，一定の制限はあるとはいえ，基本的にその利用価値を求めてきた部分は否めない。したがって，自然公園法の歴史は環境保全を図るための改正の連続であった。昭和 48 (1973) 年には，自然破壊へとつながるゴルフ場は公園事業から削除され，それ以降特別地域での建設は認可されていない。翌年には，特別地域の地種区分が規定され，さらに翌々年には，国立公園内での各種行為に関する審査指針が策定されている。

これに関連して，昭和 47 (1972) 年に制定された『自然環境保全法』が重要である。この法律は，「自然公園法その他の自然環境の保全を目的とする法律と相まって，自然環境を保全することが特に必要な区域等の自然環境の適正な保全を総合的に推進」すること（第 1 条）を目的としている。そのため，自然環境の保全に関する基本構想のもとで，国は，基本的に保安林[6]区域外でとくに保全すべきとされる「原生自然環境保全地域」と，植生や天然林，特異な地形を理由に「自然環境保全地域」を指定することができるとされている（同第 12，14，22 条）。さらに，国有林野事業としての「保護林制度」もまた重要な自然環境保全にとって重要な制度である。これは，学術研究，

貴重な動植物の保護，風致の維持を目的としているが，国立公園法に先がけ，大正4 (1915) 年に制度化された。平成元 (1989) 年に保護林の区分体系が拡充され，平成18 (2006) 年現在，「生態系保護地域」の27か所 (40万ha) を筆頭に，植物群生保護林や郷土の森など全体で850か所 (68万ha，以上林野庁業務資料による) が設定されている。

　わが国の場合，ある地域の自然環境保全の必要が生じた場合，上記のように歴史的に規定された様々な施策を総合的に活用して対応するのが一般的である。その基本的理由は，その対象となる地域の土地所有形態が様々であるという点にある。前述の米国やカナダの国立公園の指定は国有地であって，わが国の場合のように，指定が土地所有に関係なく地域性をとっている場合には，この所有形態との違いに対応して弾力的な対応が求められるのは言うまでもない。先の「保護林」については，国有林のみが対象であるが，「保安林」は民有林を含み，かつ，自然公園法が対象とする地域については，様々な所有形態が存在する。しかし，地域は，一定の自然環境を全体として保持しているのであって，所有の形態を超えて整合的な保全活動が求められるのである。管理をめぐるこのような複雑性が環境保全活動にとっての障害になっているとの指摘もあるが，他方で，関与する様々な人々がともに協働する必要性があり，そのために，かえって地域一体となった管理・運営のメカニズムを要請するといったメリットを指摘することもできる[7]。

　ところで，すでに述べたように，開発行為がもたらす環境破壊に対する対策のために，自然公園法自体は改正され規制の強化が続いており，平成に入ってからは，生物多様性の保全と野生生物保護の機能を自然公園法に位置づけるための改正が行われた (その理由は，原生的自然環境をもつ地域への観光客の増加による生物への捕獲圧や廃棄物の増大，さらに地域の衰退や産業の変化に伴う里山・里地といった二次的自然の荒廃などであるとされている (平成15 (2003) 年改正))。

4. 観光開発と自然環境の保全
―― リゾート法の場合 ――

　前節では，観光開発が起因する自然環境破壊とそれに対する自然環境保全の対策を，主に，自然公園法の展開を軸に検討した。ここでは，より直截的に，観光開発を主導してきた法的，制度的側面を眺めてみよう。

　言うまでもなく，観光開発は観光サービスを介した地域開発の形をとることになる。国際的には，開発途上国＝供給者における豊かな自然環境や独自の文化を求める先進国からのツアー客＝需要者として理解されうるであろうし，これを国内に限ってみれば，消費者＝都市住民，供給者＝農村，漁村あるいは山間部で文化的，自然的価値を保全する人々，という図式で把握されることが多い。

　ある地域が提供することができる持続可能な地域観光資源には，前項でも示したように，ある上限が存在する。それを活かしつつ地域の観光サービスの提供が可能になるのは，そのような地域の自然環境や文化遺産などを地域の各主体が協働して適切に管理・運営するシステムがある場合に限られる。詳細な定義は後の節に委ねるとしても，エコツーリズムは，地域の自然環境や文化財の有り様を熟知した地域の主体によって共同で管理・運営される観光サービスである。ある程度の観光資源を提供することができる観光地では，とりわけ巨大な観光資本が流入し，ともすれば観光資源の利用が過剰となり，早晩エコツーリズムの概念に抵触する問題が生じる傾向がある。実際，わが国の巨大プロジェクト型のリゾート開発は，先述した地域の管理・運営システムや地域計画の本旨に反して行われたために，いまや環境破壊の代名詞のようにさえなっている感がある。地域における協働の主体としての参画がないままに，いわゆる中央のデベロッパーがもたらした巨大開発は，利潤の地

域への再配分を拒み，地域と一体となるべき管理・運営システムを歪めていった。以下，この点を詳しく検討しよう[8]。

　高度成長期以来の観光ブームや地域開発の推進のなか，昭和62 (1987) 年に制定された『総合保養地域整備法』（いわゆる「リゾート法」）は，幾度かの改正を経て現在に至っている。それは，「良好な自然条件を有する土地を含む相当規模の地域である等の要件を備えた地域について，国民が余暇等を利用して滞在しつつ行うスポーツ，レクリエーション，教養文化活動，休養，集会等の多様な活動に資するための総合的な機能の整備を民間事業者の能力の活用に重点を置きつつ促進する措置を講ずることにより，ゆとりのある国民生活のための利便の増進並びに当該地域及びその周辺の地域の振興を図り，もつて国民の福祉の向上並びに国土及び国民経済の均衡ある発展に寄与すること」（第1条）を目的に制定された法律である。地域に固有の文化資源や自然環境の保全というよりは，むしろ基本は，ツーリズムに関する総合的な機能・施設整備にあり，従来の公共施設の拡充に加えて法の規定する特定施設を整備（同法第2, 3条）するための法律である。規制緩和と財政優遇措置を通じて，また民間活力をもって開発競争を促した結果，地域の自然環境の悪化が促され同時に地域の管理・運営システムもその自律的な力を失っていった。この法律が成立した時期が，円高不況を経て，昭和61 (1986) 年12月に始まるバブル景気の時期に一致したこと，また，日米経済摩擦を受けて内需拡大による経済成長の促進，規制緩和の促進が，国際協調のための経済構造調整研究会報告書（いわゆる前川レポート：昭和61年4月7日）によって謳われたことも問題をより深刻にした[9]。

　総務省は，「リゾート開発・整備に関する政策評価書」（平成15 (2003) 年4月）で，リゾート法に基づく開発の効果に関する評価を，総合整備地域の整備促進と地域振興の二つの点から評価している（なお，リゾート法の対象となる「特定地域」の面積は，合計約660万ha（国土の約18％）に達してい

る）。評価するための十分なデータや資料が不足しているとしながらも，民間事業者の特定施設の整備の停滞および中断や中止などが全国至るところで生じていること，リゾート法施行後の5年程度は特定施設の整備は進行したものの，その後は減少傾向にあり，基本構想が想定したような整備が進んでいないこと，経営面でうまくいっていない施設が多いこと，さらに，利用者数や雇用者数についても大半の特定地域において当初見込みを大きく下回ったものになっている点が指摘されている[10]。また，こうした状況が生み出された背景として，バブル崩壊に伴う経済環境の悪化や，自由時間の増大の反面，年次休暇の取得の困難化や旅行関連支出の停滞など需要面での弱さがある点，などを掲げている。こうして，リゾート法に基づく地域開発の施策は，「これまでと同じように実施することは妥当ではなく，（中略），政策の抜本的な見直しを行う必要」（同政策評価書 III の意見）があるという指摘を受けている（(http://www.soumu.go.jp/menu_news/s-news/daijinkanbou/030415_2_01.pdf#search='リゾート開発・整備に関する政策評価書', accessed 25 / NOV / 2009）を参照。）。

　このような政策の遂行そのものに対するネガティブな評価とは別に，広大な面積を対象に展開されたリゾート開発施策の多くが，各地域における人々の自主的な発展意欲や工夫を削ぎ，地域コミュニティの崩壊や環境問題に大きな負の影響を及ぼしてきたことの方が重要かもしれない。これらは，リゾート法による開発のみではないが，補助金に依存する地方財政の仕組みのなかで地域住民の厚生が軽視されその主体的参加が阻害されるシステムのもとで生じ，それに加えて，不十分な環境評価体系や開発をめぐるゾーニング手法，とくに，前節で触れた自然公園法による指定のうち，特別保護地区や第1種特別地域などを除く地域でのリゾート開発などによって引き起こされたと考えられる。こうして，観光開発や地域開発のもとに，自然環境保全型の地域発展が置き去りにされたのである[11]。

5. ツーリズムの本旨とその課題
――エコツーリズム推進法――

　すでに述べたように，エコツーリズムは，地域の許容範囲に依存するために，一般にはリゾート開発などの大規模開発とは対極の形態をとるであろう。地域開発と環境保全の両立を目的とする「エコツーリズム」という標語も，新しいツーリズムの概念としての諸条件が満たされず，ただ単に名称を変えた「ツーリズム」に過ぎない場合があることに注意を要する。わが国の場合，1990年代以降，先述したように地球規模での環境問題への適切な施策が求められていく一方で，国内的に行き詰まりをみせてきたリゾート開発手法に変わる新しいタイプのツーリズムが必要となったと考えられる。背景には，地域間の経済的格差拡大の問題と同時に，供給者サイド（あるいは地域全体）における自然環境保全の困難性といった問題があるなかで，消費者から供給者への所得移転を促すと同時に地域の環境保全を維持することによって，いわゆる持続可能な成長が図れるのではないかという期待があったからである。

　1992年の地球サミットでの持続的な開発の議論を受けて，国際観光機関（WTO）と世界旅行観光業協議会（WTTC）は地球評議会（EC）とともに，1995年に環境的に持続可能な開発に向けた「旅行ツーリズム産業のアジェンダ21」を発表した。そこでは，地域の潜在的な持続可能性とそれを引き出すための法律や政治ならびに管理・運営システムの関連が論じられており，とりわけ，中央や地方の政府が果たすべき役割として，持続可能なツーリズムをもたらす規制や経済的および「自発的な枠組み」の評価，組織自身がもたらす経済的，社会的，文化的および環境的影響の評価，ツーリズムを持続可能なものにするための関連主体の訓練と教育などの必要が掲げられている[12]。国際連合が2002年を国際エコツーリズム年（IYE＝International year of ecotourism）と宣言し，国連環境計画（UNEP）と WTO を通じて環境保全のもとでの開発という本来のアジェンダ21の目的を実現するために，とくに政府，国際的および地域的な関連諸組織ならびに NGOs の協力を推進する試みが行われた。こうして，国際的な規模でツーリズムの持続可能性の促進と持続可能なツーリズムの王者（the champion of sustainable tourism,（UN website, 2002））としてのエコツーリズムの認識が高まっていった。

　他方，わが国では，エコツーリズムにかかわる観光サービスの拡大を政策的に支える施策の端緒は，平成6（1994）年制定の『農山漁村滞在型余暇活動のための基盤整備の促進に関する法律』（いわゆるグリーン・ツーリズム法）に求められる。さらに，平成12（2000）年3月の『食料・農業・農村基本計画』においては，都市と農村の交流促進を通じた農村振興施策が主張されており，エコツーリズム政策の重要性が主張されている。また，同年12月に，農林水産省農村振興局が公表した『グリーン・ツーリズムの展開方向』によれば，こうした新たなツーリズムへの期待の高まりの背景には，「ゆとり」「やすらぎ」または「自然の希求」などで示される農業や林業体験への志向が高まっている点があり，また，同時に農村地域においては，「就業や副収入機会」の創出ならびに「所得の向上」といった要求が高まっている点があるという[13],[14]。

　言うまでもなく，エコツーリズムの理念を，このような都市域と農山漁村地域間の経済的格差の解消といった点に局所化させることはできない。エコツーリズムの論調は，むしろ，農村（あるいは自然資源国）における過剰な自然資源の利用による自然環境の悪化に対して，自然保全を行うことによって自然環境の価値を再確認しようとするものである。先の『展開方向』や同年の「新グリーン・ツーリズム総合推進対策実施要領」では，どちらかと言えば，豊かな自然環境の維持は自明の理として政策の前提とされ，もっぱら戦

略としてのツーリズムを介した地域開発に力点が注がれている。そこで登場するグリーン・ツーリズムセンター機能の充実や人材の育成，地域連携システムの確立などは，先の持続可能なツーリズムの理念に必ずしも矛盾するものではないが，だからといって，持続可能性のための重要な政策要素が見過ごされて良い筈がない。すでに見たように，エコツーリズムの基本的理念は，農村を含む地域全体の環境保全と地域における一定水準の所得確保を両立させ，地域の持続可能な成長を可能ならしめることであった。エコツーリズムの進展が地域の自然環境や文化財の保全と継承に失敗することがあるとすれば，そうした政策は本末転倒と言わざるを得ない。

　ところで，このようなグリーン・ツーリズムに沿った農水省を中心とする施策の推進とは別に，そもそもわが国の観光展開を長く担ってきた国土交通省や環境保全の立場から施策の展開を図ってきた環境省の推進するエコツーリズムがある。すでに言及したように，平成20 (2008) 年の『エコツーリズム推進法』は，観光による環境への悪影響の増大に対して，主に自然保護に配慮した観光の推進を行うための基本的枠組みを，地域の様々な主体が協働する市町村ベースの「エコツーリズム推進協議会」(第3条) によって実現させようとするものである。主務大臣が認定した市町村の全体構想に基づいて保護すべき「特定自然観光資源」を指定できるとされ，これらの損傷，汚損の禁止，利用者数の制限ができるとされている[15]。すでに，平成15 (2003) 年11月に環境大臣のもとに「エコツーリズム推進会議」が設置され，その推進策としてエコツーリズム憲章の制定やエコツーリズム推進マニュアルの策定などが行われた。このような指針づくりが重要であることは言うまでもないが，すでに，地域にあっては，それぞれ固有の自然および文化的資源を活かして，人々の主体的な工夫と活動のなかで展開するエコツーリズムの実践地域がある。これらの展開を保証し側面支援することもまた国，行政の役割であることは言うまでもないが，地域主体のツーリズムの展開が望まれる。

6. 持続可能な観光開発に向けて

(1) 市場の失敗と地域の公共政策

　前節までに，観光開発の持つ便益と併せて，その課題とあるべき政策方向について検討した。このような観光開発，環境保全，地域の厚生向上，といったいわゆるトリプルボトムラインの実現に向けた政策を論じる場合，そのメカニズムを説明し，政策的根拠を与えるための理論が論じられなければならない。観光開発は，一方で，観光資源の利用と観光サービスの供給・需要といった市場調整の側面を持つが，他方で，観光サービスをめぐる市場機構の活用と観光関連主体（ステークホルダー）による資源の管理運営の側面も併せ持つ。したがって，市場機構の分析に加えて主体による資源管理の分析が必要になる（観光に関連する資源管理に関する分析が重要であるとの指摘は，例えば，Carter, Baxter and Hockings (2001) で指摘されている）。

　経済学では，観光が，あくまでもそれに関連する財・サービスのマーケットを構成すると考え，需要と供給の関係によって価格や数量に何らかの調整が行われると考える。しかしこの場合，他の財・サービス同様，観光によって生じる環境問題を中心とする様々な問題を自動的に解決する仕組みを，残念ながらマーケットの調整メカニズムは保持していない。いわゆる「市場の失敗 (market-failure)」が生じるわけである。前節までに検討した，観光関連の様々な問題は，過剰な開発と来訪者がもたらす混雑，廃棄物問題，大気や水汚染の問題，自然環境や伝統的文化の悪化のほかに，地域間格差や治安問題など実に多岐に亘っている。観光関連の財・サービスは，その需要供給が市場を通じて調整されるとしても，本来市場が果たすと考えられる望ましい状況を必ずしも実現しない。周知のように，完全競争市場の条件が何らかの理由によって満たされない場合，効率的な資源配分がゆがめられることに

なるが，このような状況は「市場の失敗」と呼ばれる。その原因は様々である。それらを列挙すれば，

- 不完全市場＝市場が存在しないか機能しないケース（Incomplete market），
- 非対称情報があるケース（Asymmetric information）
- 不完全市場に関する古典的な特殊ケース＝外部性のケース（Externalities），
- 非凸性のケース（Non-convexities），
- 非排除的で非競合的な財のケース＝公共財（Public Goods），
- 非排除的かつ競合的な財のケース＝コモンプール資源（CPRs: Common Pool Resources），

などが挙げられる[16]。

先に示した観光開発がもたらす様々な問題は，伝統的な環境問題と同様に，基本的に市場の失敗によるものである。しかし，観光に特異な視点が必要になると考えられることを指摘しておく。ほとんどの財・サービスの供給や需要は，時間と空間を異とする。しかし，観光については，それらは同時的であり同じ空間を共有することが多い。このことは，観光に関する財・サービスが必然的に地域性を持つことを意味する。そのことから，観光に関する資源はとくに「地域観光資源」と呼ばれる。こうして，「市場」に関する調整や失敗についても，「地域」性を考慮した議論を展開する必要性がある。観光地になるためには，その地域に固有の財・サービスがあるからであり，地域資源が存在するからである。基本的に，ヨセミテの問題は，ヨセミテで，富士山の問題は富士山で解決しなければならないが，そうした地域観光資源を利用し，その恩恵を享受するすべてのステークホルダーによる管理・運営への参加の仕組み，インセンティブなどを検討する必要がある。

(2) 観光開発とコモンプールアプローチの重要性

このような，地域観光資源の管理・運営問題，または観光がもたらす様々な問題——自然環境の破壊や資源の枯渇問題の多くは，市場の失敗を生む出す要因の一つとして挙げられているコモンプールのケースで生じると考えられる。コモンプール資源に関しては，利用に関するアクセスが比較的自由である一方，その利用が他者の利用を妨げ，全体としてパレート効率性が実現できない状況が生み出される（Ostrom（1990, 2002），Ostrom et al.（1994））。近年，地域観光資源をこうしたコモンプールとして理解し，その管理・運営に関する研究が進められている（例えば，公共経済学の標準的テキストであるLeach（2004）では，コモンプールの資源配分に関する課題が論じられている。また，Brouwer他（2001）やBerkes（2006），Gerber他（2008）をはじめ，地域観光資源や地域資源の管理・運営をめぐる制度的側面や住民参加などの観点で多くの議論が行われている[17]。非排除的な資源の利用について，経済的インセンティブの導入のほかに，どのような管理・運営が行なわれているのか，また，その実効性はどのようなものであるのかといった分析が，現代の中心的研究課題になりつつある。

以上，市場の失敗がもたらされる要因を概観した。ポイントは，市場が機能する場合に実現されたであろう効率的な状況が，様々な要因で阻害されるというものであった。観光業の場合には，外部性などによって観光地の魅力が減じられかえって訪問客数を減らしてしまいかねない。このような場合には，適切な観光地の管理や運営とそのための施策が求められる。このような市場の失敗を補完する施策の一つが，「公共政策（public policy）」に他ならない。一般的に，公共政策は，民間部門では解決できないために中央・地方政府や公共部門などが行う公共的な政策体系全般を指す用語として規定されることがある。しかし，公共政策が公的部門によって担われるべきであるとする考え方に対しては，民間によっても実現可能であるという主張や公と民

の協働関係を強調する考え方もあって，担い手や主体の区分に依拠して定義づけを行うのは困難である。ここでは，市場の失敗が生み出す様々な問題を解消し，より効率的な結果をもたらす政策や管理・運営の施策として，公共政策を広く理解しておく。しかし，観光と公共政策の関連性を考える場合には，以下に述べるような幾つかの課題がなお残されている点に注意しなければならない。

　まず，経済効率性のみに着眼した議論を行ったが，地域における観光資源の初期賦存量の差に着目する必要がある。「何もないのが魅力」といった地域を含めて，観光需要を喚起，招来するために地域は不断の競争関係にある。温泉や豊かな自然景観などの格差は，歴然としている。当初は，地域固有資源の掘り起こしから始まった地域であっても，初期賦存量の格差を埋めるために取られた政策は，地域性を無視した「金太郎飴」のようなリゾート施設やテーマパークであった。それらは，一時的に所得再配分に寄与したかもしれないが，地域の持続的な発展にはむしろマイナスであったと思われる。地域の持続可能な豊かさを実現するための施策は，観光政策に限定されるわけではない。本章の枠組みを超える課題ではあるが，エコツーリズムを考える場合には，このような開発とその効果に関する実効可能性を考慮した上で，様々な公共政策を選択，遂行する必要がある。これには，「政府の失敗（government failure）」と呼ばれる問題がつきまとう。公共政策の制度設計のもとで遂行過程がその本来の目的である効率性の改善などを実現できずに，かえって未遂行や不完全な遂行，あるいは制度疲労などのために問題を解決へ導くどころか，悪化させるケースさえありうる。その原因としては，政府をはじめとして，その政策目標と遂行が一定の特定利益集団の便益最大化を反映したものであるといった（レントシーキング（rent seeking））指摘や，政府部門などが独自の目的関数を持ち，社会の厚生水準の最大化ではなく，自己の最適化に向かいがちであることから非効率性が生じる結果となるといっ

た考え方がある。観光に絡む過去の開発政策の様々な失敗事例も，多くの場合「政府の失敗」として把握することができる。対象となる観光地域の人々の厚生関数——経済的な厚生のみならず，自然環境や文化，伝統を反映するであろう——について，市場の失敗とともに，その最大化を阻む「政府の失敗」の諸要因を含めて分析する必要がある。他方の極としては，コモンプール資源の管理・運営に関連して，地域主体の参加・協働に関する課題が残る。個別的な事例について，政府，地域のNPO，企業，および住民など総括的に地域観光資源を管理・運営する役割分担と，その協働関係はどのようなものか，今後の検討課題は未だ多い。

1) 「観光」という用語は，江戸末期にオランダで建造された軍艦「観光丸」に由来し，その語源は易経の「観国之光」に遡るとされている。ツーリズムに対して観光という用語が当てられることになるが，一般的にツーリズムをもって観光を表すようになるのは，1960年代以降である。現在では，エコツーリズムを始めとして，アーバンツーリズム，ルーラルツーリズム，カルチュラルツーリズム，グリーン・ツーリズムやアグロツーリズムなど，多くの接頭語を付したツーリズムが論じられている。エコツーリズム論に関する議論については，薮田 (2005) および薮田・伊佐 (2007) を参照。
2) 日本新八景とは，海岸＝室戸岬 (高知県)，湖沼＝十和田湖 (青森県・秋田県)，山岳＝雲仙岳 (長崎県)，河川＝木曽川 (愛知県)，渓谷＝上高地 (長野県)，瀑布＝華厳滝 (栃木県)，温泉＝別府温泉 (大分県)，平原＝狩勝峠 (北海道) である。他に，日本百景や日本二十五勝なども選定された。当時の国民の関心は高く，最終的に当時の約6千万人の人口をはるかに上回る投票が行われたと言われている。
3) 『観光立国推進基本法』は，観光立国を目指す国家戦略の立案および推進を第一に謳っているが，旧法との大きな違いは，観光の施策が「地域の住民が誇りと愛着を持つことのできる活力に満ちた地域社会を実現して国内外からの観光旅行を促進することが，将来にわたる豊かな国民生活の実現のため特に重要であるという認識の下に講ぜられなければならない」(第2条1項) とし，観光産業の役割と国，地方公共団体，事業者，住民等による相互の連携の重要性 (同4項) に言及した点であろう。地域固有の潜在的な観光の可能性は別にしても，衰退する地域にあって，その主体的な取組をベースにした活力ある地域社会の持続可能な発

展が観光展開によって可能であることを示唆した点は新しい．しかるに，その基本は国際競争力の強い地域における観光開発を企図したものであり，その意味では，旧法同様，観光の開発側面が強調され，地域の自主的，主体的取組などの側面が軽視され地域間格差の一層の拡大がもたらされる懸念がある．さらに，後述するように，近年の観光開発ではすでにキーワードになっている自然環境への配慮，地域文化の保全，教育的配慮といった面への言及も希薄と言わざるを得ない．

4) ヨセミテ渓谷計画（The Final Yosemite Valley Plan/Supplemental Environmental Impact Statement（SEIS），2000 年）によれば，主たる計画目標は，自然および文化資源の修復，保全および増進，より高質の資源を訪問者が体験できる機会の提供，交通混雑の減少，NPS の目的に適合する範囲で，従業員住宅を含めて，効率的な公園管理を行うことである．（これに関しては，SEIS のホームページ（http://www.nps.gov/archive/yose/planning/yvp/index.html, accessed 25 / NOV / 2009）を参照．）また，岡島（1990）では，アメリカの環境保護運動に関する歴史や理念が簡潔にまとめられている．

5) 現状のダムと水供給システムの修理のためには巨額の費用が必要であり，今こそ峡谷とサンフランシスコ湾の両地域にとって WIN-WIN になるような合理的な施策が必要であるとしている．

6) わが国の場合，自然公園の多くは山地を含んでいるが，他方で，森林の利用および保全に関しては明治 30（1897）年に制定された森林法の伝統があり，治山・治水の機能を中心に保安林制度が制定されている．

7) 例えば，世界遺産地域である白神山地（平成 5（1993）年登録）について言えば，とくに優れた環境保全地域であるコア（核心）地域（10,139 ha）については，「自然環境保全地域」の特別地区と野生動植物保護地区，国定公園の「特別保護地区」および「保護林」の「森林生態保護地域」の保存地区によって厳正に保護が行われている．さらに，それを取り囲むバッファー（緩衝）地域（6,832 ha）の管理については，「自然環境保全地域」の普通地区，「森林生態保護地域」の保全利用地区の指定が行われている．なお，白神山地の場合には，全域は森林生態系保全地域の保存地区がコア地域に，またその保全利用地区がバッファー地域に一致している．

8) リゾート開発の諸問題については，1990 年代に多くの議論が行われた．代表的なものに，佐藤（1990），梅井（1997）がある．とくに生物多様性の保全とゴルフ場を中心としたリゾート開発の関係が多く論じられた．

9) 消費生活の充実，自由時間の増大と消費構造の多様化に伴うサービス産業の発展等を促進する必要がある，との提言がある．

10) 当初総合保養地域の整備は，おおむね10年を目標としたが，その間整備完了した施設数ベースの割合は地域平均で20%に過ぎない。

11) 前田・正岡・横山・伊藤 (1999) は，リゾート法のもたらした様々な課題を法的側面から分析している。その第7章では，参入した企業の社会責任の貫徹，および補助・融資・減税・規制緩和が一体となった整備支援の拡充が必要であったとする積極的指摘がある。また，環境権については，平成5 (1993) 年に制定された『環境基本法』が，人類生存の基盤であり現在および将来世代のために維持されるように「環境の保全が，...適切に行われなければならない」（第3条）とし，環境への負荷の少ない持続的発展が可能な社会の構築（第4条）を目指すことを宣言していることから，環境権については，権利主体ならびに権利内容の明確化のために，抽象レベルではなくより具体化された法制化と整備（景観法や日照権など）が必要であると論じている。このように，より具体的な環境権の所有関係を明確にすることはきわめて重要であると考えられる。

12) その他に，環境や経済面での純便益を最大化させる効果的な土地利用の展開，先進国と途上国間の情報交換の促進，すべての部門に対する持続可能なツーリズムへの参加機会の提供，持続可能な新たなツーリズム関連生産物のデザイン，持続可能な発展の尺度の提供，持続可能なツーリズムと企業責任の促進のためのパートナーシップの展開，などが掲げられている（この点については，Mowforth and Munt (2003) の第9章を参照）。

13) しかし，同報告書も認めているように，グリーン・ツーリズム推進の地域経済への影響は必ずしも芳しくはなく，ほぼ半数の市町村が観光面，雇用面での効果が期待以下であったと回答している。

14) これに関連して，持田 (1997) は，グリーン・ツーリズムの成立条件として，サービス供給者である農山漁村については，地域資源価値の啓発と利用システムの確立，目標意識の醸成，生産体制や経営面での確立，地域の生活文化と環境の確立，また，国民的レベルでの課題としては，サービスを容易に利用できる環境整備とライフスタイルの確立が必要であると論じている。

15) 同法でいう「自然観光資源」とは，1) 動植物の生息又は生育地その他の自然環境に係る観光資源，2) 自然環境と密接な関係を有する風俗慣習その他の伝統的な生活文化に係る観光資源，を指している。これに関連して，「観光旅行者その他の者の活動により損なわれるおそれがある自然観光資源」を「特定自然観光資源」として指定できる（同法第8条）とされるが，同時に，「他の法令により適切な保護がなされている自然観光資源」はこの限りではないとしている。

16) 例えばHanley他 (1997) は，市場の失敗の原因を，① 不完全市場 (incomplete

market), ②外部性 (externalities), ③非排除性 (non-exclusion), ④非競合性 (non-rival consumption), ⑤非凸性 (non-convexities), ならびに, ⑥非対称情報 (asymmetric information) がある場合として説明を行っているが, 基本的には同じものである。なお, 環境問題と市場の失敗に関しては, 時政・藪田他 (2007) を参照。

17) 2009年の Journal of Sustainable Tourism の第2号は, 地域の管理・運営に関するコミュニティや政府の関与についての研究を特集している。これは, 問題の重要性の証左と言えるであろう。また, コモンプールアプローチによるガバナンスの研究に関し, Ostrom 教授に 2009 年のノーベル賞が授与された。今後のコモンプール研究の進展が期待される。

参考文献

Berkes, F. "From Community-Based Resource Management to Complex Systems: The Scale Issue and Marine Commons," *Ecology and Society*, 11 (1), 2006, 45.

Brouwer et. al. (2001), "Public Perception of Overcrowding and management Alternatives in a Multi-purpose Open Access Resource," *Journal of Sustainable Tourism*, Vol. 9, No. 6, 2001, pp. 471–490.

Budowski, G. (1976), "Tourism and environmental conservation: conflict, coexistence, or symbiosis," *Environmental Conservation*, 3 (1), pp. 27–31.

Bull, A. (1995), *The Economics of Travel and Tourism*, 2nd edition, Longman.

Carter, R. W. Baxter, G. S. and Hockings, M. "Resource management in Tourism Research: A New Direction?" *Journal of Sustainable Tourism*, Vol. 9, No. 4, 2001, pp. 265–280.

Diamantis, D. (2004), *Ecotourism : Management and Assessment*, Thomson Learning.

Fennell, D. A. (2003), *Ecotourism: An Introduction*, Second edition, Routledge.

Gerber, J. D., Nahrath, S., Reynard E. and Thomi, L. "The role of common pool resource institutions in the implementation of Swiss natural resource management policy," *International Journal of the Commons*, Vol. 2, No. 2, 2008, pp. 222–247.

Hanley, N., Shogren, J. and B. White, (1996), *Environmental Economics*, Macmillan.

Leach, J. (2004), *A Course in Public Economics*, Cambridge University Press.
Mowforth, M. and I. Munt (1998), *Tourism and sustainability*. 2nd edition, Routledge.
Ostrom, E. (1990), *Governing the Commons: The Evolution of Insti- tutions for Collective Action*, Cambridge University Press.
Ostrom, E. R. Gardner and Walkers, J. (1994), *Rules, Games and Common-Pool Resources*, University of Michigan Press.
Ostrom, E. (2002), "Common-pool resources and institutions: Towards a revised theory," *Handbook of Agricultural Economics*, edited by Bruce L. et al., Chapter 2, Vol. 2-1, pp. 1315-1339.
梅井道生 (1997)「沖縄におけるリゾート開発と地域振興」(宮城辰男編『沖縄・自立への設計―南方圏の時代に向けて―』同文舘), 1997, 153-170頁。
岡島成行『アメリカの環境保護運動』, 1990, 岩波書店。
佐藤　誠『リゾート列島』, 1990, 岩波書店。
時政　勗・藪田雅弘・今泉博国・有吉範敏 (2007),『環境と資源の経済学』勁草書房。
前田繁一, 正岡秀樹, 横山信二, 伊藤　浩『総合保養地域整備法の研究』, 1999, 晃洋書房。
持田紀治「グリーン・ツーリズムの課題と展望」『農林問題研究』128号, 1997, 127-136頁。
藪田雅弘『コモンプールの公共政策』, 2004, 新評論。
藪田雅弘「エコツーリズムと地域環境政策の課題」(日本地方財政学会編『分権型社会の制度設計』勁草書房), 2005, 82-107頁。
藪田雅弘・伊佐良次「エコツーリズムと地域発展―理論から実証へ」『計画行政』第30巻第2号, 日本計画行政学会, 2007, 10-17頁。

第 20 章
「失われた 10 年」と森林の環境評価

田 家 邦 明

1. はじめに

　森林の地球温暖化防止等の公益的機能に対する国民のニーズの高まりと裏腹に，間伐の遅れ，伐採跡地の放置等森林管理水準の低下が問題となっている。この要因は，主にスギ等の国産材価格の低下による。1980 年代に入って，円高による米材の価格低下，輸入の増加によって，スギ等の国産材価格が低下傾向にあった。それが一段と低下し，森林管理面に影響が現われるようになったのは，1990 年代初めのバブル景気の崩壊による住宅着工戸数の減少に伴う建材需要の縮小という状況の中で始まったスギ等の国産材を巡る環境の変化である。
　「失われた 10 年」とされる期間は，わが国の森林にとって，スギ価格の低下だけでなく，内外の与件がかつてないほど大きく変化を遂げた期間でもある。本稿の目的は，これらの変化を，スギ価格の低下と森林管理への影響，それが背景となって行われた森林政策の転換，森林管理を巡る国際的枠組みづくりの進展という 3 点に集約して取り上げ，わが国の森林にとっての「失われた 10 年」の意義を明らかにすることにある。
　なお，人工林には，スギのほか，ヒノキ，カラマツ等の樹種も含まれている。スギは，北海道を除く全国に広く賦存しており，その意味でわが国の代

表的な樹種であり，かつ，後述するように問題がスギに集中的に表れているので，森林管理を巡る状況をスギに代表させて記述する。また，スギ価格の低下による影響に関して，林家に関する諸統計のように樹種を特定しないものを援用して記述しているが，一般にスギは林家共通の樹種で林業経営において面積も最も多いと考えられるので，スギを巡る状況が反映されていると考えられることによる。

本稿は，次のように構成される。第2節で，「失われた10年」に生じた森林の与件の変化を3点に集約して取り上げ，それらの変化が関連することを指摘する。第3節で，第1の変化であるスギ価格の低下の状況とその要因及びそれが森林管理に及ぼした影響を説明する。第4節で，第2の変化である森林政策の転換として，国有林野事業の抜本的改革及び森林・林業基本法制定の意義を説明し，スギ価格の低下がこれらの政策転換を促したことを指摘する。第5節で，第3の変化である森林管理を巡る国際的枠組みづくりの進展として，持続可能な森林経営，地球温暖化対策等について説明する。第6節で，「失われた10年」以降の森林を取り巻く状況を概観し，森林政策の転換の下でもなお残る課題を指摘する。終わりにで，国民の期待に応えて森林の整備が行われるようにするためには，政府の財政支援だけでは限界があり，地域における森林を支える取組みを通じて，森林の循環的利用の重要性が国民に広く認識される必要があることを指摘して，締めくくりとする。

なお，本稿が対象とする政策分野は，主として，森林・林業基本法，森林法，国有林野の管理運営に関する法律に従って，森林の有する多面的機能（「国土の保全，水源のかん養，自然環境の保全，公衆の保健，地球温暖化の防止，林産物の供給等の多面にわたる機能」）の発揮を目的として，林野庁，都道府県，市町村で実施されているもの（環境省所管のものと一応区別する）を念頭に置いている[1]。

2. 「失われた10年」とわが国森林の与件の変化

「失われた10年」とされる期間に，わが国森林の内外の与件が大きく変化した。それらは，以下の3つに集約される。

第1点は，スギ価格の急激な低下である。スギ等の国産材価格は，1980年をピークとして，円高によって低下基調にあった。1990年代に入り，バブルの崩壊によって住宅着工戸数が減少し，住宅建材需要が減少した。その最中，環境問題から米材の伐採が制約されその生産地価格が上昇したため，これに代わるものとして，スギに需要が向かうことが期待された。しかし，市場は，スギでなく，輸入材の供給先の多角化（『平成13年度森林・林業白書』では，この動きを「我が国の輸入木材市場のグローバル化」と表現している）によって対応し，機能性に優れ，加工適性が高い欧州材等の輸入が本格的に開始された。一方，住宅建築コストの引下げ策として建築現場における人件費を圧縮するため，工場で製材品を加工し，現場でそれを組み立てるプレカット工法[2]の採用が始まっていた。欧州材は，このような新しいシステムが求める製材品のニーズに応える加工適性を備えたものであったため，その輸入量が急増した。スギは，水分が多く，乾燥に時間と経費がかかるため，プレカットに不可欠な乾燥処理が進まなかった。スギへの追打ちとなったのは，阪神淡路大地震で木造住宅に甚大な被害が生じ，これへの対応として，建築基準法の改正や住宅品質確保法が制定され，法制度の面において，木材は木目等の化粧性から機能性が重視されるようになり，狂わないことが必須の条件となったことである。これにも乾燥材であることが最低限必要となる。住宅建材として重視される品質が化粧性から機能性に変わったことは，スギは特別の材でなく条件によって世界各国から広く輸入される材に代替されるというパラダイムの変換をもたらした。それまで輸入材に対して国産材が健闘

していた柱材市場で，需要の変化に対応できないスギ製材品は欧州材に代替されていった。その影響が山元に及び，スギ立木価格の急激な低下を招いた。この立木価格の低下が，森林の資産価値を低下させ，森林所有者の森林管理への意欲を減退させた。

　第2点は，森林政策の転換である。森林に対する国民ニーズの変化に対応し，森林政策の軸足が木材生産から多面的機能の発揮に移行したことである。1980年以降，概ね5年ごとに，森林に関する世論調査が政府によって実施されている。国民が森林に期待する働きの中で，「木材生産」は，1980年には第2位であったが，1986年は第4位，1993年には第5位，1999年には第9位と回を重ねるごとに下位になり，「災害防止」，「水資源のかん養」等の公益的機能である働きが上位を占めるようになっていった。この背景には，自然環境に対する国民の関心が高まり，森林を木材の供給源としてよりも水や緑の源泉として評価するようになったということがあるが，木材価格の低落により，森林の経済的価値の評価が低下したという面もあることは否定できない。わが国の森林面積2500万haの3割は国有林で，国有林野事業として独立採算制によって管理運営が行われていた。累次にわたる経営改善にかかわらず，木材価格の低迷などにより約3兆8千億円（1997年度末37500億円）の債務を抱え，国有林野事業の経営が困難な状況に陥っていた。折から政府において行われていた省庁再編等の行政改革の一環として，国有林野事業の在り方が抜本的に見直されることになり，1997年に関連法が国会に提出され，経営形態が独立採算制から一般会計からの繰入れを前提としたものに変わり，国有林の管理経営の基本方針がそれまでの木材生産から公益的機能の発揮に転換された。同時に，組織人員が大幅に縮減されるとともに，累積債務のうち2兆8千億円が一般会計に移し替えられた。更に，民有林を対象とする一般林政においても，2001年にそれまでの林業基本法が森林林業基本法に抜本的に改正され，森林政策の基本が多面的機能の発揮に転換さ

れた。

　第3点は，森林管理を巡る国際的な枠組みづくりの進展である。それまで，ガットなど多国間あるいは2国間の取決めによって林産物関税が引き下げられ，丸太や製品の輸入が増加し，国内の森林管理に影響が生ずるという間接的な関連があったが，直接森林管理を対象に国際的枠組みづくりが行われることはなかった。そのスタートは，1992年にリオ・デ・ジャネイロで開催された「国連環境開発会議（UNCED）」（地球サミット）である。そこで「持続可能な森林経営」の理念を示す『森林原則声明』が採択された。これは，世界の森林経営の原則を示したもので，森林に関する初めての世界的合意であった。政府間ベースで，これに沿った森林経営を実現するための具体的な指標づくりと国際的な枠組みづくりのための取組みが今なお継続している。民間では，国連環境開発会議が持続可能な森林経営のための拘束力ある枠組みの構築に至らなかったことを受け，NPOを中心に設立された森林管理協議会（Forest Steward Council. 以下「FSC」という。）による森林認証制度が立ち上げられるなどその適用を受けた森林が世界に広がるとともに，一方で各国において独自の認証制度が作られている。また，1998年に英国で開催されたバーミンガム・サミットにおいて，持続可能な森林経営に向け国際的に違法伐採撲滅に取り組むことが確認され，それ以降，サミットの都度それが確認されるとともに，政府間において具体的な措置について話し合われ，多国間，2国間での協力が進められている。

　更に，地球サミットで締結された気候変動枠組条約に基づくCOP3（第3回締約国会議＝1997年京都会議）で京都議定書が合意され，森林吸収源が削減義務の達成手段としてカウントできる仕組みが導入された。わが国の場合，第1約束期間（2008～2012）における削減義務6%のうち3.8%を森林吸収源でカバーすることになっている。政府の京都議定書目標達成計画においては，直接森林を対象とした措置のほか，カーボンオフセットなど森林整備に

資する可能性がある新たな仕組みが導入されており，森林管理に様々な影響を及ぼし始めている。

　これら3つの局面（市場，政策，国際）での変化は，独立したものでなく，第1の変化がもたらした状況は，第2の変化を促し，また第3の変化への政府の積極的な対応を促したと考えられる。第2の変化のベクトルは，国有林，一般林政いずれにおいても，公益的機能の発揮を重視する森林管理を目指すものである。木材生産への制約が強まりかねない政策転換が行われたのは，森林に対する国民ニーズの変化が背景にあったことは間違いないが，森林・林業関係者からむしろ望まれた方向であったという事情がある。彼らは，公益的機能の発揮との関連で森林・林業の役割が位置付けられることによって，政策支援が強化されることを期待し，政治への働きかけを展開した。第3の変化に関しても，持続可能な森林経営を目指すとの方向は，それまでのような木材価格の下では，林業生産を抑制することに繋がり，そのコンセプトを受け入れるに当たっては国内的に反発を招く可能性があった。第1の変化によって，森林の私有財産としての魅力が減殺し，所有者が森林管理に関心を失ってきた。森林管理に新たな意義を付与する必要があり，それを求めるため，政府をして持続可能な森林経営のグローバルスタンダード化に積極的に対応させることになった。また，次のような森林林業関係者の期待がある。戦後から高度成長期にかけての期間，木材価格の沈静化のため，たびたび対策が講じられ，国有林における増産とともに，輸入の拡大策が実施された。このため，丸太関税は1961年からゼロになる等木材の関税障壁が早い段階から低くなっていたが，UR合意[3]等により更に関税が引き下げられ，関税による国境措置がほとんど効いていない。熱帯諸国等で，「持続可能な森林経営」がグローバルスタンダードとして実効性を持つことになれば，森林破壊の外部費用が森林経営に内部化され，輸入圧力が緩和される可能性がある。

3. スギ価格の低下と森林管理への影響

(1) わが国の森林の現状

　わが国の森林面積（2007年）は，2510万haで，国土面積の3分の2を占めている。100年前と比較し，宅地が増加したのにかかわらず，ほぼ同じ森林面積が維持されている[4]。所有者別には，国有林762万ha（31%），都道府県有林，市町村有林等の公有林283万ha（11%），私有林が約1454万ha（58%）となっている。

　私有林は，林家や企業などの事業体によって所有されている。2000年の世界農林業センサス[5]の結果に基づいて，林家（保有面積が1ha以上の林家）の保有構造が表20-1に示されている。10ha未満の階層が林家数の9割近く占め，極めて零細である。なお，林家以外の事業体所有は，15万事業体によって644万ha所有されているが，木材の販売実績があった事業体は1786事業体に過ぎず，事業として林業経営を行っていると考えられるものは少ない。

　なお，林家とは，個人の森林所有者である。森林所有者として，林家を念頭に置く。わが国では，森林が伐採され，製材品が住宅用材として使用されるまでの過程は，表20-2のように，通常3つのステージに分けられる。ス

表20-1　規模別林家数割合と保有面積割合

保有規模	1〜5 ha	5〜10 ha	10〜50 ha	50 ha
林家数 （102万戸）	74.7%	13.7%	10.6%	1.0%
保有山林面積 （572万ha）	28.0%	16.2%	34.2%	21.6%

出所：2000年世界農林業センサスから筆者作成。

表20-2 木材の生産流通に関する3つのステージ

ステージ	意思決定主体と意思決定の内容	関連市場・価格
I	・森林所有者 ・立木を伐採し，販売 ・伐採跡地に再造林	立木価格
II	・素材事業者 ・立木を購入し，素材（丸太）市場で販売	丸太市場 丸太価格
III	・製材加工業者 ・丸太を購入し，製材加工し，製材市場で販売	製材市場 製材品価格

出所：筆者作成。

テージごとに，供給に関して意思決定者が存在し，市場と価格が形成される。第IIステージに，森林所有者から立木を購入し，伐採搬出し，丸太市場に供給する素材業者と呼ばれる事業者群が存在している。森林所有者は，一般に所有規模が零細でそこからの収入に常時生計を依存している者は多くない。このため，事業として継続的に立木の売却は行っておらず，不時にお金が入用になった時や素材業者の働きかけに応じて間断的に売却するという行動をしている。素材業者は，森林所有者の間断的散発的な売却ニーズを集め，立木を購入し，伐採・搬出し，丸太市場に搬送し，川下の製材加工業に継続的に原料供給を行っている。

しかし，立木の伐採又は売却，再植林や間伐等の意思決定を行う者は，森林所有者である。森林管理問題を考える場合，一義的には森林所有者の意思決定に焦点を当てる必要がある。森林法においても，森林法に基づく規制の名宛人は，原則，森林所有者である。

次に森林資源状態を見てみよう。表20-3 は，人工林，天然林別に，森林資源の蓄積量の推移を示したものである。戦後1,000万haに及ぶ人工林が造成され，それが順次伐採期を迎え，潜在的供給力が高まっている。蓄積量は，総需要量に匹敵する8,000万m^3程度/年増加しており，近年の木材の

表20-3 森林資源の蓄積量の推移　　　　　　　　　　（百万 m³）

	1966年	1976年	1986年	1995年	2005年
総蓄積量	1,887	2,186	2,862	3,483	4,341
人工林	558	798	1,361	1,892	2,554
天然林	1,392	1,388	1,502	1,591	1,786

出所：林野庁業務資料

　国内生産量（丸太換算で1700万 m³ 水準）をはるかに上回っている。このように資源量が増加しているのは，低い木材自給率に表れているように木材供給を輸入に依存していることによる。森林のような再生産可能資源にとっては，森林資源の蓄積量は資本ストックである。木材生産量が蓄積量の増加分を下回る状況が続けば，蓄積量は増加して行くことになる。

　人工林の4割がスギ人工林である。地域によって異なるが，スギは総じて植林後50年程度で利用可能な林齢に達する。それまでは，成長ステージに応じた間伐等の手入れを行わないと健全に育たない。現在でも，7割以上が50年未満の林齢であり，手入れを必要としている。

(2) スギ立木価格の低下の要因

　スギ立木価格の長期的な推移が図20-1に示されている。1980年をピークとして，一貫して低下が続いているが，2段階の低落が見られる。第1段階は，1985年にかけての急落である。これは，円高による影響である。プラザ合意による円高水準の定着とともに，立木価格は一旦落ち着きを取り戻したが，1990年以降，再び下落が始まり，2000年時点では1990年頃の水準の5割程度までに低下している。この間，林業労働者の賃金は3割上昇しており，林業の採算性が急激に悪化したことが推測される。2000年以降も価格の低下は続いており，2008年では，1955年頃の価格すら下回っている。

図 20–1 スギの立木価格の推移

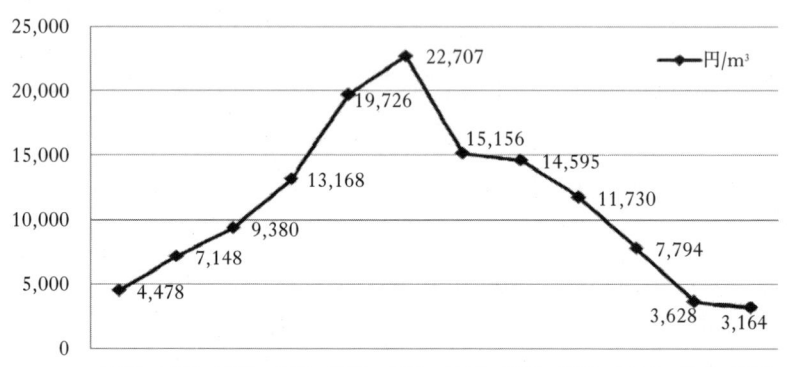

年	円/m³
1955	4,478
1960	7,148
1965	9,380
1970	13,168
1975	19,726
1980	22,707
1985	15,156
1990	14,595
1995	11,730
2000	7,794
2005	3,628
2008	3,164

出所：（財）日本不動産研究所。

　スギの欠陥は水分が多く，自然乾燥に時間を要し，その過程で収縮し寸法が変わることである。1980年代後半から，スギ人工林が他の地域に比べ早く経済樹齢に達することが見込まれた九州地方を中心に，それに備え各地で大型製材施設の設置等の供給体制の整備が始まったが，乾燥処理にはコストがかかるため，乾燥処理施設まで導入しているものは少なかった。プレカット工法が普及すれば，乾燥材へ需要がシフトすることが見込まれたのにかかわらず，それへの対応が遅れた（2000年時点においても乾燥材はスギ製材品の12％）。このことが，「輸入木材市場のグローバル化」の中で，柱材市場への欧州材等の進出を許し，今日まで続くスギ価格の低下をもたらしたと言える。遠藤日雄（2002）は，この間のスギを取り巻く事情を「失われた10年」として詳細に分析している[6]。そこでは，乾燥材への対応が遅れたのには，次のような事情があったことが指摘されている。

　第1は，1990年代に入り，米国西海岸の国有林等における原生林の資源量の低下，マダラフクロウ保護のための伐採規制の強化により生産量が急激

に減少した。それまで輸入材の主力であった北米材の輸入が減少し，輸入価格が上昇したため，国内関係者の間に，スギがそれに代替し，今後価格も反転するとの期待感が広がった。そのため，市場の乾燥材志向に対する対応が先送りになった。しかし，市場は北米材の代替材を世界に求め，それまで輸入シェアーが1％にも満たなかった欧州材の輸入が拡大するなど世界各国から木材が輸入されるようになった（1993年95ヶ国→1995年100ヶ国→2001年114ヶ国）。特に，プレカット工法の狂わない製材品の需要に応えたのは，欧州から輸入される板材（ラミナ）を張り合わせた集成材であった。北米からの輸入材は上昇したが，スギ価格はこれに追随せず，かえって低下した。

　第2は，1997年4月からの消費税の引上げを前にした駆込み需要によって住宅需要が拡大した。製材品市場にはブームが到来し，スギの乾燥材化，集成材化という課題への取組みがまたしても先送りとなった。しかし，駆込み需要の反動で，1997年に入ると住宅需要が急速に冷え込み，製材業等製材関連業の倒産が増加し，これが素材業者にも波及していった。このようなときに，阪神淡路大地震が起き，それを契機に，1999年の建築基準法の改正，2000年の住宅品質確保法が行われ，これに対応できないスギは市場から排除されることになった。

　人工的に乾燥処理を行ったスギ製材品の割合は，その後，次第に増加しているとは言え，25％程度（2006年）に過ぎない。スギが，川下での乾燥材需要に対応し切れていない中で，川上では潜在的な供給力が高まっている。これがスギ価格の急激な低下の理由である。製材品価格が丸太価格に，丸太価格が立木価格にと順次川上に波及する。立木価格逆算方式と呼ばれているように，丸太価格から伐採・市場への搬送の経費を控除した価格によって立木価格が形成される。伐採・搬送の合理化が同時に進まないため，丸太価格の低下分は立木価格にしわ寄せされる構造となっている。表20-4に示されているように，丸太価格に比べ，立木価格の低下率の方が大きいのは，このた

表20-4 スギ丸太価格・立木価格

(円/m³)

年	1990	1995	2000	2005	2006	2007	2008
スギ丸太価格	26000 (100)	21700	17200	12400	12700	13000	11800 (45)
スギ立木価格	14595 (100)	11730	7794	3628	3332	3364	3164 (22)

出所：丸太価格は農林水産省「木材需給累年報告書」，「木材需給報告書」「木材価格」，立木価格は(財)日本不動産研究所。

めである。

(3) 立木価格の低下と森林管理への影響

1990年代後半の頃から，伐採跡地が植林されずに放置される森林が増加し，また，間伐の遅れが各地から指摘されるようになり，行政や研究者の関心を集めるようになった（遠藤日雄編著（2000），堺正紘編著（2003）等）。

2000年の世界農林業センサス結果に基づいて，3ha以上森林を保有している所有者の過去森林1年間の手入れと主伐の実施状況を前回の1990年の結果と比較したものが表20-5に示されている。主伐の実施面積が増加し，その実施林家率が減少していない下で，植林の実施面積，実施林家率が減少していることは，伐採跡地に再植林しない所有者が増加している可能性を窺わせる。この調査はスギに限定したものでないが，間伐は，スギでは植林後20年から40年程度の間に2回程度実施される。スギの林齢構成から，間伐が必要な森林が増加していることが見込まれるが，間伐の実施面積，実施林家率ともに減少していることは，間伐が実施されていない森林が増加していることを示唆している。また，伐期に達した森林が増加していることが見込まれるが，主伐の実施面積は増加しているものの，実施林家率は増加していない。センサスの結果からは，主伐に関しては，動向が必ずしも明らかでない。

第 20 章 「失われた 10 年」と森林の環境評価　549

表 20-5　森林施業の実施状況の比較

(千戸・千 ha・%)

施業	区分	林家数	実施林家数	実施面積	実施林家割合
植林	1990	469.1	31.8	27.3	6.8
	2000	421.2	23.0	23.0	5.5
	減少率	−10.2	−27.8	−18.8	
下刈り等	1990	469.1	155.6	240.0	33.2
	2000	421.2	133.9	181.8	31.8
	減少率	−10.2	−13.9	−24.3	
間伐	1990	469	87.4	152.3	18.6
	2000	421.2	74.6	124.9	17.7
	減少率	−10.2	−14.6	−17.9	
主伐	1990	469.1	8.5	8.7	1.8
	2000	421.2	7.7	9.8	1.8
	減少率	−10.2	−9.4	12	

出所：2000 年世界農林業センサス結果から筆者作成。

　農林水産省は，世界農林業センサスの実施時から 4 年経過した 2004 年に，3 ha 以上 20 ha 未満[7]の森林所有者を対象に，その森林施業に関する意向調査を実施している。それによると，伐期にある森林を所有している森林所有者の今後 5 年間における主伐の実施に関する意向は，「主伐を実施する考えがない」が 62.9％に及んでいる。その理由（複数回答）は，「実施しても採算に合わない」が 73.9％と最も多い。また，伐期にある森林を所有しており，主伐を実施したいと回答した森林所有者のうち 72.5％が再植林をしたいと考えているが，25.1％は再植林をする考えがないとしている。この再植林をしないとする理由（複数回答）は，「実施しても採算が合わないと考える」が 81.3％と一番多かった。

表 20-6 「スギの造林投資の利回り相当率」の推移

年	補助なし (%)	補助あり (%)	立木価格 (円/m³)
1990	1.6	4.2	14,595
1991	1.3	3.9	14,206
1992	0.9	3.5	13,060
1993	0.6	3.2	12,874
1994	0.3	2.9	12,402
1995	0.0	2.6	11,730
1996	−0.4	2.2	10,810
1997	−0.7	1.9	10,313
1998	−1.1	1.5	9,191
1999	−1.5	1.1	8,191
2000	−1.7	1.0	7,794

注：補助率は，68%である。
出所：『平成13年度森林・林業白書』98頁から筆者作成。

「主伐を実施する考えがない」とする理由として，7割以上の者が「実施しても採算に合わない」としているが，この意味が明らかでない。スギの立木価格は，所有者の手取りであり，ゼロとはなっていないからである。

『平成13年度森林・林業白書』では，立木価格の低下による林業経営の収益性への影響を示すため，一定の仮定の下で林野庁が試算したスギの「造林投資の利回り相当率」の推移を紹介している。それは，算出方法の考え方として，投資の内部収益率に相当するものである。スギに関する「造林投資の利回り相当率」の推移が，表20-6に示されている。

主伐を行う場合，伐採跡地を放置すると災害の危険性があるので，地域では，所有者が再植林を行うことが期待される。森林法でも，所有者に市町村長に対する伐採及び伐採後の造林の届出とその計画の遵守が義務付けられ

ている。所有者にとって，再植林及びその後の育林費用（以下「再育林費用」という）が主伐に伴う費用として考えられることになる。再育林費用を投下する場合，機会費用（例えば金融資産の購入した場合の収益）を上回る収益が得られれば，再植林が行われることになろう。植林から伐採まで超長期の時間を要し，その間のリスクを考えれば，機会費用にそのリスクプレミアムを考慮した内部収益率が期待されないと再植林は行われない可能性がある。再植林を行って，伐採収入が得られるのは，50～60年先であるのに対し，再植林費用の多くは最初の10年間に支出を要するため，立木価格が低下基調にある下では，投資の内部収益率を一層低く評価することになると考えられる。意向調査において，主伐を行う考えがないことに関して「実施しても採算に合わない」という理由を挙げている背後では，この「造林投資の利回り相当率」に示されているような造林投資の内部収益率と機会費用との間で直観的にでも比較が行われているものと推測される。

　同じ調査で，間伐についても意向調査が実施されている。間伐期にある森林を所有している森林所有者の今後5年間における実施の意向は，「間伐材を販売するつもりがないが，山林の保育等のために間伐を実施したい」が59.3%，「間伐材の販売を目的とした間伐を実施したい」とする回答（14.8%）と合わせると74.1%が間伐を実施したいとしている。25.9%が「間伐を実施する考えがない」とし，その理由（複数回答）は「実施しても採算に合わないと考える」が80.6%と最も多い。主伐の意向に比べ，実施するという割合は，間伐の方が多い。間伐投資が回収される主伐の時期は先であり，内部収益率が今以上に低下し，主伐が行われない可能性が高くなる可能性があることを考えれば，むしろ間伐を実施するという割合の方が低くなると考えられる。しかし，間伐を実施する割合の方が多い。これは，主伐をすると長期にわたり実際に支出が必要となる再育林費用の負担が生ずるが，間伐の場合は，間伐費用だけの負担で済み，しかも間伐材が売却できれば負担がなくなる可

能性があるためと考えられる。

　1990年代の終わり頃から，立木価格の低下による森林管理への影響が顕在化し，間伐の遅れ等が社会的に問題にされるようになった。このため，政府では，2000年度に間伐を促進するため，5カ年対策を計画し，それまでの20万 ha/年から30万 ha/年に間伐実施面積を増加させた。しかし，2000年以降，更にスギの立木価格が低下し，現在では，先に述べたように，1955年当時の水準を下回っている。立木価格の低下が，森林管理に及ぼす影響は一層深刻になっている可能性がある。

4. 森林政策の転換

（1） 国有林野事業の抜本的改革

　戦中戦後の濫伐と復興需要によって，戦後，木材の需給は極めてタイトになり，資源の枯渇すら危惧される状況が生じた。また，植林が追い付かず，山が荒れた状態のままに放置され，山地災害を招いた[8]。このような中で，森林制度の整備は，国有林から始まった。戦前，農林省山林局，内務省（北海道），宮内省（帝室御料林）の3省に分かれていた国有林の管理が，1947年に，農林省に一元化された。林野庁が発足し，独立採算制に基づく国営企業形態によって国有林野事業として管理経営が行われることになった。

　高度成長期にかけて，木材価格の沈静化のため木材増産の要請に応えたのは，国有林であった。しかし，40年代後半には，価格が落ち着き，増産の過程で資源を取り崩したこと，また，森林に対する国民のニーズが森林保全に向かい，木材生産が抑制されたことにより，木材収入が減少した。これに，増産時代に抱えた人員のコストが加わり，構造的な収支不均衡に陥った。1978年以降，4次にわたる経営改善計画が策定され，度重なる組織人員の合

理化，一般会計からの繰入れ等の措置が講じられたが，効を奏せず，3兆8千億円の債務を抱えるに至った。

行政改革の一環として，1997年に国有林野事業の抜本的な改革が行われ，国有林の管理運営の目的を木材生産から公益的機能の発揮に転換し，独立採算制から一般会計からの繰入れを前提とした事業運営に改めるとともに，組織人員を抜本的に縮小することになった。同時に債務のうち2兆8千億円を切り離し，一般会計に移し替えられた。管理運営の基本を公益的機能の発揮に置くという方針に基づいて，重視する機能に応じて，水土保全林，森林と人との共生林，資源循環林の3つの類型に区分して，管理経営が行われることになった。

公益的機能の発揮という管理運営方針に沿って，国有林の9割以上が保安林に指定されるに至っているが，なお，1兆円の債務を抱え，新たな借入れを行わないという財務運営の下で，限られた資金と人員によって管理経営が行われている。公益的機能の発揮を期待する国民にサービスを提供することは容易でない。

本稿は，私有林の管理に焦点を当てているので，これ以上，国有林に触れないが，独立採算制の下で収支均衡の回復を目指したそれまでの改善計画の路線から抜本的改革に踏み切らせた要因の1つは，1991年にスタートした改善計画がスギ価格の低下によりその実現する見込みが困難になり，抜本改革の必要性について政府部内，森林林業関係者，政治方面の認識が一致したことである。

(2) 林業基本法から森林・林業基本法へ

民有林については，戦後の森林資源の危機的状況に対応し，GHQの勧告を踏まえ，1951年に，戦前の森林法が全面的に改正された。保安林を引き継ぐとともに，森林計画制度が導入され，森林資源の回復のため，国，都道

府県段階で伐採量,伐期齢等に関し計画を作成するとともに,適正伐期齢に達しない森林についての伐採の許可制などが導入された。その後,木材需給の緩和に伴い,森林計画制度は,漸次,規制色を薄め,1968 年には森林所有者に施業計画を策定させて,適正な施業を奨励する現行の仕組みが導入された。

　このような森林法とは別に,林業部門に従事する者の他部門に従事する者との所得格差を生産性の向上によって是正することを目的として,1964 年に林業基本法が制定された。家族経営において労働力を林業経営の中で燃焼できるように経営規模を拡大するという構造改善が目指すことになった。その手段は,森林法等の法制でなく,主として構造改善事業等の予算措置であった。しかし,構造改善は進まないまま推移し,また,農地のような賃貸借(農地の流動化)も進まなかった。森林の成長ステージが異なれば,施業が異なり規模の経済は働かないため,規模拡大しても生産性向上に必ずしも結び付かない事情があったことが推測される。

　この林業基本法の背後には,木材の生産振興が行われれば自ずから公益的機能が発揮されるという予定調和の考え方があり,森林政策においても木材生産が重視された。円高等によって木材の輸入が増加し,国内生産に対する圧迫の度が次第に強まっていた中でも,柱材市場では比較的国産材が優位であった。しかし,バブル崩壊による住宅建築戸数の減少に伴う木材需要が低迷する中で,スギ価格が一層低落し,間伐の遅れ等管理水準の低下が社会的に問題にされるようになった。森林に関する世論調査が行われるごとに,森林の働きに対する国民の期待は,木材生産から公益的機能に移り,木材生産は下位となっていた。林業基本法の背後にあるいわゆる木材生産重視の「予定調和」の考え方では,国民の森林に対するニーズに応えることが難しくなった。

　一方,伐期を迎える森林が増加してくる中で,スギ価格の低落に直面し,森林・林業関係者からも,多面的機能(公益的機能＋木材生産)の発揮に寄与

している産業としての位置付けを得て，政策的な支援をより手厚く，安定したものにしたいという声が強まった。これらが政治的課題となり，森林政策の在り方について検討を促した。2001年に，森林政策の基本を森林の有する多面的機能の発揮に転換するとともに，その中での森林林業の役割を明確にすることを目的とし，これまでの林業基本法を森林・林業基本法に全面改正が行われた。併せて，国有林で導入されている森林を重視する機能別に区分し，それに応じた施業を誘導するという手法を民有林に導入するため，森林法の改正が行われた。

　なお，この森林・林業基本法に関して，これまでの森林政策を転換したものと言えるかどうかについては，研究者の間で評価が分かれている。機能類型別の管理方法の採用等新しい手法が導入されたものの，政策手段は基本的にはこれまでのものに依っており新しい手段が用意されなかったことと関連している。1897年の旧森林法の制定，1951年の森林法の制定の際には，それぞれ，保安林，森林計画が創設されたが，今回はこれに匹敵するものがない。幕藩体制から近代国家体制への移行の過程で，各藩の森林保護のための統制がなくなり，無政府状態化した中で，近代国家体制に向けた施設整備に伴う木材需要の増大によって，濫伐が行われ，甚大な山地災害が続いた。これに対処するため，ヨーロッパの法制に倣った保安林を柱とする森林法制が，1897年に整備された。また，戦後の森林法では，先に述べたような状況に対処して，保安林を継承するとともに，適正伐期に達しない森林の伐採の許可制を内容とする森林計画制度が創設された。このように，過去2回は，森林の濫伐が，山地災害をもたらしている状況に対応して，いかに効果的なコントロールを行うかということが課題であった。今，直面している問題は，森林の有する機能に対する国民の期待の高まりと裏腹に，森林管理に意欲を持たなくなっている森林所有者が増加していることにある。森林の6割は，私有林である。本来的には森林の濫伐を抑制するために用意された手段をもっ

て，森林所有者に施業を行わせ，国民のニーズに応えていく必要がある。

5. 森林管理を巡る国際的枠組みづくりの進展

(1) 「持続可能な森林経営」のグローバルスタンダード化

　地球サミットにおいて，『森林原則声明』が採択され，「持続可能な森林経営」を目指した国際的な取組みがスタートした。政府間ベースでは，国連の場において，「持続可能な森林経営」に関する政府間の協力の枠組みづくり向けての話合いが継続されており，また，「基準・指標」の作成のための作業が世界の地域ごとに関係国の参加によって行われている。（日本は，欧州以外の温帯林諸国が参加したモントリオールプロセスに参加。日本は，現在事務局国になっている。）

　民間ベースでは，持続可能な森林経営の基準に該当する森林を認証し，そこから産出された木材であることを証明するロゴマークを付する森林認証の誕生とその世界的普及が見られる。森林認証がFSCによって開始された。これは，国連環境開発会議で，熱帯林諸国における濫伐を抑制する法的枠組みについて合意が得られることを期待していたNGOグループが中心となって，これに代わるものとして立ち上げたと言われている。FSCの認証森林は，わが国においては，2000年に第1号が指定され，約28万ha（2008年11月現在）に達している。世界の多くの国において見られる現象であるが，日本でも，FSCに対抗して2003年に林業団体が中心となって独自の森林認証制度（SGEC）が作られ，その適用面積は約73万haに及び，FSCを凌駕している。これは，製紙・パルプメーカーや住宅メーカーが自社保有林についてSGECの適用を受ける傾向があることによる。

　これらの森林認証は，持続可能な森林経営として，環境，社会，経済の観

点から基準の適合した森林を認証する点において共通している。ロゴマークが付された木材製品がプレミアム価格によって購入され，持続可能な森林経営の外部経済が森林経営に内部化され，環境，社会，経済の観点から望ましい森林経営が実現することが期待されている。この経済学的含意については，"the first major attempt to use private markets to provide public goods"(Crafton et al., 2004)のように評価されるなど，森林認証の取組みは，研究者の間でも関心を集めている[9]。

次の違法伐採対策と同様，「持続可能な森林経営」を目指す取組みに対する森林・林業関係者の関心が高い。先に指摘したように，輸入圧力の緩和への期待が背景にある。また，森林認証は，当初ターゲットであった熱帯諸国における普及は進んでおらず，先進輸出国での普及率が高い。こうした事情にない日本でも森林認証が普及しているのは，スギ価格が低下している中で，認証を受けた森林から生産された木材として市場の支援を得る目的がある。更に，木材価格の低下という事態の中で，森林認証を通じて，グローバルスタンダードである「持続可能な森林経営」を目標として，地域の森林林業の活性化を図ろうとしている地域もある。

(2) 違法伐採対策の推進

1998年のバーミンガム・サミットにおいて，違法伐採問題が取り上げられた。それ以降，サミットにおける重要な課題として位置付けられ，それ以外の場でも話し合われてきている。最近では，2005年のグレンイーグルズ・サミットで行動計画が合意され，そこには，違法伐採対策に取り組むことが森林の持続可能な経営に向けた重要な一歩であることや，各国が最も効果的に貢献できる分野において行動することにより違法伐採対策を推進することが明記された。

わが国は，首脳間のコミットを受け，具体的な取組みとして，政府が木材

製品を調達に当たって，合法であると証明された木材によって製造されたものに限り，その証明がないものを排除する仕組みを導入し，また，インドネシア等木材生産国の違法伐採の撲滅のための取組みに協力する2国間協力にも取り組んでいる。

(3) 地球温暖化防止対策の推進

1997年に，気候変動枠組条約の第3回締約国会議（COP3）が京都で開催され，京都議定書について合意された。第1約束期間（2008～2012）において，わが国は1990年を基準として6%温室効果ガスを削減する義務を負った。そこで，森林吸収源が認められ，1990年以降に人為的活動（新規植林，再植林，森林経営）が行われた森林による吸収量がクレジットとして認められ，削減にカウントできることになった。

日本は，森林吸収源に期待して，6%の削減義務を受け入れていたため，その後行われた森林吸収源による吸収量の具体的ルールに関する交渉は厳しいものとなったが，上限として1300万炭素トン（削減義務6%のうち3.8%に相当する）獲得した。また，日本のように森林率が高い国は，人為的活動として，新規植林，再植林による余地は少なく，森林経営によることになる。その内容も各国それぞれが決めることになった。森林経営として，日本は，①育成林については，1990年以降に間伐など森林施業が行われ，適切な状態となっている森林，②天然林については，保安林など法令に基づいて保護・保全されている森林とされた。人工林が成長と吸収が旺盛な齢級配置にあるため，吸収量は，1990年2027万炭素トン，1995年2217万炭素トン，2000年2307万炭素トン，2004年2560万炭素トンと，増加傾向にある。従って，京都議定書による目標達成のためには，森林経営に該当する森林を増加させ，上限までカウントできるようにすることが対策となる。

第1約束期間のスタートを前にして，日本政府は，2008年3月に京都議

定書目標達成計画を閣議決定している。森林吸収源対策として，カウント可能な上限の1300万炭素トンを確保することとし，2007年度から6年間にわたり追加的に20万ha/年の森林整備を行うことが対策の柱となっている。これは，間伐が遅れているため，これまでの間伐の進捗ベースでは，1300万炭素トン確保に必要な森林経営に該当する森林が確保されないためである。

6. 森林政策の課題

(1) 「失われた10年」以降の森林を取り巻く状況

前述したように2000年代に入ってもスギの立木価格の低落が続き，図20-2のように近年は2000年時点の水準の半分の3000円台で推移し，1955年の価格を下回り，歴史的な低水準となっている。

スギ価格の低落の要因となったプレカット工法のシェアー（スギ等国産材

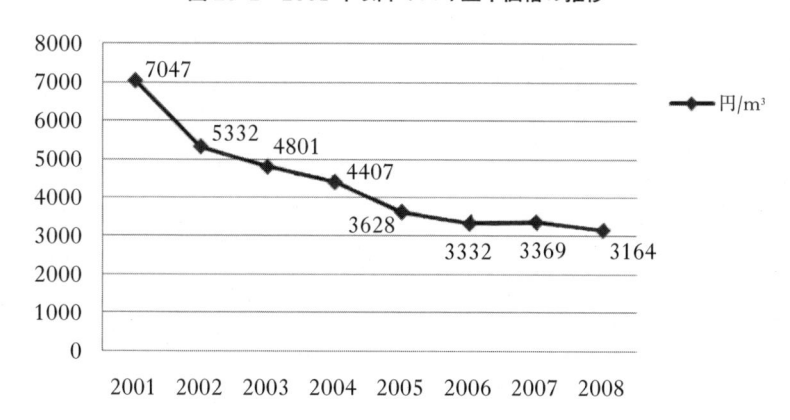

図20-2　2001年以降のスギ立木価格の推移

年	円/m³
2001	7047
2002	5332
2003	4801
2004	4407
2005	3628
2006	3332
2007	3369
2008	3164

出所：（財）日本不動産研究所。

が主として使用される木造軸組工法住宅のうちプレカットされた建材によって建築された割合）は，84%（2007年）となっている。乾燥処理を施したスギ等の製材品の割合は，年々増加しているが，なお25.4%（2006年）に止まっている。

一方，スギの丸太生産量は，2000年7671千m^3，2001年6989m^3，2002年6860千m^3と減少を辿っていたが，2003年6989千m^3，2004年7491千m^3，2005年7756千m^3，2006年8059千m^3，2007年8848千m^3と2003年以降増加に転じている。その結果，それまで20%を切っていた木材自給率が2005年に20%になり，2007年には22.6%まで回復している。これは，スギ価格の低下と北洋材の輸入環境の変化により，その代替として針葉樹合板の原料への利用が増加したことによる。

造林の内部収益率に相当する「造林投資の利回り相当率」は，2001年以降のものは，公表されてない。田家邦明（2008）は，2000年の試算結果を基に，2006年の立木価格を使って推計しているが，それによれば「補助あり」でもマイナスとなっている。森林所有者の主伐に対する意欲が低下している可能性がある。

前述した2004年の所有者に対する意向調査に続き，2008年にも森林施業についての意向調査が行われている[10]。どのような変化が見られるか見てみよう。2004年の調査では，山林保有規模3ha以上20ha未満の林家が対象であったが，2008年の調査結果は，保有規模ごとに区分されて示されている。前回の対象となった保有規模に近い5ha以上20ha未満の規模層[11]の結果を前回の結果と比較する。「主伐を実施する考えがない」63.5%（62.9%），その理由として，「実施しても採算に合わない」73.9%（73.2%）となっており，ほぼ同じ結果となっている（カッコ内は前回調査）。「間伐を実施する考えがない」30.3%（25.9%），その理由として，「実施しても採算に合わない」73.9%（80.6%）となっており，前回と比べ「間伐を実施する考えがない」と

する割合が大きい（カッコ内は前回調査）。調査対象が同一でないので，この結果をもって，森林施業に対する林家の意欲が更に落ち込んでいるとは必ずしも言えないが，伐期を迎えている森林が増加していることを考えれば，林業経営の対象でなくなっている森林が増加していると推測される。

概ね5年ごとに行われている森林に関する世論調査（「森林と生活に関する意識調査」内閣府調査）が，2007年に実施されている。それによれば，国民が期待する森林の働きとして，これまでの災害防止を抜いて，地球温暖化防止が初めて第1位となった。また，森林整備に関しても質問が行われており，「森林は，国土保全，災害防止などの公益的機能が高度に発揮されるよう，たとえ経済効果が低くても整備すべき」が74.6％と，「森林は，木材を生産するなど経済活動の対象であるから，経済効果を第一に考えて，整備を行なうかどうかを判断すべき」の17.1％を大きく上回っている。また，「今後，地球温暖化防止対策を進める上で，誰が主体となって森林整備を進めるか」という質問に関しては，「国際約束であるので，国や地方公共団体が主体となって進める」が79.6％となっており，2003年に行われた調査のそれを13ポイント上回っている。このように，特に，地球温暖化防止に関しては，森林整備において政府の役割が期待されている。

(2) 森林政策の手段の限界

現行の政策手段は，濫伐に対応した政策強化の中で創られた保安林と森林計画である。環境経済学のタームで言えば，保安林はコマンド・コントロール，森林計画は補助金による経済的インセンティブを手法として用いている。これらの制度は，本来的に過度の林業生産を抑制することを目的として創設されたが，その後森林計画は適切な施業を奨励する手段に変わっている。森林政策が直面している問題は，林業生産活動が行われないことによって森林の手入れが不足していることである。ここに現在の問題の難しさがある。基

本的には，補助金による経済的インセンティブ手法によることになるが，確実かつ効果的に森林整備を実現する上において，限界がある。森林の6割が私有林である。施業を行うかどうかは森林所有者の自由意志による。補助金は，森林法に基づいて交付されるが，全国的な観点から補助率等が一律的に設定されるため，個々の森林の条件によっては，インセンティブとならないケースがある。このような場合，地域の実情に応じて，都道府県，市町村において独自に補助率の上乗せ等の措置が講じられている。費用の100%補助がされない限り，補助残として森林所有者の負担が生じる。森林施業に便益を感じないもの（marginal willing to payがゼロ）にとって，森林所有者に負担が残る限り，どんなに高い補助率であっても，補助金はインセンティブとならない。少なくとも国の財政の規律として，所有者が自由に処分できる私有財産の形成に資するようなケースに補助金を交付する場合，事業者の負担がゼロとなるような補助を行うことは難しい。補助金は，都道府県を通じて助成されることになるが，地方財政も厳しさを増しており，都道府県の助成の受入れにも制約がある。森林所有者自らによる整備が期待できない場合，政府自ら整備を行う治山事業によることになるが，その森林が保安林に指定されていることが条件となる。保安林の指定が行われると，伐採の制限，他用途への転用の規制が行われるので，一般に，森林所有者は指定を受け入れない。また，どの森林でも保安林の指定が可能であるわけでなく，法律上指定要件に該当することが必要である。

　森林法に基づく現行の政策手段の下では，私有林については，保安林の指定要件を満たすものを除き，整備が行われない森林が生ずるのは避けられない。このような森林が相当存在していると考えられる。現在，30県において，いわゆる地方森林環境税が徴収されている[12]。多くの県では，その財源を使って，伐採の制限に関して森林所有者と協定を締結し，県自ら森林整備事業を実施しているが，森林法に基づく政策手段では対応が困難な森林が対

象になっていると推測される。

　当面，森林施業のうち間伐の推進が課題である。全体として，間伐実施面積の水準は，投入される予算規模に影響されると推測される。国，地方公共団体において，毎年度予算化され，その範囲内において，間伐の実施に必要な予算が国から都道府県に，都道府県から森林所有者に配分され，執行される。2000年度から，一定の目標の下に，間伐の実施面積を確保していく対策がスタートし，国，都道府県を通じ，財政制約が強まる中にあっても，間伐に必要な経費については，重点的に確保され，概ね目標どおりの実施が確保されてきた。しかし，京都議定書の第1約束期間のわが国の削減義務の達成に必要な森林吸収を確保するためには，今までの進捗ペースでは不足することが判明し，2007年度から，6年間にわたって追加的に20万haの間伐等の森林整備が実施されることになっている。政府は，造林補助金の財源を地方債の起債対象にするなどの地方財政措置を講じるため，2008年に特別法を成立させ，国，地方双方について財政措置が講じられている。

(3)　間伐に対する自発的行動の促進

　このような強力な財政面の措置がとられているうちに，森林所有者の間伐による効用（評価）を高め，自発性を促すようにすることが基本的に重要である。森林所有者が，間伐行動の選択に当たって，森林の公益的機能に及ぼす影響を考慮するようにするためには，間伐の社会的評価を知るようになることが大事である。ボランティア団体，企業などの森林整備への参加（CSR）は，単に森林整備への貢献だけでなく，森林が所在する地域にいては知ることが難しい森林手入れや持続的な森林経営の社会的評価を森林所有者や地域に伝える上で重要な役割を果たしている。森林所有者，地域においても，積極的にこれらボランティアやCSR活動の場を提供していくことが望ましい。また，このような積重ねが，間伐や生産された木材の利用の促進に繋がると

考えられる。

　間伐が立木の経済的価値に及ぼす効果は，伐採した時に実現する。伐採して得られる木材の期待販売収入を考えて，間伐の採算性を判断すると考えられる。主伐期を迎えている周辺の森林の販売動向が評価に反映することが考えられる。今，地域で，持続可能な森林経営に関する基準に適合している森林としての認証を受け，そこで生産された木材にロゴマークを付して流通させ，経済的メリットを獲得することを期待する森林認証，木材の樹種や産地のこだわりを持つ消費者と生産者，製材メーカー，工務店が連携して取り組む「顔の見える木材での家づくり」などの試みが行われている。消費者に森林管理の状況に関する情報を積極的に提供し，市場を通じて社会的に望ましい森林管理を支援する消費者——必要な森林手入れを行った森林からの木材にこだわりを持つ消費者——を獲得していくことが重要である。特に森林認証は有効な手段となることが期待される。また，間伐材の販売収入が得られれば，より一層間伐に取り組むことになる。

7. おわりに

　現在のスギ価格の低下傾向が定着したのは，住宅建材の品質として，スギの強みであった木目，色沢等の化粧性でなく，強度，寸法等の機能性が重視されるようになったため，スギは特別の材でなくなり，米材，欧州材，北洋材等の世界各国からグローバルに輸入される材と同じ基準で評価される材の1つになったことによる。機能性という点では，乾燥処理が遅れているスギは評価が低い。しかし，最近スギを巡る新しい動きが出てきている。ロシア政府が，針葉樹合板の原料を依存していた北洋材の輸出関税を段階的に引き上げており，国内メーカーは，一部原料をスギに代替している。製材品（加

工品）での輸出への転換，中国の輸入の増加等は，北洋材に限らず起こり得るものであり，「失われた10年」に始まった「木材輸入市場のグローバル化」によって望めばいつでも低価格で世界各地から安定的に供給が得られるというようなことは続かない可能性がある。しかし，これは，スギが特別の材でなく条件に応じて他の材と代替する材として評価されるようになった（逆もある）という「失われた10年」に生じたパラダイムの変換に沿った動きと考えることができる。合板原料として北洋材の代替に使用されることは，スギ価格の低下により可能になったのであり，見方を変えれば，合板原料としての可能性に期待する場合スギ価格は上がらないということを意味している。2000年代に入ってからも，スギ価格の低下傾向が続いていたが，2008年9月に始まった世界金融危機を契機とする不況の影響が，住宅着工戸数の減少[13]を通じて，木材需要に及び，スギ価格が一層低下している[14]。加えて，経済樹齢に達する林分が増加し，潜在的な供給力は高まっていくので，この面からもスギ価格の押し下げ圧力が強まっていくと考えられる。

　このような中で，森林所有者の意欲を喚起するとともに，国民の期待に応えて森林を整備していくためには，政府による政策支援だけでは限界がある。第1約束期間におけるCO_2の削減義務6%にカウントされる森林経営に該当させるため，必要な間伐等の森林整備量は，財政措置に支えられ，実現されるだろう。しかし，森林所有者の主伐に対する意欲の低下，更には主伐されないまま放置される森林が増加するという問題をどのように解消していくかが課題である。伐採利用⇒植林⇒育林⇒伐採利用⇒植林という森林の循環的利用の中で公益的機能が確保されるということが森林・林業基本法の多面的機能の発揮という目標や持続可能な森林経営の含意であろう。第2約束期間を含め今後の地球温暖化防止対策において削減義務が強化されることが見通されるが，森林吸収によるクレジットを確保する上で，このまま木材需要を輸入に依存し，林業生産活動（第1約束期間では，伐採は温室効果ガスの放出

として取り扱われる）が低位である状況が続くことが政策的に望ましいということにもなりかねない。政府は100年という長伐期に誘導することを方針[15]としているが，これは決して森林を放置することでない。

国民は，森林に期待する働きとして，温暖化防止など公益的機能を上位に挙げ，木材生産は下位である。公益的機能が十分に発揮されるようにするためには，林業生産活動と木材の利用が適切に行われることが不可欠であることを国民に知って貰う努力が必要である。森林所有者の努力は，もちろん重要であるが，市町村のイニシアチブの下，地域材の積極的利用を促す地域住民への呼びかけ，ボランティアや森林整備への企業参加の積極的受入れ等を行う森林を支える地域での取組みが行われ，森林の循環的利用が確立されるとともに，更には，戦後の緑化運動のように，低炭素社会の形成に向け国民運動として木材の積極的活用が行われることが望まれる。

1) 環境省が所管する自然公園法等の自然環境保全のための法律は森林も対象とする。森林を対象とする規制の適用地域の多くは，国有林である。国有林サイドでも，連携して特別の管理を行っている。世界自然遺産に登録されている屋久島，白神山地についても国有林が太宗を占めており，登録の申請を含め共同して対応している。
2) 住宅建築現場で熟練した大工でなくとも簡単に組み立てられるように工場で加工すること。従来建築現場で大工が行っていた組手加工を工場で行うことにより人件費を節減できる。現在では，在来工法である木造軸組工法のうち8割がプレカット材によって建築されている。
3) 1986年にウルグアイのプンタ・デル・エステで始まったことから，1993年に合意に達したガットの関税等に関する包括的な貿易交渉による合意をUR（ウルグアイ・ラウンド）合意と呼んでいる。
4) 鈴木雅一「森の現在と過去」（『人と森の環境学』東京大学出版会，2004年）11-19頁。
5) 農林水産省「2000年世界農林業センサス結果概要III」，2000年。
6) 遠藤日雄『スギの行くべき道』全国林業改良普及協会，2002年，48-75頁。

7) 農林水産省「林家の森林施業に関する意向調査結果」(農林水産省『平成16年度食料・農林水産業・農村漁村に関する意向調査』, 2004年) を参照。森林所有者3000人に対して調査を実施し, 1839人の回答を得た。2000年世界農林業センサスによれば, 1 ha 以上の林家は約101万9千戸おり, 全体で571万5千ha所有。3 ha 以上20 ha 未満の林家は, 1 ha 以上の林家数全体の36.7%をカバーしている。
8) 森林資源の危機的状況と森林が荒廃し, 山地災害の被害を大きくした状況については, 例えば昭和24年度経済白書等当時の経済白書に記述されている。
9) 田家邦明「森林認証の経済分析」(学位論文 (中央大学)『森林政策の政策手段に関する経済分析』第7章, 2008年) 135-160頁は, 日本国内で森林認証を受けた者に対するアンケート調査を実施し, わが国における森林認証の可能性を分析している。
10) 農林水産省「林業経営体の森林施業に関する意向調査結果」(農林水産省『平成19年度食料・農林水産業・農山漁村に関する意向調査』, 2008年) は, 2007年11月に林業経営体の代表者及び林家2709名に対して意向調査を実施し, 経営体961名, 林家1940名から回答を得た結果である。回答した林家の構成は, 1～5 ha 325名, 5～20 ha 354名, 20～50 ha 391名, 50～100 ha 369名, 100～500 ha 358名, 500 ha 以上143名となっている。
11) 2000年世界農林業センサスによれば, 5 ha 以上20 ha 未満の林家は, 1 ha 以上の林家数全体の20.7%をカバーしている。
12) 内閣府『平成20年度森林及び林業の動向』, 2009年, 65頁。
13) 国土交通省「新設住宅着工戸数」平成21年5月。
14) 農林水産省「木材価格」平成21年6月。
15) 「全国森林計画」(2006年改訂)。

参考文献

Cashore, B., Auld, G. and Newson, D. (2004), *GOVERNING THROUGH MARKETS*, Yale University Press.
Grafton, R. Q., Adamowicz, W., Dupont, D., Nelson, H., Hill, R. J., and Renzetti, S. (2004), *Economics of The Environmental and Natural Resources*, Blackwell, p. 157.
遠藤日雄『スギの行くべき道』全国林業改良協会, 2002年。
遠藤日雄編著『スギの新戦略Ⅰ, Ⅱ』日本林業調査会, 2000年。
遠藤日雄編著『現代森林政策学』日本林業調査会, 2008年。

吸収源対策研究会『温暖化対策交渉と森林』全国林業改良普及協会，2003年。
堺正紘編著『森林資源管理の社会化』九州大学出版会，2003年。
鈴木雅一「森の現在と過去」(『人と森の環境学』東京大学出版会，2004年) 11–19頁。
田家邦明「最近の森林管理問題のバックグランド」(学位論文 (中央大学)『森林政策の政策手段に関する経済分析』第1章，2008年) 7–19頁。
田家邦明「森林認証の経済分析」(学位論文 (中央大学)『森林政策の政策手段に関する経済分析』第7章，2008年) 135–160頁。
内閣『平成13年度森林及び林業の動向』，2002年。
内閣『森林・林業基本計画』，2006年。
内閣『京都議定書目標達成計画』，2008年。
内閣『平成20年度森林及び林業の動向』，2009年。
松本光朗「京都議定書がもたらす森林施策の課題」(『林業経済』No. 706, 2007年) 13–24頁。

第 21 章
「失われた10年」における日本企業の強みの再構築

米 田 篤 裕

1. はじめに

　「失われた10年 (The lost decade)」は，ジャズ・エイジを代表する米国の小説家フランシス・スコット・フィッツジェラルド (1896〜1940) の短編小説の題名である。日本においては，バブル崩壊以降1991年頃から2002年頃の長期間の景況低迷の時期を指すときに用いられる場合もある。「あまりいろんなものを見ないほうが幸せでしたよ...もっと面白いものをみてこられたんでしょうね」と，フィッツジェラルド風であれば，振り返れば既に新しい時代の一部を構成していたのだと語るのであろうか。日本経済だけが1990年のバブル崩壊から再生を図っていた時期に，日本の経済社会が直面した困難な体験を克服した成功物語に注目が集まる中，以下の推論を通じて，「失われた10年」は，新しい時代に対応する日本企業の強みを再構築する過程であったということが出来る。

2.「失われた10年」とグローバル化する経済と社会

(1) グローバル企業と説明責任

　1989年のベルリンの壁崩壊以降，市場経済の枠組みを利用する国が世界に拡大し，経済のグローバル化が進んだ。1990年代は，1992年の中国の改革開放路線への転換による経済成長をはじめ，新興国の経済成長が加速化した。特にアジア地域は，1997年の経済危機を経験してもV字型の回復を遂げ成長を続けたた。その後，安定成長の先進各国を含め世界的に，冷え込みも心配もなく済む理想的な経済状態に例えた「ゴルディロックス・エコノミー(Goldilocks Economy)」と呼ばれる好景気の期間となった。日本も，「失われた10年」を経て，2002年2月～2007年10月の69ヶ月間は，いざなぎ景気(1965年11月～1970年7月の57ヶ月間)を越える戦後最長の景気という恩恵を享受していたが，景気は，自動車産業や電機等の輸出に依存したものであった。また，好景気とはいえ，生活実感に近い名目成長率はこの期間に平均で0.8%と，バブル期の7.3%に比較すれば大きな較差があり，国民は景気の実感を感じにくかったことから，日本経済については，失われた20年と称されることもあり，世界経済の状況とは異なっていた。しかしながら2008年夏，米国発の金融危機から世界景気は減速し，日本経済も2008年の名目成長率は，マイナス3.7%となり，戦後最長の好景気も終息したのである。

　ここで，ドラッカー(2004)は，グローバル経済の特質・問題・機会として，以下の8つを挙げており，注目したい。

　「第1に，1970年代の前半，OPECの動きとドルの変動相場制移行とともに，国家間経済からグローバル経済へと変わった。このグローバル経済が，各国の国内経済を大きく左右することとなった。

第2に，グローバル経済を動かすものは，財とサービスの貿易ではなく資本の移動である。資本は自らの力学に従って行動する。主権国家の財政金融政策がグローバルな金融資本市場を動かすことはできない。それは反応するだけである。

　第3に，グローバル経済のもとでは，土地と労働という伝統的な生産要素は二義的となる。資本も，世界中で調達可能なため，特定の国の競争力に与える生産要素ではなくなった。為替レートも短期的にしか意味をもたない。決定的な生産要素はマネジメントである。競争力の基礎となる決定的な要因は，伝統的な生産要素ではなくマネジメントである。

　第4に，グローバル経済のもとでは，企業活動の目標は利益の最大化ではない。それは市場の最大化である。今後ますます貿易は投資に従うようになる。

　第5に，経済学は，主権国家だけが唯一の，あるいはすくなくとも支配的な経済単位であり，かつ有効な経済政策を行いうる唯一の主体であるとしているが，現実には，そのような経済単位は4つある。...相互依存関係にありながら支配関係にない。主権国家，...経済ブロック，...貨幣，信用，投資にかかわる純粋かつ，ほとんど自律的な動きをもつグローバル経済...，グローバル企業。グローバル企業は，世界全体を財とサービスの生産と販売の場とする。グローバル企業は大企業に限られていない。

　第6に，グローバル経済において主流となる経済政策は，自由貿易主義でも保護主義でもない。それは経済ブロック間の相互主義である。

　第7に，新しい現実としてグローバルな環境問題がある。資本や情報に国境がない以上に，環境問題には国境がない。大気の保全や森林の保護など重要な環境問題は，主権国家の法と行動では対処できない。共同のグローバルな政策がグローバルに実施されることが必要である。

　最後に，グローバル経済は既に現実である。にもかかわらず，必要な仕組

みはまだできていない。グローバルな法が緊急に必要とされている。

こうした特性をもったグローバル経済に対応していくこと，とりわけ第3の特質として挙げられているマネジメントが新しい生産要素とされたことは，企業経営が大きな課題となったことを示す。特に，日本企業は，1970年代から生産事業拠点の海外移転を進めてきており，グローバルな生産ネットワークを構築し日本や欧米先進国市場を主たる販路にしてきた。1990年代，グローバル経済によって特に顕著となったのは，日本や先進国以外での販売市場の拡大である。ドラッカーが，第4のグローバル経済の特質として挙げている点に他ならない。特に，中国の国内市場の急成長から，中国では従来型の生産拠点経営から，経済発展による販売市場への拠点経営を併せ行うという新たな事態に経営的対応を果たし，かつグローバルな生産ネットワークの再構成を図って，企業が強み確保の検討を行っていた時期であった。

経済のグローバル化の途上であった1990年代は，欧州・日本をはじめ世界各国で規制緩和が進み，さらに各国間でも市場経済に適合する諸制度，特にFTAなど関税引下げや関税撤廃協定など，市場経済に適合する制度的枠組みが構築され，これらを活用あるいは先取りする形の経営が求められた時期でもあった。また，インターネットやIT機器の普及や低価格化がよりグローバルでの事業運営を加速させた。すなわち，グローバル化し拡大した市場において事業成果を得ようと志向する企業，すなわち「グローバル企業」は，事業のバリューチェインをグローバル化した市場に拡大したことにより，事業環境をより意識した経営が求められた。すなわち，株主はもとより，市場の顧客，従業員，取引先などのステークホルダーからの企業への期待は，業績のみならず，グローバルな社会が押し並べて期待する環境負荷低減や環境保全に加え，各地の事業所周辺の地域社会への貢献など，新たに市場となった進出先国の様々な社会的課題解決についても，グローバル企業としての貢献があるべきとする期待があり，これには対応しなければならなかった。事

業利益の獲得のみならず，マネジメントが対象とすべき範囲が一層広まったのである。

　グローバル企業は，規制緩和に対応して自身の事業活動に関する説明責任をステークホルダーに対して果たすことを，グローバル化した市場から参入の条件として求められている。経済のグローバル化の進む中では，希少な資源を求める鉱山開発や資源開発企業に加え，低廉な労働力資源を求めた製造業企業等が，この参入条件を満たしているかどうかの説明責任を果たせなければ，NGOからの批判や顧客の不買運動という実害を受けることとなる。グローバル企業はマネジメントの資質を計られてきた。Bessire (2008) は，企業の社会的責任 (CSR) 活動が自発的な活動であることから，情報開示に特段の必要性を強調している。また，Crowther (2008) は，企業の社会的責任活動のパフォーマンスを計測する財務指標がないことを挙げ，ステークホルダーへの説明責任を指摘している。

　ここで，企業が説明責任を果そうと意図する場合に，事業基盤の整備が進んでいる先進諸国では，企業とステークホルダーとの間で，十分な情報交換と説明責任への評価が得られやすい。これに対応出来るハードやソフトの両面での基盤が利用可能であり，またステークホルダーの関心も高く，牽制のメカニズムも働きやすい。規制緩和とともに企業の説明責任がより求められていることは，企業が，母国以外に活動領域を広げる際には，当該国のハードやソフトの両面の事業環境の整備状況如何にかかわらず，同様の説明責任を果たすことが求められ対応していることが当然視されている。この場合，グローバル企業の事業拡大を支援したインターネットやIT機器の普及や低価格化という要素は，グローバル市場において，ステークホルダーの期待と企業の評価に対する認識をその間で共有する手段ともなっている。生産プロセスや製品・サービスによる差別化はもとより，グローバル企業は，ステークホルダーからの期待に対して説明責任を果たすことによって，グローバル

経済の中での事業活動を行うことが当然ながら，要請されている。

　本稿の構成は，第2節で，グローバル化の状況を再確認した後に，「失われた10年」の経済と社会のグローバル化と，それまで日本企業の強みを支えてきた諸要素の中で，特に資金調達の変化を見ながら，マネジメントの課題と変化の状況を再確認する。グローバリゼーションは，資本の移動でもあり，日本においても，「失われた10年」を経て，株主構成の変化等から，経営に与えるステークホルダーの影響力が高まり，企業の社会的責任 (CSR; Corporate Social Responsibility) 活動への経営の配慮が高まった背景要因を考察する。グローバル企業としての経営の環境変化から得た課題に対応することが出来た時期が「失われた10年」ではなかったのかという仮説について検討を加えたい。第3節では，企業の経営課題の中での企業の社会的責任 (CSR) 活動の位置づけを再確認する。特に，グローバル企業のバリューチェインで行われているいわゆる「CSR調達」の業界規範としての効果の評価と，国際規範を背景とし企業の社会的責任報告書の内容に国際的な物差しを与えている GRI の項目との関係を考察し，企業のステークホルダーとの間での課題を確認する。第4節は，社会的評価と内部評価の理論を検討する。第5節はまとめである。

(2) 日本経済と企業への誘因としてのグローバル化

　先ず，背景となった世界経済の状況を見る。歴史的にグローバリゼーションが注目されたのは，今回が初めてではない。今回のグローバリゼーションは，バブル崩壊の直前，東西冷戦の終焉が契機であるとされている。ソ連邦は，1985年のペレストロイカ（改革）にもかかわらず，バルト3国の独立や衛星国の民主化の動きに対して支配の緩和を容認せざるを得ず，連邦から各共和国へ権限を大幅に委譲し，事実上崩壊への途を辿った。1989年12月には，マルタにおいてゴルバチョフ大統領とレーガン大統領により冷戦の終結

第21章 「失われた10年」における日本企業の強みの再構築

が宣言された。冷戦中の世界は，政治的にはもちろん経済面でも，東西両陣営とその草刈り場としてのいわゆる第三世界があった。日本企業も，国内の生産要素価格の高騰から1970年代に東南アジアに製造拠点を移転した繊維産業を始めとして，海外に生産拠点を移転させることで，最適地調達・最適地生産を図り，日本市場での生き残りを図っていた。1990年代までは，依然東西冷戦の制限があり，各国の国境を越える物流コストに悩まされていた。しかし，1990年代に入り，西側の企業にとっては，イデオロギーが変わったことによって，計画経済圏とされていた広大な地域の市場が一気に市場経済システムに参入することとなったことから，競争的な企業活動の展開できる巨大なグローバルな市場が現出したと理解され，大企業競争の時代となった。

ここで，第一次オイルショック後の日本経済の構造改革期間に対応する1974年から1990年，日本経済のバブル崩壊後の時期に対応する1991年から2008年の2つの時期の世界の実質GDPに対する寄与度をグルーピングすることによって，実質GDP成長率から市場拡大の趨勢の把握を試みた[1]。

1974年から1990年の世界の実質GDPに対する寄与度の単純平均が，5%以上の国のグループ（米，日，独，仏，英，伊），1%～5%のグループ（ロシア，カナダ，スペイン，ブラジル，メキシコ，オランダ，オーストラリア，中国，メキシコ，スイス，ベルギー），0.4%～1%のグループ（インド，韓国，南アなど19カ国），0.2%～0.4%のグループ（タイ，ハンガリーなど20カ国）に区分し，1991年から2008年の時期と比較した。いずれの時期でも4つのグループで97%程度を構成している。5%以上の国のグループは，5カ国で，6割以上の実質GDPを構成している。二番目の1%～5%のグループまで含めれば，16カ国で世界の実質GDPの8割を占めるが，中国以外は，両時期でマイナスの成長を示して，構成比は漸減している。2008年のみで見れば，中国は6%台のシェアとなっている。また，二番目の1%～5%のグ

ループでは，1991年から2008年の時期にインドの成長が大きく貢献している。マイナス成長の国数よりプラス成長の国が増加している。0.4%～1%のグループには資源国が多く含まれるが，二番目のグループへ移動した国もあり，マイナス成長の国数が増加している。0.2%から0.4%のグループは，1991年から2008年の時期には，構成する国も増加し，プラス成長の国数も増加している。

　谷内（2008）は，80年代に入ってから金融の国際化が顕著となり，特に199年代半ば以降は飛躍的発展が見られ，1980年から2004年までの間に，先進国の対外資産・負債のGDP比率が，5.4倍に拡大したことを指摘している。またこの間の日本，米国の比率は低い（同4.9倍，1.9倍）。この間の公的資金供与の伸びは小さく，民間資金，とりわけ新興国に流入した資金が経済成長寄与したと見られる。

　一方，日本経済は，実質GDP成長率を単純平均すれば，同じく1974年から1990年期間は，3.8%であったところ，バブル崩壊後の1991年から2008年の期間では，1.1%との水準が異なっている[2]。すなわち，1991年から2008年の時期は，BRICsやVISTAといった新興国・資源国が興隆し，日本経済が安定成長となっていた時期であった姿が窺え，グローバリゼーションは，急拡大する市場を企業成長の機会とし，この時期の企業経営に影響を与えた大きな要因であったと言える。

（3）「失われた10年」におけるコーポレートガバナンスに関する認識の変遷

　コーポレートガバナンスは，米国では1970年代に，ラルフ・ネーダー（Ralph Nader）などが企業の社会的責任や企業倫理を追及したことを機に見直され，株主提案権を活用して，企業の反社会的行動を抑制しようという気運が高まった。次いで80年代の年金の急速な普及を背景とした機関投資家の短期的利益追求経営の反動として，90年代には，ストックオプション制

度の導入などによる長期的経営の視点が経営に要請されるなど，時代によってコーポレートガバナンスの姿は異なってきた経緯がある。

日本のコーポレートガバナンスへの経営の関心の高まりは，バブル崩壊後の「失われた10年」に，過剰雇用，過剰資本ストック，過剰債務の三過剰の問題の解決策の検討の過程での議論で，日本的経営の一要素とされるメインバンク制への評価など企業の資金調達のあり方の変化に起因した議論であったと考えられえる。ShleiferとVishny (1997)は，コーポレートガバナンスを，企業に対する各種の資金提供者の立場から整理を行っている。また，堀内・花崎 (2004)は，コーポレートガバナンスを，企業経営の効率性を高めるための外部からの規律づけのメカニズムとして広義に捉えている。厳しい市場競争にさらされている企業は，資金の出し手からの規律・干渉の有無にかかわらず，持続的に存続していくためには，経営品質の向上に対してたゆまぬ努力が求められている。

フクヤマ (2000)は，この時期の経営の変革を求める認識を以下のように示している。「1990年代の終わりを迎え...日本経済の長引く不況のために，制度の改革を求める圧力が大きくなっている。特に，日本の強さの源泉とみなされてきた終身雇用制度や系列システムといった文化的に独特な制度は，今や負債と化した感がある。日本企業を特徴づけた社会的信頼という強固な絆は，必要な改革の障害になっているようだ」

また，朝日新聞 (2009)には，雇用問題を切り口とした日本型経営是非を巡る1994年の今井・宮内論争と2009年1月時点での再評価を提起している。バブル崩壊後，1990年代の日本で，これまでは政府の手厚い保護や指導の下にあった日本の市場では，これまでの事業会社と主力銀行または事業会社間の株式の持合いを背景に，株主の意向よりも会社の内部管理に重点を置いた経営を行ってきた。しかしながら，規制の緩和・市場の開放により，外国人資本家の日本企業株式の保有比率の高まりから，外国機関投資家によ

る株式売買も全体の半数近くを占める様相となっていた。経営の監視役あるいは牽制機能を果たす上で，メインバンク制，株式の持合い，あるいは監督官庁による監視といった仕組みが急速に弱まり，株式の持合いの解消と並行して，巨大な年金基金やその運営を受託する投資顧問会社などの国内機関投資家の参入が一般化した。これに伴いコーポレートガバナンス（企業統治）確立の要請が強まった。

既に80年代後半から，先ず大企業を中心に，企業の資金調達における直接金融への移行が進んでおり，企業の総資産に占める借入の割合が，大企業中堅企業では趨勢的に低下している。またこうした大企業が外国人投資家の投資対象となった。海外資本市場での資金調達などは，日本の金融市場自由化の契機ともなった。90年代後半からは，上場企業における株式持合い比率の低下が顕著となり，金融機関が保有する株式などを含めた「安定保有株式」の割合も大きく低下した。更に，株式所有構造を見ると，「外国人」の割合が上昇している一方，「信託銀行・生・損保都銀・地銀等，その他金融」および「事業法人等」の割合が低下傾向にある（図21–1参照）。

これにはバブル崩壊後，株式の含み損が一気に増加，株式市場に連動して銀行の経営体質も悪化したことから，銀行経営が株価下落により左右されるリスクを軽減するため，政府主導で銀行の体質強化，安定化を目指した（2001年に制定された銀行等株式保有制限法）効果が大きく，銀行・企業間の株式持合いは大きく低下している。株の持合いは，資本自由化で外資による会社支配の懸念が強まり，1960年代後半から急速に広まっていた。取引関係にある銀行は，資本関係にある企業の経営権の取得，グループ化，企業間取引の強化，株式の安定化を図っていたもので，コーポレートガバナンスのあり方に影響が大きかったと言われる。株主からの経営改善圧力を強く受けない形での株式の持合いは，経営者によるモラルハザードを引き起こす可能性があるが，間接金融中心の資金調達の中で，債権者であるメインバンクによる

第 21 章　「失われた 10 年」における日本企業の強みの再構築　579

図 21-1　株式分布状況

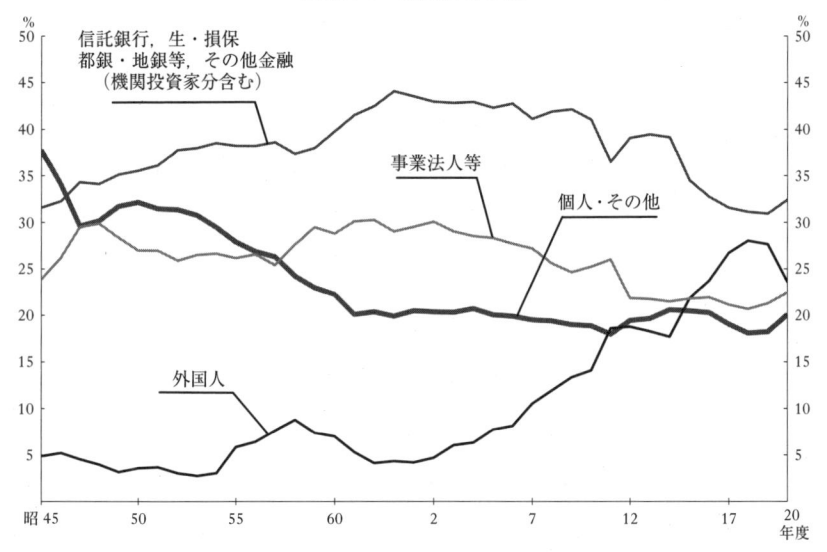

出所：東京証券取引所ほか「平成 20 年度株式分布状況調査の調査結果について」2009 年 6 月。

モニタリングによって規律づけがなされていたと考えられる。また，吉野・渡辺（2008）によれば，企業（日本銀行資金循環表における民間非金融法人）の資金調達に関しては，バブル崩壊後 90 年代前半は，過剰資本ストックの削減から設備投資の見直しを契機に，企業の資金需要は減退していく[3]。このため総資金調達額が急速に縮小した。反面，金融機関側でも不良債権の増加に伴い金融機関が融資姿勢を慎重化させた。バブル期においては，金融機関からの借入を増やす動きは，各業種に共通して見られ，製造業や不動産業，サービス業はバブル期前にも借入を増やしていたが，非製造業や卸売・小売業では，借入を減らしている。資金調達がプラスである非製造業やサービス業の資金調達の内訳を見てみると，社債や増資による資金調達の増加は，金融機関借入の減少に比べるとごく僅かでしかなく，主に内部留保や減価償却

が金融機関借入の代替手段となっている。また，ストックベースで総資金調達残高に占める金融機関借入のウエイトは，1960年から80年後半にかけて上昇していたが，90年を境に各業種がその比率を低下させている。一方，株式による調達のウエイトは高まっているが，社債および株式を見ると，一部の業種・規模（例えば情報通信業やサービス業の大企業）を除いて，金融機関借入の代替手段と言えるほどには構成比を上昇させてはいない。金融機関借入に代わって構成比を高めているのは，主に内部留保である[4]。すなわち，90年以降，日本型企業システムは，間接金融の低迷や株式保有構造の変化に影響を受けており，更には金融機関が金融仲介的機関への変貌を受けていたことに対応を図ってコーポレートガバナンスを再構築していたと言える。すなわち，1997年以降，取締役会や報酬システムなどの企業内部の仕組みの改革が試みられ，ガバナンス構造も90年代後半以降，内部統制や雇用改革を積極化する動きが一部企業で見られている。

更に，グローバル企業にとって，コーポレートガバナンスには，本稿第2節(2)で見た，より大きな要因が付加されたことに注目される。

2000年12月に，「経済構造の変革と創造のための行動計画」が閣議決定されている。この中に記載される諸改革の中で，2006年に改正が図られた「会社法」は，従来の商法（会社），有限会社法，商法特別法を一本化したものである。取締役数，取締役会，監査役設置など会社の運営方式を柔軟なものとし，最低資本金制を撤廃し規制緩和を図ったものであるが，反面，効率性と競争力の向上および企業の健全性・コンプライアンス（法令等の遵守）の確保を達成するため，取締役や従業員の法令違反の防止を目的として「内部統制システム」を整備するよう義務づけ，コーポレートガバナンスの強化を図ることにより，グローバル資本市場における資金調達を志向している。同じく，証券取引法の改正である金融商品法における内部統制報告書も，2009年3月期以降に報告が実施されている。

第 21 章 「失われた 10 年」における日本企業の強みの再構築　581

　一連のグローバリゼーション対応の国内制度改革を終えた段階で，2008 年の世界景気急落を迎えたことになる。Cato (2009) によれば，通貨供給量の増加によってグローバルな経済規模が拡大していったことによって課題が拡大したとして，国内の通貨制度の改革を指摘し，グローバル経済に対応した制度設計を主唱している。Tirole (2000) は，コーポレートガバナンスを論じるにつき，ステークホルダー・ソサイエティーの重要性を，グローバル市場で活動する企業を例に主張している。さらに Tirole (2006) においては，ステークホルダー・ソサイエティーにおいては，株主，顧客，従業員，地域社会等の「全てのステークホルダーの厚生の最大化が，企業経営の広義のミッションである」としている。

　「失われた 10 年」を経て，制度的な調整と企業経営の対応がが進められた時期に，グローバル企業では，企業の社会的責任 (CSR) 行動に関する経営の関心が高まった。以下にその影響を見る。

3.　企業の社会的責任 (CSR) 活動とグローバル企業の要件

(1)　日本企業の経営課題の中での CSR 活動の位置づけ

　経済のグローバル化の影響を受けて，日本企業は，経営課題の中で，CSR 活動をどう位置づけているのだろうか。(社) 日本能率協会 (JMA) は，2008 年 6 月〜7 月にかけて，わが国主要企業 5,000 社の経営者を対象に，「当面する企業経営課題に関する調査」を実施した (有効回答率 17.2%：図 21-2 参照)。

　3 時点で，上位 3 位の課題の位置づけに変化はない。経営課題認識について，高業績企業 (3 年前に対比して売上高・営業利益・従業員数の 3 項目とも増加) と低業績企業 (同・3 項目とも減少) を比較すると，高業績企業が「人

582 第IV部 地球環境からみた「失われた10年」

図21-2 2008年度(第30回)当面する企業経営課題に関する調査

2007年の課題認識（全体） (n = 848)		2008年の課題認識（全体） (n = 860)		将来(2011年頃)の課題認識（全体） (n = 860)	
1位 収益性向上	53.7	1位 収益性向上	60.8	1位 収益性向上	50.2
2位 人材強化（採用・育成・多様化）	40.0	2位 人材強化（採用・育成・多様化）	40.2	2位 人材強化（採用・育成・多様化）	40.0
3位 売り上げ・シェア拡大	37.5	3位 売り上げ・シェア拡大	36.1	3位 売り上げ・シェア拡大	30.7
4位 品質向上（サービス・商品）	19.6	4位 新製品・新サービス・新事業開発	22.0	4位 新製品・新サービス・新事業開発	27.1
5位 コーポート・ガバナンス強化（内部統制を含む）	18.2	5位 品質向上（サービス・商品）	19.5	5位 顧客満足向上	18.0
6位 新製品・新サービス・新事業開発	17.9	6位 財務体質強化	16.9	6位 グローバル化（グローバル経営）	14.8
7位 顧客満足向上	17.6	7位 顧客満足向上	15.8	7位 財務体質強化	14.7
8位 財務体質強化	17.1	8位 コーポート・ガバナンス強化（内部統制・リスクマネジメントを含む）	14.1	8位 技術力の強化	14.3
9位 現場の強化（安全，技能伝承など）	15.4	9位 技術力の強化	10.2	9位 企業の社会的責任（CSR）（コンプライアンス・環境などを含む）	12.8
10位 技術力の強化	10.3	10位 ローコスト経営	10.1	10位 品質向上（サービス・商品）	12.1
11位 企業の社会的責任（CSR）（コンプライアンス・環境を含む）	8.7	11位 現場の強化（安全，技能伝承など）	9.4	11位 コーポート・ガバナンス強化（内部統制・リスクマネジメントを含む）	10.6
12位 グローバル化（グローバル経営）	7.9	12位 グローバル化（グローバル経営）	9.3	12位 株主価値向上	9.4
13位 ローコスト経営	7.4	13位 企業の社会的責任（CSR）（コンプライアンス・環境などを含む）	9.0	13位 ブランド価値向上	9.2
14位 株主価値向上	6.6	14位 株主価値向上	5.0	14位 事業再編（M&Aを含む）	8.6
15位 ブランド価値向上	6.1	15位 事業再編（M&Aを含む）	4.4	15位 ローコスト経営	6.9
16位 事業再編（M&A）を含む	4.4	16位 ブランド価値向上	4.4	16位 現場の強化（安全，技能伝承など）	6.7
17位 スピード経営	4.1	17位 スピード経営	3.6	17位 スピード経営	4.2
18位 企業理念の徹底・見直し（ビジョン・ウェイ・バリューなど）	3.3	18位 キャッシュフロー経営	2.3	18位 企業理念の徹底・見直し（ビジョン・ウェイ・バリューなど）	3.0
19位 その他	0.4	19位 企業理念の徹底・見直し（ビジョン・ウェイ・バリューなど）	1.9	19位 キャッシュフロー経営	2.2
		20位 その他	0.3	20位 その他	0.2

(3つまで回答)

出所：http://www.jma.or.jp/mms/ja/topics/pdf/1027_a.pdf

材強化」「グローバル化」「新商品・新サービス・新事業開発」といった将来に向けた施策に関する課題をより多く挙げるのに対し，低業績企業は，中期的にも「収益性向上」や「財務体質強化」といった業績数値に関する課題をより重視している傾向が本調査で見られている。

　課題の順位の変化は大きいとは言えないが，ポイントが大きく変化しているのが，「企業の社会的責任（CSR）（コンプライアンス・環境などを含む）」と「ブランド価値向上」であり注目される。2011年と2008年の時点を比較すると，「企業の社会的責任（CSR）（コンプライアンス・環境などを含む）」の選択肢への回答は，9%→12.8%,「ブランド価値向上」は4.4%→9.2%と大幅に増加している。

尚，経営のグローバル化を進める上での課題として，現在ならびに今後について，「海外要員，赴任者の育成」，「グローバルに通用する経営幹部の育成」，「グローバルな人材マネジメント体制の構築」といった「人材」に関する課題が上位に挙げられている。特に海外売上ないし海外生産が40%以上の企業について見ると，現在については「現地社員の採用，育成，定着化」，「グローバルな意思決定体制の確立」の比率が，今後については「経営の現地化」の比率が全体に対してより高いという傾向が見られた，としている。

(2) 日本企業のCSR活動への関心の変化

日本総合研究所が，投資家への非財務情報の提供を目的とした調査から，2003年以降の日本企業のCRS活動への関心の変化の把握を試みた（表21-1参照）。

投資家も企業のステークホルダーである。特に，格付け機関や調査機関は，優良な投資先を模索し，投資家に情報提供する際に，社会的責任投資のための企業情報提供をも業務としており，とくに多様化するステークホルダーの期待に配意した企業経営を行っている企業の業績が良好であったことから，リスク管理のできている企業への投資家としての関心の高まりを反映したも

表21-1 わが国企業のCSR経営の動向——社会・ガバナンス編

調査年度	2003	2004	2005	2006	2007	2008
回収回答数(社)	502	277	351	381	357	398
回答率	25.1%	13.4%	17.6%	19.0%	17.9%	19.9%
「環境編」	486	270	349	361	350	395
回答率	24.3%	13.1%	17.5%	18.0%	17.5%	19.8%
「社会・ガバナンス編」	226	258	329	361	336	371
回答率	11.3%	12.5%	16.5%	18.0%	16.8%	18.6%
報告項目数	22	21	20	21	20	21
1. 企業統治	8	8	8	5	4	3
(法令の遵守)	4	4	4	2	2	2

584 第IV部 地球環境からみた「失われた10年」

(説明責任と情報開示)	2	2	2	1	2	1
情報公開手法の社内周知						
ステークホルダーを明示						
リスク言及						
株主の個別な働きかけ等への対応						
2. 公正な経済取引	2	2	3	1	3	3
ブランドマネジメント方針の文書化						
取締役会のリスク管理の明確化						
事業リスクの開示						
敵対的買収に対する防衛対策						
独自の独占禁止法に関する遵守規定						
公務員等との接遇の社内規定						
連結対象子会社を含めた違反事例						
公正な経済取引確保						
移転価格税制の追徴課税回避						
3. 顧客に対する誠実さ	4	3	2	2	2	3
4. 労働慣行	1	1	1	3	3	3
(人材の育成・支援)	0	0	0	2	3	2
5. 仕事と生活との両立支援	3	3	2	4	4	3
6. グローバル市場への的確な対応	2	2	2	2	1	2
7. 社会活動への積極関与	2	2	2	3	2	3
8. 社会的課題の解消に資するビジネス	0	0	0	1	1	1

注： 斜線部（■）が該当設問箇所
出所： 株式会社日本総合研究所，「わが国企業のCSR経営の動向」報告サマリー 2003年版～2008年版 より筆者作成。

のである。また，企業にとっても，格付けなどの評価が上昇すればリスクプレミアムが減少して資本調達コストが軽減されるメリットもある。

　1～8の項目分野について，経年での変化をみる。回答率は，初年度以降，全体の回答率と同じ水準に「社会・ガバナンス編」の回答率が高まったことは，企業と投資家の共通の関心の高まりと考えられる。報告事項数は各調査年度で20項目前後と大きく変化はない。2003～2005年は，企業不祥事の頻発から，法令の遵守など企業統治の項目が8項目と多かったが，近年では，8項目分野とも報告項目数に差がなく，また。企業統治でもこの2年で「株主の個別な働きかけ等への対応」が挙げられていること，「2．公正な経済取引」でも，対象項目が多岐に広がりつつあることが注目される。投資家の関心の対象が深化していると言える。

　ここで，小池（2006）によれば，1997年には，環境報告書の発刊企業数は，169社で，その後毎年増加し，2003年には，743社となったとしている。経営課題として企業の社会的責任（CSR）に関心が高まり，環境報告書やCSR報告書を発刊する企業も増加を続けた。田中（2008）によれば，2006年8月時点の東京証券取引所上場企業1,698社のうち約7割を占める，616社が環境報告書やCSR報告書等を発刊している。このうち環境報告書の名称で報告書を発刊している企業が274社，環境・社会報告書156社，CSR報告書115社，持続可能性報告書同17社で，従って社会性についての報告書であることを示しているこれら3名称の報告書を発刊している企業数は，計288社となり，環境面への配慮のみならず社会面への配慮をした経営を説明している企業数が環境のみを報告する企業数より多いことを示している。

(3)　CSR調達と経営課題

　各ステークホルダーは，市場の失敗と政府の失敗への対応が問われるが，社会の存続のための条件と対応策の全体像の解明を課題とし，企業の社会的

責任 (CSR) 活動の社会への影響のあり方として，企業がステークホルダーに情報を適切に公開し，評価を高める仕組みを社会が持つことにより，社会の持続的発展の実現されることを検討する。Gupta (2008) は，CSR 報告書は，必ずしも社会が重要視したことを保証したものではないと指摘して，透明性の強化を求めている。また，Borzaga と Defourny (2001)，谷本寛治編 (2006) によれば，社会的企業 (Social Enterprise) への期待が高まっている。企業の独創的な活動における創造的な社会課題解決への貢献こそ，企業の社会的責任の本来的な姿であることは異論が無い。このようなステークホルダーの要請への対応力を高めることこそ，グローバル化した経済において企業が存続を続ける際の強みであると考える。

　グローバル企業は，自身の企業としての持続的な発展が，社会の持続的発展とつながるような独創的な活動を求められると同時に，雇用や労働の条件，環境規制に適切な配慮が求められる。先進国等他地域での先進事例があれば，他の進出先国においても同様に課題解決に取組み，更に要請があれば，地域社会等への貢献などについても取組むことが求められている。こうした企業の社会的責任 (CSR) 行動が，全てのステークホルダーに明確に情報開示されることが求められており，これに対応したコミュニケーションを通じて実現を図っていくことで，グローバル企業としての「強み」が具備されていくものと考えられる。

　企業の情報開示については，1997 年から CERES (Coalition for Environmental Responsible Economies) が取組んだ GRI (Global Reporting Initiative) ガイドラインが注目される。GRI ガイドラインは，2000 年に第 1 版が公表され，企業の社会的責任 (CSR) 行動の報告に共通の尺度を提供している。2002 年の改定版を経て，2006 年の第 3 版が発表された。この際には，GRI から 1999 年の国連グローバルコンパクト (以下 GC) との協働が呼びかけられた。GRI ガイドラインを利用して企業の社会的責任の活

動を毎年の報告書に掲載し，更には国際的規範への対応状況の情報を提供して，ステークホルダーの理解を高めようとする企業が増加している[5]。

グローバル企業が提供する製品等によってグローバル化した市場において既に評価を得ていることは，企業競争力が構築されていることと同義であろう。しかしながら，ステークホルダーの評価に十分に配意していないことにより，グローバルな市場において脆弱性を露呈した事例は多い。

ナイキ社は，自社工場をもたず，契約工場で生産を行う事業モデルを採用している。自社のCSR戦略のひとつとして，契約工場の場所と名前（英文）をネット上に公開している。同社は，「サプライチェインの公開は，モニタリングと改善の効率を高めるのに有効だと考えています。また，業界内の状況全般を向上させるための情報交換が促進され，生産能力もアップするでしょう。これらの課題はこの業界特有のものであり，ナイキ一社で解決できる問題ではないのです」[6]と考え方を表明している。1997年，ナイキ社は，NGOによってベトナムなどに所在する委託工場における，児童労働，低賃金労働，長時間労働，強制労働等の問題点の存在が批判され，1999年にGlobal Alliance for Workers and Communities（労働者とコミュニティのためのグローバル・アライアンス）[7]を設立し，契約工場従業員に聴き取り調査を行っている。調査では，長期的な人材育成，性と生殖に関する保健および栄養，労働者の財務スキル，管理職のための経営と自己主張に関する訓練など，フォローアップ活動と人材育成プログラムを実施，評価および研修・人材育成プログラムの両方で地元のNGOを積極的に利用した。

また，ナイキ社（2006）によれば，自社としても監査を行っており，コンプライアンス監査に加え，経営管理と訓練，労働者の処遇，労働者の経営管理への信頼，不満通報システムへの信頼性，賃金計算の正確性，正当な手当ての不払い，法廷基準を超えた労働時間，ナイキ社の社内基準を超えた労働時間，意識の欠如といったコンプライアンスの外辺項目の監査を行っている。

同社の事例を挙げるまでもないが，最終品を販売する機器メーカーにとっては，自社のバリューチェインを構成する仕入先等が，人権や労働条件・就労環境等の不備を起因として社会的な問題や訴訟提訴を受けるなどの社会的不祥事を生じた場合，自らの問題として企業の社会的責任を問われるリスクを背負っている。直接的な経済的損失のみならず，これを起因としてWebなどで長期間の不買運動がなされ，株価の下落に見舞われる場合もあろう。また，不本意ながら商品の回収などといった想定していなかった大規模な損失を招く事態にまで発展するようなリスクを未然に防ぐため，バリューチェインに関係する企業を管理するために，コンプライアンスや人権，労働など経営上のリスク管理に関する企業の方針の確認や対応の取り組み実態について，調達の際の条件とする仕組みは，日本では「CSR調達」と呼ばれている。

CSR調達は，コンプライアンス・リスクの再認識とリスク管理を関連する経営管理の対応を，仕入れ先等関係する各社に，調達の際の条件として対応を強く要請しているものであり，CSR調達への取り組みの経過を報告書に表記している企業も増加している。

汎用部品が多く多層の下請け企業をバリューチェインにもつ電機電子業界のうち米国IBM社やHP社，Apple Computer社やDell社，ソニーはEICC (Electronic Industry Code of Conduct) として共通の「行動規範」を2004年に作成した，その後経費削減を試行し，「監査ツール」など第三者監査の運用に必要なツールの共通化を進めているおり[8]，グローバルなサプライチェインの労働条件と環境保全を促進する組織として，名称も，Electric Industry Citizenship Coalitionと改称した。

日本においては，(社) 電子情報技術産業会 (JEITA) の「資材委員会」(電子機器メーカ及び電子部品メーカ33社で構成) の下に設置した，「サプライチェーンCSRワーキンググループ[9]」が，会員企業の啓発と指導を目的としたガイドブックとチェックシート[10]を作成しているが，内容的には，EICCに

準拠している。

　EICCは，作成に際して各種項目に関連する国際規範を参照している。コンプライアンス・リスク削減が目的であることから，「労務管理」と「倫理規範」については，労務と倫理に関する管理説明能力，責任者の特定，労務および倫理の方針と手続き，労務方針の文書化，適用範囲と例外の明示，継続的改善の状況，説明に適切な言語（翻訳）の利用，サプライヤーとの契約上での要請について本社と事業所での確認を求めている。さらに，管理の状態として，定期的見直し，方針，目的，手続き，再調査の過程，計画と手続きの実施水準も監査の対象となっている。また，管理体制については，自社に適用される法律や制限を識別し監視する追跡システムの手法と情報源を提示することが求められる。労務管理と倫理規範の項目は，表21–2のとおりである。

　AIAG (Automobile Industry Action Group) は，米国・欧州のカーメーカーが提携しているNPOであるが，メキシコおよび中国に所在するカーメーカーのサプライヤーに教育と啓発を実施している。AIAGでの自己点検表（セルフアセスメント質問状）は，より非コンプライアンス項目まで踏み込んだ設問があるものの，サプライヤーの事業所における労務管理のコンプライアンス・リスクの洗い出しに専念している。

　2009年1月付で同年5月に公開されたAIAGの労働条件に関する自己点検表は，労働管理項目と労働安全衛生項目に点検項目を絞っている。倫理管理項目は指摘にとどまっている。

　このような，サプライヤーへの調達条件での要請は，他の産業でもなされており，アパレル，電機電子産業のみならず，ウオルマート，イオンなどの大規模流通業，自動車産業にも見られる例となっている。

表 21-2　労務管理・倫理規定の項目（EICC）

労働管理項目	例
L1 労働選択の自由	例）強制されない，担保にされていない，不本意でない，あるいは囚人労働でない
L2 児童労働の排除	例）就労年齢未満でない，若年労働者に危険な職を課していない
L3 労働時間	例）最長労働時間の限度，必須の休日
L4 賃金および給付	例）法定賃金，残業代，はっきりとした情報
L5 人道にかなった待遇	例）虐待がない，威圧されない，セクハラされない，または折檻されない
L6 差別されない	例）年齢，人種，性，宗教，性的あるいは政治的指向
L7 結社の自由	例）労働組合，団体交渉，率直な情報交換

健康労務安全管理項目	例
HS1 化学物質	例）就業中に化学物質にさらされているか
HS2 職業衛生および機械の安全対策	例）安全器具が備えられているか，高温・電気などにさらされていないか
HS3 非常時管理	例）潜在的非常事態を想定しているか
HS4 労働者の健康管理と身体的に負担な業務	例）作業に関連した病気や怪我が分類され定義されているか
HS5 居住条件	例）従業員寮では，安全な水，清潔で衛生的なトイレ，火災報知器などが提供されているか
HS6 危険な材料	例）危険廃棄物の排出を削減する計画があるか
HS7 事業所の健康安全状態	例）健康安全の適切な管理体制があるか
HS8 健康安全体制の要因	例）法律や規制を識別し監視する体制があるか

倫理管理項目	例
E1 業務の誠実性	例）汚職，強要，横領，偽装がない
E2 不適当な優位性がない	例）優位性を得るために賄賂や他の手段を使わない
E3 情報公開	例）事業活動，事業構造，財務状況
E4 知的財産	例）事業パートナーの知的財産権の保護
E5 公正な事業方法	例）広告，競争および顧客情報の保護
E6 個人識別情報の保護	例）方針侵犯に関する従業員の報告の匿名性

注：記号 L1～L7，HS1～HS8，E1～E6 は筆者が加筆したもの。

第 21 章 「失われた 10 年」における日本企業の強みの再構築　591

(4) CSR 調達の経営上の意味と GRI を利用したコミュニケーション

ここで，CSR 調達に企業が対応する意味を検討する。

製造業企業が競争力について，バリューチェイン間で経済的合理性に関してお互いの問題意識を確認する経営管理の要素として，QCD (Quality, Cost, Delivery) がある。「より良い品質の製品を，より安価に，定められた納期の範囲内で」提供することが求められ，これが企業業績に影響があると認識されてきたからである。更に，経済性を左右する追加要因であると認識され，製品のみならず製造工程について社会的課題である環境負荷の低減が求められ，QCD に E (environment) が経営管理の要素として追加がなされた。当然ながら，国内はもとより海外においても同じ課題であり，対応の証左として，国際的な認証である ISO14001 の取得が調達条件として求められた。これら QCD＋E の経営管理の要素を経営実態に反映する努力が払われ，その成果は，他社との差別化に繋がるものと経営的に認識されてきた。2001 年には，グリーン購入法（国等による環境物品等の調達の推進等に関する法律）の公布を受け，各社が EMS (Environmental Management System) の導入を求め[11]，EMS への対応ができている製品が優先されて購買された。製品のみならず部材の調達においても，企業は，従前の調達条件に加えて，「グリーン調達」と称した調達条件を拡充して仕入先に提示することが常態となった。

3-(1) 節，3-(2) 節で検討したように，QCD＋E が経営課題であることは，既に経営対応が図られ，企業としてステークホルダーに報告書などを通じて情報を提供して理解を求めてきたが，2003 年以降，社会性いわば S がこれらに追加され，情報提供がなされている。社会的企業 (Social Enterprise) への期待とは言っても，社会的課題への対応要請は多岐にわたっており，このため国際規範に対応した GRI を説明の際の物差しとして，事業のバリューチェインを構成する関係会社・サプライヤー等に，各社が企業の社

592　第Ⅳ部　地球環境からみた「失われた10年」

会的責任に関してステークホルダーから要請されている状況把握し対応する経営管理がなされているか，状況に対する理解と経営管理体制の再確認を求めているか，情報提示を図っている。

　ここで，GCを始めとする国際規範を基としたGRIにおいて公表を求めている項目の内容と，電機電子業界・自動車業界で規範としてCSR調達の手法を通じて課題への対応を図っている項目の内容を比較してみる（表21–3参照）。

　ここで，GRIが，経済性の公表項目は15，環境性が45，社会性については48（内訳は労働が19，人権15，社会が14）となっている。EICCのサプライヤーセルフアセスメントでは，経済性，環境性は，項目が無く，社会性

表21–3　GRIと業界規範

国連GC	GRI (Global Reporting Initiative)の「サステナビリティ・レポーティング・ガイドライン2006(第3版)」		EICC Version 3 (2009年5月)	情報通信技術（ICT）サプライヤーセルフアセスメント（2007年9月）	TOYOTA仕入先CSRガイドライン (2009年3月)	AIAGセルフアセスメント質問状（事業所対象）
	マネジメント・アプローチ及びパフォーマンス指標	項目数	項目数	設問数	項目数	設問数
	1. 戦略及び分析	2				
	2. 組織のプロフィール	10		1		
	3. 報告要素	13				
	4. ガバナンス，コミットメント及び参画	17	1	2		
	経済性	12				

第 21 章 「失われた 10 年」における日本企業の強みの再構築　593

環境	原則 7 原則 8 原則 9	環境性	45	11		3	
		社会性／労働 (労働安全衛生)	19	11	18	3	83
			3	8	6	1	80
労働	原則 3. 団体交渉権		2	1	2	1	1
		社会性／人権	15	5	19	5	43
人権	原則 1. 人権擁護 原則 2.		3	1	2	1	9
	原則 6. 差別撤廃		1	1	2	1	11
	原則 3. 結社の自由		1	1	1	1	1
	原則 5. 児童労働		1	1	2	1	9
	原則 4. 強制労働		1	1	2	1	13
		社会性／社会	14	2	4	4	1
腐敗防止	原則 10.		3	2	4	1	
		(製品責任)	15			2	
		(以下は，非該当項目)					
		知的財産権		1	2	1	
		文書化と記録		1			
		輸出取引管理				1	
		匿名性の確保		1	3		
		情報の開示		1	2	1	

サプライヤーへの啓発／指導		2	1	2
サプライヤーのリスク管理		1		
公平な事業，広告，競争	1	2		
コミュニケーション／適切な言語	1	1		1
従業員フィードバックと参画	1			

出所：各資料より筆者作成。

は41の設問がある（労働が18，人権が19，社会4）また，AIAGは社会性に集中しており，127の設問が設定されている（労働が83，人権が43，社会1）。EICCやAIAGへの設問に回答するような経営施策や成果は，GRIの尺度を通じたとして，報告書に記載することは可能である。更に，設問の内容としてGRIの項目説明とは合致しない設問も存在する（EICCセルフアセスメントで13，AIAGで3）。

これらの項目は，より特徴的にCSR調達が業界として，事業環境についてのリスク管理をめざしている性格を示している。すなわち，知的財産権の保護や，通報者の匿名性の保護，コミュニケーション時の適切な言語の使用は，サプライヤーへの啓発などとともに経営対応としてステークホルダーから当然視さえている項目の再点検を図ることによって，バリューチェイン全体での認識を示していると考えられる。

グローバル企業とそのバリューチェインを構成するサプライヤーは，報告書を通じたコミュニケーションで，グローバル企業足りうるかの資質を確認されていると考えられる。すなわち，GRIで報告されるべき内容の深化に対応を図る業界でグローバル企業にとっては，リスクとして管理が不可欠な社会的課題に直面することが想定され，こうした状況への対応の規範が呈示さ

れているのである。報告書で情報提供を行わなくとも，説明を求められた場合には，経営対応の情報を公開し説明責任を果さなければならず，対応する経営品質の維持のための費用負担が当然視されていると考えられる。すなわち，社会的評価となる成果を高めるためには，私的利益を犠牲にしなければならない状況についての内部評価を求められていることに他ならない。

4. 社会的評価と内部評価の理論分析

グローバル企業が，社会から要請されていることは，自律である。短期的に経済性が確保されていても，環境性や社会性に瑕疵があれば，企業経営，押し並べてグローバル企業の経営については，ステークホルダーから不買運動や訴訟といったペナルティーを課され，甚大な損失を被った近年の事例は枚挙に暇がない。

企業が，短期的ながら利潤の一部を社会的責任行動や社会とのコミュニケーションを深めることによりリスク回避に振り向けることができれば，社会からの評価と企業価値に対する株主評価の上昇を実現できる。企業は，ステークホルダー社会の一員として国内外のステークホルダーの要望に応えた信頼関係を構築することが求められている。

田中・長谷川（2006）は，ステークホルダー社会におけるコーポレートガバナンスの研究と実際に企業が環境の費用対効果の手段として用いる概念の整理を行っている。企業の私的利潤，社会的評価対象となる成果，企業価値を3つの主要概念を用いている。企業の私的利潤は，企業が一定の売上高の下で選択可能な投入物の費用額を比較して，利益の最大化を図られるが，本論で考察している企業の社会的責任活動に関する費用も含まれる。社会的評

596　第 IV 部　地球環境からみた「失われた 10 年」

図 21-4　内部評価と社会的価値

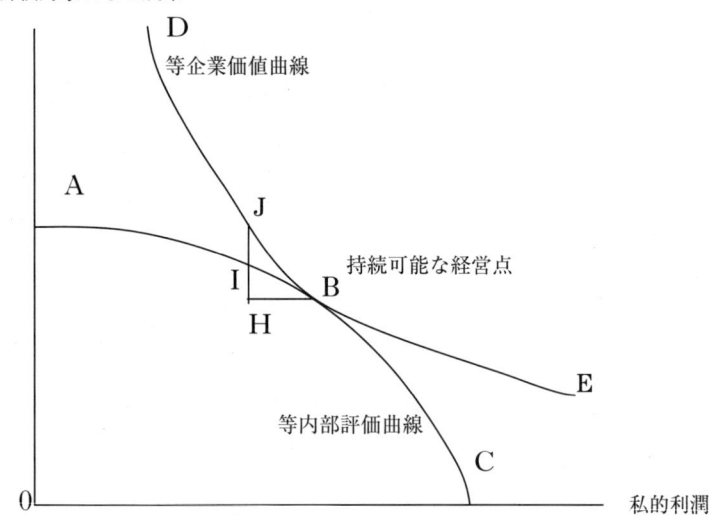

価対象となる成果とは，投入物や産出物の環境改善効果，環境保全活動に伴う経済効果，市場での評価等が含まれる。企業価値を示す指標としては，時価総額，時価総額の増加額，売上高，利潤などの財務データを用いている。

　また，3 つの主要概念の間の関係は，水平軸に私的利潤，垂直軸には社会的評価となる成果で図示される（図 21-4 参照）。

　企業の等内部評価曲線 AC は，環境対策や本論で考察している企業の社会的責任活動の支出に対する企業による費用対効果の基準を示す曲線である。社会的評価対象となる成果を高めるためには，私的利益を犠牲にしなければならないことから，この曲線は，右下がりとなり，勾配は，企業価値を一定に保つために企業の私的利潤 1 単位の犠牲によってもたらされる社会的評価対象となる成果である。

　等企業価値曲線 DE は，社会によって評価される企業価値を表す。より高

い私的利潤とより高い社会的評価対象となる成果には，社会からより高い企業評価を得られるが，一方の値だけが大きくなる場合には，他方の値の低下部分を補う以上にその値が増加しなければならない。この性質から等企業価値曲線 DE は右下がりの形状を意味する。ここで，企業にとって等内部評価で示される私的利潤と社会的成果の組合わせは選択可能であり，その中で企業価値を最大化する組合わせを実施することが，持続可能な経営であると定義する。企業の等内部評価曲線 AC と等企業価値曲線 DE の接点 B が，持続可能な経営の水準を示す。等企業価値曲線 DE 上の点 J と点 B は，企業の内部評価 HI と企業価値の評価 HJ との比較を可能としている点 J においては，企業の内部評価は，社会的評価となる成果が同じ水準であるのに，私的利潤は，持続可能な経営点に比して，少ないことから，私的利潤を拡大できる機会を損失していることになる。

　ここで，企業の社会的責任行動として，社会的評価となる成果を得るため諸般の企業行動とステークホルダーとのコミュニケーションを図ること，すなわち私的利潤の一部をかような活動の費用に該当させることは，等企業価値曲線 DE と等内部評価曲線 AC との接点 B である持続可能な経営の水準を求める企業経営力の強みを模索する行為に他ならない。CSR 調達は，経営品質の向上を求められていることであり，バリューチェインを構成する全ての企業で内部評価の再考を求められていることである。また，社会的評価となる成果が得られているかは，ステークホルダーとのコミュニケーションを行って判明するので，情報提供を可能とする経営施策が実施されなければならない。

598　第Ⅳ部　地球環境からみた「失われた10年」

5. ま と め

　「失われた10年」で，日本企業とりわけグローバルに事業を展開するグローバル企業は，コーポレートガバナンスの見直しの契機にあって，グローバル企業として日本的経営を見直し，経済のグローバル化に対応する期間であった。
　グローバル市場から企業が資質を問われている。CSR調達など，国際規範を尊重する経営であることを示すCSR活動に関する説明責任を果たすマネジメントを導入し，グローバル企業としての強みを確保する企業経営に転換していかざるを得なかった時期が「失われた10年」の期間であったのではないかと考え，コーポレートガバナンスに影響を与えた要因を整理した。
　ユニクロの商標で知られるファストリテイリング社も2006年版から生産パートナーへの行動基準を明示しCSR調達を行っている。12項目について経営管理の状況をモニタリングして結果をCSR報告書に公開している。同社も前掲ナイキ社と同じく契約工場を生産の場としているビジネスモデルを採用している。児童労働や強制労働が行われている契約工場は，改善とモニタリングの結果，事態の改善がなければ，取引を停止するという姿勢を明示している。2008年報告書においても，81の契約工場のうち4%（3社）が，改善を要求される対象となった。
　CSR調達は，調達条件を適用される企業にとっても経費等負担の増加を強いられ，私的利潤の犠牲が求められる。これまで経営での合理的対応を図ってきたQCD+Eに加えて，グローバル化に対応した社会性Sの課題に取組んでいくことは，グローバル企業とそのバリューチェインに参加する企業とが，経営として対応し事業機会に対応していくことを可能とする企業の強みの構築に他ならない。取引条件とはいえ，グローバルな市場を想定していな

第 21 章 「失われた 10 年」における日本企業の強みの再構築　599

い企業であればなおさら，グローバル企業の経営課題を捉えることを承知する経営者は少なかったと考えられる。「失われた 10 年」は，グローバル化を企業の成長の機会と捉えた企業に牽引され，新たな事業機会に参画する日本企業とその事業環境を提供する日本社会にとっては，変革の契機を提供した胎動期であったと考える。

1) 米国農務省統計より，2 期間につき，筆者が単純平均をしたもの。
2) （付図 1）

経済成長率の推移

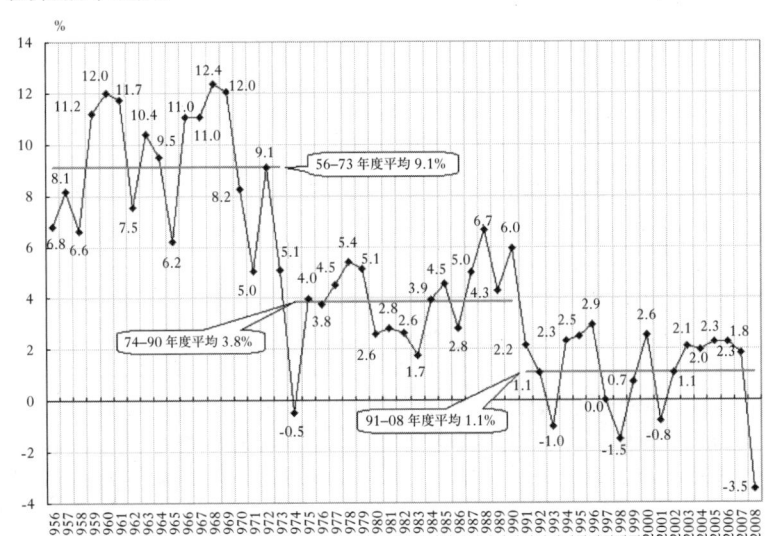

注： 年度ベース。93SNA ベース値がない 80 年以前は 63SNA ベース。95 年度以降は連鎖方式推計。平成 21 年 1–3 月期 1 次速報値〈平成 21 年 5 月 20 日公表〉。平均は各年度数値の単純平均。
資料： 内閣府。

3）（付図 2）部門別にみた資金過不足の推移

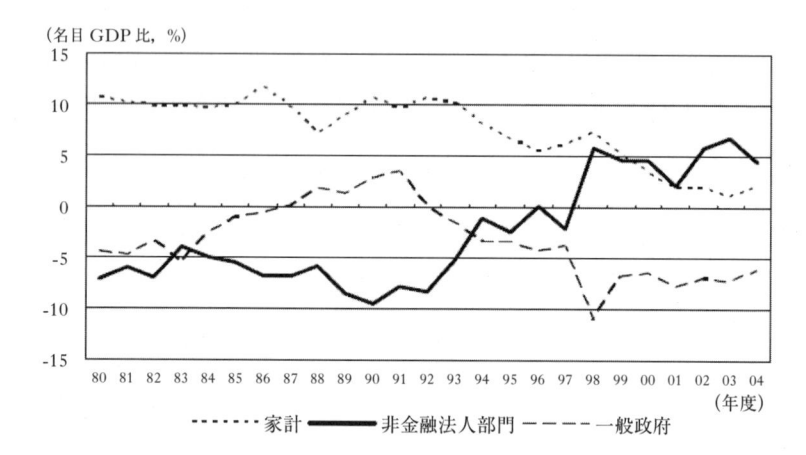

（名目 GDP 比，%）

…… 家計　——— 非金融法人部門　――― 一般政府

出所：吉野直行・渡辺善次（2008）21 頁。

4）（付図 3）民間非金融法人企業による資金調達の推移

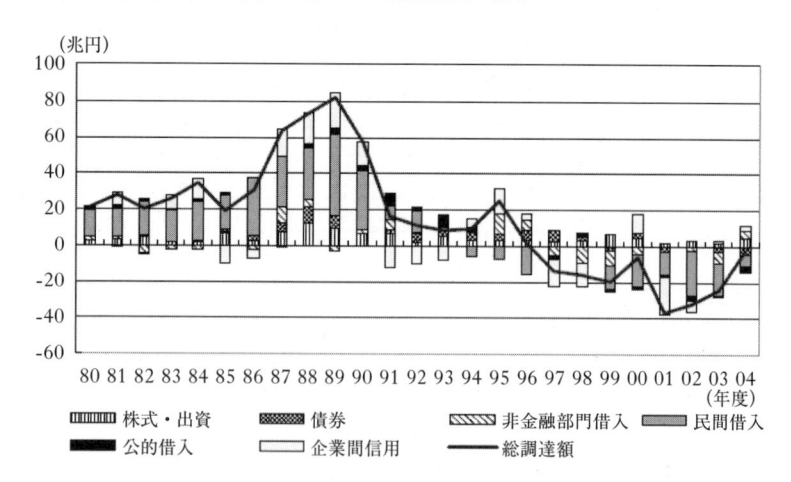

（兆円）

株式・出資　債券　非金融部門借入　民間借入
公的借入　企業間信用　総調達額

出所：吉野直行・渡辺善次（2008）22 頁。

第 21 章　「失われた 10 年」における日本企業の強みの再構築　601

5) GC と GRI の双方の対照表を公表している企業は少数見受けられるが，記載の差異が大きい。
6) http://www.nike.jp/nikebiz/responsibility/approach.html
7) http://www.theglobalalliance.org/index.html
8) （付図 4）EICC の CSR 調達と監査関係図

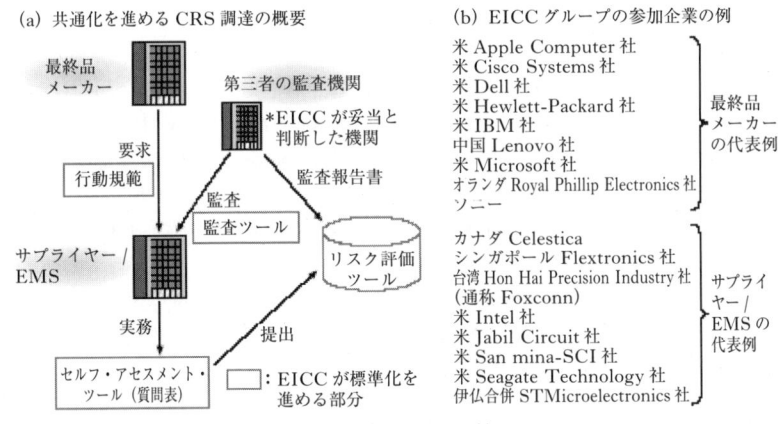

(a) 共通化を進める CRS 調達の概要

最終品メーカー → 第三者の監査機関（*EICC が妥当と判断した機関）
要求：行動規範
サプライヤー/EMS
監査／監査ツール／監査報告書
リスク評価ツール
実務 → セルフ・アセスメント・ツール（質問表） → 提出
　：EICC が標準化を進める部分

(b) EICC グループの参加企業の例

最終品メーカーの代表例：
米 Apple Computer 社
米 Cisco Systems 社
米 Dell 社
米 Hewlett-Packard 社
米 IBM 社
中国 Lenovo 社
米 Microsoft 社
オランダ Royal Phillip Electronics 社
ソニー

サプライヤー/EMS の代表例：
カナダ Celestica
シンガポール Flextronics 社
台湾 Hon Hai Precision Industry 社（通称 Foxconn）
米 Intel 社
米 Jabil Circuit 社
米 San mina-SCI 社
米 Seagate Technology 社
伊仏合併 STMicroelectronics 社

出所：日経エレクトロニクス 2007 年 1 月 1 日号。

9) 電子機器メーカと電子部品メーカ 12 社　アルプス電気（株），オムロン（株），シャープ（株），ソニー（株），太陽誘電（株），（株）東　芝，日本電気（株），（株）日立製作所，富士通（株），松下電器産業（株），三菱電機（株），（株）村田製作所
10) http://home.jeita.or.jp/ecb/csr/
11) 1999 年に松下グループとトヨタ自動車（株）が，相次いで仕入先に ISO14001 の取得を 2003 年までに行う様要請した。中小企業に対しては，認証取得ないしは環境省の環境活動評価プログラムへの参加を求めた。
　また，トヨタ自動車（株）は，1999 年 3 月に定めたグリーン調達ガイドラインを 7 年ぶりに改訂，2006 年 4 月から以下を追加しており，社会性への配慮に言及している。
　(1)　環境への配慮に加えて，社会全般への配慮にも言及。取引先に向けても「国内外の法令・社会規範を遵守し，『人間性尊重』の経営を実践されることを期待します」とした。
　(2)　トヨタへ納入される部品や資材に限らず，取引先には事業活動全般にわたっ

て，環境への配慮（CO_2の低減など）を求めるとした。
(3) 物流における環境取り組みを要請。CO_2排出量や梱包・包装資材の低減を求めるとしている。
(4) 従来版の発行後に取り組みを始めた項目を記載した。具体的には，欧州ELV（End of Life Vehicle）指令への早期対応や，Eco-VAS（Eco-Vehicle Assessment System：自動車の環境への影響を評価するトヨタ独自のシステム）対応，委託物流での環境取り組みなど。

参考文献

Bessire D. (2008), "Corporate Social Responsibility: From Transparency to 'Constructive Conflict', Crowther D. and Capaldi N., *The Ashgate Reserch Companion to Corporate Social Responsibility*, 2008, pp. 65-96.

Cato M. S. (2009), "Green Economics-An Introduction to Theory, Policy and Practice" Earthscan, Chapter 5.

Crowther D. (2008), "Stakeholder Perspectives on Social Responsibility", Crowther D. and Capaldi N., *The Ashgate Reserch Companion to Corporate Social Responsibility*, 2008, pp. 47-63.

Gupta A. D. (2008), "Governance, Sustainable Development and Sopcial Responsibility: Towars Future Mapping", Crowther D. and Capaldi N., *The Ashgate Reserch Companion to Corporate Social Responsibility*, 2008, pp. 97-108.

Shleifer, A. and R. W. Vishny (1997), "A Survey of Corporate Governance", *Journal of Finance* 52, pp. 737-783.

Tirole, J., (2000) "Corporate Governance", Center for Economic Institutions Working Paper Series No. 2000-1, *Institute of Economic Research*, Hitotsubasi University, pp. 29-35.

Tirole, J., (2006) "The Theory of Ccorporate Finance", Princeton University Press p. 58.

上村達夫・金子昭（2007），「株式会社はどこへ行くのか」日本経済新聞出版社，第4章。

江川雅子（2008）「株主を重視しない経営」日本経済新聞出版社，第3章，第6章。

フィッツジェラルド（1981）「失われた10年」『崩壊 フィッツジェラルド作品集3』荒地出版社, 143-147頁 (F. Scott Fitzgerald, "The Lost Decade", Esqire 1939)。

第 21 章 「失われた 10 年」における日本企業の強みの再構築　603

フクヤマ, F. (2000),「グローバリゼーションと社会的信頼」, 大阪市立大学商学部・経済学部編著『21 世紀システムと日本企業』日本経済新聞社, 28–33 頁.

ドラッカー P. F. (2004),「新しい現実」, ダイヤモンド社 (Drucker P. F. (1989), "The New Realities" 邦訳), 126–127 頁.

ポール・ホーケン, エイモリ・B・ロビンス, L. ハンター・ロビンス (2001),「自然資本の経済」日本経済新聞社, 第 13 章.

朝日新聞「変転経済」取材班編 (2009)「失われた 20 年」岩波書店, 第 4 章.

小川和夫 (2009)「失われた 10 年の真実」東洋経済新報社, 第 12 章.

小池陽才 (2006),「環境会計の環境保全経済効果における推定効果」田中廣滋編著『持続可能な地域社会実現への計画と戦略』中央大学出版部, 145–179 頁.

佐伯啓思 (2009),「大転換　脱成長社会へ」NTT 出版社　第 3 章, 第 4 章.

内閣府 (2008),「平成 20 年度　年次経済財政報告」.

田中明彦 (2009)「ポスト・クライシスの社会」日本経済新聞出版社, 序章.

田中廣滋 (2008)「持続可能な企業統治におけるコミュニケーションの役割」田中廣滋編著『ステークホルダー社会における環境ガバナンス』科学研究補助金基盤研究報告書, 27–77 頁.

田中廣滋・長谷川智之 (2006),「持続可能な経営と評価指標」田中廣滋編著『持続可能な地域社会実現への計画と戦略』中央大学出版部, 89–143 頁.

谷内 満 (2008),「グローバル不均衡とアジア経済」晃洋書房, 60–73 頁.

星岳雄・アニルカシャブ (2006),「日本金融システム進化論」日本経済新聞社, 第 9 章.

堀内昭義・花崎正晴 (2004),「日本企業のガバナンス構造―所有構造, メインバンク, 市場競争―」, 日本政策投資銀行『経済経営研究』Vol. 24–1.

ボストンコンサルティンググループ (2009)「不況後の競争はもう始まっている」ダイヤモンド社, 第 3 章.

水野和夫 (2007),「人はなぜグローバル経済の本質を見誤るのか」日本経済新聞出版社, 第 V 章.

Borzaga C. and Defourny J. (2001), "The Emergence of Social Enterprise", Routledge (内山, 石塚, 柳沢訳 (2004)「社会的企業―雇用・福祉の EU サードセクター」, 日本経済評論社, 緒章, 第 18 章.

谷本寛治編 (2006),『ソーシャル・エンタープライズ　社会的企業の台頭』, 中央経済社, 第 1 章.

吉野直行・渡辺善次 (2008),「企業の資金調達の変化」財務省財務総合政策研究所「フィナンシャル・レビュー」March – 2008, 19–38 頁.

ナイキ社（2006）「企業責任報告書」p. 30。
　http://www.nikebiz.com/responsibility/documents/Nike_FY05_06_CR_Report_C.pdf
AIAG (2009), "Supplier Self-Assessment Questionnaires".
　http://cr.aiag.org/files/GWC_SelfAssess.doc
ファストリテイリング社（2009）CSR　Report.
　http://www.fastretailing.com/jp//csr/report/pdf/csr2009.pdf

付録1　シンポジウム記録

「失われた10年からの脱却と発展」に関する研究は，多方面に亘っているため，学術シンポジウムの目的である公開の研究会は，シリーズで分野別に開催し，その回数は6回に及んでいる。各シリーズの報告者と報告論題は以下のとおりである。

（報告者の肩書きは，報告当時の肩書きにて記載）

◆シリーズ I『バブルの原因と銀行の役割』

2007年12月1日（土）

「日本経済とバブル——原因とそこからの教訓——」
　　　白川方明氏（京都大学公共政策大学院教授・前日本銀行理事）
「金融界の当面する諸課題——金融危機から10年が経過して——」
　　　増田豊氏（全国銀行協会金融調査部長）

◆シリーズ II『会社法，金融商品取引法の改正と企業の対応』

2008年3月15日（土）

「会社法と資本政策の容易化——資本金，準備金，自己株式制度を中心に——」
　　　箕輪徳二氏（埼玉大学経済学部教授）
「M＆A法制の柔軟化と買収防衛」
　　　野村修也所員（日本比較法研究所所員，中央大学法科大学院教授）
「金融商品取引法に基づくディスクロージャー制度」
　　　谷口義幸氏（金融庁総務企画局企業開示課企業開示調整官）

◆シリーズIII『環境問題における失われた10年の検証と展望』

2008年4月26日（土）

「環境政策におけるボランタリーアプローチの役割」

　　田中廣滋　研究員（経済研究所研究員，中央大学経済学部教授）

「森林保全と森林環境政策の評価」

　　田家邦明　氏（(財)日本食肉消費総合センター理事長）

「国際的な標準化・基準化とグローバル市場」

　　長谷川智之　氏（桜美林大学講師）

「企業行動と社会的責任」

　　米田篤裕　氏（矢崎総業（株）リスクマネジメント部長）

「地域政策としての環境政策とその評価」

　　藪田雅弘　研究員（経済研究所研究員，中央大学経済学部教授）

◆シリーズIV『資本会計の動向と課題——理論と実証の観点から』

2008年7月26日（土）

「資本概念と利益計算——日本基準の動向を中心として——」

　　梅原秀継　研究員（企業研究所研究員，中央大学商学部教授）

「連結資本——少数株主持分をめぐる論点——」

　　川本　淳　氏（学習院大学経済学部教授）

「資本会計の課題に関する実証研究」

　　首藤昭信　氏（神戸大学経済経営研究所准教授）

◆シリーズV『失われた10年と日本の企業経営——ヨーロッパからの視点——』

2008年11月29日（土）

「The Lost Decade and Foreign Companies in Japan: Implications

and Consequences」
　　　ハラルド・ドレス 氏（ドイツ・ハイリブローン大学教授）
「Can Corporate Governance help to avoid Economic Mismanagement?: The European Perspective」
　　　ヴォルフガング・ドロウ 氏（ドイツ・フランクフルト・オーダー大学教授）
日本の失われた10年の教訓と世界金融危機
　　　下 川 浩 一 氏（東海学園大学経営学部教授・法政大学名誉教授）

◆シリーズⅥ『会計ビッグバン後の企業会計制度の動向と課題』
　　　　　　　　　　　　　　　　　　　　　2009年1月17日（土）
「日本の会計基準と基本的会計思考の変化」
　　　佐 藤 信 彦 氏（明治大学大学院会計専門職研究科教授）
「IFRSのアドプションとわが国会計基準をめぐる諸問題」
　　　平 松 一 夫 氏（関西学院大学商学部教授）
「会計・監査制度の変容の本質と課題」
　　　川 北 　 博 氏（公認会計士，静岡県立大学客員教授）

付録2　研究活動記録

「失われた10年からの脱却と発展」のシンポジウム開催に先立って，その基礎となる研究会を部門別に行った。各研究会の報告者と報告議題は以下のとおりである。

　　（報告者の肩書きは，報告当時の肩書きにて記載）

◆第1回　　公開研究会　　金融部門　　2006年6月29日（木）
「金融危機時以降の金融調節」
　　黒田　巖 研究員（企業研究所研究員，商学部教授）

◆第2回　　公開研究会　　経済・経営部門　　2006年7月14日（金）
「ベンチャー振興は経済政策の根幹」
　　塩沢 由典 氏（大阪市立大学大学院創造都市研究科教授）

◆第3回　　公開研究会　　会計・金融部門　　2006年7月15日（土）
「企業の資本構成──財務論的視点から──」
　　奥山 英司 研究員（企業研究所研究員，商学部准教授）
「実証会計理論の概要と展望」
　　木村 史彦 氏（名古屋市立大学大学院経済学研究科助教授）

◆第4回　　公開研究会　　会計部門　　2006年9月23日（土）
「負債と持分の区分」
　　鈴木 卓也 氏（あずさ監査法人）

◆第 5 回　　公開研究会　　会計部門　　2006 年 11 月 4 日（土）
「債務契約における留保利益比率情報の意義」
　　首　藤　昭　信　客員研究員

◆第 6 回　　公開研究会　　経済部門　　2006 年 11 月 14 日（火）
「バブル崩壊とその後──金融の現場で思ったこと──」
　　岩　坂　健　志　氏（日本興亜損害保険㈱経営企画室マネージャー）

◆第 7 回　　公開研究会　　経営部門　　2006 年 11 月 17 日（金）
「「失われた 10 年」は乗り越えられたか──日本的経営の再検証（中公新書）下川浩一〔著〕2006 年をめぐって──」
　　下　川　浩　一　氏（東海学園大学経営学部教授・法政大学名誉教授）

◆第 8 回　　公開研究会　　環境部門　　2006 年 12 月 7 日（木）
「日本の食料生産と植物工場──安全・安心・環境配慮──」
　　村　瀬　治比古　氏（大阪府立大学農学部教授）

◆第 9 回　　公開研究会　　会社法部門　　2006 年 12 月 16 日（土）
「Mezzanine-Kapital の意義と機能──株式と社債の境界の策定──」
　　高　木　康　衣　氏（九州国際大学法学部専任講師）

◆第 10 回　　公開研究会　　経済部門　　2007 年 1 月 19 日（金）
「台湾におけるベンチャー・キャピタルの現状と課題」
　　陳　　志　坪　氏（台湾義守大学応用日本語学科助教授）

◆第 11 回　　公開研究会　　金融部門　　2007 年 3 月 1 日（木）
「現代株式会社論——株式会社の危機——」
　　奥　村　　宏 氏（元中央大学商学部教授）

◆第 12 回　　公開研究会　　環境部門　　2007 年 3 月 9 日（金）
「中国天津濱海新区の開発開放の加速について」
　　葉　　　軍 氏（天津理工大学人文学院教授）

◆第 13 回　　公開研究会　　会計部門　　2007 年 3 月 30 日（金）
「知識創造社会における会計のあり方」
　　古　賀　智　敏 氏（神戸大学経営学研究科教授）
「無形資産の監査」
　　前　山　政　之 氏（横浜国立大学経営学部助教授）
「知的資産戦略と企業会計——R＆D 会計を中心に——」
　　高　橋　琢　磨 氏（中央大学専門職大学院国際会計研究科特任教授）

◆第 14 回　　公開研究会　　会計部門　　2007 年 4 月 7 日（土）
「資産再評価の理論的考察」
　　川　島　健　司 氏（法政大学経営学部専任講師）

◆第 15 回　　公開研究会　　会社法部門　　2007 年 5 月 10 日（木）
「資本制度の将来，その方向性」
　　小　宮　靖　毅 氏（明治学院大学法学部准教授）

◆第 16 回　　公開研究会　　経営部門　　2007 年 5 月 25 日（金）
「日本企業の内部統制制度の現状と課題」

鈴木 英夫 氏（経済産業省経済産業政策局企業行動課課長）

◆第 17 回　　公開研究会　　経済部門　　2007 年 6 月 7 日（木）
「地域通貨の流通ネットワーク分析と制度設計」
　　西部　　忠 氏（北海道大学大学院経済学研究科教授）

◆第 18 回　　公開研究会　　会計部門　　2007 年 6 月 9 日（土）
「株式所有構造と減損会計適用行動」
　　山本　　卓 氏（日本不動産研究所システム評価部主席専門役）

◆第 19 回　　公開研究会　　経済部門　　2007 年 6 月 25 日（月）
「ハイエクの貨幣制度論」
　　江頭　　進 氏（小樽商科大学商学部准教授）

◆第 20 回　　公開研究会　　会計部門　　2007 年 7 月 28 日（土）
「新リース会計基準の特徴とその問題点」
　　佐藤 信彦 氏（明治大学大学院会計専門職研究科教授）
「金融商品会計基準の動向──デリバティブ・ヘッジ会計を中心として──」
　　田口 聡志 氏（同志社大学商学部准教授）

◆第 21 回　　公開研究会　　経済部門　　2007 年 10 月 25 日（木）
「オーストリー学派およびシュンペーターの現代的評価」
　　八木 紀一郎 氏（京都大学大学院経済学研究科教授）

◆第 22 回　　公開研究会　　経済・経営部門　　2007 年 11 月 9 日（金）
「中国の危機管理の現状と今後の課題」
　顧　林　生　氏（中国清華大学教授）

◆第 23 回　　公開研究会　　会計部門　　2007 年 11 月 23 日（金）
「配当政策の実証分析――コラボレーション効果の観点から――」
　石　川　博　行　氏（大阪市立大学大学院経営学研究科准教授）

執筆者・翻訳者紹介（執筆順）

石崎　忠司（いしざき　ただし）	企業研究所研究員，中央大学商学部教授
花輪　俊哉（はなわ　としや）	企業研究所客員研究員，一橋大学名誉教授・元中央大学教授
陳　志坪（ちん　しへい）	国立高雄第一科技大学応用日語学科助理教授
塩見　英治（しおみ　えいじ）	経済研究所研究員，中央大学経済学部教授
小熊　仁（おぐま　ひとし）	経済研究所客員研究員，（財）運輸調査局研究員
黒田　巌（くろだ　いわお）	企業研究所研究員，中央大学商学部教授
建部　正義（たてべ　まさよし）	企業研究所研究員，中央大学商学部教授
下川　浩一（しもかわ　こういち）	法政大学名誉教授
奥村　宏（おくむら　ひろし）	元中央大学教授
Harald Dolles（ハラルド　ドレス）	ハイリボーン大学教授（ドイツ）
孫　榮振（そん　よんじん）	企業研究所準研究員，中央大学商学部兼任講師
箕輪　徳二（みのわ　とくじ）	埼玉大学経済学部教授
林　正樹（はやし　まさき）	企業研究所研究員，中央大学商学部教授
高橋　由明（たかはし　よしあき）	企業研究所研究員，中央大学商学部教授
Wolfgang Dorrow（ヴォルフガング　ドロウ）	フランクフルト・オーダ大学教授（ドイツ）
川北　博（かわきた　ひろし）	公認会計士・静岡県立大学客員教授
児嶋　隆（こじま　たかし）	企業研究所研究員，中央大学商学部教授
上野　清貴（うえの　きよたか）	企業研究所研究員，中央大学商学部教授
梅原　秀継（うめはら　ひでつぐ）	企業研究所研究員，中央大学商学部教授
川本　淳（かわもと　じゅん）	学習院大学経済学部教授
田中　廣滋（たなか　ひろしげ）	経済研究所研究員，中央大学経済学部教授
薮田　雅弘（やぶた　まさひろ）	経済研究所研究員，中央大学経済学部教授
田家　邦明（たいえ　くにあき）	経済研究所客員研究員，（財）日本食肉消費総合センター理事長
米田　篤裕（まいた　あつひろ）	経済研究所準研究員，矢崎総業（株）リスクマネジメント部長

| 失われた10年 | 中央大学学術シンポジウム研究叢書 7 |

2010年3月30日　初版第1刷発行

監　修　　石崎忠司
編　著　　建部正義・高橋由明
　　　　　梅原秀継・田中廣滋
発行者　　玉造竹彦

発 行 所　中 央 大 学 出 版 部
〒 192-0393　東京都八王子市東中野 742-1
電話 042 (674) 2351　FAX 042 (674) 2354

© 2010　　　　　　　　研究社印刷・ブロケード
ISBN978-4-8057-6174-8